실행기능을 활용한

내 삶의 관리자 되기 프로그램

효율적인 자기관리 방식을 배우고 싶은
청년을 위한 실행기능 활용 근거 기반 개입 매뉴얼

유희정 · 김주현 공저

EFABE

Executive Function & Adaptive Behavior Education

학지사

머리말

『실행기능을 활용한 내 삶의 관리자 되기 프로그램』이 오랜 작업을 거쳐 마침내 세상에 나오게 됨을 기쁘게 생각합니다. 이 프로그램은 실행기능과 적응기술 교육(Executive Function & Adaptive Behavior Education)이라는 의미에서, 'EFABE'로 불리게 될 예정입니다. 제목이 이야기해 주는 대로, 이 매뉴얼은 성인들이 실행기능(executive function)을 공부하고 활용해서 실제 일상생활을 해 나가는 데 필요한 기술(adaptive behavior)을 익히고 독립적인 삶을 살고 관리하도록 돕기 위한 지침들을 담고 있습니다. 분당서울대학교병원 소아청소년 정신건강클리닉의 의사와 임상심리사들이 뜻을 모으고 임상 경험을 녹여 내어 총 12회기의 교육 프로그램을 개발하였고, 이를 자폐성 장애 성인들을 대상으로 검증한 뒤에, 내용을 다듬고 보완하여 책으로 출판하게 되었습니다.

우리가 자폐성 장애인들을 진단하고, 교육하고, 개입을 하는 이유는 궁극적으로 각자가 가진 모습대로 사회에서 독립적으로 살아가기를 바라기 때문입니다. 어릴 때 일찍 발견하고 개입해야 하는 이유 역시, 그렇게 해야 자기의 삶을 온전히 독립적으로 사는 데 필요한 기술을 조금 더 기초부터, 더 쉽게 배울 수 있고, 보호자들 역시 그것을 향한 여정을 좀 더 일찍, 올바르게 시작할 수 있기 때문이라고 할 수 있습니다. 그런데 오랜 시간 자폐성인들을 만나고 진료하고 자폐성 장애에 대해서 연구하면서 저희가 느끼게 된 사실은, 독립적인 삶을 살아가는 데 필요한 기술과 태도는 매우 작고 사소하며 매일매일 일상생활에서 마주하는 것들로부터 시작한다는 점이었습니다. 의식주와 관련된 것, 시간이나 돈을 관리하는 일, 사소한 변화에 당황하거나 화내지 않고 유연하게 적응하는 것 등이 여기 포함됩니다. 이렇게 일상생활을 하는 데 필요한 행동들은 마치 자연히 일어나는 것 같지만, 사실은 실행기능이라고 하는, 전두엽이 열심히 기능을 수행한 결과입니다. 저희는 자폐성 장애인들이 이런 기술을 익히는 데 어려움을 갖는 경우가 많고, 지적 능력이 뛰어난 사람들조차 사실은 이것을 익히고 활용하는 데 많은 곤란을 겪고 있다는 사실을 알게 되었습니다. 이 프로그램은 실행기능을 기초부터 설명하고, 사용하는 연습을 하고, 그것을 기반으로 아주 작고 사소한 일상생활 기술들을 하나씩 쌓아 나가도록 도울 수 있게 구성되었습니다.

우리는 이 책과 EFABE 프로그램이 자폐성 장애 성인들이 좀 더 건강하고 행복하게 사회 안에서 살아가는 데 길잡이를 제공할 수 있기를 바랍니다. 현재 이 프로그램은 지적장애가 없는 자폐성 장애인을 대상으로 개발되고 검증되었지만, 난이도와 교육 속도를 수정한다면 경계성 지능이나 지적장애가 있는 성인들에게도 적용될 수 있을 것으로 생각합니다. 아울러 주의력결핍과잉행동장애, 만성적인 기분장애나 불안장애와 같이 실행기능의 어려움을 동반한 다른 정신건강 문제를 가진 분들께도 도움이 될 것으로 기대합니다. 책 내용의 일부는 처음 대학생활이나 직장생활을 시작하는 일반적인 성인들에게도 도움이 될 수 있을 것입니다. 저희는 이 책과 프로그램이 사회와 환경의 변화에 따라 유연하게 적응하고 진화하며 오랫동안 많은 성인을 돕게 되기를 바랍니다.

교육 프로그램을 개발하는 동안 정보를 수집하고 프로그램 내용을 구성하는 데 많은 아이디어를 내며 실무를 담당했던 임상심리수련생들과 연구원 선생님들, 프로그램 구성을 위한 심층 면접에 참여해 주셨던 자폐성 장애인 당사자, 가족, 그리고 전문가들, 프로그램 전체 자문을 해 주신 채규만 교수님께 감사드립니다. 무엇보다도 두 차례에 걸친 검증 임상시험에 참여하여 꾸준히 저희와 함께해 주었을 뿐 아니라 프로그램의 세부에 대해서도 통찰력 넘치는 의견들을 주셨던 자폐성 장애 청년들께 깊은 감사를 드립니다. 여러분의 도움이 없었다면 이 책이 세상에 나오기 어려웠을 것입니다. 아울러 이 프로그램은 분당서울대학교병원의 일반 연구비(과제번호: 02-2018-049) 지원으로 개발되었음을 밝힙니다.

2025년 6월

유희정 드림

2부 실행기능을 활용한 내 삶의 관리자 되기 프로그램 매뉴얼

1

실행기능 향상 프로그램 개요

1장

자폐성 장애 성인에게 실행기능 활용 프로그램이 왜 필요한가

1. 지적장애를 동반하지 않은 자폐성 장애인의 성인기로의 전환에서 겪는 어려움
2. 자폐성 장애에서의 실행기능 문제들
3. 자폐성 장애에서의 실행기능 문제와 사회 적응 어려움 간의 연관성
4. 실행기능의 취약성을 보완하기 위한 개입
5. 지적장애를 동반하지 않은 자폐성 장애 성인을 위한 전환기 개입의 초점
6. 실행기능 활용 프로그램의 개발 과정 및 최종 프로그램의 구성
7. 프로그램의 효과에 대한 근거 기반 연구

이 장에서는 지적장애를 동반하지 않은 자폐성 장애 성인을 돕기 위한 '실행기능을 활용한 내 삶의 관리자 되기(Executive Function & Adaptive Behavior Education: EFABE)' 프로그램의 목적과 개요를 설명하고, 개발 과정에 대해 기술하고자 한다. 이를 위해 자폐성 장애인이 성인기 전환 시기에 겪는 실행기능에서의 어려움, 프로그램의 개발 절차와 구성, 연구로부터 얻은 자료와 해석에 관해 설명하고자 한다.

1. 지적장애를 동반하지 않은 자폐성 장애인의 성인기로의 전환에서 겪는 어려움

자폐성 장애(Autism Spectrum Disorders: ASD)는 사회적 의사소통 및 사회적 상호작용의 지속적인 결함, 그리고 반복적이고 제한된 행동, 관심 혹은 활동을 특징으로 하는 신경발달장애이다(American Psychiatric Association, 2022). 2023년에 발표된 미국 질병통제 예방센터(Center for Disease Control and Prevention: CDC)의 통계에서 2020년 기준 8세 아동 대상 ASD의 유병율은 36명 중 1명으로, 자폐성 장애인의 수는 점차 늘어나고 있는 추세이다(Maenner et al., 2023). 한국의 아동들을 대상으로 한 역학 연구에서는 7~12세 아동의 2.64%가 ASD를 갖고 있는 것으로 보고되었다(Kim et al., 2011). ASD는 보통 2세 전후의 어린 시절에 진단이 가능하고 매우 다양한 경과를 겪지만, 고유의 특성은 성인기 이후까지 지속되는 것이 특징이다. 성인기의 자폐성 장애인들은 여전히 사회적인 관계를 맺고 유지하고 진로를 선택하고 직업을 갖고 독립적인 삶을 유지하는 데 어려움을 갖는 경우가 많다(Billstedt, Gillberg, & Gillberg, 2005; Eaves & Ho, 2008; Howlin et al., 2004). 미국의 통계에 의하면, 자폐성 장애인 한 명당 소요되는 평생의 사회적 비용은 3백만 달러에 이르는 것으로 나타났으며, 이는 이들이 치료와 재활에 쓰는 비용과 경제활동을 하지 못함으로써 발생되는 비용을 합친 결과이다(Ganz, 2007).

자폐성 장애인 가운데 지적장애를 동반하지 않은 성인은 전체의 약 50~70%가량인 것으로 알려져 있다. 이는 고기능 자폐(high functioning autism) 또는 아스퍼거 증후군(Asperger's syndrome)이라고 불리기도 한다. ASD에 대한 인식이 개선되고, 상대적으로 좀 더 가벼운 자폐 특성을 가진 사람들이 더 많이 진단받게 되면서 아마도 지적장애를 동반하지 않은 자폐성 장애인의 수는 점점 더 늘어나게 될 것으로 예상된다. 상대적으로 높은 인지 능력과 언어 능력을 가진 자폐성 장애인들은 지적장애를 같이 갖고 있는 자폐성 장애인에 비하면 독립적인 생활을 영위하는 데 필요한 기술을 좀 더 쉽게 습득할 수 있다. 하지만 이들을 종적으로 추적한 연구 결과들을 보면, 경우에 따라 상당히 높은 학업 수준을 갖춘 사람조차 성인기에도 여전히 친한 친구를 사귀는 데 어려움을 겪으며, 가족의 지원에 의존하고 있는 경우도 많았다. 또한 안정된 일자리를 갖지 못한 사람들이 많고, 신체적 건강 및 정신건강, 삶의 질에서도 취약성을 보였다. 즉, 지능지수가 전반적인 삶의 질을 결정하는 유일한 요인이 되지는 않는다(Howlin, 2003; Howlin & Moss, 2012).

지적장애를 동반하지 않은 자폐성 장애인이 기대에 미치지 못하는 예후를 보이는 이유는 지적기능(IQ)

이 경계선 수준 이상, 즉 정상 범주에 속하더라도 적응기능(adaptive function)이 그에 미치지 못하기 때문이다. 일상의 기능 중 하나인 적응 행동(adaptive behavior)은 '개인적 및 사회적 능력이 필요한 일상 활동을 수행하는 것'으로, 개인이 자신의 환경에서 독립적으로 기능할 수 있는 능력을 일컫는다(Sparrow, Balla, & Cicchetti, 1984; Pugliese et al., 2016). 대개 전형적으로 발달하는 경우에 적응 행동 기술은 지적 능력에 비례하기 때문에 지적 능력이 평균 범위에 속하면 적응 행동 기술도 평균에 속하고, 동년배들과 유사한 수준의 적응기능을 한다고 볼 수 있다(Sparrow, Cicchetti, & Balla, 2005). 그리고 ASD와 지적장애를 동시에 가진 개인의 경우, 적응 행동은 지적 능력과 비례하거나 혹은 오히려 적응 행동이 지적기능보다 더 나은 수준을 보이기도 한다. 즉, 자폐성 장애인에서 지적 능력이 경계선 수준에 이르지 못하는 지적장애 수준이더라도 반복 훈련에 의해 적응 행동 기술을 습득하면 지적 수준에 비해서 더 나은 적응 행동을 할 수 있다. 그러나 일반적인 지능 수준(IQ≥70)을 가진 자폐성 장애인의 경우, 지능 수준에 비해 적응 행동 기술이나 실생활 기술(real-life skills) 문제의 정도가 더 두드러진다고 알려져 있다(Bölte & Poustka, 2002; Pugliese et al., 2015; Tillmann et al., 2019). 이러한 결과는 자폐성 장애인이 인지적으로 잘 기능한다고 하더라도 IQ의 증가 속도만큼 적응 행동을 잘 습득하지 못하며, 지적 능력이 효과적인 일상생활 기술을 보장하지 않는다는 것을 의미한다. 따라서 자폐성 장애인이 평균 이상의 지적 능력을 가졌다고 해서 적응 행동이 자동적으로 향상될 것이라고 기대할 수 없으며, 성장 과정에서도 적응기능의 발전 속도가 더디고, 특히 성인 이후의 독립적인 생활 적응에서도 어려움을 겪을 가능성이 높다고 할 수 있다. 결국 평균 이상의 지적 능력을 가진 자폐성 장애인조차도 가족에게 크게 의존하고, 부모 또한 지나치게 보호를 하여 스스로 독립적인 생활을 이어 나가는 데 제한을 초래하거나 부적응 행동의 개선 속도가 떨어지게 되며, 초기 성인기로의 전환 속도가 더 지연되는 결과를 초래하기도 한다(Kapp, Gantman, & Laugeson, 2011; Taylor & Seltzer, 2010).

청소년기에서 성인기로 전환한다는 것(transition to adulthood)은 여러 요소를 포함하는 자연스러운 일생의 과정이다. 이는 대개 만 18세에서 25세 정도의 시기로, 책임감, 자기 결정 및 독립성이 기대되고 성숙함의 증가가 요구된다. 또한 이 시기는 개인의 정체성, 일, 인간관계와 세상을 인식하는 방식에 대해 다양한 가능성과 방향성이 존재하므로 이때 내린 결정이 나머지 인생 전체에 영향을 미칠 수 있다(Arnett, 2000). 삶의 새로운 단계로 나아가는 이 과정은 누구에게나 도전적인 과제로 여겨지지만, 특히 자폐성 장애인들은 이러한 성인기의 다양한 과제 수행에 압박감과 스트레스를 느낀다(Wisner-Carlson, Uram, & Flis, 2020). 즉, 변화에 대한 적응이 어렵고 예정된 일상생활과 일관성을 편안하게 느끼는 자폐성 장애인들은 지금까지 자신들이 반복해 온 익숙한 규칙에 대한 사소한 변화조차 중대한 도전으로 여기므로 변화를 받아들이기 어려워한다. 성인기에 접어들어 변화하는 환경에 적응하고, 독립적으로 생활하면서 책임감을 가지고 자신을 보호하는 기술을 배우며, 성인기로 성공적으로 전환하는 데 필요한 자원이나 지원을 활용하는 과정에서 자폐성 장애인은 더 많은 어려움을 겪는다. 이러한 자폐성 장애 특유의 특성 때문에 사회적 관계, 정신건강, 독립적인 일상 활동, 추가적인 교육, 직업 선택과 고용 등 거의 모든 분야에서 한계를 경험한다(Kapp et al., 2011).

자폐성 장애인이 성인이 되어서 겪는 어려움은 먼저 장애의 핵심 결함과 관련이 있다. 즉, ASD 성인[1]은 친구를 사귀고 타인들과 친밀한 관계 또는 연애 관계를 형성하길 바라지만, 사회적 의사소통 및 상호작용의 어려움이 성인기까지 지속됨에 따라 관계 형성의 기회가 부족하고 깊이 있는 대인관계를 형성하기 매우 어렵다. 사회적 집단에서 어떤 친구가 자신에게 적절한 친구인지를 알지 못할 뿐만 아니라 친구를 사귀는 것을 가장 큰 사회적 도전이라고 생각하면서 사회적 상호작용을 선뜻 먼저 시도하지 못하고, 사회적 거절을 피하기 위해 다른 사람이 접근해 오는 것을 수동적으로 기다린다(Daniel & Billingsley, 2010). 사회적으로 인간관계 형성에 실망하거나 실패하는 경험 때문에 자존감이 저하되고, 위험과 어려움을 감수하며 성장하려는 동기가 감소하면서 우울, 불안과 같은 정신건강 문제가 발생하기도 한다.

게다가 성인기로 전환하는 과정에 맞춰 대학에 입학하고 관련 분야의 상위 학위를 가진 성인일지라도 자신의 조건에 적합한 곳에 취업하지 못하는 경우가 많다. 작은 불빛에도 지나치게 눈부셔하는 시각적 예민성을 비롯해 미세한 소리를 크게 지각하며 주의를 빼앗기고 기계 소음을 힘들어하며 귀를 막는 등의 청각적 예민성과 같은 감각적 이상 때문에 특정 근무 환경에서 일하는 것이 힘들 수 있다(Grandin & Duffy, 2004; Higgins, Koch, Boughfman, & Vierstra, 2008). 실제로 국외의 조사 자료이기는 하나 지적장애를 동반하지 않은 자폐성 장애인의 성인기 고용 수준은 저조하며, 직업의 지위와 안정성도 일반적으로 낮은 편으로 알려져 있다(Levy & Perry, 2011). ASD 성인을 대상으로 한 직업 배치 프로그램이 이들의 고용률을 높이는 데 효과가 있었지만, 이러한 프로그램의 대부분은 저임금 수준의 일자리를 찾는 데 초점을 맞추고 있어서 지적장애를 동반하지 않은 자폐성 장애인의 일자리 요구를 충족시키지 못한다(Mawhood, Howlin, & Rutter, 2000; Wehman et al., 2014). 국내 사정의 경우, 지적장애를 동반하지 않은 자폐성 장애인의 성인기 고용 실태를 조사한 자료는 없으나 발달장애인에 대한 2020년 일과 삶 실태조사(2021)에 따르면, 자폐성 장애인이 지적장애인에 비해 안정적이고 고임금의 일자리를 갖지 못한다는 것이 확인되었다(한국장애인고용공단 고용개발원, 2021). 이 자료에서는 자폐성 장애인들 중 지적장애를 동반하지 않은 자폐성 장애인도 포함되어 있어서 전문직이나 사무직에 종사할 수 있는 사람들도 있겠지만, 다수의 자폐성 장애인은 근로 계약 상태와 급여 수준 등에서 지적장애인에 비해 더 어려움을 겪는다는 것을 보여 준다.

또한 ASD 성인은 자기만의 독립된 가치관, 자신이 선호하는 취미 및 자기 목표를 개발하고 표현하는 데 제한이 있어서 부모에게 많이 의존하게 된다. ASD 성인의 부모 역시 자녀의 어린 시절부터 도움을 주었듯이, 성인기 전환 시기에도 적절한 향후 계획을 세워 직업을 갖고 생활을 관리하는 것을 지도하면서 독립을 위한 기술들을 습득하도록 전략적으로 도와주는 역할을 지속적으로 하게 된다. 이에 따라 ASD 성인은 점점 더 원가족으로부터 독립하는 시기가 지연된다.

결국 자폐성 장애인은 비자폐인보다 삶의 질이 낮은데, 연령이나 지능 수준이 삶의 질에 영향을 미치지 않는다고 보고하는 것처럼, 정상 범위의 지능을 가진 자폐성 장애인은 연령이 증가해도 삶의 질이 낮은 경향이 있다(van Heijst & Geurts, 2015). 이러한 결과는 자폐성 장애가 적절한 개입이 없이는 평생 동안

1) 이 책에서는 자폐성 장애 성인, 자폐성 장애인, 자폐인, 자폐 성인을 통틀어 ASD 성인이라 지칭하였다.

유지되며, 자폐성 장애인을 위한 개입과 지원은 성인이 되어서도 지속적으로 필요하다는 것을 의미한다. 지적장애를 동반하지 않은 자폐성 장애인이 성인이 되어서도 부정적인 예후를 보이는 점은 ASD의 핵심 증상인 효과적인 의사소통 및 대인관계 능력이 부족한 것과 관련이 높지만, 그뿐만 아니라 실행기능의 장애(executive dysfunction), 공존 증상, 사회적 활동에 대한 동기 부족, 사회적인 낙인과 인식 부족 등 다양한 이유에 기인한다(Barnhill, 2007; Farley et al., 2009; Kapp et al., 2011). 그중에서도 성인기로 전환하는 과정에서 겪는 여러 문제는 실행기능의 장애와 관련이 높다고 알려져 있으므로 이를 자세히 살펴볼 필요가 있다.

2. 자폐성 장애에서의 실행기능 문제들

아동 및 청소년기 동안에 발달하는 실행기능(executive function)은 인지기능, 행동, 정서통제, 사회적 상호작용과 같은 넓은 범위의 능력을 담당하는 조절기능 혹은 관리기능이다(Miyake & Friedman, 2012). 실행기능은 다차원적 행동 개념으로, 신경심리학 및 뇌과학 분야에서 주로 연구되어 왔으며, 연구자마다 그 정의가 다양하다. 뇌과학 관점에서 실행기능은 낮은 수준의 정보처리 과정들(예: 지각, 운동 반응)을 다루는 전전두엽(prefrontal cortex)이 주로 담당하는 일련의 고위 인지적 통제 처리 과정이며, 목표 지향적인 행동, 추론적 사고, 의사결정, 사회정서적 행동 조절과 같은 넓은 범위의 능력을 포함한다(Miyake & Friedman, 2012). 즉, 실행기능은 목표를 이루기 위해 자기조절(self-regulation)과 자기-지시적(self-directed) 행동을 하는 과정에서 기존의 습관적인 행동에서 벗어나 효과적인 의사결정을 하고 위험을 평가하며, 미래를 계획하고 행동의 우선순위와 순서를 정하며, 새로운 상황에 대처하게 하는 기능이다(Craig et al., 2016; Friedman & Miyake, 2017). 연구자마다 실행기능을 정의하고 표현하는 방식은 조금씩 다르지만 실행기능은 목표를 이루기 위해서 자기 자신과 자신이 가진 자원을 활용하고 조정하는 것이라고 할 수 있으며(Cooper-Kahn & Dietzel, 2008), 이러한 능력이 결여되어 있다면 목표 지향적인 활동을 수행해 내기가 어렵다. 실행기능에는 행동의 시작(initiation), 계획 세우기(planning), 가설 형성(hypothesis formation), 인지적 융통성(cognitive flexibility), 의사결정(decision making), 판단(judgement), 피드백을 이용하는 능력(utilization of feedback), 상황과 맥락에 적절하게 자신의 행동과 정서를 조절하는 자기조절 능력이 포함되며, 여러 가지 복잡한 정보를 동시에 처리하는 작업 기억(working memory), 오류를 확인하고 수정하는 자기-모니터링(self-monitoring) 능력도 실행기능의 중요한 측면이다(Rabbitt, 1997; Roberts, Robbins, & Weiskrantz, 1998; Stuss & Knight, 2002).

실행기능은 단순한 인지 능력과는 차이가 있다. 실행기능이 어떤 행동을 수행하고 그것을 어떻게 할 것인지에 관한 구체적인 문제라면, 인지 능력은 일반적으로 무엇을 또는 얼마만큼 할 것인지에 대한 것이다. 실행기능이 구체적이고 효과적으로 기능하면 인지 능력이 떨어져도 생활을 유지할 수 있으며, 계속해서 독립적이고 건설적이며 생산적인 활동을 할 수 있다. 하지만 실행기능이 손상된다면 인지 능력이 제

아무리 잘 보존되고 기술, 지식, 능력을 측정하는 검사에서 높은 점수를 받아도 더 이상 자기 자신을 만족스럽게 돌보지 못하고, 수익성이 있거나 유용한 작업을 독립적으로 해낼 수 없으며, 정상적인 사회관계도 유지할 수 없다. 인지적 결함은 대개 시지각 능력, 언어 능력과 같이 특정한 기능이나 기능적 영역에서만 나타나는 반면, 실행기능의 손상은 전반적으로 나타나는 경향이 있으며, 행동의 모든 측면에 영향을 미친다(Lezak, 2004).

실행기능의 문제가 ASD를 가진 학령기 아동, 청소년 그리고 성인에게서 보인다고 일관되게 증명되어 왔는데, ASD의 비사회적 특성들이 전전두피질 장애를 가진 환자가 보이는 증상들과 매우 유사하다는 것을 발견하였다. 즉, 전두엽 손상 환자들은 공통적으로 목표 지향적인 행동이 요구되는 과제에서 똑같은 반응을 반복하고, 자발적인 과제 시작이 어려웠으며, 지속적인 주의집중이 짧았다. 이러한 행동 특성은 자폐성 장애인이 보이는 융통성이 없고 보속적인 반응을 보이며, 제한된 관심에 초점을 두고 익숙하거나 과학습된 반응을 억제하는 능력에 한계가 있는 ASD 특성들과 매우 유사하였다(Ozonoff, 1997; Stuss & Knight, 2002). 이처럼 초기 연구에서 실행기능의 손상은 주로 ASD의 경직성과 보속성, 다른 비사회적 문제들을 설명하기 위해 개념화되어 왔는데, ASD의 제한적이고 반복적인 행동이 부족한 인지적 유연성이나 전환 능력에 기인하며, 이것이 경직성과 보속적 행동을 설명할 수 있다(Hill, 2004; Lopez, Lincoln, Ozonoff, & Lai, 2005). 최근의 관점은 실행기능 손상이 사회적 및 의사소통 증상과도 관련이 있다고 제안하며, '억제, 정보 회상, 유연성, 점검하기, 업데이트하기, 사회적으로 적절한 반응을 선택하기'와 같은 실행기능 영역에서의 문제는 ASD의 주요 특징인 사회적 기능 손상에 기여한다고 본다(Kenworthy et al., 2009; Leung, Vogan, Powell, Anagnostou, & Taylor, 2016).

따라서 실행기능의 문제는 ASD 진단의 핵심 증상인 사회적·비사회적 증상을 모두 함축하고 있다고 볼 수 있다. 그러나 모든 자폐성 장애인이 실행기능에 문제를 가지고 있는 것은 아니며, 실행기능 문제의 세부적인 프로파일의 측면에서 결과가 혼재되어 있다. 검증 연구가 반복적으로 진행되면서 다른 발달적 장애들로부터 ASD를 구분할 있는 구체적인 실행기능의 문제(예: 인지적 유연성, 계획, 행동의 시작과 억제)가 밝혀지기도 하였지만(Hill, 2004; Hughes & Russell, 1993), 증상의 다양한 심각도를 갖는 ASD의 장애 특성처럼 ASD의 실행기능 문제가 특정한 구성 요소들에서 일관되게 나타난다는 증거를 찾는 데 어려움이 있다.

3. 자폐성 장애에서의 실행기능 문제와 사회 적응 어려움 간의 연관성

앞서 이야기하였듯이 지적장애를 동반하지 않은 자폐성 장애인은 청소년기를 거쳐 성인기에 이르기까지 적응 행동 기술이 저조하고 결과적으로 부정적인 예후를 나타내는데, 이것은 실행기능 문제와 관련이 높다. 즉, '계획, 다단계 지시 따르기, 시간 관리, 작업의 시작'과 같은 실행기능에 결핍이 있으면 일상생활 적응 기술(daily living skills)을 학습하고 숙달하는 데 제한을 초래한다(Duncan, Liddle, & Stark, 2021;

Hume, Boyd, Hamm, & Kucharczyk, 2014). 일상생활에서 ASD 성인들이 겪는 실행기능과 관련된 어려움은 아주 흔하게는 개인위생을 관리하는 것부터 상황에 적합한 옷차림을 하는 것, 알람에 따라 아침에 일어나 하루 일정을 수행하는 것, 수업 시간에 맞추는 것, 쇼핑하는 것, 공중화장실을 찾고 교통수단을 파악하는 것 등이 있다(Adreon & Durcher, 2007). 지적장애를 동반하지 않은 ASD 성인들에게서 두드러지는 '계획 및 조직화 능력, 인지적 유연성'의 문제가 이러한 일상 활동들을 효율적으로 하지 못하게 함에 따라 성인기 적응 행동에 어려움을 초래할 수 있다. 즉, 계획과 조직화 능력에 한계가 있는 ASD 성인들은 행동이나 활동을 하기 위한 실행 계획을 적절하게 세우지 못해서 어떤 활동이나 과제를 수행하는 데 있어서 너무 많은 시간을 소비하거나 너무 적은 시간을 할애하고, 세부 사항에 과하게 초점을 두면서 중요하지 않은 일에 불필요하게 시간을 낭비하는 등의 비효율적인 수행 습관을 갖게 된다. 또한 인지적 유연성이 부족함에 따라 일상생활에서 예기치 않게 일어나는 변화나 돌발 상황에 적절히 대처하지 못하므로 불안이 높아지고 결국 계획된 해야 할 일들을 성공적으로 실행하지 못하게 된다(Wallace et al., 2016; Shmulsky & Gobbo, 2013).

특히 삶과 생활의 큰 변화가 일어나는 성인기로의 전환 과정에서 실행기능이 필요한 도전적 상황들에 빈번히 직면하게 된다(Friedman, Warfield, & Parish, 2013; Kapp et al., 2011; Wisner-Carlson et al., 2020). 독립성에 대한 기대가 높아지고 예측 불가능한 상황에 맞춰 적절히 반응하면서 순발력 있게 적응해야 하는 대학 환경에서 실행기능에 문제가 있으면 심각한 문제가 될 수 있다. 즉, 대학에 입학하게 되면 학업 일정과 활동, 장기적인 과제를 시간에 맞춰 시작하거나 효율적으로 수행해야 하며, 프로젝트와 시험 준비를 독립적으로 관리해야 하고, 갑작스럽게 제시되는 학업적 과제를 수행할 수 있도록 다양한 캠퍼스 활동 중 바꿀 수 있는 일정을 선택하고 조정하는 법 등을 스스로 습득해야 한다. 이 과정에서 '계획, 조직화 및 행동의 자기 조절'과 같은 복잡한 실행기능이 요구되고, 이를 효과적으로 사용할 수 있어야 한다. 그러나 실행기능의 여러 측면에서 심각한 문제를 보이는 ASD 학생들은 이러한 다양하고 새로운 문제 상황에 직면했을 때 문제를 파악하고 실천 가능한 해결책을 찾는 데 어려움을 겪는다(Fast, 2004).

또한 실행기능의 문제는 직업을 찾고 유지하는 과정에도 영향을 미칠 수 있다. 지적장애를 동반하지 않은 ASD 성인들은 특정 분야에 대한 제한된 관심사 및 집착이 뚜렷하여 이 점을 잘 활용한다면 전문적 직업을 가질 수도 있지만, 대다수의 ASD 성인은 자신에게 적합한 직업을 찾는 과정에서부터 어려움이 있다(Roberts, 2010; Wehman, Schall, Taylor, Avellone, & Seward, 2019). 직업을 선택하고 취업에 필요한 활동들을 구체적으로 준비한 후에 취업을 하는 것과 같이, 장기적인 노력이 요구되는 취업 목표를 달성하기 위해서는 보다 체계적인 접근이 필수적이다. 그러나 지적장애를 동반하지 않은 ASD 성인들은 이러한 목표 활동을 개념화하는 능력이 부족할 뿐만 아니라 세부 사항을 구체화하여 순서대로 시도하는 데 어려움을 겪는다(Hume et al., 2009; Noens & Berckelaer-Onnes, 2004). 또한 ASD의 핵심 결함인 사회적 상호작용의 한계가 두드러지면, 구직을 위한 면접 상황뿐만 아니라 직장 내 협업이 필요한 상황에서 어려움을 초래하게 된다. 구직 면접에서는 사회적 문제해결력, 협업 기술 등을 평가하기 때문에 의사소통, 사회적 지각과 인지, 사회적 기술에 문제를 보이는 ASD 성인들은 구직 면접에 취약할 수밖에 없다(Berney, 2004; Simone,

2010). 조직화나 시간관리와 같은 실행기능이 부족하면 구직 면접 상황에서 답변 내용을 구조화하지 못한 채 장황하게 이야기하거나 답변 시간을 조절하지 못해 구직 장면에서 긍정적인 결과를 얻기 어려울 수 있다(Strickland, Coles, & Southern, 2013). 게다가 ASD 성인들은 지적장애를 동반하지 않더라도 자신의 행동을 점검하는 능력(self-monitoring)이 부족하기 때문에 직장에서 주변 사람들의 불쾌감을 유발하는 행동을 하고 직장의 집단 내에서 호의적으로 수용되지 못하기도 한다.

이 외에도 성인기 전환 시기에 독립적인 생활을 영위하기 위해서는 일자리를 찾아 직업을 유지하며 고정적인 수입을 얻는 것뿐만 아니라 고정적인 수입으로 적절한 옷이나 식료품을 구매하는 것과 같은 일상적인 경제활동들을 책임지고 하는 것, 장단기적인 미래를 준비하기 위한 재정 관리를 하는 것 등이 필요하다(Friedman et al., 2013; Kapp et al., 2011; Wisner-Carlson et al., 2020). 실행기능은 이러한 활동을 수행하는 과정에서 생기는 문제를 찾아 해결책을 생각해 내는 능력과 관련이 있으며, 다양하게 발생하는 일상의 문제를 해결하는 능력은 성인으로서 독립적인 생활을 하는 데 필수적이다. 따라서 실행기능이 손상되면 일상생활을 하면서 경험하는 문제를 성공적으로 해결하기 어려울 수 있으며, 성인기로의 전환이라는 발달 과업을 성공적으로 완수하지 못할 가능성이 높다.

실행기능의 한계로 인해 성인기까지 지속적인 적응 문제를 겪고 독립적인 기능을 하지 못함에 따라 지적장애를 동반하지 않은 ASD 성인들의 삶의 질은 저하되고, 의료적・사회적인 부담이 증가하는 등 다양한 어려움을 유발할 수 있다. 뿐만 아니라 ASD 성인들의 실행기능 한계는 높은 우울 및 불안 수준과 정적 상관을 이루는 등 개인의 정신건강에도 악영향을 미칠 수 있다(Wallace et al., 2016). 하지만 지적장애를 동반하지 않은 ASD 성인들의 이러한 취약점에도 불구하고 인지기능이 정상 범위에 속한다는 이유로 이들이 겪는 어려움을 가족을 비롯한 주변 사람들로부터 이해받지 못하고 사회적 지원에서도 배제되는 경우가 많다. ASD 성인은 지적장애를 가지고 있지 않더라도 적응기능이 부진할 수 있으며, 따라서 이들에게도 지적장애를 동반한 ASD 성인과는 다른 접근 방식의 개입과 사회적 지원이 필요하다.

ASD를 대상으로 한 개입의 가장 궁극적인 목표는 ASD 성인이 사회에서 독립적으로 살아갈 수 있도록 돕는 것이다. 지적장애를 동반하지 않은 ASD 성인이 독립적으로 생활하게 하기 위해서 이 과정들을 단계적이고 조직적이며 유연하게 할 수 있도록 실행기능의 요소들을 효율적으로 활용하는 전략을 알려 주는 것이 효과적일 수 있다. 지적장애를 동반하지 않은 ASD 성인이 일상에서 직면한 여러 가지 적응 문제를 해결할 수 있게 실행기능 활용 전략에 대해 교육하고, 이를 내재화하도록 돕는 것이 중요하다. 실행기능 활용 능력이 개선됨에 따라 일상생활의 독립적인 영위와 사회 적응에 필요한 적응 행동들을 수행하는 데 연쇄적인 영향을 미쳐서 ASD 성인의 장기적인 삶의 질이 더 나아질 수 있다.

4. 실행기능의 취약성을 보완하기 위한 개입

실행기능을 향상시키기 위한 개입으로 약물치료, 심리교육 중심의 인지행동치료, 컴퓨터 훈련 프로그램, 신체 활동, 신경 피드백 등을 기반으로 한 개입들이 실시되었으며, 특히 인지행동치료를 기반으로 한 개입은 여러 연구에서 실행기능을 향상시키는 데 유의미하게 효과적인 것으로 나타났다(Riccio & Gomes, 2013; Young & Amarasinghe, 2010). 그중에서도 실행기능의 결핍이 핵심 증상으로 알려진 주의력 결핍 과잉행동장애(Attention Deficit Hyperactivity Disorder: ADHD) 성인에게 적용된 인지행동치료 기반의 실행기능 개입 프로그램이 효과적인 것으로 알려져 있다(Jensen et al., 2021; LaCount et al., 2018; Prevatt & Levrini, 2015; Solanto et al., 2010; Solanto & Scheres, 2020).

ASD를 대상으로 한 실행기능 개입은 주로 학령기 아동들을 대상으로 이루어졌는데(Bierman, Nix, Greenberg, Blair, & Domitrovich, 2008; Jacob & Parkinson, 2015), 최근 들어서는 지적장애를 동반하지 않은 ASD 성인의 실행기능이나 적응기능을 파악하여 효과적으로 돕는 프로그램에 관심이 생기면서 여러 프로그램이 개발되어 효과 검증이 이루어지고 있다. 그러나 지적장애를 동반하지 않은 ASD 성인을 대상으로 한 개입들은 실행기능에 초점을 두기보다는 주로 학업 또는 업무를 돕거나 성인 전환기에 독립성을 기르고 일상생활의 적응을 돕는 것을 목적으로 하고 있다. 대부분 인지행동치료 형태를 기반으로 일상생활 적응에 필요한 문제해결 기술과 전략에 대해 교육한 후에 실제로 연습하는 방식으로 진행되고 있다(Bonete et al., 2015; Nadig et al., 2018; Oswald et al., 2018; Pugliese & Whilte, 2014; Ruble et al., 2018).

국외에서 개발된 프로그램들을 간략히 살펴보면, ASD 성인을 위한 문제해결 기술[Problem Solving Skills: 101(PSS: 101)]은 효과적인 문제해결 기술의 교육을 목표로 하여 9회기 동안 진행된다(Pugliese & White, 2014). 구직, 대처, 실행 통제 및 사회 기술(Acquiring Career, Coping, Executive Control, Social Skills)을 기반으로 하는 ACCESS 프로그램은 대처에 대한 자기-효능감 또는 생활 스트레스와 도전적 상황에 효과적으로 대처할 수 있다는 자기 능력에 대한 인식이 낮은 것이 성인기로 전환하는 것을 방해하는 요소라고 보고, 자폐성 장애인의 대처에 대한 자기 효능감과 기술들을 강화하는 데 초점을 둔다(Oswald et al., 2018). 지원 고용(Supported Employment), 종합적인 인지 강화(Comprehensive Cognitive Enhancement) 및 사회 기술(Social Skills)에 대한 개입을 목표로 하는 SUCCESS 프로그램은 13회의 인지 강화(실행기능 및 기억 기술) 및 12회의 사회적 기술(사회 인지 및 의사소통 기술)의 두 가지 주요 섹션으로 구성되어 진행되는데, 프로그램 참여 후에 문제해결, 귀납적 추론, 계획에서 유의한 수준의 개선을 보인 것과 함께 실업 상태였던 대부분의 참여자가 새로운 기술을 배우고 경력을 개발하는 데 동기 부여가 되면서 개입 후 고용률이 22~56%로 2배 이상 증가했다고 보고되었다(Baker-Ericzén et al., 2018).

국내에서는 실행기능의 요소에 초점을 두고 사회 적응 능력을 개선시키는, 지적장애를 동반하지 않은 ASD 성인에게 특화된 개입 프로그램이 거의 없는 실정이다. 현재까지 국내에서 ASD의 실행기능에 초점을 둔 개입은 대부분 아동과 청소년을 대상으로 진행되었으며, ASD 성인의 일상생활 적응을 돕기 위한 개입이나 매뉴얼은 찾아보기가 어렵다. 다만, ASD 성인을 대상으로 한 개입 중 ASD 핵심 특성인 사회적 상호작용의 결함을 개선시키기 위한 사회 기술 훈련인 PEERS® for Young Adults 프로그램(PEERS®-YA; Laugeson, 2017)을 본 저자가 속한 분당서울대학교 병원의 정신건강의학과 소아청소년 클리닉에서 국내에 도입하여 운영 중에 있다. PEERS®-YA는 14회기로 구성된 ASD 청소년을 위한 부모 조력형 사회기술 훈련 프로그램(Program for the Education and Enrichment of Relational Skills®: PEERS®; Laugeson & Frankel, 2011)에서 확장된 것으로, 총 16회기로 구성된 ASD 성인을 위한 사회 기술 훈련 프로그램이다. 청소년과 마찬가지로 부모 또는 사회성 코치가 ASD 성인을 돕는 형태로 운영되며, 지적장애를 동반하지 않은 ASD 성인과 그들의 사회성 코치가 모두 같은 내용의 사회 기술을 배운다. 프로그램은 대화 기술과 친구를 사귈 수 있는 곳을 찾기, 유머를 적절히 사용하는 방법, 집단의 대화에 들어가고 빠져나오는 방법, 친구를 초대하여 함께 어울리기, 갈등 해결 및 괴롭힘에 대응하는 방법 등에 대한 내용으로 이루어져 있으며, 성인을 대상으로 한 만큼 연애 대상과의 관계 형성을 중요시하면서 데이트를 할 때 필요한 기술에 대한 내용도 다루고 있다. PEERS®-YA는 무작위 대조군 연구를 통해 지적장애를 동반하지 않은 ASD 성인에게서 사회 기술이 향상됨이 입증되었다(Laugeson, Gantman, Kapp, Orenski, & Ellingsen, 2015). 국내에서 번역 작업을 하고 한국 문화 실정에 맞게 내용을 수정한 PEERS®-YA-K 역시 국내의 지적장애를 동반하지 않은 ASD 성인에게 적용하여 효과 검증을 하였으며, 사회 기술 지식이 유의미하게 향상됨을 밝혔다(Oh et al., 2021). PEERS®-YA에 대한 효과성을 반복 검증한 McVey 등(2016)은 PEERS®-YA에서 다루지 않은 구직과 직업 유지 기술, 일반 적응기능 기술 등을 획득하는 데 중점을 둔 개입이 필요하다고 후속 연구를 위해 제안하였다. 이에 본 저자가 속한 연구팀은 지적장애를 동반하지 않은 ASD 성인이 일상생활에서 흔히 겪고 있는 문제를 해결하고 사회 적응 능력을 개선할 수 있도록 실행기능을 효과적으로 활용할 수 있는 훈련 프로그램을 개발하고, 개입 효과를 검증하여 임상 적용의 가능성을 확인하고자 하였다. 『실행기능을 활용한 내 삶의 관리자 되기(Executive Function & Adaptive Behavior Education: EFABE)』는 그 연구의 산물로 개발된 것이다.

5. 지적장애를 동반하지 않은 자폐성 장애 성인을 위한 전환기 개입의 초점

앞서 살펴보았듯이 성인기로 전환을 하는 과정 중 독립된 일상 활동, 대학생활과 학업, 직업 선택과 고용, 직장생활 등에서 지적장애를 동반하지 않은 ASD 성인들이 겪는 어려움은 실행기능의 취약성과 관련이 있으며, 일상생활 적응뿐만 아니라 사회적 적응을 위해서 개입과 지원이 필요하다. 개입 프로그램을 개발하기에 앞서 모든 영역을 다 다룰 수는 없으므로 개입의 초점을 어디에 두어야 하는지를 먼저 문헌을 통해서 살펴보았다.

Geller와 Greenberg(2009)는 일반적인 성인기 전환 계획 과정에서 다음과 같은 내용들에 대해 지원이 필요하다고 제안하였다. ① 필요한 사회적 기술을 지속적으로 개발할 수 있는 기회, ② 사회적 사고 기술 및 삶 속에 숨어 있는 교육과정을 찾는 구체적인 방법, ③ 돈 관리, 위생 관리, 가사 관리, 건강 유지, 여행 또는 운전을 포함한 생활 기술의 꾸준한 누적 개발, ④ 성인 생활 환경과 관련된 개인 행동 관리에 대한 교육 및 성교육, ⑤ 대학, 기술 교육, 견습 활동 또는 기타 교육 등 고등학교 이후의 교육을 위한 적절한 지원, ⑥ 직장에서의 적절한 행동에 대해 배우고 구직 과정을 이해하는 등 직업 전 활동에 대한 지원, ⑦ 초기 업무 경험으로서 자원봉사 지원 또는 인턴십의 경험, ⑧ 업무의 세계와 그 사회적 요소를 적절히 이해하기 위한 첫 번째 직업 경험, ⑨ 여가 관심사 개발 및 여가 활동 계획이 그것이다. 그러면서 ASD 성인들은 실행기능의 취약성으로 인해 이러한 활동에 어려움을 겪으며, 특히 조직화 능력과 관련된 기술이 필요하다고 하였다. 한편, Barkley(2010)는 ADHD를 가진 개인에게 적용할 수 있는 실행기능 손상에 대한 몇 가지 개입 전략을 제안하면서 개입의 핵심은 '실행기능의 손상을 보상하는 것'이라고 하였다. 즉, 실행기능 손상이 쉽게 변화하지는 않지만 이에 대처하도록 훈련을 받는 것이 도움이 될 수 있다(Prevatt & Yelland, 2015).

이런 선행 연구들의 제안을 포괄적으로 통합하고, 그동안의 연구팀이 가진 임상 경험, 그리고 PEERS®-K와 PEERS®-YA-K를 진행하며 얻은 통찰들을 기반으로 지적장애를 동반하지 않은 ASD 성인에게 필요한 실행기능의 영역을 다음과 같이 구성하였다.

1) 목표 설정 및 계획과 조직화

ASD 성인들은 계획, 조직화, 개념 형성 등의 실행기능이 부족하여 이에 현실적인 장단기 목표를 정하고 이를 구체화하여 실천하는 데 어려움을 겪는다(Demetriou et al., 2018). 개인이 목표를 설정하게 되면 이 목표를 이루기 위해 지향성을 갖게 되며, 적절한 강도의 노력을 지속하면서 자신의 행동을 직접적으로 조절할 수 있게 된다(Carr, Moore, & Anderson, 2014). 그러나 목표가 막연하거나 장기적인 목표로만 이루어져 있을 경우에는 어느 정도 노력을 기울여야 하는지 모호하고, 성취의 여부도 알 수 없게 되면서 목표를 이루는 동기 부여가 되지 않을 수 있다. 따라서 달성할 수 있는 목표로 만들기 위해서는 큰 목표를 작은 목표로 나누고, 이를 달성 가능한 형태로 구체화하여 기술하는 것이 중요하다. 개인에게 맞는 보다 실행 가능한 목표를 정하고, 목표를 정량화해서 이러한 목표를 달성하는 것을 통해 성취 경험을 높이고 그다음 단계의 수행 동기를 부여할 수 있다. 이에 따라 목표는 '구체적이고(Specific), 달성한 정도를 측정할 수 있어야 하며(Measurable), 실제로 이룰 수 있고(Attainable), 내가 원하는 것과 관련이 있으며(Relevant), 시간 제한이 있어야 한다(Time-bound)'는 SMART 목표 설정 기법(Meyer, 2003)에 따르는 것이 유용할 수 있다. 목표를 이렇게 설정하면 성취하기가 더 쉬워질 수 있다.

이 외에도 ASD 성인들은 세부적인 부분과 큰 그림을 함께 보지 못하므로 어떤 큰 주제가 주어지면 이를 세부적으로 구체화하여 순서대로 실행하는 데 어려움이 있다(Deisinger et al., 2012; Noens & Berckelaer-Onnes, 2004). 장기적인 목표를 달성해 나가는 데 필요한 과정들을 세분화하여 작은 단기 목표들로 나누고, 쉽게 달성할 수 있는 작은 목표부터 하나씩 시작해야 한다는 것을 이해할 수 있어야 목표 달성을 위한 시작을 할 수 있다. 이에 따라 단계별로 조직화하여 계획을 세우는 방법을 가르쳐 주는 것이 도움이 된다(Solanto, 2011).

ASD 성인은 사회적 의사소통 능력의 결함으로 인해 자신의 경험을 구체적으로 표현하고 다른 사람에게 전달하는 데 어려움이 있다. 이야기를 시작할 때 관련 배경 정보를 제공하지 않은 채 일방적이고 갑작스럽게 이야기를 꺼내는 경향 때문에 듣는 이가 발언 내용의 맥락을 이해하기가 어렵고 대화가 연속적으로 진행되지 않는다(Adreon & Durcher, 2007). 이러한 언어 전달의 문제를 보완하기 위해서 자신의 경험을 이야기할 때 상대방이 잘 이해할 수 있도록 이야기의 내용 구성을 구조화하여 의사표현을 한다면 도움이 될 것이다. 인지행동치료의 기본 개념은 상황(경험), 생각, 감정과 행동은 모두 이어져 있다는 것이며, 개인이 이러한 요소들의 상호작용에 부정적인 패턴이 있다는 것을 인지하면서 생각과 행동에 변화를 주는 것이라고 할 수 있다(Fenn & Byrne, 2013). 이러한 인지행동치료의 기본 개념에 근거하여 자신의 경험을 전달할 때 자신이 경험한 상황과 그에 따르는 생각, 그리고 감정을 인식하여 이를 연결해서 구조화된 방식으로 표현하게 한다면 발표를 하거나 대화를 진행할 때 자신의 의도를 언어적으로 전달하는 데 도움이 될 수 있을 것이다.

2) 시간 관리를 위한 우선순위 정하기

시간 관리 기술은 조직 및 계획과 같은 다른 실행기능 구성 요소와 함께 가정 관리, 생활 구성, 고용 유지에 상당히 중요하다(Barkley, Edwards, Laneri, Fletcher, & Metevia, 2001; Thomack, 2012; Valko et al., 2010). 시간 관리에 일반적인 어려움이 있는 사람은 정시에 직장에 도착하는 것에서부터 정시에 업무를 완료하는 것, 특정 기간 내에 업무를 수행하는 것이 합리적인지 추정하는 것 등에서 문제를 나타낸다(Janeslätt, Holmqvist, White, & Holmefur, 2018). 시간 관리에 어려움이 있으면 늦게 출근하고, 점심이나 휴식 시간에 너무 오랜 시간을 소요하며, 중요한 업무를 완료할 충분한 시간을 남기지 않은 채 중요하지 않은 일에 지나치게 집중하여 업무 효율성이 떨어질 수 있다. 따라서 미루는 행동을 극복하기 위해 계획을 세우거나 일하기 전에 할 일 목록을 작성하는 것이 새로운 일상을 원활하게 수행하기 위한 시간 관리에 도움이 된다(Geller & Greenberg, 2009).

시간의 중요성에 대한 인식과 시간 맞추기의 문제는 ASD의 특성 중 하나로 알려져 있다(Allman et al., 2011; Allman & DeLeon, 2009). ASD에서 시간 관리의 문제는 '순수한 시간 개념 인식' 자체의 문제라기보다는 시간 개념 인식과 관리를 위해서 필요한 '다중 과제 수행하기, 의사결정하기, 계획 세우기와 시작하기, 행동 억제 및 주의 전환'과 같은 실행기능에서의 결핍이 시간 관리 능력에 영향을 미치기 때문이라는 가설이 있다(Casassus, Poliakoff, Gowen, Poole, & Jones, 2019). 특히 ASD 성인들은 부적절하게 계획을 세우고, 과제를 수행하는 데 있어서 필요 이상의 너무 많은 시간을 소비하거나 혹은 너무 적은 시간을 할애하기도 하며, 중요하지 않은 세부 사항에 지나치게 집중하면서 정작 중요한 핵심 사항을 놓치거나 지연시키는 등의 비효율적인 수행 습관이 생겨서 결과적으로 자신이 해야 할 일을 제대로 해내지 못한다(Shmulsky

& Gobbo, 2013).

따라서 시간 관리를 위해서는 시간 개념을 인식하는 것뿐만 아니라 정해진 시간 동안에 자신에게 주어진 여러 가지 일을 완수하기 위해 해야 할 일 목록을 정하고, 그중에서 가장 중요한 일을 첫 번째로 하도록 우선순위를 정하는 방법과 이를 실천하기 위한 시간 계획표를 작성하는 방법을 알려 주는 것이 필수적이다(Geller & Greenberg, 2009).

3) 감정과 스트레스 조절

ASD 성인은 대개 스트레스 상황에서 효과적인 정서 조절 전략을 사용하지 못하여 정서적 자극에 충동적으로 반응한다고 보고된다(Mazefsky et al., 2013). 특히 실행기능 중 정서 억제력에 문제가 있는 경우에 부적절하게 분노 표현 행동을 하기 쉬우며, 이것이 ASD 성인이 직장에서 해고를 당하는 일반적인 이유라고 알려져 있다(Meyer, 2010). 따라서 부정적인 감정을 폭발적으로 표현하지 않도록 하기 위해서는 개별적인 감정 조절 전략을 개발하는 것이 중요하다(Bedrossian, 2015). 이러한 감정 조절 전략을 개발하기 위해서는 자신의 부정적인 감정을 인식하는 것부터 시작해야 한다. 자폐성 장애인은 서로 다른 감정을 구별하여 인식하는 데 취약하고, 다른 사람의 감정뿐만 아니라 자신의 감정을 알아차리는 데 어려움이 있다(Erbas et al., 2013; Fridenson-Hayo et al., 2016; Kinnaird, Stewart, & Tchanturia, 2019). 따라서 자신이 느끼는 감정이 무엇인지 알아차리고, 부정적인 감정의 강도를 평가하고 인식하는 것이 자폐성 장애인에게 자주 나타나는 감정 조절 문제에 도움이 될 수 있다.

불안과 분노는 자폐성 장애인에게 흔한 부정 정서이고, 이는 자폐성 장애인 정신건강 문제의 중요한 위험 요인이다(Ghaziuddin, 2002; Samson, Wells, Phillips, Hardan, & Gross, 2015). 따라서 불안과 분노 감정이 무엇인지 구분하여 인식하고, 이러한 부정적 감정의 강도를 수치화해서 자신의 감정과 정도를 명확하게 인식할 수 있도록 하는 것이 감정 조절을 위한 첫 단계라고 할 수 있다. 또한 자폐성 장애인은 파국화, 과잉 일반화, 흑백논리적 사고 등의 인지적 오류를 자주 보이므로 사소한 문제 상황에서 스트레스를 경험하기 쉽다(White, 2011). 따라서 인지적 오류나 부정적인 생각에서 벗어나도록 하는 것이 도움이 될 수 있고, 이를 위해 인지적인 재해석의 방식인 '다르게 생각하기'를 적용해 볼 수 있다. 이와 함께 감정 조절을 하기 위한 방법 중 하나로 감정 폭발을 방지하기 위해 사전에 스트레스 관리를 할 수 있는 방법을 알려 주는 것이 필요하다.

4) 인지적 유연성

실행기능 요소 중 인지적 유연성의 결핍은 자폐성 장애인의 주요한 특성 중 하나인 '동일성에 대한 집착'과 밀접한 관련이 있다. 동일성을 고집하는 특성으로 인해 자폐성 장애인은 일상생활에서 일어나는 보편적인 변화 상황에 따라 자신의 행동을 수정하기가 어렵고, 변화된 상황에 맞춰 바뀌지 않는 자신의 행동이 적절하지 않다는 사실을 잘 알아채지 못한다(McManmon, 2015). 예를 들면, 일반 사람들은 추운 겨울이 지나 따뜻한 봄이 오면 겨울 코트나 두꺼운 점퍼를 그만 입어야 하는 시기를 인식하고 가벼운 겉옷으로 바꿔 입기 시작하지만, ASD 성인들은 날씨 변화를 민감하게 인식하지 못할 뿐만 아니라 자신의 기존 행동패턴을 유지하려는 특성이 있기 때문에 계절이 봄으로 바뀌더라도 겨울 코트와 모자, 장갑을 지속적으로 착용하고 다니는 경향이 있다. ASD 성인들은 이러한 고정된 행동패턴이 '나한테 크게 불편하지 않다'고 생각하지만 고정된 행동패턴을 상황에 맞지 않게 유지하는 것은 주변 사람들에게 부정적인 인상을 심어 줄 수 있으며, 대인관계 형성과 유지에 방해 요인이 될 수 있다. 상황 변화에 따라서 고정된 행동을 수정하는 것이 주위 사람들에게 좋은 인상을 주고, 대인관계에도 효과적이 될 수 있다는 것을 깨달을 수 있도록 교육할 필요가 있다.

또한 ASD 성인은 경직된 사고방식을 가지고 있어서 자신의 생각과 다를 때 타협하는 능력이 부족하며, 자기만의 생각을 고집하는 태도는 세상에 대한 편향된 관심을 형성하고 사회적으로 바람직한 결정을 내리는 능력을 손상시킨다. 따라서 신뢰할 만한 사람들과 네트워크를 형성하고 바람직한 결정을 내리는 데 타인의 조언을 받아들일 수 있는 유연한 태도의 필요성을 알려 주는 것도 필요하다(McManmon, 2015). 또한 ASD 성인은 인지적 경직성으로 인해 대안적 선택을 수용하고 효율적이고 합리적인 결정을 하는 데 어려움이 있으므로(Mussey et al., 2015), 문제 상황을 해결하기 위한 다양한 대안을 고려하고 그에 따른 장단점을 비교하여 의사결정을 하는 절차를 교육하는 것도 도움이 될 것이다(Daly & Sterba, 2011).

5) 가정에서의 생활 관리 및 경제 관리

일상생활을 영위하기 위해 필요한 집안 내 가사 활동에도 실행기능이 필요하다(Pugliese et al., 2016). 집안 정리정돈, 청소, 요리, 세탁 등의 가사를 수행하기 위해서는 계획이 요구되고, 보다 효율적으로 일을 하기 위해서는 할 일들을 체계적으로 구조화하는 조직화 능력이 필요하다. ASD 성인에게 외모 관리 또한 도움이 필요한 영역으로, 직장이나 사회적인 상황에서 자신이 타인에게 어떻게 보일지에 대한 사회적 판단 능력과 상황에 맞는 적절한 옷을 착용하기 위해서도 조직화 능력이 요구된다. 위생 상태도 외모에 영향을 미치므로 위생 관리를 위해서는 효과적으로 조직화된 구조(예: 상황별로 위생 상태를 시각적으로 확인하기, 위생 관리를 위한 목록 작성하기, 컴퓨터나 스마트폰에 메모 및 알람 설정하기)를 개발할 수 있게 하는 것이 필요하다(Geller & Greenberg, 2009). 독립적인 생활에서 기본적으로 필요한 개인위생 관리, 건강 관리, 집안 관리에서 필요한 활동들을 일련의 절차와 단계에 따라서 구조화하고 계획해서 수행한다면 즉흥적으로 수행하는 것보다 더 효율적이고 완성도 있게 해낼 수 있을 것이다.

또한 경제 관리를 위해서도 목표를 정하고 계획을 세우는 것이 요구된다. ASD 성인들은 재정 관리의 중요성에 대해 알고, 자신의 재정 관리 능력이 부족한 것을 걱정하며, 이 점이 독립된 성인이 되는 데 걸림돌이 된다고 여긴다(Cheak-Zamora et al., 2015). 하지만 이들에게는 실질적인 재정 목표를 정하고 실천하기 위해 요구되는 기술들이 부족하기 때문에 구체적인 교육 및 지원이 요구된다. 이를 위한 첫 단계로 가계부 작성을 통해 자신의 소비의 흐름을 파악할 필요가 있으며, 자신의 한 달 수입과 지출을 정리하고 다음 달에 사용할 금액에 대한 예산을 정하는 등 경제 활동에 대한 계획을 세워 이를 따르는 것이 필요하다. 이와 함께 재정 목표를 세우고 목표에 따라 저축과 소비를 계획할 필요가 있다. 합리적인 소비를 위해 물건을 구매할 시 계획적으로 구매 전략을 짜는 방법, 여가 활동에 들어가는 비용에 대해서도 생각해 보면서 자신의 재정 규모에 맞게 여가 활동 계획을 세우는 방법을 아는 것도 도움이 된다.

6) 새로운 환경에의 적응

사람들은 살아가면서 늘 변화를 직면하게 되며, 이러한 변화에 적응하는 데에는 인지적 유연성뿐만 아니라 계획, 시간 관리 등 다양한 실행기능이 필요하다. 지적장애를 동반하지 않은 자폐성 장애인은 민첩하고 적절하게 상황에 대처하는 능력이 부족하여 변화된 상황에 직면하였을 때 어려움을 경험할 가능성이 높다(Panerai et al., 2014). 사회적인 단서를 정확하게 해석하는 데 어려움이 크기 때문에 변화된 상황에서도 분위기나 타인의 반응을 살피지 못한 채 기존의 방식대로 행동하다가 무례하고 둔감하며 이기적인 사람으로 비춰질 가능성이 있다(Barnhill et al., 2002). 변화하는 환경에 적응하지 못하는 ASD 성인들은 예상치 못한 변화 상황에서 과도한 분노를 표현하거나 타인에게 공격적인 행동을 보이는 등의 문제 행동을 나타내기도 한다(Williams, Siegel, & Mazefsky, 2018). 따라서 변화하는 상황이나 새로운 상황에 직면하였을 때 정서적으로 자극되지 않기 위해서는 '환경에서 변화가 일어나는 것은 당연하고, 변화에 적응하기 위해서는 자신을 바꿔 나가야 한다'는 것을 받아들이고, 환경 변화에 대처하는 여러 가지 전략을 습득할 필요가 있다. 이에 따라 '새로운 공간, 시간(일정), 사람'에게 익숙해지기 위한 전략이나 변화된 공간이나 상황에 맞춰 나의 행동을 바꾸는 방법에 대해서 교육하는 것이 도움이 될 수 있다.

또한 변화하는 환경에 언제든지 적응할 수 있으려면 작업을 수행하는 데 필요한 자료들이나 물건들을 쉽게 찾아서 이용할 수 있어야 하는데, ASD 성인의 반 이상(53.47%)이 높은 수준의 저장장애(hoarding disorder: 필요 없는 물건들을 버리지 못하고 쌓아 두어 일상에 지장이 생길 정도의 장애) 관련 증상을 보이며, 특히 관심사와 관련한 물건들을 반복적으로 수집하여 주변 환경이 혼잡해질 수 있다(Acland et al., 2018; Ruta et al., 2010). 따라서 주변 환경을 효율적으로 조직화하고 정리함으로써 수행의 효율을 높이는 방법을 적용하는 것이 환경 변화 적응에 도움이 될 수 있다.

7) 직업 선택 및 구직, 직장생활

직업을 선택하고 취업에 필요한 활동들을 구체적으로 준비한 후에 취업을 하는 것과 같이, 장기적인 노력이 요구되는 취업 목표를 달성하기 위해서는 보다 체계적인 접근이 필수적이다. 그러나 ASD 성인들은 이러한 장기적인 목표 활동을 개념화하는 능력이 부족할 뿐만 아니라 세부 사항을 구체화하여 순서대로 시도하는 데 어려움을 겪는다(Hume et al., 2009; Noens & Berckelaer-Onnes, 2004).

지적장애를 동반하지 않은 ASD 성인들 중 어떤 사람들은 특정 분야에 대해 제한된 관심을 집중적으로 보이기 때문에 이를 잘 활용하면 고수익의 전문적 직업을 가질 수도 있다. 하지만 대다수의 지적장애를 동반하지 않은 ASD 성인들은 자신에게 적합한 직업을 찾는 과정에서부터 어려움을 겪는다(Roberts, 2010; Wehman et al., 2019). 이들의 구직을 돕기 위해서는 ASD 성인이 자신의 흥미와 적성에 대해 알고, 이와 관련된 직업을 탐색하는 활동을 일련의 절차에 따라 계획하여 하는 것이 필요하다. 흥미에 맞는 직업과 일자리 정보를 찾고 난 후에는 구직을 위한 서류인 이력서와 자기소개서를 준비하는 것이 필요하다. 사회적 의사소통에 결함이 있는 ASD 성인들은 글로 자신을 표현하고 전달하는 것에 어려움이 있으며, 특히 글로 전달해야 하는 내용을 효과적으로 조직하여 표현하지 못해 이력서와 자기소개서의 내용을 적절하게 구성하는 데에도 한계가 있다(Müller, Schuer, & Yates, 2008). 자기소개서를 작성할 때에도 채용담당자에게 전달하고 싶은 내용이 무엇인지 주제를 구성하고, 표현하고자 하는 내용의 우선순위를 정하며, 각 주제별 내용의 길이를 조정하는 등 글을 효과적으로 구성하기 위한 실행기능이 요구된다. 따라서 구직에 필요한 서류를 체계적으로 구조화하여 작성하는 방법을 교육하는 것이 필요하다.

또한 ASD 성인은 사회적 결함으로 인해 구직을 위한 면접 상황에서 자신이 어떻게 행동해야 하는지를 잘 알지 못하며, 특히 인사담당자나 면접관의 관점을 잘 이해하지 못한다. 면접 과정에서 자신이 좋은 인상을 주어야 한다는 필요성 자체에 대한 인식이 부족하고, 평소 자신의 계획성과 준비성이 부족한 모습을 있는 그대로 드러내는 것에 별다른 문제점을 느끼지 못한다. 이에 구직 활동에서 면접이 가지는 의미와 면접의 역할, 면접에서 호감을 주는 인상과 자신감 있는 태도로 자신의 장점을 부각시키는 방법에 대해서 알려 줄 필요가 있다(Bissonnette, 2014). 또한 ASD 성인은 사회적 의사소통의 결함 때문에 면접 과정에서 답변을 시도하기까지 시간이 오래 걸리고, 답변 시간이 지나치게 짧거나 반대로 불필요하게 장황하고 길게 답변하는 등 다양한 어려움을 보인다(Bublitz et al., 2017). 면접도 사회적 의사소통 상황의 일부이므로 대화기술 기법을 면접 상황에서 활용하는 것이 필요하다. 면접을 잘하기 위한 여러 가지 정보를 제공하는 것과 함께 면접 시 떠오르는 불안을 다루기 위해 감정 조절 방법을 적용하는 것도 면접 준비에 도움이 될 수 있다.

직장생활을 성공적으로 수행하고 취업 상태를 오래 유지하기 위해서는 직장생활을 하기 위한 기본 태도, 기본 예절, 기본 상식, 직장인으로서의 책임감 등에 대한 정보를 알고 있는 것이 필요하다. 또한 직장생활을 하면서 맞닥뜨릴 수 있는 상황 변화에 유연하게 대처하고 관계 문제가 생겼을 때 인지적 재구조화(예: 다르게 생각하기)를 통해 감정 조절을 하는 등 실행기능 영역을 적절히 활용하는 것이 도움이 될 것이다.

6. 실행기능 활용 프로그램의 개발 과정 및 최종 프로그램의 구성

프로그램 개발의 첫 단계로, 지적장애를 동반하지 않은 ASD 성인의 실행기능 및 적응 능력에 대한 문헌과 선행 연구들을 고찰하여 프로그램의 목적에 대한 근거를 마련하였다. 이 프로그램이 지역사회에서 다양하게 활용되기 위해서는 무엇보다도 당사자와 가족, 그들을 만나는 현장 전문가의 요구와 목소리가 프로그램 안에 충분히 반영되어야 한다고 생각했으므로 두 번째 단계로 ASD 성인, ASD 성인의 양육자, ASD 전문가 및 관련 종사자를 대상으로 한 심층집단면접(Focus Group Interview: FGI)을 활용하여 실행기능의 어려움 및 그 영향으로 나타나는 실제 일상생활에서의 적응의 어려움에 대해 다각적이고 상세한 정보를 수집하였다. 이를 토대로 프로그램의 구성 요인을 추출하고, 프로그램 대상자들의 요구를 살펴 각 회기의 구체적인 활동 목표를 설정하였다. 세 번째 단계로, 총 10회기의 예비 프로그램을 구성하고, 단일집단 사전-사후 설계(single group pre-posttest design)의 예비 연구를 진행하여 프로그램의 임상 적용 가능성과 타당성을 평가하고 개입 효과를 예비 검증하였다(Kim et al., 2021). 네 번째 단계에서는 예비 연구에서의 참여자 대상으로 개별 면담을 진행하여 프로그램에 대한 의견을 청취하고, ASD 전문가의 자문을 진행하여 이를 토대로 각 회기의 세부 내용을 보다 정교화하면서 프로그램의 구조와 내용을 수정 및 보완하는 과정을 거쳐 최종 12회기의 프로그램으로 개정하였다. 다섯 번째 단계에서는 프로그램의 효과성을 검증하기 위해 무작위 배정 대조군 설계(Randomized Controlled Trials: RCT) 방식에 따라 2차 검증을 시행하였다(Kim et al., 2023).

이 프로그램은 실행기능을 효율적으로 활용할 수 있는 능력을 향상시키는 것에 초점을 두고 있으므로, 실행기능 영역과 관련된 교육 내용들을 전반부에 배치하고 이러한 실행기능들을 일상생활에서 어떻게 활용할 수 있는지 실전 활용 편을 후반부에 배치하여 프로그램 회기를 구성하였다. 이에 1회기는 실행기능에 대한 소개와 목표 설정을 주제로 하였고, 2회기는 계획과 조직화, 3회기는 시간관리, 4회기는 감정과 스트레스 조절, 5회기는 인지적 유연성으로 주제를 구성하였다. 이후부터는 실행기능 영역을 일상생활에 활용할 수 있도록 내용을 구성하여 6회기는 일상생활 관리 방법, 7회기는 환경 변화에 적응하기 위한 전략, 8회기는 개인 경제 관리, 9회기는 일자리를 찾기 위해 필요한 요소, 10회기는 취업을 위해 필요한 서류 작성 방법, 11회기는 면접 준비 방법, 12회기는 직장 생활 관리로 주제를 정하였다. 실행기능의 개념 자체가 독립적인 하나의 능력이라기보다는 몇 가지 요소의 구성체이며, 실행기능의 각 영역들 또한 독립적으로 기능하는 것이 아니라 서로 유기적으로 얽혀 있으므로 한 회기에 하나의 실행기능 영역만을 독립적으로 다루는 것은 불가능하다. 따라서 각 회기에서 주요하게 다루는 실행기능 영역을 구성 요인으로 정하기는 하였으나 다른 종류의 실행기능들이 복합적으로 포함되어 있으며, 특히 후반부의 일상생활과 사회생활에의 적용은 여러 실행기능 영역들을 함께 다루고 있다.

이와 같은 과정을 거쳐 개발된 최종 프로그램의 명칭은 '실행기능을 활용한 내 삶의 관리자 되기(Executive Function & Adaptive Behavior Education: EFABE)'라고 명명하였으며, 프로그램의 구성 내용은 〈표 1-1〉과 같다.

표 1-1 실행기능을 활용한 내 삶의 관리자 되기 프로그램

회기	주제	목표	활동 내용
1	**나의 실행기능은 어떤지 알아봅시다.**	• 프로그램의 목적을 이해한다. • 실행기능의 종류와 필요성을 이해하고, 실행기능 영역에서의 나의 장단점을 파악한다. • 내가 이루고 싶은 목표를 생각해 보고, 이를 달성하기 위해 실행기능을 보완하고자 하는 동기를 강화한다.	들어가기: 프로그램 소개 및 목적 안내 1. 실행기능이 무엇인지 이해하기 1) 실행기능이란 2) 실행기능의 종류 〈실습 활동 1: 나의 실행기능 파악하기〉 ※ 토론과 발표를 위한 tip: 연결하여 이야기하기 2. 목표 세우기 1) 목표 정하기 2) 개인중심계획 〈실습 활동 2: 개인중심계획을 통해 목표 세우기〉 과제 안내 • 개인중심계획을 작성한 것을 검토 및 수정하여 완성하기 • 10년 후 장기 목표 2개, 단기 목표 2개 정하기 • 목표를 달성하기 위해 해야 할 필수적인 하위 단계를 정하기
2	**나만의 계획을 세우고 체계를 만들어 봅시다.**	• 목표를 설정할 때 실천이 가능한 형태로 구체화하는 방법을 배운다. • 내가 설정한 목표를 이루기 위해 단계적으로 계획을 세우는 방법을 배운다. • 일정을 관리하기 위해 일정관리수첩을 선택하고 사용하는 방법을 배운다.	1. 목표 설정 구체화하기 1) SMART 목표 설정 기법 〈실습 활동 1: SMART 기법을 사용한 목표 설정 연습하기〉 2. 목표를 달성하기 위한 계획 세우기 1) 계획 세우는 방법 〈실습 활동 2: 목표를 달성하기 위한 계획 세우기〉 3. 일정관리수첩의 선택과 사용 1) 일정관리수첩의 선택 2) 일정관리수첩 사용의 원칙 과제 안내 • SMART 기법으로 목표를 수정하는 연습 문제 작성하기 • 목표 달성을 위한 세부 계획을 실천하고 달성 여부 기록하기 • 실천하지 못한 계획이 있다면 실천을 어렵게 만드는 이유 확인하기 • 나에게 맞는 일정관리수첩을 선택하고 한 주 일정과 해야 할 일 적기

회기	주제	목표	활동 내용
3	**한정된 시간을 효율적으로 관리해 봅시다.**	• 해야 할 일 목록을 작성하고 일의 우선순위를 정함으로써 시간을 효율적으로 관리할 수 있는 전략을 배운다. • 주간/일일 계획표를 작성하는 방법을 배운다. • 보상 목록을 작성하고 위계를 설정해서 스스로 동기를 부여한다.	1. 일정관리 계획표에서 우선순위 정하기 1) 우선순위를 정하는 방법 〈실습 활동 1: 시간 추정 훈련하기〉 〈실습 활동 2: 할 일 목록과 우선순위 정하기〉 2. 주간/일일 계획표 작성하기 1) 주간 계획표를 만들기 위한 단계 〈실습 활동 3: 주간 계획표 작성하기〉 3. 계획 수행에 대한 동기 향상시키기 1) 보상 목록 작성하기 2) 자기에게 보상을 줄 때 주의해야 할 점 〈실습 활동 4: 보상 목록 작성하기〉 과제 안내 • 시간 추정 훈련하기 • 할 일 목록 작성하기 • 주간 및 일일 계획표를 작성하고 평가하기 • 보상 목록을 완성하고 스스로에게 보상하기
4	**감정과 스트레스를 조절해 봅시다.**	• 일상생활에서 경험하는 감정의 강도를 인식하고 감정을 조절하는 전략을 배운다. • 일상적 스트레스를 관리하는 방법을 배운다.	1. 나의 감정 인지하기 1) 불안과 분노 감정 구분하기 2) 감정 불쾌지수로 내 감정의 강도 인지하기 〈실습 활동 1: 상황에 따른 나의 감정 불쾌지수는 몇 점일까?〉 〈실습 활동 2: 감정 불쾌지수 5점 이상의 상황 생각해 보기〉 2. 감정 불쾌지수 낮추기 1) 호흡법 2) 상상법 〈실습 활동 3: 상상법〉 3) 다르게 생각하기 〈실습 활동 4: 다르게 생각하기 연습〉 〈실습 활동 5: 다르게 생각하기-역할극〉 3. 스트레스 관리하기 1) 스트레스 단서 알아차리기 2) 나만의 스트레스 관리 전략 만들기 〈실습 활동 6: 나만의 스트레스 관리 전략 만들기〉 과제 안내 • 호흡법과 상상법 연습하기 • 감정 불쾌지수가 높아진 상황에 대해 다르게 생각하기를 연습하기 • 나만의 스트레스 관리 전략 만들기

회기	주제	목표	활동 내용
5	**융통성 있게 생각하고 행동합시다.**	• 고정된 행동패턴으로 인한 결과와 행동 변화의 필요성을 이해한다. • 바람직한 의사결정을 위해 다른 사람의 조언을 따르는 것의 중요성을 이해한다. • 갑작스러운 상황 변화에 대처하기 위해 여러 가지 대안을 생각하고 선택하는 연습을 한다.	1. 상황 변화에 맞지 않는 행동 혹은 고정된 행동패턴에 따른 결과 알아차리기 1) 상황 변화가 고정된 행동패턴에 미치는 영향 살펴보기 〈실습 활동 1: 나의 고정된 행동패턴 알아차리기〉 2. 다른 사람의 조언을 유연하게 받아들이기 1) 당나귀 규칙 〈실습 활동 2: 의사결정 시 조언 구하기〉 3. 상황 변화에 대처하기 1) 상황 변화에 대처하기 위한 절차 〈실습 활동 3: 상황 변화에 대처하기〉 〈실습 활동 4: 상황 변화에 대처하기-역할극〉 과제 안내 • 가족이 생각하는 나의 고정된 행동패턴이 무엇인지 확인하기 • 상황 변화에 대처하기를 연습하기 • 의사결정이 필요한 상황을 찾아 신뢰하는 사람 5명에게 의견 물어보기
6	**실행기능을 활용하여 일상생활을 스스로 관리해 봅시다.**	• 지금까지 배운 실행기능을 실제 생활에서 활용하는 구체적인 방법들을 배운다. • 개인의 위생을 점검하고, 질병을 예방하기 위해 건강 관리와 의료기관을 이용하는 방법을 배운다. • 요리, 옷의 세탁과 의류 관리, 집안 청소 등의 과정에서 조직화와 계획을 통해 집안일을 효율적으로 하는 방법을 배운다. • 집에서 독립하여 혼자 살게 될 시기를 대비하여 안전 관리 전략을 세우는 방법을 학습한다.	실행기능의 응용 원리: 단계 밟기 1. 개인위생 관리 1) 입 냄새 관리하기 2) 몸 냄새 관리하기 3) 발 냄새 관리하기 2. 건강 관리 1) 식생활 관리하기 2) 체중 관리하기 3) 질병 관리하기 3. 집안 관리 1) 청소하기 2) 세탁과 의류 관리하기 3) 분리배출하기 〈실습 활동 1: 나에게 필요한 일상생활 관리 확인하기〉 4. 안전 관리 1) 위급 상황 대처하기 2) 개인정보 보호하기 〈실습 활동 2: 신고 상황 및 개인정보 공유 판단하기〉 과제 안내 • 개인위생 관리, 건강 관리, 집안 관리 중에서 자신에게 가장 필요한 활동을 가족의 조언을 받아 알아보기

회기	주제	목표	활동 내용
			• 이 중 가장 필요한 관리를 선택하여 단계 밟기를 작성하고 그에 따라 실천하기 • 단계 밟기에 따라 실천한 과정을 가족에게 설명하고 가족의 피드백을 적어 오기
7	**실행기능을 활용하여 환경 변화에 적응하는 능력을 높여 봅시다.**	• 환경 변화는 당연한 것이라는 전제를 내재화한다. • 새로운 환경에 빠르게 적응할 수 있는 전략을 배운다. • 새로운 환경에 접했을 때 주변 환경을 조직화하여 생활을 효율적으로 할 수 있는 방법을 배우고 실천한다. • 변화하는 환경에 잘 적응할 수 있도록 자신의 특성을 파악하고 이에 적합한 환경 조건을 생각한다.	1. 새로운 환경에 빠르게 적응하기 위한 전략 1) 새로운 공간에 익숙해지기 2) 바뀐 시간(일정)에 익숙해지기 3) 새로운 사람에게 익숙해지기 4) 변화된 공간과 상황에 맞춰 나의 행동 바꾸기 〈실습 활동 1: 새로운 환경에 적응하기 위한 전략 실천하기〉 2. 변화하는 환경에 적응하기 위해 주변 환경을 조직화하기 1) 주변 환경 조직화의 필요성 2) 주변 환경 조직화 전략 3. 환경에 쉽게 적응하기 위해 나의 특성에 맞는 환경 조건 파악하기 1) 나의 특성 파악하기 2) 나의 특성에 맞는 환경 조건 확인하기 〈실습 활동 2: 나의 특성에 맞는 환경 조건 파악하기〉 과제 안내 • 새로운 환경에 적응하기 위한 계획 세우고 실천하기 • 주변 환경 조직화하기 • 나의 특성에 맞는 환경 조건 파악하기 • 사용하고 있는 가계부가 있다면 가져오기
8	**실행기능을 활용하여 개인 경제를 스스로 관리해 봅시다.**	• 독립된 성인으로서 수입과 지출 관리의 필요성에 대해서 인식한다. • 실행기능(계획, 조직화)을 활용하여 가계부를 작성하고, 예산을 세우며, 저축하는 방법을 배운다. • 실행기능(계획, 조직화)을 활용하여 합리적인 소비 활동을 하기 위한 전략을 배운다. • 실행기능(계획, 조직화)을 활용하여 경제적인 여가 활동 계획을 세우는 방법을 익힌다.	1. 수입과 지출 관리 1) 수입과 지출 관리의 필요성 2) 은행 계좌 만들기 3) 가계부 작성하기 4) 간편한 지출 관리 방법 2. 예산 세우기 1) 한 달 수입과 지출 내역 조직화하기 2) 한 달 지출 계획(예산) 세우기 〈실습 활동 1: 나의 한 달 예산 세우기〉 3. 합리적인 소비 활동을 위해 전략 학습하기 1) 물건 구매 계획 세우기 2) 충동구매 방지를 위한 전략 〈실습 활동 2: 물건 구매 계획 세우기〉 4. 경제적인 여가 활동 계획 세우기 1) 여가 활동을 결정하기 위한 요소들 2) 여가 활동을 위한 계획 세우기 〈실습 활동 3: 여가 활동을 위한 계획 세우기〉

회기	주제	목표	활동 내용
			과제 안내 • 은행 계좌 개설하기 • 예산 세우기를 위한 한 주 동안의 지출 내역(가계부) 작성하기 • 지난달 수입과 지출 내역을 토대로 한 달 예산 세우기 (부모님과 함께 작성) • 물건 구매 계획 세우기 • 여가 활동을 위한 계획 세우고 실천하기
9	**실행기능을 활용하여 나에게 맞는 일자리를 찾아봅시다.**	• 안정적인 직업이 필요한 이유를 이해한다. • 실행기능(계획, 조직화)을 활용하여 나에게 맞는 직업을 선택하는 방법을 배운다. • 일자리를 찾는 다양한 방법에 대해 알아본다. • 실행기능을 활용하여 나의 조건에 적합한 일자리를 찾아본다.	1. 직업 선택의 시작 1) 스스로에 대한 인식과 이해 〈실습 활동 1: 나의 흥미와 적성 알아보기〉 2) 직업 영역에 대한 이해 〈실습 활동 2: 나의 흥미와 직업 연결 짓기〉 3) 나의 특성에 맞는 일자리 조건 확인하기 〈실습 활동 3: 나의 특성에 맞는 일자리 조건 확인하기〉 〈실습 활동 4: 나의 흥미, 적성, 특성에 맞는 직업 분야 선택하기〉 2. 일자리 검색 방법을 알아보기 1) 직접 찾기 2) 도움을 구하기: 장애인 취업 지원 기관에 등록하기 〈실습 활동 5: 취업 정보 사이트 검색을 통해 일자리 목록 작성하기〉 **과제 안내** • 나의 흥미와 직업 연결 짓기 완성하기 • 나의 흥미, 적성, 특성에 맞는 직업 분야 선택하기 • 취업 정보 사이트 검색을 통해 일자리 목록 작성하기
10	**실행기능을 활용하여 원하는 일자리에 나를 소개해 봅시다.**	• 취업에 필요한 서류의 종류를 알아보고, 목적을 이해한다. • 실행기능(계획, 조직화)을 활용하여 자기소개서 작성하는 법을 배운다. • 구직 장면에서 장애 공개 여부에 대해서 생각해 본다.	1. 취업 지원 서류 알아보기 1) 이력서 〈실습 활동 1: 지원 서류 작성의 사례 살펴보기〉 2) 자기소개서 3) 기타 증빙 서류 4) 서류 제출 방법 〈실습 활동 2: 이력서 및 자기소개서 작성해 보기〉 2. 구직하는 과정에서 장애 공개의 장단점 1) 장애 공개 여부에 대한 판단-장애를 공개해야 할까

회기	주제	목표	활동 내용
			과제 안내 • 이력서 및 자기소개서 완성하기 • 다음 회기의 모의 면접을 위한 1분 자기소개 멘트 준비해 오기 • 다음 회기의 모의 면접을 위한 면접용 복장을 입고 프로그램에 참석하기 • 면접 예상 질문 중 5개를 뽑아 답변을 미리 작성해 오기
11	**실행기능을 활용하여 면접을 잘하는 방법에 대해 알아봅시다.**	• 실행기능을 활용하여 면접 준비를 체계적으로 하는 방법을 배운다. • 실전 면접에 필요한 정보를 배우고 모의 면접을 통해 연습한다. • 면접에 대한 불안에 대처하기 위해 실행기능(감정조절)을 활용한 불안 관리 전략을 배우고 활용한다.	1. 면접 준비하기 1) 면접의 역할 2) 면접 준비 절차 3) 면접에서 자주 묻는 질문 2. 면접 자세 및 태도 1) 자신감 있는 태도 2) 비언어적 표현 3) 답변 태도 〈실습 활동 1: 면접 질문과 응답 연습하기〉 3. 면접에 대한 불안 대처하기 1) 면접 상황에서 나의 감정 불쾌지수 측정하기 2) 면접 불안을 낮추는 방법 〈실습 활동 2: 면접 불안에 대처하기 연습-다르게 생각하기〉 〈실습 활동 3: 모의 면접하기〉 과제 안내 • 면접에서 자주 묻는 질문 중 3개를 골라 응답 멘트를 작성하기 • 모의 면접의 피드백을 듣고 나의 면접 응답 태도에서 개선점을 찾고 연습하기 • 수료식을 위한 자기 보상물을 준비해 오기
12	**실행기능을 활용하여 직장생활을 잘하는 방법에 대해 알아봅시다.**	• 직장생활을 잘하기 위한 방법을 배운다. • 직장생활에서 실행기능을 활용할 수 있는 방법을 배운다. • 수료식을 통해 스스로를 격려하고 자기 보상을 주며 성취감을 느낀다.	1. 직장생활을 위한 기본 태도 1) 출근 시 2) 근무 시간 3) 쉬는 시간 4) 퇴근 시간 2. 직장생활에서의 예절 1) 위생 예절 2) 인사 예절 3) 대화 예절

회기	주제	목표	활동 내용
12	**실행기능을 활용하여 직장생활을 잘하는 방법에 대해 알아봅시다.**		4) 상대방을 존중하는 태도 5) 성 예절 6) 회식 예절 7) 경조사 예절 8) 다른 사람과의 경계 지키기 예절 9) 그 밖의 예절 3. 직장생활에서 알아야 할 기본 상식 1) 월급 관리 2) 회사에서 꼭 받아야 하는 교육 3) 회사를 그만두고 상황의 종류 4) 회사를 그만둘 때 해야 할 일 4. 직장인으로서의 책임 1) 업무에 대한 책임 2) 관계에서의 책임 3) 직장을 그만둘 때의 책임 〈실습 활동 1: 업무 상황에서의 상황 변화에 대처하기 연습〉 〈실습 활동 2: 업무 상황에서의 다르게 생각하기 연습〉 [수료식 및 소감 나누기] 1) 소감 나누기 2) 수료식 진행

7. 프로그램의 효과에 대한 근거 기반 연구

이렇게 구성된 프로그램의 임상 적용 가능성과 타당성을 평가하고 개입 효과를 알아보기 위해서 10회기의 예비 프로그램에 대해서 단일집단 사전-사후 설계의 예비 연구를 진행하였다. ASD로 진단된 만 18세 이상이면서 전체 지능지수가 70 이상으로, 기본적인 언어적 의사소통에 문제가 없고 본 연구의 내용을 이해하며 프로그램의 참여에 동의하는 7명의 성인이 예비 연구에 참여하였다. 남성 7명으로 구성된 한 집단을 대상으로 주 1회, 한 회기당 2시간 동안 과제 점검, 주제 토론, 주제 교육, 실습 활동, 과제 안내의 구성으로 총 10회기의 프로그램을 진행하였다. 일관된 진행을 위해 각 회기별로 매뉴얼을 작성하고, 참여자의 이해를 돕기 위한 프레젠테이션(PPT) 교육 자료를 만들어서 이에 따라 각 회기를 진행하였으며, 실습활동지를 배부하여 이를 통해 회기 내에서 배운 내용을 실습해 보고, 과제로 해 올 수 있도록 하였다.

10주 동안 프로그램을 진행한 후에 성인 참여자의 변화를 알아보기 위해 바클리 집행기능 결핍 척도(Barkley Deficits in Executive Functioning Scale: K-BDEFS), 인지적 유연성 검사(Cognitive Flexibility Inventory: CFI), 바인랜드 적응행동척도 2판(The Korean version of Vineland Adaptive Behavior Scale-II:

K-Vineland-II) 등의 실행기능과 적응기능 평가 설문지를 프로그램 시작 전, 6회기 전, 10회기 직후에 ASD 성인과 보호자를 대상으로 시행하였다. 이를 분석한 결과, 실생활 실행기능을 평가하는 K-BDEFS의 총점을 비롯해 시간 관리, 조직화, 자기-억제, 감정 조절의 하위 영역에서 유의미한 개선이 나타났으며, K-Vineland-II에서도 총점 및 일상생활 기술 하위 척도에서 유의미한 변화를 보였다. 부모 평가에서는 K-BDEFS의 하위 영역 중 감정 조절에서 유의한 변화가 나타났다고 보고되었다. 본 예비 연구의 결과는 2021년 Psychiatry Investigation 학술지에 발표되었다(Kim et al., 2021).

이러한 예비 연구 진행 과정에서 예비 연구 참여자를 대상으로 개별 면담을 진행하여 프로그램에 대한 의견을 청취하였다. 또한 ASD 전문가의 자문을 진행하여 프로그램의 보완점에 대한 의견을 취합하였고, 내부 연구진 회의를 거쳐 프로그램에서 수정 및 보완할 점을 확인하였다. 이에 예비 연구 결과 및 여러 의견을 종합하여 프로그램을 2회기 더 확장하고, 각 회기의 세부 내용을 정교화하여 최종 12회기의 프로그램으로 개정하였다.

이렇게 개정된 최종 프로그램의 효과성을 다시 한번 검증하기 위해 RCT 방식에 따라 2차 검증을 시행하였다. 예비 연구와 마찬가지로 ASD로 진단된 만 18세 이상, IQ 70 이상의 성인을 대상으로 하여 총 37명이 모집되었으나 2명이 기준에 맞지 않아 제외되고, 5명은 개인 사정으로 동의 철회하여 최종 30명이 연구에 참여하였다. 남성 26명, 여성 4명의 성인이 실험 집단과 대기 집단에 15명씩 무선 배정되었다. 실험 집단은 사전, 중간, 사후, 3개월 뒤의 총 네 시점에서 ASD 성인 참여자들로부터 효과 측정 자료를 수집하였고, 부모로부터는 사전, 사후, 3개월 뒤의 세 시점에서 평가 자료를 얻었다. 대기 집단도 실험 집단과 동일한 시점에서 효과 측정 자료를 수집하였으나 대기 집단은 실험 집단과의 비교를 위해 대기 후 시점(실험 집단 사후)에서 한 번 더 평가가 진행되었고, 사전과 대기 후 시점의 자료가 두 집단 간 비교에 사용되었다([그림 1-1] 참조).

예비 연구와 마찬가지로 효과 검증을 위한 평가 도구는 K-BDEFS, CFI, 실행기능 관련 지식 질문지, 일상생활 속 실행기능 활용 척도, K-Vineland-II 등을 사용해서 ASD 성인의 실생활 실행기능과 적응 행동을 평가하였다. 선형 혼합 효과 모형(linear mixed effect modeling)을 통해 분석한 결과, 실험 집단의 일상생활 속 실행기능 활용 척도에서 대기 집단에 비해 유의한 향상이 확인되었다. 더불어 프로그램을 완료한 참여자들의 시간에 따른 평균 변화를 살펴보았을 때 실생활 실행기능 변인 중 K-BDEFS 총점과 CFI 총점, 실행기능 지식과 실행기능 활용 척도가 사전에 비해 사후에 유의한 변화를 보였고, 그 변화는 프로그램을 마친 3개월 후까지도 유지되었다. 적응 행동 변인에서도 K-Vineland-II 총점을 비롯해 생활기술, 의사소통의 하위 척도에서 사전에 비해 사후가 유의하게 변화하였고, 3개월 후까지 유지되는 유사한 결과를 보였다. 보호자의 평가 역시 K-BDEFS 총점과 K-Vineland-II 총점이 시간에 따라 개선되는 양상을 보여 참여 전에 비해 실생활 실행기능의 결핍 정도가 완화되고 적응 행동 기능이 향상되었음을 알 수 있었다. 추가적으로 프로그램을 완료한 참여자들(26명)의 출석율은 실험 집단(15명) 96%, 대기 집단(11명) 99%였고, 실험 집단에서는 중도 탈락이 없었으며, 전반적인 프로그램 참여 만족도는 5점 만점 중 4.5로 높은 편이었다. 또한 프로그램을 완료한 전체 성인 참여자 26명 중 24명이 프로그램 참여가 '(매우) 도움

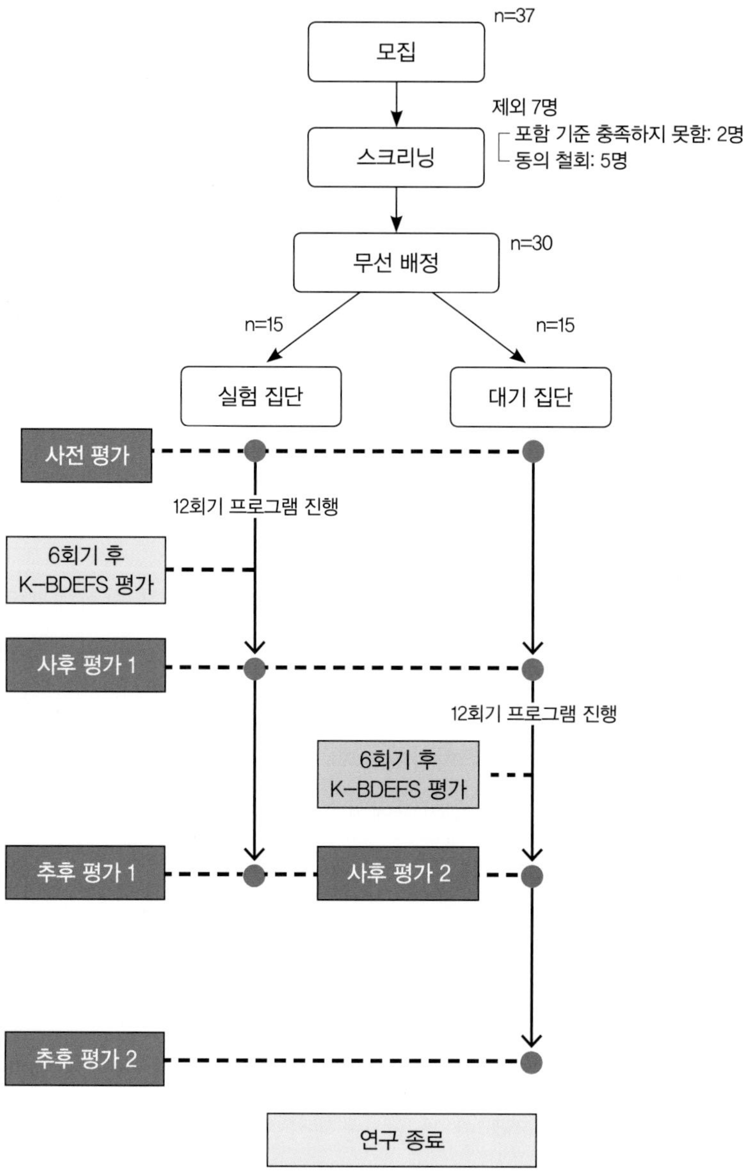

그림 1-1 RCT 연구 설계

출처: Kim et al. (2023).

이 된다'고 평가하였고, 21명의 성인 참여자와 25명의 보호자가 '다른 유사한 어려움이 있는 사람들에게 추천하겠다'고 답하였다. 이를 통해 프로그램의 참여자와 보호자들의 수용도를 비롯해 주관적인 참여 만족도 또한 높았다는 것을 알 수 있었다. 본 RCT 연구 결과 역시 2023년 Asian Journal of Psychiatry에 발표되었다(Kim et al., 2023).

이와 같은 결과로 볼 때, 본 프로그램은 실행기능의 활용을 통해 지적장애를 동반하지 않은 ASD 성인의 성인 전환기 적응을 돕기 위해 체계적인 절차를 거쳐 개발한 국내 최초의 개입 프로그램이며, 두 차례에 걸친 효과 검증 연구를 통해 그 효과를 확인한 근거 기반 개입 프로그램이라고 할 수 있다.

2장

프로그램의 구조 및 매뉴얼의 개요

1. 프로그램의 구조

실행기능을 활용한 내 삶의 관리자 되기(Executive Function & Adaptive Behavior Education: EFABE) 프로그램은 실행기능의 활용을 통해 지적장애를 동반하지 않은 ASD 성인의 사회적응기능을 향상시키고 성인기로의 전환을 돕는 것을 목적으로 하는 구조화된 수업으로 진행된다. 일관된 진행을 위해 각 회기별로 매뉴얼이 작성되었다.

1) 회기 진행 시간

앞서 프로그램 개발 과정에서 소개했듯이 EFABE 프로그램은 총 12회기로 구성되어 있으며, 한 회기당 2시간(120분), 주 1회 12주간 진행된다. FGI를 통해 프로그램 구성에 대한 선호를 조사했을 때 주 1회, 2시간 진행의 답변이 우세하였고, 교육 시간뿐만 아니라 교육받은 내용을 적용해 볼 수 있는 충분한 실습 활동 시간이 필요했기에 비교적 긴 시간인 120분으로 한 회기를 구성하였다. 지적장애를 동반하지 않은 ASD 성인을 대상으로 하므로 1회 120분의 참여가 가능할 것으로 예상하였고, 실제로 예비 연구 및 RCT 연구에서 진행된 프로그램에서 ASD 성인 참여자들이 2시간 동안 집중하여 참여할 수 있음을 확인하였다. 다만 참여자들의 집중도에 따라 회기 중간에 10분 정도의 쉬는 시간을 가질 수 있다. 성인을 대상으로 하기 때문에 낮 동안 개인적인 활동(학교 혹은 직장생활)을 마친 저녁 시간에 시행하는 것으로 제안하나 참여하는 성인의 상황에 맞춰 오전 시간이나 편안한 오후 시간에 시행할 수도 있다.

2) 회기 구성

한 회기는 과제 점검, 주제 토론, 주제 교육, 실습 활동, 과제 안내의 다섯 파트로 구성된다. 이전 회기에서 배운 내용이 과제로 제시되고, 한 주 동안에 성인 참여자가 과제를 수행해 오면 회기 초반에 과제 점검이 이루어진다. 한 주 동안 과제를 어떻게 수행하였는지를 발표하고, 과제 수행이 목적에 맞게 적절히 이루어졌는지 집단의 진행자가 피드백을 제공한다. 과제는 성인 참여자 혼자서 하는 과제가 있는가 하면, 가족 혹은 지인의 도움을 받아 하는 과제가 있다. 가령, 1회기 과제 중 '10년 후의 나의 모습을 떠올리며 장기 목표 2개를 생각해 보고, 이 장기 목표의 실현 가능성에 대해서 가족 혹은 지인들과 토론해 본 후에 실현 가능성을 점수로 평가하기'가 있다. 성인 참여자 혼자서 장기 목표를 정하는 경우에는 지나치게 이상적인 목표를 정하거나 자신이 처한 현실과 맞지 않는 목표를 정할 수 있으므로 목표부터 현실성 있게 고려할 수 있도록 가족이나 지인의 도움과 조언을 받는 것을 시도하였다. 또한 과제 수행의 목적은 배운 내용들을 내재화하고 일반화하는 것이므로 이를 이루기 위해 '과제'와 '습관 만들기'의 두 가지 방식으로 제시한다. 과제는 당 회기에서 배운 내용과 실습 활동을 통해서 수행한 것을 집으로 돌아가서 다시 한

번 적용하여 시행해 보는 것이다. 습관 만들기는 지난 회기에서 배운 내용을 과제로 수행했지만 한 번의 수행으로 끝나는 것이 아니라 여러 차례 반복을 통해서 습관화가 필요한 과제를 지칭하는 것으로, 회기가 바뀌어도 지속적으로 반복, 누적되는 방식으로 제시된다. 과제 점검 방식도 두 가지가 다르게 이루어지는데, 과제의 점검은 직전 회기에서 배운 내용에 대해서 성인 참여자가 제대로 이해하고 수행하였는지를 발표 방식을 통해 집단의 진행자가 점검한다. 습관 만들기의 점검은 지난 시간에 집단 진행자가 점검을 진행하고 습관 만들기로 전환된 과제들을 2~3명의 성인 참여자들이 모여 소그룹 형태로 점검한다. 과제 수행 과정과 수행한 내용에 대해서 참여자들끼리 의견을 나누면서 서로 피드백하고, 다른 참여자의 활동 내용을 들으면서 자신의 활동 또한 모니터링할 수 있도록 한다. 소그룹 점검에서는 집단의 진행자와 보조 진행자가 각 소그룹에 관찰자로 참여하여 원활한 토의 활동이 이루어질 수 있도록 도움을 준다.

과제 점검을 마치고 나면 각 회기에서 다룰 주제를 제시하기 전에 그 주제의 내용을 왜 배워야 하는지 필요성이나 주제와 관련되어 생각해 볼 만한 내용들에 대해 질문을 던지고 성인 참여자들의 생각을 발표하는 주제 토론이 이루어진다. 주제 토론 또한 두 가지 방식으로 이루어질 수 있는데, 집단 진행자의 주도하에 토론 질문을 제시하고 참여자가 공개적으로 발표하는 방식으로 이루어질 수 있고, 또 다른 방식은 2~3명씩 소그룹 형태로 모여서 각 토론 질문에 대해서 각자의 생각을 주고받은 후에 대표자가 집단의 의견을 발표하는 방식으로도 진행할 수 있다. 각 회기의 토론 질문의 특성(예: 공개 토론 방식 vs 개인적 경험을 나누는 담소 방식) 및 프로그램 참여자들의 특성(예: 공개 발표에 적극적 태도 vs 소수의 대상에게 이야기하는 것을 더 편안해 하는 태도)에 맞춰서 집단의 진행자가 더 원활하게 진행될 수 있는 방식을 선택할 수 있다.

토론 질문을 통해 그 회기의 교육 내용이 왜 필요한지에 대해 이해하고 나면 주제 교육이 이루어진다. 주제 교육은 각 회기의 매뉴얼을 토대로 프로그램 참여자의 이해를 돕기 위해 시각화된 프레젠테이션(PPT) 교육 자료를 이용한다. PPT 교육 자료는 어려울 수 있는 실행기능의 개념을 쉽게 이해할 수 있도록 그림 자극을 활용해 설명하고 있으며, 각 회기의 교육 내용이 지루하지 않게 전달될 수 있게 언어적인 내용을 그림으로 시각화하여 제시한다. PPT 교육 자료를 통해 교육 주제 내용을 쉽게 이해할 수 있지만 배운 내용을 다시 복습하고 기억할 수 있도록 하기 위해서 회기의 교육 내용이 요약된 유인물을 따로 배부한다.

주제 교육이 완료되면 배운 내용을 활용할 수 있도록 실습 활동이 이루어지는데, 여기서 참여자들이 배운 내용을 효과적으로 활용하는 것을 용이하게 하기 위해 실습활동지가 제공된다. 실습활동지는 각 회기에서 배운 내용을 개인에 맞춰서 작성할 수 있도록 구조화된 형태로 구성되어 있으며, 각 빈칸을 어떤 방식으로 작성하면 좋을지 예시 활동지도 함께 제공된다. 실습 활동의 예로, '2회기 목표 설정 구체화하기'에서 'SMART 목표 설정 기법'을 주제 교육에서 학습하였다면 실습 활동은 SMART 기법을 사용하여 단기 목표 설정을 연습해 보는 것이다. 또한 '계획 세우는 방법 5단계'를 배웠다면 성인 참여자가 각자의 목표를 정하고, 이 목표를 달성하기 위해서 5단계에 따라 계획을 세워 실습활동지에 적어 보도록 한다. 실습 활동을 하는 동안에 집단의 진행자와 보조 진행자가 개별적인 코칭과 피드백을 제공해 줄 수 있다. 회기 주제 및 실습 특성에 따라 실습 활동을 통해 작성된 내용을 발표하는 시간을 가질 수도 있다.

실습 활동이 마무리되면 과제를 안내한다. 앞서 설명하였듯이 과제는 이전 회기에서 배운 내용을 과제로 수행했지만 지속적으로 반복할 필요가 있는 습관 만들기와 당 회기에서 배운 내용과 실습 활동을 통해서 수행한 것을 집으로 돌아가서 다시 한번 시행해 보는 회기 과제의 두 가지 형태로 소개된다. 개입 프로그램의 효과를 일반화시키는 데 가장 중요한 것이 바로 과제의 수행이다. 프로그램 내에서 실습 활동을 할 시에는 진행자의 촉진과 코칭에 의해서 도움을 받아 수행이 이루어지지만, 이를 일상생활 속에서 사용할 수 있도록 일반화하기 위해서는 배운 것을 한 주 동안 실습해 보는 과제 수행을 반드시 이행하는 것이 매우 중요하다. 매 회기 시작 시에 과제 점검을 통해 과제 수행에 대한 동기를 촉진하는 것과 함께 다음 회기까지의 한 주 동안 과제 수행을 잊지 않고 할 수 있도록 SNS 메시지를 활용할 수 있다. 회기를 마치고 배정된 과제를 수행했는지 여부를 묻는 메시지를 다음 회기 2일 전에 보내 과제에 대한 기억을 상기시키고, 다음 회기까지 남은 2일의 시간 동안 과제를 할 수 있도록 도움을 줄 수 있다.

프로그램 진행 과정 소개

과제 점검	지난 회기 동안 배운 내용을 과제를 통해 직접 실천해 본 것을 서로 공유하고 앞으로도 지속적으로 활용할 수 있도록 합니다.
주제 토론	오늘의 주제에 관해 함께 생각하고 이야기해 봅니다.
주제 교육	오늘의 주제에 관해 배워 봅니다.
실습 활동	매 회기 실습을 통해 오늘 배운 내용을 실천해 봅니다.
과제 안내	오늘 배운 내용을 일상에서도 실천할 수 있도록 과제를 안내받습니다.

3) 집단 구성

한 집단은 6~8명의 소그룹으로 구성하도록 제안한다. 회기 내용에 교육뿐만 아니라 실습 활동과 과제 점검 등 개별적인 개입과 코칭을 필요로 하는 활동들이 주를 이루고 있어서 인원이 많을수록 진행 시간이 부족해지고 참여의 집중도가 떨어질 수 있음을 고려하여 최대 8명으로 한정하였다. 연령 범위는 성인기 전환을 돕는 것을 목표로 하는 만큼 직업을 찾고 가족에서 분리되어 독립생활을 준비하는 20대 초중반의 성인에게 가장 큰 도움이 되겠지만, 정규교육 과정을 마치고 사회적 독립을 앞둔 18~29세의 성인이라면 프로그램 대상자로 적합하다.

4) 집단 진행 인원 및 진행 장소

프로그램을 진행하는 데 필요한 인원은 프로그램 진행을 이끌어 갈 집단 진행자 1인과 진행자를 도와 집단 참여자들의 실습 활동과 과제 점검을 돕고 코칭을 해 줄 보조 진행자 2~3인이다. 집단 진행자의 자격 요건이 따로 있지는 않지만 자폐성 장애와 실행기능에 대한 이해가 높은 정신건강 전문가(심리학자, 정신건강의학과 의사, 간호사, 사회복지사, 치료사 등)와 교육자(일반 교사, 특수교사 및 특수교육 전공자 등)가 매뉴얼을 바탕으로 진행을 할 수 있다(별도로 진행되는 워크숍에 참여한다면, 구체적인 진행 방식에 대해서 도움을 받을 수 있다).

진행 장소는 집단 참여자 최대 8명과 집단 진행자 및 보조 진행자 2~3명이 함께 참여할 수 있는 크기의 교실 형태의 공간이 적합하다. 참여자 전체가 PPT 교육 자료를 볼 수 있도록 큰 화면과 전산화된 장비(데스크탑 혹은 노트북)가 갖춰져 있어야 하며, 실습활동을 할 수 있도록 착석할 책상과 의자가 필요하다.

2. 매뉴얼의 구성

EFABE 프로그램은 12회기의 각 회기별 매뉴얼이 작성되었다. 각 회기의 첫 부분에는 그 회기에서 다루는 '실행기능 영역'이 제시되어 있다. 앞서 기술하였듯이 실행기능은 다차원적 행동 개념으로, 그 정의와 실행기능을 구성하는 요소들을 언급하는 내용은 문헌이나 연구자마다 매우 다양하다. 따라서 이러한 다양하고 상이한 실행기능 구성 요소들을 본 프로그램에서 모두 다 다룰 수는 없으므로 그중에서도 주요하게 다룰 실행기능 구성 요소들을 추려서 이에 집중하였다. 즉, 목표 설정, 동기, 시작, 조직화, 계획, 우선순위, 시간 관리, 인지적 유연성, 자기 조절, 정서 조절, 의사결정, 문제 해결로서 매 회기마다 주요하게 활용되는 실행기능 영역의 종류를 제시하였다.

두 번째로는 각 회기의 '목표'를 제시하였다. 본 프로그램의 궁극적인 목적은 지적장애를 동반하지 않은 ASD 성인에게 취약한 실행기능 활용 능력을 개선할 수 있게 도움으로써 일상생활 적응과 사회 적응 능력을 향상시키는 것이다. 프로그램의 전체 목적을 달성하기 위해서는 각 회기별로 세부 목표가 필요하므로 프로그램의 각 회기를 경험한 후에 변화하거나 획득해야 할 사고, 행동, 태도에 대해서 구체적으로 제시하였다. 이에 프로그램을 이끄는 진행자는 이러한 목표를 참여자들이 달성할 수 있도록 하는 데 초점을 두고 준비를 해야 한다.

세 번째는 '과제 점검'으로 실제 회기를 진행할 때 시작하는 첫 번째 활동인 지난 시간 과제가 무엇이고, 이를 어떤 방식으로 점검하고 발표를 유도하는지를 설명하였다.

다음으로 '토론 질문'이 제시되는데, 이 토론의 목적이 무엇인지, 어떤 방향으로 토론이 이루어져야 하는지를 토론 tip을 통해 제공하고 있다. 이에 진행자는 토론 tip에 맞춰 토론 질문을 제시하고, 이 토론을 통해 성인 참여자들이 앞으로 회기에서 진행될 내용들과 기술들을 왜 습득해야 하는지를 이해하고 교육 및 실습 활동 참여, 과제 시행에 동기부여를 할 수 있게 한다.

그러고 나서 본격적인 '교육 내용'이 제시되며, 회기에 따라 2~5개 파트의 교육 주제 내용으로 구성되어 있다. 그리고 각 파트별로 그 교육 주제가 지적장애를 동반하지 않은 ASD 성인에게 왜 필요한지에 대한 원리와 훈련 방향을 제공하고 있으며, 각 파트의 교육 내용이나 훈련 내용을 설명하고 예시들을 제시하였다. 그리고 참여자들이 설명을 듣는 것으로만 그치지 않고 더 내용을 쉽게 이해하고 적용 방법을 바로 익힐 수 있도록 '실습 활동'이 제공된다. 실습 활동을 통해 내용 설명만으로 부족했던 실제 적용 방식을 이해하고, 참여자들의 질문이 있을 경우에는 질문을 받으면서 개별 코칭이 이루어진다. 실습 활동을 할 때는 교육 주제에서 배운 내용을 개인에 맞춰서 작성할 수 있도록 구조화된 형태로 구성된 실습활동지가 함께 제공되며, 이는 각 회기의 마지막 부분에 제시되어 있다.

각 파트별로 교육과 실습 활동이 완료되면 '과제 안내'를 하게 되는데, 먼저 이전 시간에 배워서 과제로 수행했던 내용들이 습관 만들기라는 명칭으로 누적 및 반복되어 제시된다. 그리고 당 회기에서 배운 내용을 다음 주까지 해야 할 새로운 과제로 안내한다.

이러한 내용들을 진행자가 성인 참여자들에게 쉽게 전달할 수 있도록 동일 내용을 PPT 교육자료[1)]로 구성하였다. PPT 교육 자료는 언어적인 설명보다는 그림을 통해 이해할 수 있도록 시각화 자료 위주로 되어 있으며, 진행자가 설명하는 내용을 시각적으로 함께 보고 글을 읽으면서 익숙하지 않은 개념에 대한 이해를 도울 수 있게 하였다. PPT 교육 자료를 통해 회기 내에서 교육 내용을 쉽게 이해할 수 있지만, 배운 내용을 다시 복습하고 기억할 수 있도록 하기 위해서 회기의 교육 주제 내용이 요약되고 과제 내용이 기록된 유인물이 준비되어 있다.

1) PPT 교육 자료 및 유인물은 별도의 교육을 제공받는 대상(프로그램을 이끄는 진행 인원들)에게 제공된다.

2

실행기능을 활용한 내 삶의 관리자 되기 프로그램 매뉴얼

- **1회기** 나의 실행기능은 어떤지 알아봅시다
- **2회기** 나만의 계획을 세우고 체계를 만들어 봅시다
- **3회기** 한정된 시간을 효율적으로 관리해 봅시다
- **4회기** 감정과 스트레스를 조절해 봅시다
- **5회기** 융통성 있게 생각하고 행동합시다
- **6회기** 실행기능을 활용하여 일상생활을 스스로 관리해 봅시다
- **7회기** 실행기능을 활용하여 환경 변화에 적응하는 능력을 높여 봅시다
- **8회기** 실행기능을 활용하여 개인 경제를 스스로 관리해 봅시다
- **9회기** 실행기능을 활용하여 나에게 맞는 일자리를 찾아봅시다
- **10회기** 실행기능을 활용하여 원하는 일자리에 나를 소개해 봅시다
- **11회기** 실행기능을 활용하여 면접을 잘하는 방법에 대해 알아봅시다
- **12회기** 실행기능을 활용하여 직장생활을 잘하는 방법에 대해 알아봅시다

1회기

나의 실행기능은 어떤지 알아봅시다

실행기능 영역

조직화, 목표 설정, 동기 부여

목표

1. 프로그램의 목적을 이해한다.
2. 실행기능의 종류와 필요성을 이해하고, 실행기능 영역에서의 나의 장단점을 파악한다.
3. 내가 이루고 싶은 목표를 생각해 보고, 이를 달성하기 위해 실행기능을 보완하고자 하는 동기를 강화한다.

자기소개

- 다음과 같은 내용으로 프로그램 진행팀을 소개한다.
  - ✓ 이름
  - ✓ 직업 (소속, 하는 일)
  - ✓ 사는 곳
  - ✓ 집단에서의 역할
  - ✓ 집단에서 기대하는 것

- 다음과 같은 내용으로 집단원이 각자 자기소개를 한다.
  - ✓ 이름
  - ✓ 나이
  - ✓ 사는 곳
  - ✓ 현재 하는 일
  - ✓ 프로그램에서 기대하는 것
  - ✓ 더 하고 싶은 얘기

프로그램 소개 및 목적 안내

▷ 원리: 고등교육을 마치고 졸업을 하고 나면 학생 및 청소년의 삶에서 성인으로의 삶으로 중요한 인생의 변화를 맞이하게 된다. 이 시기는 인생의 다른 어떤 시기와 비교해서도 앞으로의 인생에 대해 내려야 할 중요한 결정이 많은 활기찬 시기이다. 자폐성 장애인에게 성인기로의 전환은 성장의 기간이 될 수도 있고, 완전히 사회에서 이탈하는 계기가 될 수도 있다. 대학 교육으로 이동하거나 취업을 하는 등의 전환은 ASD 성인에게 중요하고 독특한 도전에 직면하는 것이다(Wisner-Carlson, Uram, & Flis, 2020). 따라서 성인기로 전환하는 시기에 ASD 성인이 이러한 변화에 잘 적응할 수 있도록 도움을 줄 필요가 있다. 성인기의 가장 중요한 발달 목표는 사회환경 안에서 독립적인 생활을 하는 것이라고 할 수 있다.

성인 개인이 독립적으로 기능하기 위해서 필수적인 능력 중의 하나가 바로 실행기능(executive function)이다. 실행기능은 목표를 이루기 위해서 자기 자신과 자신이 가진 자원을 조정하는 것으로, 여기에는 계획, 조직화, 시작, 반응 억제, 유연성, 조직적 탐색, 작업 기억 등이 요구된다(Cooper-Kahn & Dietzel, 2008; Ozonoff, 1998). 이러한 실행기능은 일상생활을 살아가는 많은 영역에서 필요한 능력이다. 가령, 조직화 능력은 요리를 하거나 청소를 하고, 돈을 관리하고, 지역의 교통수단을 이용하는 등의 일상생활의 독립적인 기술과 직접적으로 관련된다(Pugliese et al., 2015). 그러나 자폐성 장애인은 인지적 유연성, 계획 및 조직화 능력의 결함과 같은 실행기능 결핍을 보이며(Hill, 2004; Kenworthy et al., 2008; Reed, Watts, & Truzoli, 2013; Rosenthal et al., 2013; Van den Bergh et al., 2014), 이로 인해 새로운 상황을 다루고 일상생활에서 독립적으로 기능할 때 공통적으로 발생하는 복잡한 정보들을 처리하는 것에 곤란을 겪는다(Hume, Loftin, & Lantz, 2009). 이러한 실행기능의 결함은 지적장애를 동반하지 않은 자폐성 장애인이 성인기 학습과 직업 기능, 독립적인 생활을 하는 데 제약을 초래한다. 따라서 ASD 성인들의 결핍된 능력인 실행기능을 보다 효과적으로 사용할 수 있도록 도와준다면 일상생활 적응을 향상시킬 수 있을 것으로 기대된다.

이 프로그램은 지적장애를 동반하지 않은 ASD 성인에게 일상생활을 살아가는 데 필요한 기술과 전략의 통합적인 체계 및 지침을 제공하고, 성공적으로 독립적인 생활을 이뤄 갈 수 있도록 실행기능을 활용하는 기초적인 기술 관련 정보를 교육한다.

다음과 같은 토론 질문을 통해 성인기로의 전환에 대한 의미를 생각해 보고, 이때 요구되는 실행기능을 효과적으로 활용하는 방법을 배워야 한다는 동기 부여를 할 수 있게 한다. 그러고 나서 이 프로그램을 통해 이를 배우고 훈련하여 성공적인 성인기 전환을 할 수 있고, 자신의 삶을 스스로 관리할 수 있게 된다는 프로그램의 목적을 제시한다.

토론 질문

토론 tip

이 프로그램은 지적장애를 동반하지 않은 ASD 성인을 대상으로 고안된 프로그램이기는 하나 프로그램 참여자들의 연령대가 18세 이상에서 20대 후반까지 다양할 것으로 예상된다. 이 시기에 있는 사람들은 '성인기'라고 하나 ASD 성인의 경우에는 이미 20대가 훌쩍 넘었을지라도 진정한 '성인기'의 의미를 알지 못한 채 10대 때와 마찬가지로 부모님에게 의존하며 생활하는 성인들이 대다수이다. 따라서 성인기 전환(adulthood transition)의 의미에 대해서 함께 생각해 보는 시간을 갖고, 이 시기에 무엇을 해야 하고, 어떤 준비가 필요한지에 대해서 의견을 나누면서 진정한 성인으로서의 독립된 역할을 할 수 있도록 변화에의 동기를 부여한다.

Q 질문 1: 성인기로의 전환(transition to adulthood)이란?

1) 사전적 의미

- 성인기: 다 자라 성년이 된 시기
- 전환: 다른 방향이나 다른 상태로 바꾸는 것

2) 성인기 전환

- 청소년의 삶에서 성인의 삶으로 인생의 중요한 변화가 일어나는 20세 전후의 시기
- 학업을 마치고 독립된 성인으로서 성장하는 시기

Q 질문 2: 성인기로의 전환, 무엇을 해야 할까?

- 진로를 결정한다(예: 진학, 취업).
- 미래를 계획한다.
- 학업이 독립적으로 이루어진다.
- 교육을 마치고 직업을 찾아 취업을 준비하고 직장 생활(혹은 경제활동)을 시작한다.

Q 질문 3: 성인기로의 전환, 무엇이 달라질까?

- 자기 결정권이 강화된다.
- 자신의 결정에 책임을 진다.
- 독립적인 일상생활 관리를 한다(예: 빨래, 청소, 요리, 쇼핑).
- 경제적으로 독립한다.

설명

성인기 전환이란 청소년에서 성인의 삶으로 중요한 변화가 일어나는 시기로, 대개 18세에서 25세 정도의 시기를 일컫지만 성인의 기능과 역할을 하는 시기가 사람마다 달라 명확히 시기를 정의하기는 힘들다. 이 시기에 책임감, 자기 결정 및 독립성이 기대되고 성숙함의 증가가 요구된다. 또한 이 시기에는 개인의 정체성, 일, 인간관계, 세상에 대한 인식 등에서 다양한 가능성과 방향성이 존재하며, 이때 내린 결정이 나머지 인생 전체에 영향을 미칠 수 있다(Arnett, 2000). 성인기에는 공통적으로 해야 할 몇 가지 과업이 있는데, ① 부모의 집에서 떠나는 것, ② 교육을 마치는 것, ③ 직업을 선택하고 전일제 직업을 갖는 것, ④ 경제적인 독립을 하게 되는 것, ⑤ 성적이고 정서적으로 한 사람과 장기간 친밀한 관계를 형성하고 자신의 가정을 가지는 것 등이 포함된다(Berk, 2007; 이옥경 등, 2009).

- 성인기의 발달 목표: 사회환경 안에서 독립적인 생활을 하는 것
- 독립적인 기능을 하기 위해 필요한 능력: 실행기능

교육 내용

1. 실행기능이 무엇인지 이해하기

▷ 원리: ASD 성인뿐만 아니라 일반인들에게 익숙하지 않은 실행기능이 무엇인지를 설명하고, 실행기능이 우리의 일상에서 어떻게 사용되고 활용되는지를 알 수 있도록 하여 실행기능을 효율적으로 활용할 수 있는 방법을 배우는 것이 왜 중요한지를 깨닫게 하고 프로그램 참여에 대한 동기를 높인다.

1) 실행기능이란

- 인간의 사고와 행동을 감독하고 통제하기 위해 사용하는 일련의 인지적 기술로서 목표를 이루기 위해서 자기 자신과 자신이 가진 자원을 조정하는 것이다.
- 주로 전전두엽(prefrontal cortex)에서 담당하는 고위 인지 처리 과정으로, 행동의 시작, 계획 세우기, 가설 형성, 인지적 융통성, 의사결정, 판단, 피드백을 이용하는 능력, 상황과 맥락에 적절하게 자신의 행동과 정서를 조절하는 자기 조절 능력이 포함되고, 여러 가지 복잡한 정보를 동시에 처리하는 작업 기억, 오류를 확인하고 수정하는 자기 교정 능력 등도 실행기능의 중요한 측면이다.
- 회사에서 경영진이 하는 일들, 즉 정보를 받아들이고, 처리하고, 분류하는 일과 비슷한 것이 실행기능이라고 할 수 있다. 예를 들어, 회사의 목표를 정하고, 목표를 달성하기 위해 계획을 세우며, 각 부서에서 해야 할 일을 분류하고, 업무 특성에 따라서 각 부서원에게 일을 배분한 후에 각 부서원들이 한 일을 모으고 서로 다른 의견을 조율하여 하나의 의견으로 결정을 하고 결과를 통합하여 성과를 내는 과정이 바로 실행기능의 역할이다. 이는 집단의 실행기능이지만 각각의 개인도 목표를 이루기 위해서는 이러한 실행기능의 활동이 필요하다.

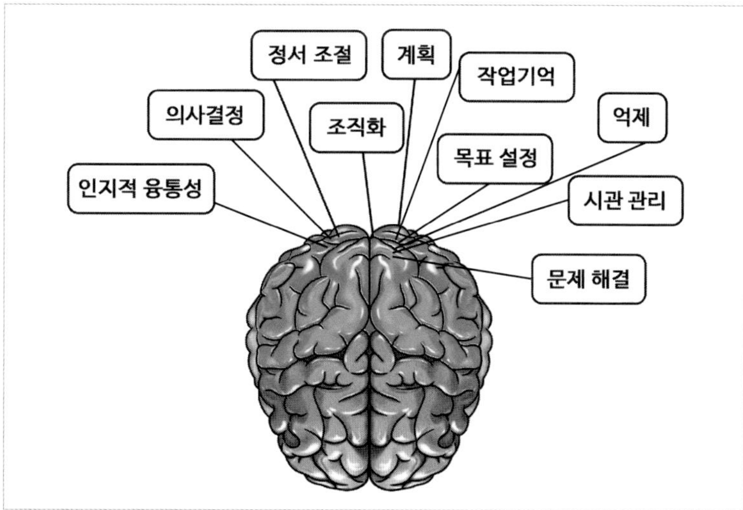

그림 2-1 전두엽에서 담당하는 실행기능의 종류

2) 실행기능의 종류

(1) 계획 능력

- 계획 능력이란? 목표를 정하고 그 목표를 이루기 위한 계획(단계)을 세운 후에 계획된 활동을 순서에 맞게 수행하고, 모니터하고 재평가하여 업데이트하는 능력

계획 능력 Quick test

(실습 활동지 배부)

- '라면 끓이기', '방 청소하기', '휴대폰 구입하기', '제주도 여행 가기'의 예 중 목표 활동을 하나 제시하고, 이를 달성하기 위해서 어떠한 단계를 밟아야 하는지 생각한 후 발표한다.

목표 활동의 예시

목표 활동	라면 끓이기	방 청소하기	휴대폰 구입하기	제주도 여행 가기
단계	① 라면 종류를 결정한다. ② 냄비에 물을 담아 가스레인지에 올린다. ③ 물이 끓으면 면과 스프를 넣는다. ④ 면이 어느 정도 익으면 계란, 파 등을 추가로 넣는다. ⑤ 면이 익을 때까지 끓인다.	① 바닥에 있는 물건을 정리한다. ② 책상이나 책장을 정리한다. ③ 선반 위의 먼지를 털어낸다. ④ 청소기나 빗자루로 바닥의 먼지를 제거한다. ⑤ 물걸레로 바닥의 남은 먼지와 얼룩을 닦아낸다.	① 휴대폰 구입 비용을 어떻게 마련할지 결정한다. ② 휴대폰의 종류를 알아본다. ③ 각 종류별 기능을 비교한다. ④ 휴대폰의 기종을 결정한다. ⑤ 통신사와 요금제를 결정한다.	① 여행 경비를 어떻게 마련할지 결정한다. ② 혼자 갈지, 누구와 함께 갈지를 결정한다. ③ 여행 기간과 날짜를 정한다. ④ 비행기표를 예매한다. ⑤ 제주도의 어느 지역을 갈지 결정한다. ⑥ 무엇을 먹을지 결정한다. ⑦ 교통수단을 결정한다.

(2) 조직화 능력

- 조직화 능력이란? 특정한 목적에 따라 통합하고 조직하는 능력

조직화 능력 Quick test

(실습 활동지 배부)

- '동물, 포유류, 새, 곤충, 개, 고양이, 사람, 원숭이, 앵무새, 참새, 까치, 독수리, 무당벌레, 개미, 파리, 장수풍뎅이'와 같은 단어가 적힌 활동지를 제시하고 이를 암기하기 위해서는 어떻게 하는 것이 효율적일지 생각해 보도록 한다.
- 단어 하나하나를 외우기보다는 유사점을 통해 상위 개념과 하위 개념으로 분류하여 외운다면 더 효율적으로 암기를 할 수 있다는 것을 알려 준다. 이에 따라 제시된 단어들을 계층에 맞게 조직화해 보도록 한다.

• 이는 다음과 같이 분류할 수 있다.

조직화의 예시

동물		
포유류	새	곤충
개 고양이 사람 원숭이	앵무새 참새 까치 독수리	무당벌레 개미 파리 장수풍뎅이

(3) 시간 관리 능력

- 시간 관리 능력이란? 일상의 활동을 하거나 학습 및 업무를 하는 데 사용할 수 있도록 자신에게 주어진 한정된 시간을 배분하고 관리하는 능력

시간 관리 능력 Quick test

(실습 활동지 배부)

- 친구와 영화를 보기로 하고 약속 시간에 맞추기 위해 외출 준비를 하는 데 얼마만큼의 시간이 걸릴 것 같은지 추정해 본다. 외출을 하는 데 필요한 행동의 목록을 정하고(씻기, 옷 입기, 짐 챙기기, 약속 장소까지 가는 데 걸리는 시간 알아보기 등), 각각 수행하는 데 걸리는 시간을 파악한다.
- 예시 문제: 분당구 구미동에 사는 A는 토요일 3시에 친구와 강남역에서 영화를 보기로 했다. 토요일 아침 눈을 떠 보니 11시이다. 언제부터 외출 준비를 해야 할까?

시간 추정의 예시

활동	걸리는 시간	시작 시간/안료 시간
약속 장소 확인, 가는 방법과 시간 알아보기	10분	1시 10분/1시 20분
씻기(양치, 머리 감기, 샤워하기)	30분	1시 20분/1시 50분
머리 말리기, 머리 모양 만들기	10분	1시 50분/2시
옷 선택하고 입기	10분	2시/2시 10분
짐 챙기기	10분	2시 10분/2시 20분
집에서 나와 약속 장소까지 가기	40분	2시 20분/3시

(4) 인지적 유연성

- 인지적 유연성(융통성)이란? 상황이 변화함에 따라서 기존의 생각이나 행동을 다른 생각이나 행동으로 전환하는 능력

인지적 유연성 Quick test

- 집단원 2명을 자원받아 가위바위보 게임을 한다. 처음에는 이기는 가위바위보 규칙으로 게임을 하다가 중간에 지는 가위바위보로 규칙을 빠르게 바꾸면 이를 유연하게 전환하여 수행할 수 있는지를 확인한다.
- 총 10번의 가위바위보를 진행하는데, 처음 5번은 '이기는 가위바위보'로 게임에서 이긴 사람이 앞에 놓인 종을 치고, 집단 진행자가 '지는 가위바위보'로 규칙을 바꾸면 다음 5번은 진 사람이 종을 치는 방식으로 하여 올바르게 종을 친 횟수를 세어 본다.
- 인지적 유연성이 부족한 사람은 게임의 규칙을 바꾸었을 때 바뀐 규칙을 바로 적용하여 따르는 것에 어려움을 겪을 것이다.

(5) 감정 조절

- 감정 조절이란? 목표를 달성하기 위해 필요한 인지적인 능력 중 하나로, 감정적 반응을 의도적으로 조절하고 변화시키는 능력을 말한다(Thompson, 1994). 감정 조절을 잘한다는 것은 어떤 기분이더라도 한 방향으로 크게 변하지 않는다는 것을 의미한다. 감정 조절을 잘하지 못하면 쉽게 불안해지고 과민해지며, 경우에 따라서는 행동의 폭발로 이어지기도 한다. 감정 조절을 잘하지 못해서 이러한 감정의 기복을 보인다면 목표 달성을 위해 필요한 행동을 하는 데 방해 요소로 작용하여 목표 달성이 지연되거나 실패할 수도 있다.

감정 조절 Quick test

(실습 활동지 배부)

- 종이에 기저선으로 직선을 그리게 하고, 오늘 하루를 오전, 오후, 지금으로 나누어 일어난 사건에 대해 생각하면서 얼마나 행복하고 만족스러웠는지, 얼마나 화가 나고 좌절되거나 슬펐는지를 기저선(0점)을 기준으로 점을 찍게 한다.
- 점을 이으면 기저선으로부터 선이 얼마나 변하는지 알 수 있는데, 선의 높낮이 차이가 클수록 감정 조절에 어려움을 겪는다는 것을 의미한다.

감정 변화의 예

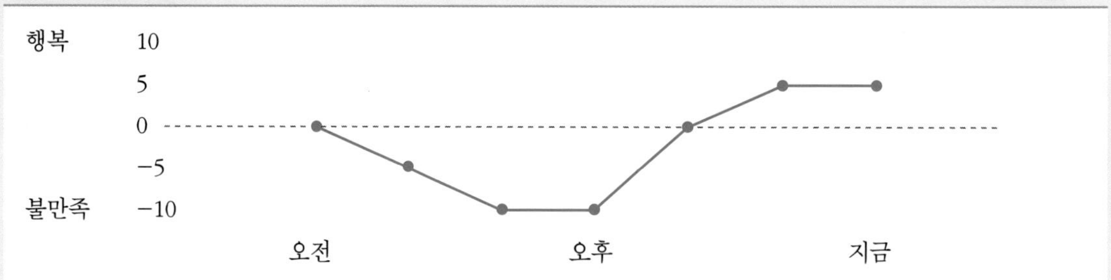

실습 활동[1] 1: 나의 실행기능 파악하기

(실습 활동지 배부)

(1) 나의 실행기능을 점검해 본다.

① 지금까지 배운 실행기능 중에서 내가 가장 잘한다고 생각되는 영역과 가장 부족하다고 생각되는 영역을 각각 생각해 보고 실습 활동지에 적는다.

② 그 이유를 자신의 경험과 관련지어 연결하여 이야기하기에 따라 실습활동지에 작성하고 발표해 본다. (연결하여 이야기하기)

(2) 나의 실행기능 중 어떤 부분을 향상시켜서 어떻게 변화하고 싶은지 생각해 보고 실습 활동지에 작성한다.

■ 자신의 생각과 바람을 배부된 실습 활동지에 적고, 각 집단원이 돌아가면서 발표하도록 한다.
■ 작성하기 전에 자신의 경험을 구조화하여 이야기할 수 있도록 다음의 '연결하여 이야기하기'를 소개한다.

토론과 발표를 위한 tip: 연결하여 이야기하기

• 자신의 경험에 대해서 타인에게 이야기할 때에는 전달하고 하는 내용을 구조화하여 구성하고, 자신의 생각과 감정까지 포함하여 조리 있게 전달할 수 있어야 한다. 본 프로그램에서는 이를 '연결하여 이야기하기'라고 명명하였다.
• 이 기술은 조직화 능력의 응용이다.

▷ **원리**: 지적장애를 동반하지 않은 ASD 성인은 언어 발달과 언어 능력이 정상 범주에 속한다고 하더라도 사회적 의사소통 능력의 결함으로 인해 자신의 경험을 구체화하여 다른 사람에게 이야기하는 것에 어려움이 있다. 대화를 하면서 상대방의 요구나 의도를 잘 파악하지 못하며, 자신이 관심이 많은 주제에 대해서 길고 장황하게 이야기를 한다. 또한 이야기를 시작할 때 관련 배경 정보를 제공하지 않은 채 일방적이고 갑작스럽게 이야기를 꺼내기도 한다. 때문에 듣는 이가 발언 내용의 맥락을 이해하기 어려우므로 대화가 길게 이어지지 않으며, 다른 사람들은 지적장애를 동반하지 않은 자폐성 장애인과의 상호작용을 피하게 된다(Adreon & Durcher, 2007). 따라서 자신의 경험을 이야기할 때 상대방이 잘 이해할 수 있도록 이야기의 내용 구성을 구조화하여 이야기할 수 있도록 도와주어야 하며, 이것 역시 실행기능 중 조직화 능력을 활용하도록 하는 것이다.

자폐성 장애인은 내면의 상태 인식(introspection), 감각 인식(interoception)의 문제로 자신의 감정을 묘사하는 것을 힘들어하기도 한다(Wampold, 2015; DuBois et al., 2016; Kinnaird et al., 2019). 인지행동치료의 기본 개념은 상황(경험), 생각, 감정과 행동은 모두 이어져 있고, 개인이 이러한 요소들의 상호작용에 부정적인 패턴이 있다는 것을 인지하고 생각과 행동의 변화를 통해 치료를 진행하는 것이다(Fenn & Byrne, 2013). 이 과정은 부정적인 행동 패턴을 깨기 위한 매우 유용한 방법이다. 이에 인지행동치료의 기본 개념을 빌려 자신의 경험을 이야기할 때 자신이 경험한 상황과 그에 따르는 생각, 그리고 감정을 인식하여 이를 연결하여 이야기하는 것을 연습하도록 한다. 이를 통해 경험을 부정적으로 인식하는 사고 패턴을 알아차리고 이를 탈피할 수 있게 도울 것이다.

따라서 경험을 이야기할 때는 육하원칙(누가, 언제, 어디서, 무엇을, 어떻게, 왜)에 따라서 구조화하도록 하며, 경험을 이야기하는 것에서 그치는 것이 아니라 그에 따른 생각과 감정을 연결하도록 한다. 매 회기 자신의 경험을 발표할 때마다 이 기술을 적용하여 반복 연습할 수 있게 한다.

1) 각 회기에 제시되는 실습 활동에서 '(1), (2)'의 괄호 번호는 '활동의 개수'를 의미하며, '·(중점)'은 활동에 대한 설명, '①, ②'의 원 번호는 '활동의 순서'를 의미하므로 집단원들에게 설명할 때 이를 기준으로 한다.

자신의 경험을 연결하여 이야기하기

① 경험(experience): 내가 실제로 겪은 상황

– 육하원칙에 따라서 이야기하기: (누가) / 언제 / 어디서 / 무엇을 / 어떻게 / (왜)

② 생각(thinking or thought): 사실(경험)에 대해서 내가 판단하는 것

③ 감정(feeling or emotion or affect): 사실(경험)에 대해서 내가 느끼는 기분

- 경험: 내가 ______(언제), ______(어디서), ______을(무엇을) 할 때 ______하게(어떻게) 혹은 ______한 이유로(왜) 했는데,
- 생각: ________한 생각이 들어서
- 감정: ________한 기분이었습니다.

실제 예시) 내가 대학교에 입학하였을 때 첫 학기에 들었던 강의에서 리포트 작성 과제가 있었는데, 한 학기 동안 해야 하는 과제였지만 어떻게 시작할지를 몰라서 미루다가 결국 제출하지 못하고 낮은 학점을 받았습니다(경험). 그래서 내가 과제를 하는 데 필요한 시간 계획을 잘 세우지 못한다는 것을 알았고(생각), 대학생활을 할 만한 능력이 없다는 생각이 들어서(생각) 기분이 매우 가라앉았습니다(기분).

2. 목표 세우기

▷ **원리**: ASD 성인들은 자신의 구체적인 장래 희망이나 소원이 무엇인지 인식하는 데 어려움을 겪으므로 자신의 재능에 대해 인식하고 미래를 계획할 수 있도록 하는 것이 중요하다. 이에 자기 탐색과 자기 평가를 하기 위한 도구로 개인중심계획(person centered plan; McManmon, 2015)의 틀을 사용할 것이며, 이를 통해 자신의 특성과 욕구를 이해하고 이를 바탕으로 자신의 장기 목표와 단기 목표에 대해서 생각해 보고 구체화할 수 있도록 한다.

설명

자신의 미래 인생을 설계하기 위해서는 자신이 원하는 것이 무엇인지를 인식하고 그것을 이루기 위한 구체적인 목표를 세우는 것이 필요하다. 목표가 있어야 목표를 이루기 위해 행동을 시작하게 된다. 내 인생의 목표를 정하기 전에 먼저 자기 자신의 특성에 대해서 파악하는 것이 중요하다. 자신의 특성과 능력에 대해서 생각해 보고 스스로를 평가한 후에 자신에게 맞는 목표를 설정하는 것이 목표를 이룰 수 있는 확률을 높이는 방법이다. 이는 '개인중심계획'을 통해서 할 수 있으며, 다음의 구성 요소에 대해서 자신의 특성을 생각해 보도록 한다. 자신의 특성을 바탕으로 자신이 달성할 수 있는 목표를 정해야 한다.

1) 목표 정하기

- 목표란? 개인이 장래 어떤 시점에 달성하려고 시도하는 것으로, 우리의 행동을 조절할 수 있게 도와주기 때문에 무엇을 하고자 할 때 동기를 강화시키고 수행을 향상시킨다. 즉, 목표가 있어야 그 목표를 향해 자신이 가진 자원과 능력을 이용하여 행동할 수 있다.
- 목표는 크게 장기 목표와 단기 목표로 나누어 정할 수 있다.
  - ✓ 장기 목표: 달성하기까지 시간이 오래 걸리고 규모가 큰 목표
    - 예 안정적인 직업 가지기, 부모님으로부터 독립하기, 가정 이루기, 건강한 몸 만들기
  - ✓ 단기 목표: 장기 목표를 성취하기까지의 중간 단계들로, 관찰 가능하고 측정 가능하게 설정
    - 예 토익 700점 이상 받기, 자격증 취득하기, 독립적인 생활을 준비하기 위해 스스로 집안일 관리하기(예: 하루에 한 끼는 스스로 만들어 먹기, 주 1회 화장실 청소하기), 표준 체중으로 체중 조절하기

2) 개인중심계획

- 개인중심계획이란? 자신의 미래에 대한 특정한 기대나 바람이 무엇인지를 생각하기 힘들어하는 사람들을 위해서 자신을 이해하고 자신의 특별한 재능과 능력을 발전시키는 방법을 보여 줄 수 있는 목표 설정의 도구이다.
- 초등학교에서 고등학교까지 정규교육에 참여하는 동안, 통상적으로 학생들은 가족, 선생님 그리고 다른 전문가들의 교육 계획을 통해서 목표를 설정하고 그에 따라 수동적으로 참여해 왔다. 하지만 성인이 되면 자기 인생의 목표와 계획에 능동적으로 참여하면서 결정해야 한다. 각 개인이 자신에 대해서 탐색하고 생각해 볼 수 있도록 유도하는 개인중심계획이 자신의 목표를 설정하도록 도와줄 수 있다.
- 개인중심계획은 자신의 성격, 자신의 재능, 자신의 꿈 등에 대해서 생각해 보는 기회를 제공하는 자기 탐색 및 자기 평가 도구로, 이를 토대로 자신의 단기적 · 장기적 목표를 개념화할 수 있도록 도와준다.

개인중심계획의 구성 요소

- 나의 성격은?
- 나의 재능과 강점은?
- 나에게 동기를 주는 것은?
- 나의 꿈은?
- 나의 목표는? 6개월 후, 1년 후, 3년 후, 5년 후, 10년 후, 20년 후

설명

집단원들은 프로그램 초반에 개인중심계획을 토대로 자신의 궁극적인 목표를 정하는데, 12주간의 프로그램을 하는 동안에 이를 계속해서 다듬어 나가야 한다. 목표 달성을 위해서는 교육을 받고, 실천을 하며, 스스로를 격려할 수 있는 강화가 필요하다는 것을 이해할 수 있어야 한다. 자기 계발을 위한 학습적인 목표와 독립적인 생활을 위한 일상생활 기술을 습득하는 목표로 나누어 정할 수 있으며, 목표를 달성하기 위한 개인의 의무를 다해야 한다. 이 목표들은 월간 목표, 연간 목표로 나누고, 이를 성취하기 위하여 바로 시작하고 실천할 수 있도록 한다.

실습 활동 2: 개인중심계획을 통해 목표 세우기

(실습 활동지 배부)

- 개인중심계획의 구성 요소에 따라서 '나의 특성과 재능'을 생각해 보고, 이를 토대로 자신이 이루고 싶은 장기 목표와 단기 목표를 생각해 보도록 한다.

예시

개인중심계획의 구성 요소	
나의 성격	내향적인, 세심한
나의 재능과 강점	창의적이다, 손재주가 좋다
나에게 동기를 주는 것	부모님의 인정, 주변 사람들의 칭찬, 통장 잔고
나의 꿈	파티시에

내가 이루고 싶은 장기 목표(10년 후)	단기 목표(6개월, 1년, 2년…)
안정적인 직업 갖기	2년 안에 자격증 취득하기
	1년간 토익 점수 300점 올리기
체력 기르기	표준 체중으로 체중 조절하기
	체지방을 줄이고 근육량 늘리기

과제 안내

1. 개인중심계획을 작성한 것을 검토 및 수정하여 완성하기(실습 활동 2)
   - 실습 활동 시간에 작성한 개인중심계획의 구성 요소 중 자신의 특성에 대해서 더 생각해 보고 보완하여 완성한다.

2. 10년 후의 장기 목표 2개, 단기 목표 2개 정하기

① 개인중심계획을 토대로 10년 후의 나의 모습을 떠올려 보면서 장기 목표를 2개 생각해 보고 작성한다. 각 목표에 대해 가족 혹은 지인들과 토론해 본 후에 실현 가능성에 대해서 1~5점으로 평가한다.

② 각 장기 목표를 달성하기 위해 1년 동안 이루고 싶은 단기 목표 2개를 정하여 작성한다. 각 목표에 대해 가족 혹은 지인들과 토론해 본 후에 실현 가능성에 대해서 1~5점으로 평가한다.

3. 목표를 달성하기 위해 해야 할 필수적인 하위 단계 정하기

- 나의 장기 목표와 단기 목표를 달성하기 위해 해야 할 필수적인 하위 단계를 생각해 보고 각각 작성한다.

Quick test 실습 활동지

이름:

계획 능력 Quick test

목표 활동을 달성하기 위해 어떤 단계가 필요한지 적어 봅시다.

목표 활동: ______________________________

①

②

③

④

⑤

조직화 능력 Quick test

다음의 단어를 빨리 외울 수 있는 방법을 생각해 봅시다.

동물, 파리, 새, 곤충, 개, 사람, 참새, 원숭이, 앵무새, 까치, 무당벌레, 포유류, 개미, 고양이, 독수리, 장수풍뎅이

Quick test 실습 활동지

이름:

시간 관리 능력 Quick test

• 나는 현재 분당 구미동에 살고 있고, 3시에 강남에서 친구와 약속이 있다. 잠을 자고 일어나니 시간이 오전 11시라면, 약속 시간에 맞춰 도착하기 위해서 몇 시에 준비를 시작해야 하는지 생각해 봅시다.

약속 장소에 나가기 위한 준비에 필요한 단계는?	필요한 시간은?

• 약속 시간에 도착하기 위해 몇 시부터 준비를 시작해야 할까요?

- 준비에 필요한 시간: (   )분
- 교통 시간: (   )분
- 집에서 출발해야 할 시간: (   )분
- 준비를 시작해야 할 시간: (   )분

감정 조절 능력 Quick test

+10

+5

0

-5

-10

오전　　오후　　지금

1회기 실습 활동지

이름:

실습 활동 1 나의 실행기능 파악하기

1. 나의 실행기능을 점검해 봅시다.

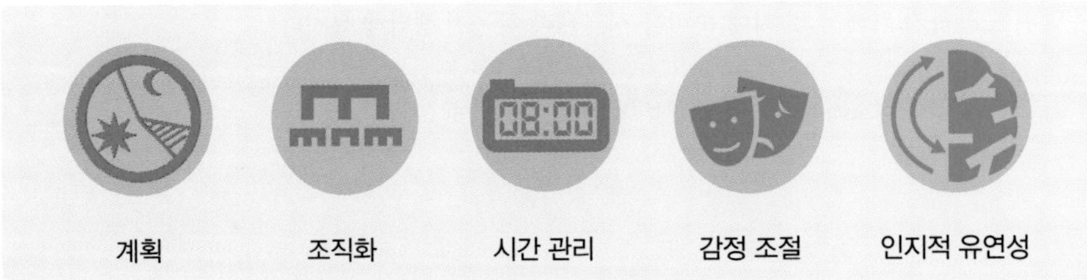

▶ 내가 가장 잘하는 영역은 무엇인가요?

▶ 그렇게 생각하는 이유는 무엇인가요? 연결하여 이야기하기

▶ 내가 가장 부족한 영역은 무엇인가요?

▶ 그렇게 생각하는 이유는 무엇인가요? 연결하여 이야기하기

2. 나의 실행기능 중 어떤 부분을 향상시켜서 어떻게 변화하고 싶은가요?

1회기 실습 활동지

이름:

실습 활동 2 개인중심계획을 통해 목표 세우기

목표 설정을 위한 개인중심계획

이것은 당신의 '독립선언'과도 같습니다. 당신의 꿈을 스스로에게 선포하고 이를 당신의 미래를 위한 지도로 삼아 그려 나가야 합니다. 당신이 중요하게 생각하는 모든 것을 함께 적어 보세요.

나

나의 성격은?	나의 재능과 강점은?
나에게 동기를 부여하는 것은?	**나의 꿈은?**

1회기 과제

이름:

과제 2 10년 후 장기 목표 2개, 단기 목표 2개 정하기

① 개인중심계획을 토대로 10년 후의 나의 모습을 떠올려 보고, 10년 후에 이루고 싶은 장기 목표를 2개 생각해 보세요. 가족 혹은 선생님, 친구들과 토론해 본 후에 실제로 이룰 수 있는 목표인지 함께 평가를 해 보세요.

누구와 토론해 보았나요? ____________________

장기 목표:

1 2 3 4 5

전혀 실현 가능성이 없다. 실제로 이룰 수 있는 목표이다.

누구와 토론해 보았나요? ____________________

장기 목표:

1 2 3 4 5

전혀 실현 가능성이 없다. 실제로 이룰 수 있는 목표이다.

② 앞의 장기 목표를 달성하기 위해 1년 동안 이루고 싶은 단기 목표를 2개 생각해 보세요. 가족 혹은 선생님, 친구들과 토론해 본 후에 실제로 이룰 수 있는 목표인지 함께 평가를 해 보세요.

누구와 토론해 보았나요? ____________________

단기 목표:

1 2 3 4 5

전혀 실현 가능성이 없다. 실제로 이룰 수 있는 목표이다.

누구와 토론해 보았나요? ____________________

단기 목표:

1 2 3 4 5

전혀 실현 가능성이 없다. 실제로 이룰 수 있는 목표이다.

1회기 과제

이름:

과제 3 목표를 달성하기 위해 해야 할 필수적인 하위 단계 정하기

• 앞에서 쓴 목표들 중 실현 가능한 장기 목표 1개와 단기 목표 1개를 정하고, 이 목표를 달성하기 위해 해야 할 필수적인 하위 단계를 각각 작성해 보세요.

목표

하위 단계

목표

하위 단계

2회기

나만의 계획을 세우고 체계를 만들어 봅시다

실행기능 영역

목표 설정, 조직화, 계획, 인지적 유연성

목표

1. 목표를 설정할 때 실천이 가능한 형태로 구체화하는 방법을 배운다.
2. 내가 설정한 목표를 이루기 위해 단계적으로 계획을 세우는 방법을 배운다.
3. 일정을 관리하기 위해 일정관리수첩을 선택하고 사용하는 방법을 배운다.

과제 점검 tip

- 인지치료행동에서 참여자가 과제를 수행하고 점검하는 것은 ① 참여자가 자신의 행동을 객관적으로 바라보고, ② 자신의 행동의 원인과 결과에 대한 이해를 돕고, ③ 참여자의 동기와 의지를 향상시키는 중요한 요소라고 평가된다(Cohen et al., 2013; Kazantzis, Dattilio, Cummins, & Clayton, 2014). 인지행동치료 과정에서 과제의 중요성은 인지행동치료가 처음 만들어졌을 때부터 강조되어 왔으며, 인지행동치료의 효과를 보지 못하는 주요 이유 중 하나가 과제 수행을 하지 않는 것 때문이다(Beck et al., 1979). 인지행동치료를 받는 성인들 중 과제를 제대로 수행하지 않는 사람의 비율은 20~50% 정도로, 과제 수행을 권장하는 것의 중요성을 보여 준다(Helbig & Fehm, 1999; Kazantzis et al., 2005).
- 이 프로그램에서 과제 수행의 목적은, ① 배운 내용과 실습 활동 시간에 적용해 본 것을 과제로 다시 한번 시행해 보고, 다음 시간에 과제 수행 점검을 통해 배운 내용을 제대로 이해하여 수행했는지 확인하는 것, ② 프로그램 전체 회기를 마친 후에 일상으로 돌아가서도 배운 내용들을 스스로 적용하고 실천할 수 있도록 일반화하는 것이다.
- 첫 번째 목적으로 과제 점검을 하기 위해서는 집단원이 과제 내용 및 수행 과정을 발표하고 이에 대해 진행자가 피드백을 하는 과정이 필요하다. 자신의 과제 수행에 대해 집단 진행자의 피드백을 듣는 것뿐만 아니라 또래 다른 집단원의 피드백을 듣고 서로 의견을 나누는 과정 또한 프로그램에 대한 참여 동기를 높이고 과제 수행 과정에서 겪는 어려움에 대한 공감과 이해를 할 수 있다. 따라서 과제 점검을 과제의 성격에 따라 소그룹 토의와 집단 진행자 점검의 두 가지 방식으로 나누어 하고자 한다. 소그룹으로 모여 자신의 수행 과정과 그 결과에 대해 이야기하고 서로 의견을 나누는 것을 통해서 ASD의 사회적 의사소통의 취약점을 개선시키는 데 도움이 될 것이다. 또한 토의 중 다른 사람의 과제 수행에 대해서 이야기를 듣고 자기 과제 수행을 비교하며 자신의 수행 방식을 변화시킬 수 있다면 자기 점검(self-monitoring)과 인지적 유연성(cognitive flexibility)을 향상시키는 데에도 도움이 될 것이다.
- 또한 과제 수행의 두 번째 목적인 배운 내용을 일상에서 스스로 적용할 수 있도록 일반화를 하기 위해서는 여러 번의 반복 시행이 중요하다. 반복 시행을 통해 과제 수행이 익숙해지고 습관화가 되면 프로그램을 마치고 과제 점검을 하지 않더라도 스스로 적용해 볼 수 있을 것이다.
- 따라서 이 프로그램에서는 회기를 마칠 때 배운 내용들을 내재화하고 일반화하기 위해서 '과제'와 '습관 만들기'의 두 가지 방식으로 제시할 것이다.
  - ✓ **과제**: 당 회기에서 배운 내용과 실습 활동을 통해서 수행한 것을 집으로 돌아가서 다시 한번 적용하여 실행해 보는 것이다.
  - ✓ **습관 만들기**: 지난 회기에서 배운 내용을 과제로 수행했지만 한 번의 수행으로 끝나는 것이 아니라 여러 차례 반복을 통해서 습관화가 필요한 과제를 지칭한다. 회기가 바뀌어도 지속적으로 반복, 누적되는 방식으로 제시한다.
- 회기를 시작할 때의 점검 방식도 다르게 적용될 것이다.
  - ✓ **과제**: 직전 회기에서 배운 내용에 대해서 참여자가 제대로 이해하고 수행하였는지를 발표 방식을 통해 집단 진행자가 점검한다.

✓ **습관 만들기**: 과제로 제시되어 집단 진행자가 점검하고 습관 만들기로 전환된 과제들을 2~3명의 소그룹 형태로 점검한다. 과제 수행 과정과 수행한 내용에 대해서 집단원들끼리 의견을 나누면서 서로 피드백하고, 다른 집단원의 활동 내용을 들으면서 자신의 활동 또한 모니터링할 수 있도록 한다. 소그룹 점검에서는 집단 진행자와 보조 진행자가 각 소그룹에 관찰자로 참여하면서 원활한 토의 활동이 이루어질 수 있도록 도움을 준다.

과제 점검

1. 완성한 개인중심계획 발표하기
   - 지난 시간에 작성한 개인중심계획에서 추가하거나 수정하여 완성한 내용을 발표한다.
2. 10년 후의 장기 목표 2개, 단기 목표 2개를 소개하고 실현 가능성 발표하기
   - 10년 후의 나의 모습을 떠올리며 정한 목표 중 가족이나 지인의 조언을 받아서 정한 장기 목표 2개와 이 장기 목표를 달성하기 위해 1년 동안 이루고 싶은 단기 목표 2개에 대해서 발표한다.
   - 가족 혹은 지인들과 토론한 후에 실현 가능성이 몇 점인지 발표한다.
3. 목표를 달성하기 위해 해야 할 필수적인 하위 단계 정하기
   - 나의 장기 목표와 단기 목표를 달성하기 위해 해야 할 필수적인 하위 단계를 발표한다.

토론 질문

토론 tip

ASD 성인은 인지적 유연성이 부족하다고 알려져 있기 때문에(Hill, 2004; Reed, Watts, & Truzoli, 2013), 한 번 정한 목표나 계획을 상황에 따라 유연하게 수정하기보다는 끝까지 고수하는 경향이 있다. 따라서 목표를 달성하기 위해 노력하는 것이 중요하지만 상황에 따라서 언제든지 바뀌거나 수정할 수 있다는 점을 토론을 통해 전달하며, 어떤 상황에서 바꾸는 것이 좋을지에 대해서도 함께 의견을 나누고, 목표를 바꿀 수 있는 구체적인 상황의 예를 제시한다.

질문 1: 목표는 달성될 때까지 바꾸면 안 되는 것일까?

설명

목표는 언제든지 바뀔 수 있다. 목표를 정하고 이를 달성하기 위해 계획을 세운 다음에 계획을 지키려고 노력을 했는데도 달성하기가 어렵다는 판단이 든다면 목표나 계획을 수정할 필요가 있다. 하위 목표들과 세부 계획들을 정한 후에 하위 목표의 달성 여부에 대해 중간 점검을 하면서 상위 목표를 수정할 수 있다. 목표 자체를 전혀 다른 방향으로 바꿀 수 있고, 목표의 수준을 조정할 수도 있다.

질문 2: 내가 세운 목표는 어떤 경우에 바꿔야 할까?

설명

ASD의 주요 특성 중 하나인 제한적인 관심과 행동에서 비롯된 변화를 거부하고 기존의 생각과 행동을 유지하려는 특성 때문에 ASD 성인은 한 번 목표를 정하면 상황에 따라 적합하게 수정하기보다는 무리하게 목표를 유지하고 진행하려는 성향이 있을 수 있다. 하지만 다음과 같은 경우에는 목표를 수정하는 것이 나을 수 있다.

- 충분한 노력을 했음에도 결과가 좋지 못할 때
- 주변에서 실현 가능성이 없는 목표라고 만류할 때
- 하위 목표를 달성하는 도중에 새로운 더 적합한 목표가 떠올랐을 때
- 하위 목표를 달성하는 도중에 나의 능력이나 취향과 맞지 않는다는 것을 깨달았을 때

질문 3: 목표를 너무 자주 바꾸면 어떤 문제가 있을까?

설명

목표를 너무 자주 바꾸는 것은 장기 목표를 달성하기까지 시간을 지체하게 할 수 있다. 따라서 목표를 바꾸기 전에 내가 목표 달성을 위해 충분히 노력을 했는지에 대해 깊게 생각해 보고, 나의 노력을 지켜 본 사람들에게 목표를 수정하는 데 조언을 구해 볼 수도 있다.

교육 내용

1. 목표 설정 구체화하기

▷ 원리: 목표는 개인이 달성하고자 노력하고 있는 행동의 대상 혹은 목적으로, 일반적으로 목표 달성은 허용된 시간의 틀 안에서 구체적 기준(specific standard)에 맞춰 과제(task)를 수행하는 것에 능숙해진 것이라고 할 수 있다(Locke et al., 1981). ASD 성인들은 계획, 조직화, 개념 형성 등 실행기능의 부족으로 인해 현실적인 장단기 목표를 정하고 이를 구체화하여 실천하는 데 어려움을 겪는다(Demetriou et al., 2018). 달성 가능하고 적절한 목표들을 독립적으로 설정하고 도전하는 능력은 ASD 성인에게 필요한 매우 중요한 기술이며, 이를 발전시키면 자기-인식, 과제 수행, 성취, 독립 기능을 향상시키는 데 기여할 수 있다(Carr, Moore, & Anderson, 2014). 따라서 ASD 성인에게 달성 가능하고 적절한 목표를 설정할 수 있도록 도와주는 것이 필요하다. 또한 설정된 목표는 개인이 목표를 이루기 위해 노력을 기울여야 하는 정도를 가늠하고, 지향성을 갖게 하며, 노력을 지속하게 함으로써 개인의 행동을 직접적으로 조절한다. 하지만 목표가 막연하거나 장기적인 목표로만 이루어져 있을 경우에는 어느 정도 노력을 기울여야 하는지 모호해지고, 성취의 여부도 알 수 없게 되면서 목표를 이루는 동기 부여가 되지 않을 수 있다. 따라서 달성할 수 있는 목표로 만들기 위해서는 큰 목표를 작은 목표로 나누고, 이를 달성 가능한 형태로 구체화하여 기술하는 것이 중요하다. 개인에게 맞는 보다 실행 가능한 목표를 정하고, 목표를 정량화해서 이러한 목표를 달성하는 것을 통해 성취 경험을 높이고 그다음 단계의 수행 동기를 부여할 수 있을 것이다.

1) SMART 목표 설정 기법(Meyer, 2003)

① 목표는 구체적이어야 한다(Specific).

- 구체적인 목표가 모호한 목표보다 달성 가능성이 높다.

  예 방학 동안 영어 공부를 한다.

  → 매일 저녁 7시부터 8시까지 영어 교재를 10페이지씩 학습한다.

② 목표는 달성한 정도를 측정할 수 있어야 한다(Measurable).

- 목표 달성도를 측정할 수 있어야 한다.
- 목표 측정 기준으로는 수량, 횟수, 기간 등이 있다.

  예 영어 실력을 향상시킨다.

  → 월~금까지 주 5회 1시간씩 토익 책을 20페이지씩 공부하여 6개월 안에 토익 점수를 100점 올리고, 1년 안에 200점을 올릴 것이다.

③ 목표는 실제로 이룰 수 있어야 한다(Attainable).

- 머릿속에서는 쉽게 달성할 수 있을 것 같은 목표도 달성하기 위해 상당한 노력이 필요하다.

• 지금 자신의 능력, 지식, 체력, 시간을 모두 고려해 보고 달성 가능한 목표를 세워야 한다.

예 (지금 토익 300점인데) 한 달 후에 토익 700점 이상을 받을 것이다.

→ 석 달 후에 토익 500점 이상을 받을 것이다.

④ 목표는 내가 원하는 것과 관련이 있어야 한다(Relevant)

• 자신이 원하는 것과 연관성 있는 목표를 세워야 동기를 높일 수 있다.

예 (취업을 위해 컴퓨터 자격증이 필요한데) 한 달 후에 바리스타 자격증을 취득할 것이다.

→ 한 달 후에 MS office 자격증을 취득할 것이다.

⑤ 목표는 시간 제한이 있어야 한다(Time–bound).

• 언제까지 목표를 달성할 것인지 명확하지 않으면 목표를 달성해야겠다는 생각이 들지 않는다.

예 올해 안에 영어 회화를 능숙하게 한다.

→ 매일 아침 3강씩 영어 회화 어플을 듣고 이번 달 20일까지 어플 학습을 끝내겠다.

실습 활동 1: SMART 기법을 사용한 목표 설정 연습하기

(실습 활동지 배부)

• 모호하게 세워진 목표를 집단원에게 제시하고, 발표를 통해 각 기법에 맞춰 바꾸어 보는 연습을 한다.

예시

Specific 구체적	방학 동안 자격증 공부를 할 것이다. → 1개월 내에 A 문제집을 다 풀 것이다.
Measurable 측정 가능	방학 동안 바리스타의 달인이 될 것이다. → 3개월 동안 매일 1시간씩 라떼 아트를 연습해서 바리스타 1급 실기시험에 합격할 것이다.
Attainable 실제로 이룰 수 있는	(지금 시작해서) 2주 후에 컴퓨터 자격증을 취득할 것이다. → 3개월 내에 컴퓨터 자격증을 취득할 것이다.
Relevant 연관성 있는	(컴퓨터로 문서 작업하는 회사에 취직할 것이므로) 3개월 내에 한자 자격증을 취득할 것이다. → 3개월 내에 컴퓨터 자격증을 취득할 것이다.
Time–bound 기한 설정	이력서를 작성할 것이다. → 이번 주 내로 이력서를 작성할 것이다.

2. 목표를 달성하기 위한 계획 세우기

▷ **원리**: 계획(planning)은 새로운 상황이나 일상적인 상황에서 미리 정해진 목표에 맞춰서 일련의 계획된 행동의 순서를 검토하고, 판단하고, 업데이트하면서 전략을 선택하고 실행하는 것이다(Hill, 2004; Morris & Word, 2004). 이 복잡한 인지 능력으로 적응 행동을 수행할 수 있다. 즉, 할 일의 목록을 작성

하고, 약속을 정하며, 사회생활을 조직화하고, 글을 작성하는 과정 등에서 계획은 우리의 행동을 지시하고 평가한다(Dubbelink & Geurts, 2017).

자폐성 장애인은 계획 능력에 결핍이 있는 것으로 알려져 있다(Hill, 2004; Lopez et al., 2005; Van den Bergh et al., 2014). 계획에서의 어려움은 시작(initiation)을 하는 데 곤란을 초래한다. 자폐성 장애인에게는 ① 활동을 준비하거나 예상하는 것과 같은 운동 계획(motor planning)의 어려움, ② 활동을 완성하기 위해 필요한 단계를 계획하는 것의 어려움, ③ 주어진 상황에서 적절한 반응을 계획하는 것의 어려움이 있다(Hume, Loftin, & Lantz, 2009). 더불어 세부적인 부분과 큰 그림을 함께 보지 못하므로 어떤 큰 주제가 주어지면 이를 세부적인 것으로 구체화하여 순서대로 시작하는 데 어려움이 있다(Noens & Berckelaer-Onnes; 2004; Deisinger et al., 2012). 특히 자폐성 장애인에게 흔히 나타나는 완벽주의적 사고로 인해 목표 달성을 위해 필요한 모든 조건이 완벽하게 준비가 되지 않으면 행동을 시작하지 않고 미루려는 특성을 보인다. 혹은 세부적인 부분에 몰두하다 보면 궁극적으로 완성해야 할 목표가 무엇인지를 알지 못해 방향이 다른 완성물이 나오기도 하고, 아예 주어진 시간 내에 완성물이 나오지 못한 채 한 번 시작한 일을 잘 끝맺지 못하게 되기도 한다(McManmon, 2016).

따라서 장기적인 목표를 달성해 나가는 데 필요한 과정들을 세분화하여 작은 단기 목표들로 나누고, 쉽게 달성할 수 있는 작은 목표부터 하나씩 시작해야 한다는 것을 이해할 수 있어야 완벽주의적 사고에 얽매이지 않고 목표 달성을 위한 시작을 할 수 있다. 이에 목표 달성을 위해 해야 할 큰 주제를 정하고, 이 주제를 세부적인 부분으로 구체화하여 실행에 옮기는 계획 세우기에 대해서 알아보고자 한다.

1) 계획을 세우는 방법(Solanto, Marks, & Wasserstein, 2011)

① 달성해야 할 주요 목표를 정한다.

- 달성해야 할 장기 목표가 될 수도 있고, 수업에서 내 준 해야 할 과제(프로젝트)가 될 수도 있고, 일상에서 내가 해야 할 일이 될 수도 있다.

  예 구직하기, 기말 리포트 내기, 자전거로 국토대장정 하기, 집안 대청소하기, 종강 파티하기, 집들이하기, 생일 초대하기, 다이어트하기, 체력 키우기, 운전면허 따기, 유럽 배낭여행 하기

② 주요 목표를 여러 하위 목표 혹은 연속적인 단계로 나눈다.

- 하위 목표는 별도의 활동으로 정하여 동시에 시행될 수도 있고, 연속적인 단계로 정하여 시간 순서에 따를 수도 있다.

③ 각 하위 목표 혹은 단계를 세부적인 할 일들로 나눈다.

- 세부적인 할 일이 자세할수록 계획표에 따라 수행할 때 완성도가 높아질 수 있다.

④ 각 하위 목표나 세부적인 할 일의 완성 날짜를 정한다.

- 각 세부적인 할 일을 하는 데 걸리는 소요 기간(혹은 소요 시간)을 예측하고, 이를 토대로 세부적인 할 일을 완성해야 할 날짜도 함께 기록하도록 한다.

- 각 세부적인 할 일을 하는 데 걸리는 시간을 예측한 후에 하위 목표의 달성 날짜를 정할 수도 있고, 하위 목표의 달성 날짜를 먼저 정한 후에 이에 맞춰서 세부적인 할 일의 완성 날짜를 정할 수도 있다.

⑤ 목표 달성 날짜에 맞춰 할 일을 실천하고, 실천하지 못한 할 일이나 계획이 있다면 실천이 어려운 이유를 확인한다.

- 완성해야 할 날짜에 맞춰서 세부 계획을 실천한다.
- 달성하지 못한 세부 계획이 있다면 무엇인지 확인하고, 실천이 어려운 이유를 생각해 본다.
- 실천이 어려운 이유에 어떻게 대처할 수 있는지 방법을 생각해 본다. 세부적인 할 일을 실천 가능한 방식으로 다시 바꾸거나 세부적인 할 일을 하는 데 걸리는 소요 시간을 다시 예측하여 바꾸는 방법 등이 있다.

계획을 세우는 방법에 대한 예시 **주요 목표: 여름휴가 여행 준비하기**

하위 목표(단계)	세부적인 할 일(세부 계획)	소요 기간	완성 날짜
여행 경비 마련하기 기간: 약 3개월 목표 달성 날짜: 8/10	대략적인 예산을 계획하고 경비 결정하기	2일	5/22
	단기 아르바이트 조사하기	3일	5/25
	단기 아르바이트를 지원하고 면접 보기	15일	6/10
	단기 아르바이트를 통해 목표 경비 마련하기	2개월	8/10
장소와 일정 계획하기 기간: 약 일주일 목표 달성 날짜: 7/25	국내 여행지 조사하기	3일	7/10
	여행지 정하기	1일	7/15
	여행지 볼거리 조사하기	7일	7/22
	여행 일정 계획하기	3일	7/25
교통, 숙소, 음식 계획하기 기간: 약 10일 목표 달성 날짜: 8/5	교통수단 조사 및 구매하기	3일	7/27
	숙소 조사 및 구매하기	2일	7/30
	음식 조사 및 예약하기	4일	8/5
짐 준비하기 기간: 약 일주일 목표 달성 날짜: 8/14	필요한 물품 목록 작성하기	1일	8/10
	필요한 물품 구매하기	3일	8/12
	옷 세탁하기	2일	8/13
	짐 싸기	1일	8/14

실습 활동 2: 목표를 달성하기 위한 계획 세우기

(실습 활동지 배부)

① 과제에서 설정한 장기 목표 혹은 1년 단기 목표 중 1개를 선택하여 세부 계획을 세운다.

② 하위 목표로 나누고 각 목표에 대해서 세부적인 할 일을 정한다. 이때 SMART 기법에 따른다.

③ 세부적인 할 일의 소요 시간을 예측하고 기한을 정한다.

예시

주요 목표	안정적인 직업 갖기		
하위 목표(단계)	세부적인 할 일(세부 계획)	소요 기간	완성 날짜
2년 안에 제과제빵기능사 자격증 취득하기 소요 기간: 8개월 목표 달성 날짜:	서점에서 문제집 구매하기	1일	1/2
	하루에 2시간씩 문제집 풀기	1개월	2/3
	필기시험에 응시하기	2일	2/20
	학원에서 제과제빵 실습하기	6개월	8/31
	실기시험에 응시하기	2일	9/10
원하는 직장의 채용 공고에 맞춰 취업 지원 준비하기 소요 기간: 2개월 목표 달성 날짜:	채용 공고에서 지원 서류 확인하기	2일	9/14
	이력서, 자기소개서 샘플을 찾아보고 작성 연습하기	2주	9/30
	면접 예상 질문을 찾아보고 예상 답안 작성하기	1주	10/7
	모의 면접 또는 컨설팅을 통해 면접 준비하기	2주	10/21
	지원 서류 제출, 면접 보기	2~3일	10/27
소요 기간: 목표 달성 날짜:			

3. 일정관리수첩의 선택과 사용

▷ 원리: 개인에게 주어진 시간은 한정되어 있고, 한정된 시간을 효율적으로 사용하기 위해서는 할 일이나 일정을 조직화하는 것이 필요하다. 일정에 대한 계획을 세우고 그 계획을 위한 도구 사용을 학습하는 것이 조직화 과정을 도울 수 있다.

1) 일정관리수첩의 선택

종이수첩과 전자수첩의 장단점

〈종이수첩의 장점〉

- 컴퓨터나 전자기기를 잘 사용하지 못하는 사람에게 좋다.
- 내 마음대로 형식을 만들고 쓰고 지울 수 있다.
- 직접 필기하는 과정에서 기억에 더 잘 남을 수 있다.

〈종이수첩의 단점〉

- 가지고 다니기 쉬워야 한다.
- 할 일 목록을 충분히 쓸 만큼의 여유 공간이 있어야 한다.
- 기록한 내용 중 필요한 내용을 빨리 찾기 어려울 수 있다.

〈전자수첩의 장점〉

- 중요한 일의 반복 입력, 약속이나 과제의 변경, 일의 목록 입력 등을 쉽게 할 수 있다.
- 스마트폰 어플리케이션을 이용할 경우에 휴대가 편하고, 어플의 종류가 다양하다.
- 전자기기를 사용하는 데 익숙하다면 태블릿 PC나 스마트폰을 이용할 수 있어서 편리하다.

〈전자수첩의 단점〉

- 사용에 익숙해지기까지 시간이 걸릴 수 있다.
- 배터리 문제로 인해 사용이 제한될 수 있다.
- 기술적 문제 발생 시 접근이 어려울 수 있다.

➡ 일정 관리 어플 예시(부록)를 함께 살펴보고, 종이수첩과 전자수첩 중 어떤 것이 자신에게 더 맞는지 돌아가면서 발표를 한다.

2) 일정관리수첩 사용의 원칙

① 일정관리수첩의 사용은 1개만 한다.

- 수첩 1개를 선택해서 그것에 몰입하고 집중한다.
- 단, 일정관리수첩이 없을 때 당황하지 않도록 중요한 것들은 기억하도록 하며, 포스트잇, 휴대폰 메모장, 컴퓨터 메모장에 메모를 작성하여 자주 보는 곳에 붙여 두고 기억 단서를 마련함으로써 수첩의 역할을 보완하도록 한다.

② 항상 수첩을 소지하고, 모든 약속과 할 일을 수첩에 적도록 한다.

- 수첩은 휴대하기 쉬워야 하고, 항상 가지고 있으면서 수시로 약속을 확인하고 해야 할 일을 쓴

다. 길에서 우연히 사람을 만나거나 약속을 하게 되면 즉시 수첩에 관련 사항을 적는다.

- 특히 일이나 과제를 완료하기 위해 노력할 때 이 방법을 사용한다. 이 사항들이 수첩에 기재되지 않으면 기억하기 어렵고, 그러면 일을 끝까지 마무리하기도 어려워진다.

③ 매일 아침, 점심과 저녁에 항상 수첩을 참고한다.

- 수첩에 써 놓기만 하고 규칙적으로 보지 않으면 생활에 아무런 도움이 되지 않는다.
- 규칙적으로 수첩을 보고 매일 세 번 점검하는 습관을 들인다. 아침에는 수첩을 들여다보고 그날의 일정상 필요한 것이 무엇인지 상기시킨다. 오후에는 지난 일정들이 무리 없이 완료되었는지를 확인하여 표시하고, 제대로 지켜지지 않았거나 미흡했던 일정이 있다면 표시를 하여 재계획하고 다음에 보완할 방법을 기록해 놓는다. 저녁에는 수첩을 통해 다음날 일정과 필요한 사항들을 확인하고 점검한다.

④ 일정관리수첩을 효율적으로 사용하되, 이를 관리하는 데 지나치게 많은 시간을 사용하지 않는다.

- 일정관리수첩은 일을 효율적으로 할 수 있도록 보완하는 수단이지 작성하는 것 자체가 과제가 되고 목적이 되면 안 된다. 따라서 이를 작성하는 데 너무 많은 에너지와 시간을 들이지 않도록 한다.
- 단, 일정관리수첩을 처음 사용할 때는 많은 시간과 노력이 들어갈 수 있다. 하지만 사용에 익숙해지고 습관이 된다면 이에 들이는 시간을 단축할 수 있다. 수첩 사용에 익숙해지고 습관이 될 수 있도록 꾸준히 사용하도록 한다.

습관 만들기

1. 목표를 달성하기 위한 계획 세우기를 수정하기(**1회기** 과제 2, 3 & **2회기** 실습 활동 2)

① 지난 시간 과제에서 설정한 10년 장기 목표와 1년 단기 목표를 SMART 기법에 맞춰 보다 현실적으로 이룰 수 있는 목표로 수정한다.

② 장기 목표에 대한 하위 목표를 정하고 세부 계획을 세운다. 하위 목표가 SMART 기법에 맞는지 평가한다.

③ 각 세부 계획의 소요 시간을 예측하고 기한을 정한다.

과제 안내

1. SMART 기법을 사용한 목표 설정 연습 문제 작성하기(실습 활동 1)

- 연습 문제로 제시된 목표를 SMART 기법에 맞게 수정한다.

2. 목표 달성을 위한 세부 계획을 실천하고 달성 여부 기록하기

- 목표 달성을 위한 세부 계획 중 실천할 수 있는 것을 시작하고 달성 여부를 기록한다.

3. 실천하지 못한 계획이 있다면 실천을 어렵게 만드는 이유 확인하기

- 실천하지 못한 계획이 무엇인지 확인하고, 실천을 어렵게 만드는 이유에 어떻게 대처할 수 있는지와 실천 가능한 계획으로 변경하는 방법을 생각해 본다.

4. 나에게 맞는 일정관리수첩을 선택하고 한 주 일정과 해야 할 일 적기

- 사용하고 있는 일정관리수첩이 있다면 다음 시간에 일정관리수첩을 가져오고, 일정관리수첩이 없다면 나에게 맞는 일정관리수첩을 선택하여 가져온다(종이수첩, 전자수첩, 스마트폰 어플).
- 일정관리수첩을 선택한 후에 일주일 동안 무엇을 해야 하는지 생각해 보고, 한 주 일정과 해야 할 일을 일정관리수첩에 적어 본다.

2회기 실습 활동지

이름:

실습 활동 1 SMART 기법을 사용한 목표 설정 연습하기

• 모호하게 세워진 목표를 각 기법에 맞추어 수정하고, 발표해 봅시다.

Specific 구체적	• 방학 동안 자격증 공부를 할 것이다. →
Measurable 측정 가능	• 방학 동안 바리스타의 달인이 될 것이다. →
Attainable 실제로 이룰 수 있는	• (지금 시작해서) 2주 후에 컴퓨터 자격증을 취득할 것이다. →
Relevant 연관성 있는	• (컴퓨터로 문서 작업하는 회사에 취직할 것이므로) 3개월 내에 한자 자격증을 취득할 것이다. →
Time-bound 기한 설정	• 이력서를 작성할 것이다. →

2회기 실습 활동지

이름:

실습 활동 2 목표를 달성하기 위한 계획 세우기

① 앞서 정한 장기 목표 혹은 1년 단기 목표 중 1개를 골라 계획을 세워 봅시다.
② 어떤 하위 목표로 나눌 수 있을까요? 목표를 정할 때 SMART 기법에 따라 주세요.
③ 세부적인 할 일을 정하고, 각 세부계획의 소요 시간을 예측하여 기한을 정해 보세요.

주요 목표			
하위 목표(단계)	세부적인 할 일(세부 계획)	소요 기간	완성 날짜
소요 기간: 목표 달성 날짜:			
소요 기간: 목표 달성 날짜:			

2회기 습관 만들기

이름:

습관 만들기 1 목표를 달성하기 위한 계획 세우기를 수정하기(**1회기** 과제 2, 3 & **2회기** 실습 활동 2)

① 지난 시간 과제에서 설정한 목표들을 SMART 기법에 맞춰 다시 수정해 보세요. 새로운 목표를 추가해도 좋습니다.
② 하위 목표를 정하고 세부적인 할 일, 또는 단계를 정해 봅시다. SMART 기법에 따라 주세요.
③ 각 세부 계획의 소요 시간을 예측하고 기한을 정해 봅시다.

주요 목표			
하위 목표(단계)	세부적인 할 일(세부 계획)	소요 기간	완성 날짜
소요 기간: 목표 달성 날짜:			
소요 기간: 목표 달성 날짜:			
소요 기간: 목표 달성 날짜:			

2회기 과제

이름:

과제 1 SMART 기법을 사용한 목표 설정 연습 문제 작성하기(실습 활동 1)

• ·SMART 기법으로 목표를 수정하는 것을 익히기 위해 다음의 연습 문제를 작성해 보세요.

Specific 구체적	• 여행 준비를 할 것이다. →
Measurable 측정 가능	• 여행 자금을 모을 것이다. →
Attainable 실제로 이룰 수 있는	• 지금 돈이 없지만 1개월 내에 1,000만 원을 모을 것이다. →
Relevant 연관성 있는	• 강원도 여행을 갈 것인데, 전국의 맛집 목록을 작성할 것이다. →
Time-bound 기한 설정	• 기차표를 예매할 것이다. →

2회기 과제

이름:

과제 2 목표 달성을 위한 세부 계획을 실천하고 달성 여부 기록하기

• 습관 만들기 1번에서 수정한 세부 계획 중 바로 실천할 수 있는 것을 시작해 보고, 달성 여부를 기록해 보세요.

하위 목표(단계)	실천하고 있는 세부 계획	달성 여부

과제 3 실천하지 못한 계획이 있다면, 실천을 어렵게 만드는 이유 확인하기

① 실천하지 못한 계획이 무엇인지 확인하고, 실천을 어렵게 만드는 이유를 적어 봅시다.
② 계획의 실천을 어렵게 만드는 이유에 어떻게 대처할 수 있는지 그 방법을 생각해 보고, 실천 가능한 계획으로 변경해 봅시다.

실천하지 못하고 있는 세부 계획	실천이 어려운 이유	대처 방법

과제 4 나에게 맞는 일정관리수첩을 선택하고 한 주 일정과 해야 할 일 적기

• 나에게 맞는 일정관리수첩을 선택해서 종이수첩을 마련하거나 어플리케이션을 설치하세요. 일주일 동안 무엇을 해야 하는지 생각해 보고, 일정관리수첩에 해야 할 일의 목록을 적어 보세요.

부록-일정 관리 어플 예시

어플	설명
네이버 캘린더	**기능**: 일정, 기념일, 할 일 관리, 월별/주별/일별 일정 보기, 위젯 기능, 체크리스트, 날씨 정보, 공유 캘린더, 시간표, 해외에서 시간대 변경 가능 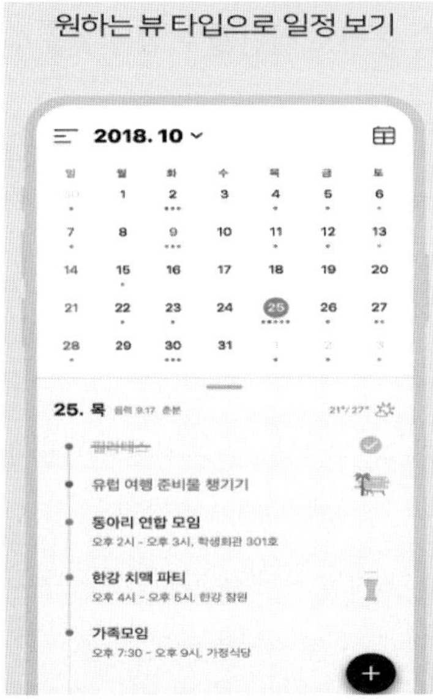 
구글 캘린더	**기능**: 일정, 기념일, 할 일 관리, 월별/주별/일별 일정 보기, gmail과 연동, 체크리스트, 목표 설정 및 알람 기능 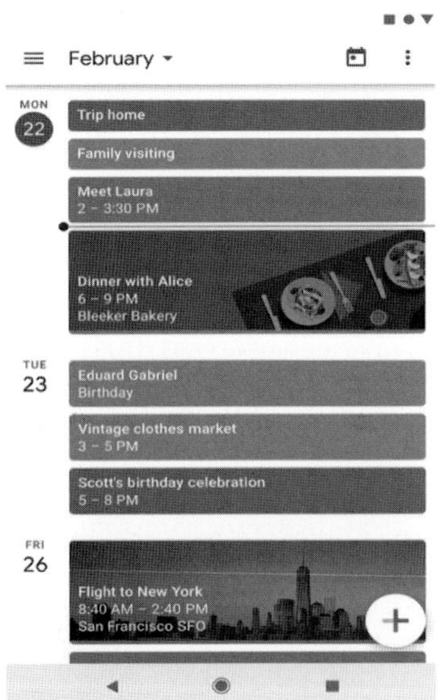 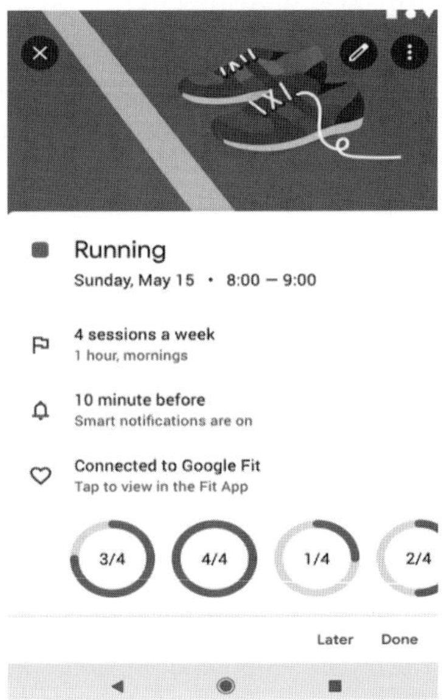

<table>
<tr>
<td>이지 플래너</td>
<td>

기능: 일정, 기념일, 할 일 관리, 월별/주별/일별 일정 보기, 위젯 기능, 메모 검색, 알람 기능, 광고 있음

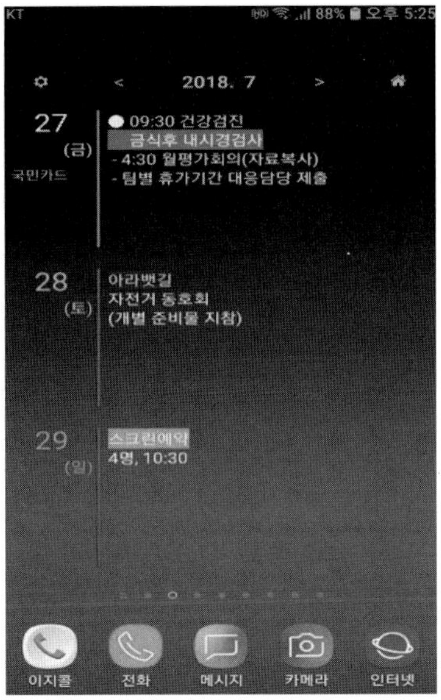

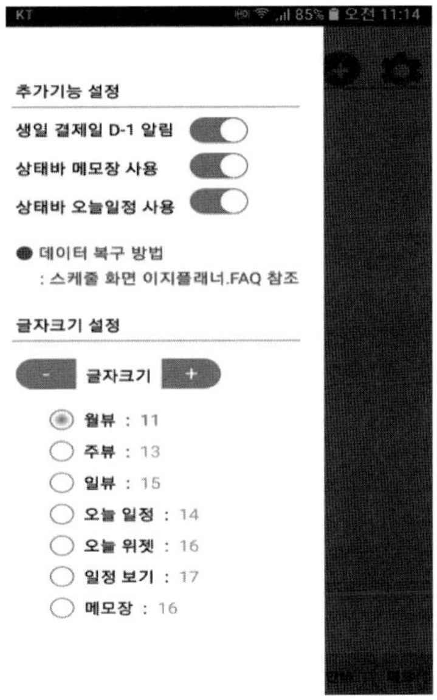

</td>
</tr>
</table>

3회기

한정된 시간을 효율적으로 관리해 봅시다

실행기능 영역

계획, 조직화, 우선순위, 시간 관리, 인지적 유연성

목표

1. 해야 할 일 목록을 작성하고 일의 우선순위를 정함으로써 시간을 효율적으로 관리할 수 있는 전략을 배운다.
2. 주간/일일 계획표를 작성하는 방법을 배운다.
3. 보상 목록을 작성하고 위계를 설정해서 스스로 동기를 부여한다.

습관 만들기 점검

1. 목표를 달성하기 위한 계획 세우기의 수정된 내용에 대해 이야기 나누기
   - 타 집단원에게 SMART 기법에 맞게 수정한 목표를 소개하고, 목표가 SMART 기법에 맞고 현실적으로 실현 가능하게 수정되었는지 피드백을 받는다.
   - 각 목표에 대한 하위 목표와 세부 계획을 소개하고, 실현 가능하고 지킬 수 있는 계획인지에 대해 이야기 나눈다.

과제 점검

1. SMART 기법을 사용한 목표 설정 연습문제 작성했는지 여부 확인하기
   - 수정한 목표를 하나씩 발표한다.
   - 목표를 수정하는 과정에서 어려움은 없었는지 발표한다.
2. 목표 달성을 위한 세부 계획을 실천하고 달성한 것을 확인하기
   - 목표 달성을 위한 세부 계획 중 실천하고 있는 계획과 달성 여부를 발표한다.
3. 실천하지 못한 계획이 있다면 실천을 어렵게 만드는 이유 확인하기
   - 실천하지 못한 계획이 있다면 실천을 어렵게 만드는 이유가 무엇이고, 어떻게 대처하고 있는지 발표한다.
   - 실천 가능한 계획으로 어떻게 변경할 수 있는지 발표한다.
4. 나에게 맞는 일정관리수첩을 선택하고 한 주 일정과 해야 할 일을 기록했는지 확인하기
   - 선택한 일정관리수첩을 소개하고, 왜 이 수첩을 선택했는지 이유를 발표한다.
   - 일주일 동안 해야 할 일을 일정관리수첩에 적었는지 여부를 발표한다.

토론 질문

토론 tip

- ASD의 핵심 증상 중 하나인 '같은 것을 고집하고 반복적인 행동을 보이는 문제'와 관련이 있다고 여기는 ASD의 인지적 유연성의 결핍(Hill, 2004; Reed, Watts, & Truzoli, 2013)은 예기치 않게 일어나는 변화나 돌발 상황, 과도하게 할 일이 많은 상황에서 불안감을 자극시켜서 적절히 대처하지 못하거나 계획된 일을 성공적으로 실행하지 못하게 만든다.
- 따라서 할 일이 많은 상황에서 불안이 자극되면 그 결과가 어떻게 되는지에 대해서 함께 생각해 보고, 이를 방지하기 위해서는 어떻게 해야 하는지에 대해서 토의를 한다. 이를 통해 할 일의 우선순위 정하기와 시간 관리를 위한 계획표 작성하기에 대한 필요성을 강조한다.

Q 질문 1: 갑자기 해야 할 일들이 많아지면 어떤 감정이 들까요?

사례 1 서로 다른 강의의 과제 제출 기간과 시험 기간이 겹쳐서 과제 조사와 리포트 작성, 시험 공부를 동시에 해야 한다.

사례 2 카페 아르바이트를 하고 있는데 같은 시간에 일하는 동료가 갑자기 그만두어서 혼자서 음료 주문을 받고, 음료를 만들고, 설거지를 하고, 테이블을 정리하고, 바닥 청소를 해야 한다.

사례 3 집으로 오시는 할머니의 마중을 가기 위해 외출 준비를 시작하려는데, 강아지가 어디가 아픈지 갑자기 낑낑대며 앓는 소리를 내기 시작하였다. 이에 당황하다가 점심에 먹은 김치의 통을 쏟아서 부엌이 엉망이 되었으며, 그 순간 빨래 세탁이 마무리 돼서 빨래를 널어야 한다는 기계음 소리가 들린다.

- 당황하거나 압도될 수 있다.
- 불안하거나 화가 날 수 있다.
- 무엇부터 해야 할지 몰라 자포자기하면서 무기력해질 수 있다.

Q 질문 2: 해야 할 일이 많아서 당황하거나 압도되면 어떤 일이 벌어질까요?

- 제대로 일 처리를 하지 못하게 된다.
- 결국 일을 대충 처리하거나 지나치게 압도되면 아무 일도 하지 않고 자포자기하게 된다.
- 주변으로부터 능력이 없는 사람으로 평가되거나 무책임한 사람으로 인식될 수 있다.

Q 질문 3: 이러한 경험을 해 본 적이 있나요?

자신의 경험을 연결하여 이야기하기

① 경험(experience): 내가 실제로 겪은 상황
– 육하원칙에 따라서 이야기하기: (누가) / 언제 / 어디서 / 무엇을 / 어떻게 / (왜)
② 생각(thinking or thought): 사실(경험)에 대해서 내가 판단하는 것
③ 감정(feeling or emotion or affect): 사실(경험)에 대해서 내가 느끼는 기분
④ 행동(behavior) 혹은 결과(result): 그러한 생각과 기분에 따른 나의 행동, 혹은 일어난 결과

- 경험: 내가 _____(언제), _____(어디서), _____을(무엇을) 할 때 _____하게(어떻게) 혹은 _____한 이유로(왜) 했는데,
- 생각: _______한 생각이 들어서
- 감정: _______한 기분이었습니다.
- 행동(결과): _______한 행동을 했습니다. 혹은 _______한 결과가 일어났습니다.

실제 예시) 내가 20살에(언제) 카페에서(어디서) 처음 아르바이트를(무엇을) 할 때, 갑자기 음식을 데워 달라는 손님과 자리를 치워 달라는 손님, 음료를 주문하는 손님, 계산을 하려는 손님이 한꺼번에 몰려와서(어떻게)(경험) 무엇을 먼저 해야 할지 모르겠다는 생각이 들어(생각) 크게 당황을 했습니다(감정). 그래서 음식을 데울 때 너무 오래 데우는 실수를 하고, 손님 자리를 치우다가 컵을 깨뜨리고, 주문을 오래 기다린 손님이 나가기도 하였습니다(결과).

교육 내용

1. 일정 관리 계획표에서 우선순위 정하기

▷ 원리: 시간에 대해 잘 인식하는 것이 좋은 시간 관리를 위한 첫 단계이다(Solanto, Marks, & Wasserstein, 2011). 시간에 대한 인지와 시간 맞추기의 결함이 ASD의 특징적인 특성 중 하나로 알려져 있다(Allman et al., 2011; Allman & DeLeon, 2009). ASD에서 나타나는 시간 관리의 문제가 '순수한 시간 개념 인지' 자체의 문제라기보다는 시간 개념 인지와 관리를 위해서 필요한 '멀티태스킹, 결정 능력, 계획 세우기와 따르기, 행동 억제(조절) 및 집중력의 전환'과 같은 실행기능의 결핍이 시간 관리 능력에 영향을 미치기 때문이라는 가설이 있다(Casassus et al., 2019). 특히 ASD 성인들은 평균 수준의 인지적인 기능을 갖추고 있다고 하더라도 실행기능의 문제로 부적절한 계획을 세우고, 과제를 수행하는 데 있어서 너무 많은 시간을 소비하거나 너무 적은 시간을 할애하며, 세부 사항에 너무 많은 초점을 두는 등의 비효율적인 수행 습관을 가지게 되고, 결국 자신이 해야 할 일을 제대로 해내지 못한다(Shmulsky &

Gobbo, 2013). 따라서 ASD 성인이 정해진 시간 동안에 자신에게 주어진 여러 가지 일을 완수하기 위해서는 해야 할 일의 목록을 정하고, 그중에서 가장 중요한 일을 첫 번째로 하도록 우선순위를 정하는 방법을 아는 것이 필수적이다. 더불어 한정된 시간 안에 자신이 할 수 있는 일들을 계획해야 하므로 자신이 어떤 활동을 하는 데 얼마만큼의 시간이 소요되는지를 예측해 보는 것이 중요하다. 활동의 예상 소요 시간이 실제 소요 시간에 가깝게 추정할수록 보다 잘 지킬 수 있는 계획을 세울 수 있다는 것을 강조한다. 우선순위를 정하는 방법과 시간추정 훈련은 Solanto(2011)의 저서를 참고하여 재구성하였다.

1) 우선순위를 정하는 방법

① 목표에 맞게 해야 할 일 목록을 작성한다.

② 할 일들의 예상 소요 시간과 마감 기한을 적는다.

- 계획표에 각각의 할 일들을 완료하기까지 예상되는 소요 시간과 언제까지 해야 하는지의 마감 기한을 정한다.

예상 소요 시간의 정확성을 높이기 위한 시간 추정 훈련

- 과제나 작업들을 수행하는 데 필요한 시간을 예상해 보고, 실제로 걸린 시간을 기록하여 비교함으로써 나의 수행 속도와 시간에 대한 시간 인식의 정확성을 높일 수 있도록 훈련한다.
- 이를 통해 다음의 계획을 세울 때 각 예상 시간을 실제 소요 시간에 가깝게 추정할 수 있게 되고, 보다 효율적인 계획을 세울 수 있게 된다.

예시

활동	예상 소요 시간	시작 시간	완료 시간	실제 소요 시간
아침 식사	30분	8시 5분	8시 25분	20분
외출 준비	40분	8시 25분	9시 15분	50분
도서관에 가서 A 문제집 공부	2시간			
친구와 만나 점심	50분			
헬스장에서 운동	2시간			
집에 와서 씻기	40분			
저녁 준비	1시간			
설거지	30분			
컴퓨터 자격증 강의 시청	2시간			
유튜브 영상 시청	1시간			

실습 활동 1: 시간 추정 훈련하기

(실습 활동지 배부)

- 일상적인 활동을 예시로 예상 소요 시간을 추정해 보고 시작 시간을 계획한다.
- (과제) 실생활에서 실제로 그 시간만큼 걸리는지 시작 시간과 완료 시간을 적고 실제 소요 시간을 확인해 본다.

활동(예시)	예상 소요 시간	시작 시간	완료 시간	실제 소요 시간
아침 식사	30분	시 분	시 분	분
외출 준비	40분	시 분	시 분	분
운동(산책)하기				
저녁 식사				
설거지하기				

③ 할 일의 우선순위를 정하고, 계획표에서 우선순위를 표시한다.

- 무엇을 가장 먼저 해야 할지를 결정할 때는 중요도와 긴급도 체계를 이용한다.

무엇을 가장 먼저 해야 할지를 결정하는 데 고려해야 할 사항

- 과제의 중요성
- 긴급성/마감 기한
- 개인적인 목표, 가치관, 목적
- 효율성과 실행 가능성

중요도-긴급도 체계(Covey, 2016)

- 중요도의 기준
  - 나의 현재 목표와 관련된 것
  - 수행하지 않으면 좋지 않은 결과가 일어나거나 생활에서 심각한 문제가 초래될 수 있는 것

  예 시험 낙제, 승진 누락, 퇴사, 금전적 손해
- 긴급도의 기준
  - 마감 기한이 정해진 것
  - 시간 안에 수행하지 않으면 좋지 않은 결과가 일어나는 것

  예 입사 지원서 제출, 등록금 납부, 휴대폰 요금 납부, 토익 시험 원서 접수

	급히 처리해야 할 일	급하지 않은 일
중요한 일	중요하고 급한 일 • 개인의 중요한 목표와 관련 있는 일 • 기한이 얼마 남지 않아서 가능한 한 빨리 수행해야 하는 일 • 가장 먼저 해야 할 일이며 미룰 수 없다. 예 - 기한이 있는 이력서 작성 - 중요한 전화 - 다음 주까지 리포트 작성 - 강의 시간에 맞춰 나가기	중요하고 급하지 않은 일 • 개인의 중요한 목표와 관련 있는 일 • 기한이 없거나 충분해서 빨리 수행할 필요는 없는 일 • 대개 소외되고 다른 급한 일에 의해 뒤처질 가능성이 있으나, 개인의 중요한 목표와 관련된 일이기 때문에 2번째로 우선시된다. 예 - 토익(토플) 문제집 풀기 - 운동하기 - 동아리 활동
덜 중요한 일	덜 중요하나 급하게 처리해야 할 일 • 덜 중요한 일이지만, 기한이 얼마 남지 않아서 빨리 수행해야 하는 일 • 대개 이런 일을 하느라 하루 시간을 다 사용하는 경우가 있기 때문에 중요한 일부터 처리한 후에 수행하도록 계획을 세워야 한다. 예 - 갑작스러운 친구와의 만남 - 중요하지 않은 전화 - 도서관에 책 반납하기	중요하지 않고 급하지 않은 일 • 기한이 없거나 충분해서 빨리 수행할 필요가 없는 일 • 종종 즐거운 활동들이기 때문에 더욱 중요하고 급한 일들을 무시하고 이것에 시간과 관심을 쏟을 위험이 있다. • 중요하고 급한 일부터 처리한 후에 가장 마지막에 수행하도록 계획을 세워야 한다. 예 - 간식 먹기 - 게임하기 - 유튜브 보기

• 계획표에서 중요도와 긴급도를 바탕으로 우선순위를 시각적으로 표시한다.

예 중요하고 급하게 처리해야 할 일은 빨간색,
중요하고 급하지 않은 일은 노란색,
덜 중요하지만 급하게 처리해야 일은 초록색,
중요하지 않고 급하지 않은 일은 회색

예 중요하고 급하게 처리해야 할 일은 별표 4개, ★★★★
중요하고 급하지 않은 일은 별표 3개, ★★★
덜 중요하지만 급하게 처리해야 할 일은 별표 2개, ★★
중요하지 않고 급하지 않은 일은 별표 1개 ★

④ 우선순위와 마감 기한을 바탕으로 주간 계획 혹은 일일 계획을 세운다.

• 주간/일일 계획표를 이용해서 우선순위가 높은 할 일을 배치한다.

⑤ 할 일의 실천 여부를 표시하고, 실제 소요 시간을 기록하며, 실천하지 않은 일은 재계획한다.

- 시작 시간과 완료 시간을 기록하는 것을 통해 실제 소요 시간을 확인하고, 다음에 같은 일을 반복하거나 비슷한 일의 계획을 세울 때 예상 시간에 반영한다.

할 일 목록 및 우선순위 표 예시

해야 할 과제 / 활동	마감 기한	예상 소요 시간	우선순위	완수 여부/실제 시간
방 청소하기	오늘 1시	30분	2	
친구와 약속 정하기	내일 5시	20분	3	
게임하기		1시간	4	
프로그램 과제하기	화요일 8시	2시간	1	

실습 활동 2: 할 일 목록과 우선순위 정하기

(실습 활동지 배부)

- 한 주 동안 혹은 한 달 동안 해야 할 일을 생각해 보고, 활동들의 목록을 적은 후에 마감 기한과 예상 소요 시간, 우선순위를 정해 보도록 한다.
- (과제) 해야 할 일이 충분히 생각나지 않을 경우, 과제로 할 일 목록을 마저 완성한다.

해야 할 과제/활동	마감 기한	예상 소요 시간	우선순위	완수 여부/실제 시간

2. 주간/일일 계획표 작성하기

▷ 원리: 자폐성 장애인은 계획 능력, 특히 일상생활을 조직화하고 사회적 활동들을 관리하며 불규칙한 일정에 대처하는 것에 어려움이 있다(Ozonoff et al., 2002). ASD 자녀가 있는 보호자들을 통해서도 ASD 아동들이 전형적인 발달을 보이는 또래들에 비해서 일상생활에서의 계획 능력에 결함이 있다고 보고된다(Rosenthal et al., 2013; Van den Bergh et al., 2014). 즉, 자폐성 장애인들은 어려서부터 스스로 자신의 시간과 일정을 계획하여 이를 실행하는 것에 어려움을 겪고 있으므로 도움을 줄 필요가 있다.

자신의 일상을 구조화하는 주간 계획표와 일일 계획표를 작성하는 것을 통해 일정과 시간 관리를 도울 수 있다. 한 주 동안에 규칙적으로 반복되는 일정을 확인하고 그 외의 시간이 얼마나 되는지, 그 시간에 무엇을 할 수 있는지를 생각한다. 앞서 학습한 할 일의 우선순위를 정하는 방법에 따라서 우선순위가 정해진 활동들을 확인하고, 우선순위가 높은 활동을 가장 효율적으로 활동할 수 있는 시간에 배치하면 한정된 시간을 보다 잘 활용할 수 있다.

한편으로 자폐성 장애인은 환경의 가변적인 요구에 적응하는 데 미숙하고 경직된 행동을 보이며, 이전의 행동 패턴을 고수하면서 일상생활에서 변화하는 계획이나 일상의 변화에 적응하는 데 어려움을 겪는다(de Vries & Geurts, 2012). 따라서 예기치 않은 일정 변화가 생기거나 예정된 일정을 지키지 못했을 때 당황하거나 좌절하지 않고, 계획을 세우고 지키는 것을 포기하지 않을 수 있도록 도와주어야 한다. 활동의 시간 간격을 보다 여유 있게 계획하고, 한가한 시간이나 휴식 시간을 적절히 배치하며, 갑작스러운 변화 상황에서 주간 계획을 유연하게 적용할 수 있게 하는 것을 강조할 필요가 있다.

1) 주간 계획표를 만들기 위한 단계

① 주간 계획표를 만든다.

- 한 주간의 일정이 한눈에 보이도록 하나의 주간 계획표를 만든다.

② 규칙적으로 반복되는 활동을 기록한다.

- 매일 같은 시간에 규칙적이고 일상적으로 반복되는 활동—기상 시간, 아침 준비 시간, 식사 시간, 학원 시간, 강의 시간, 취침 시간 등—을 적어 놓고 같은 색상으로 표시한다.

③ 할 일 목록 중 우선순위가 높은 활동을 주요 시간 중 빈 시간에 배치한다.

- 예상 소요 시간이 긴 활동의 경우에는 며칠에 나누어 배치한다. 같은 활동은 같은 색상으로 표시한다.
- 각 활동의 소요 시간을 예상 소요 시간보다 여유롭게 잡는다. 계획한 활동의 실제 활동 시간이 추정한 예상 소요 시간보다 길어질 경우에는 이후 일정이 지연되고 계획이 어긋날 수 있다.
- 이전 활동과 다음 활동 사이에 여유 시간을 둔다. 상황에 따라 변수가 생겨 예상한 시간보다 활동 시간이 길어질 수 있으므로 다음 활동에 지장을 주지 않도록 여유 시간을 둔다.

  ➡ 한 번 일정이 지연되면 이후 어긋난 계획을 지키고 싶지 않게 되므로 각 활동에 소요되는 시간과 활동 간 시간 간격을 여유롭게 잡는 것이 좋다.

④ 휴식 시간(보상 시간)도 함께 배치한다.

- 한가한 시간이 없으면 한순간도 쉴 수 없는 것처럼 느낀다. 그러면 작성한 계획표를 싫어하게 되고, 계획표를 지키지 않을 뿐만 아니라 보지도 않게 된다.
- 과제 수행에 따른 보상 활동이나 휴식 시간도 함께 넣어서 계획표를 따르는 데 부담이 되거나 지치지 않도록 한다.

⑤ 계획표를 실행한 후 주간/일일 계획표에서 잘 지킨 것과 지키지 않은 것을 표시한다.

- 계획을 지키지 못했다면 그 이유를 파악한다.

- 지킬 수 있는 대안을 생각해서 다음 계획에서 지킬 수 있도록 일정을 다시 조정한다.
- 계획된 일정을 지키지 못했다고 해서 지나치게 스트레스를 받지 않는다. 계획대로 못해서 실패했을 때 자신을 비난하는 데 시간을 낭비하지 않는다.

주간/일일 계획표 작성 예시

	월	화	수	목	금	토	일
오전 7시			기상			기상	기상
오전 8시	기상, 출근	기상, 출근	자전거 타기	기상, 출근	기상, 출근	문화 체험, 한국민속촌 구경	아침운동조깅 브런치
오전 9시	회의		브런치				
오전 10시			빨래, 청소				자전거 동호회 활동
오전 11시	점심 식사						
오전 12시			점심 식사				
오후 1시		점심 식사	휴식	점심 식사	점심 식사	점심 식사 수영장, 물놀이	점심 식사
오후 2시							
오후 3시	정리, 퇴근		영어 학원		회의 준비, 주간 보고		휴식, 낮잠
오후 4시							영어 공부
오후 5시	중국어 공부		차 마시기 쇼핑				빨래, 청소
오후 6시							
오후 7시		정리, 퇴근		정리, 퇴근	정리, 퇴근	휴식	저녁 식사
오후 8시	저녁 식사 조깅	저녁 식사 조깅	저녁 식사 조깅	저녁 식사 조깅	저녁 식사 조깅	저녁 식사	도자기 동호회 활동
오후 9시			영어 공부		중국어 공부	야외 공연 관람, 맥주 파티	차 마시기
오후 10시	취침	취침	취침	취침	취침		취침
오후 11시						취침	
오후 12시							

성공적인 계획을 실행하기 위한 tip

① 집에서 일(공부)하는 사람은 가능한 한 일(공부)하는 시간을 정해 놓고 이를 지킨다.

- 일하는 시간을 정해 놓지 않으면 하루 종일 일한 것 같은 기분이 들지만 실제 일의 성과는 좋지 않을 수 있다.
- 집안일이나 다른 취미 활동들을 하는 시간이 일하는 시간과 섞여 있으면 어느 것에도 온전히 집중하여 몰입하기가 어렵다.
- 집안일, 취미 활동 등을 저녁이나 주말에 계획하고, 일하는 시간에 하지 않는다.

② 자신이 가장 에너지가 있다고 느낄 때 가장 복잡하고 어려운 일을 먼저 계획한다.

- 가장 에너지가 있을 때라고 느끼는 시간은 사람마다 다르다.
  - ✓ 아침 활동형이라면 기상 후 이른 아침 시간
  - ✓ 저녁 활동형이라면 하루 일과를 마치고 난 밤 시간
  - ✓ 낮 활동형이라면 점심 식사 후 오후 시간
- 복잡하고 어려운 일의 예
  - ✓ 가장 오랫동안 미루었던 일
  - ✓ 다시 할 기회를 찾기 어려운 일

③ 시작할 때 많은 정신적인 노력을 요하는 일에 더 많은 시간을 쓰도록 계획한다.

- 창의적인 창작 활동(예: 글쓰기, 그림 그리기, 설계도 구상하기, 음악 만들기)
- 완성하기까지 오랜 기간이 소요되는 일(예: 리포트 작성, 논문 작성, 프로젝트 계획서 작성)

④ 절대 어려운 부분에서 일을 그만두지 않는다.

- 이어서 시작하기가 훨씬 힘들어진다.

⑤ 사소한 일을 하는 데 '자투리 시간'을 활용한다.

- 버스와 지하철을 기다리는 시간
- 약속 장소에 일찍 도착하여 기다리는 시간
- 병원에서 대기하는 시간

실습 활동 3: 주간 계획표 작성하기

(주간 계획표 실습 활동지 배부)

① 규칙적으로 반복되는 활동을 먼저 기록한다.

② 앞서 작성한 할 일 목록 중 우선순위가 높은 활동을 넣는다.

■ (과제) 다 못할 경우에는 과제로 계획표를 완성해 온다.

3. 계획 수행에 대한 동기 향상시키기

▷ **원리:** 자폐성 장애인은 또한 시작(initiation)에 어려움이 있다(Bramham et al., 2009). 하기 어렵거나 불편한 과제를 완료했을 때, 혹은 그런 과제의 일부분만이라도 완료한 후에 스스로에게 보상을 주도록 계획을 세운다면 과제를 끝내자마자 얻게 될 보상을 떠올리면서 일을 시작하는 것이 더 쉬울 수 있다(Solanto, Marks, & Wasserstein, 2011). ASD의 주요 특성 중 하나인 '제한된 관심사'와 관련된 활동들이 ASD 성인의 동기를 끌어올릴 수 있는 보상이 될 수 있으므로 이를 활용하여 보상 목록을 작성할 수 있도록 격려하고, 이러한 보상들을 통해 계획 수행을 촉진할 수 있도록 한다. 단, 스스로에게 주는 보상을 남발하여 보상 목록이 더 이상 보상으로 기능하지 못하게 될 수 있으므로 보상을 줄 때의 주의점에 대해서도 같이 강조한다(Miller, 2006).

1) 보상 목록 작성하기

① 자신이 좋아하는 사물이나 활동(보상)을 나열한다.

- 보상의 종류를 작은 보상과 큰 보상으로 나누어 나열한다.
- 작은 보상은 30분 이내의 시간이 소요되면서 비용이 들지 않고 즉각적으로 주어질 수 있는 것이다. 큰 보상은 1시간 이상의 시간이 소요되면서 비용이 드는 것으로, 보상을 얻기 위해서 따로 시간과 비용을 마련해야 하므로 난이도가 높은 보상이다.

② 보상의 크기(필요한 시간과 비용)와 즐거움 수준을 평가한다.

③ 보상의 크기와 즐거움 수준에 따라 과제와 짝짓는다.

- 어려운 과제나 장기 목표일수록 큰 보상 중 난이도와 즐거움 수준이 높은 보상과 짝짓는다.
- 불편한 과제와 편한 과제(보상)를 함께 짝지어 동시에 수행하도록 한다.

  예 TV나 영화를 보면서 운동하기, 활기찬 음악을 들으면서 집안 청소하기, 친구와 전화로 이야기하면서 설거지하기

보상 목록의 예시

작은 보상(30분 이내)	비용(원)	시간(시/분)	즐거움(1~10)	순위
웹툰 보기/웹 서핑하기		10분	2	
커피 마시기/아이스크림 먹기		20분	4	
침대에 누워 있기		30분	3	
유튜브 영상 시청		30분	5	
산책하기 혹은 자전거 타기		1시간	2	
온라인 게임하기		2시간	7	

집에서 영화 보기		2시간	3	
큰 보상(1시간 이상+비용)	**비용(원)**	**시간(시/분)**	**즐거움(1~10)**	**순위**
친구와 만나서 놀기	20,000	4시간	6	
(갖고 싶은) 옷 사기	50,000	1시간	3	
(갖고 싶은) 물건 구매하기	30,000	1시간	7	
코인 노래방 가기	10,000	2시간	5	
영화 보러 가기	15,000	2시간	5	
좋아하는 제과점에서 빵 사기	10,000	1시간	4	
콘서트 혹은 공연 보러 가기	100,000	5시간	9	
락 페스티벌, 코믹스 등 행사 참여하기		8시간		

2) 자기에게 보상을 줄 때 주의해야 할 점

① 계획을 달성하기 전에는 보상하지 않는다.

- 계획을 달성하기 전에 보상을 주면 계획을 달성하고자 하는 동기가 잘 생기지 않는다.

② 계획을 달성한 후에 빠른 시일 내에 보상한다.

- 계획을 달성한 시기와 보상을 받는 시기가 떨어져 있으면 보상을 받기 전까지 그다음 계획을 수행할 동기가 유지되지 않는다.

③ 계획에 비해 너무 작거나 큰 보상을 하지 않는다.

- 5시간이 소요되는 과제를 완료한 후에 10분을 쉬는 것은 동기를 향상시키는 데 부족하고, 반대로 10분 소요되는 과제를 완료한 후에 5시간 쉬는 것은 계획의 효율성이 떨어진다.

④ 같은 보상을 너무 자주 사용하지 않는다.

- 바로 전에 사용한 보상을 또 적용할 경우에 보상의 효과가 덜 할 수 있기 때문에 현재 필요로 하는 보상을 제공하는 것이 좋다.

실습 활동 4: 보상 목록 작성하기

(실습 활동지 배부)

(1) 보상 목록을 작성하고 즐거움 수준을 평가한다.

① 작은 보상과 큰 보상으로 나누어 보상 목록을 작성하고 시간과 비용을 고려한 난이도와 즐거움 수준을 평가하여 보상의 순위를 매긴다.

② 보상 목록을 오늘 작성한 해야 할 일 혹은 지난 시간에 작성한 단기 목표와 짝지어 본다.

(2) (과제) 12회기의 본 프로그램을 한 번의 결석 없이 모두 참석하였을 때 받을 보상을 목록에서 결정한다.

습관 만들기

1. SMART 기법을 사용한 목표 설정 연습 문제 작성하기(**2회기** 실습 활동 1)
   - 연습 문제로 제시된 목표를 SMART 기법에 맞게 수정한다.
2. 목표 달성을 위한 계획 세우기에서 실천 가능한 세부 계획을 추가하거나 수정하기(**2회기** 실습 활동 2)
   - 바로 실천할 수 있는 세부 계획을 추가하거나 수정하여 시작하고, 달성 여부를 기록한다.

과제 안내

1. 시간 추정 훈련하기(실습 활동 1)
   - 실습 활동 1에서 적었던 활동들의 예상 시간에 대해서 실제 소요 시간을 확인하여 적는다.
2. 할 일 목록 작성하기(실습 활동 2)
   - 실습 활동 2에서 적었던 활동들에 이어서 할 일 목록을 추가하여 작성하고 우선순위를 다시 정해 본다.
3. 주간 및 일일 계획표를 작성하고 평가하기(실습 활동 3)
   - 실습 활동 2에서 작성한 할 일 목록을 추가했다면, 우선순위에 따라서 실습 활동 3에서 작성한 주간 계획표에 추가로 배치한다.
   - 계획표에 따라 실천을 하고, 해야 할 일을 완료했다면 완수 여부와 실제 시간을 할 일 목록에 표시한다.
   - 달성하지 못한 계획을 확인하고 실천을 어렵게 만드는 이유가 무엇이었는지 계획표에 적고, 이를 보완하여 다음 주 새로운 주간 계획표를 작성한다.
4. 보상 목록을 완성하고 스스로에게 보상하기(실습 활동 4)
   - 실습 활동 4에서 작성한 보상 목록을 완성하고, 이를 토대로 해야 할 일을 달성했을 때 작은 보상 목록 중에서 보상을 한다.
   - 12회기의 프로그램에 결석 없이 모두 참석했을 때 받을 보상을 정한다.

3회기 실습 활동지

이름:

실습 활동 1 시간 추정 훈련하기

• 일상적인 활동을 할 때 얼마나 시간이 걸리는지 예상 소요 시간을 추정해 봅시다.

활동(예시)	예상 소요 시간	시작 시간	완료 시간	실제 소요 시간
아침 식사	분	시 분	시 분	분
외출 준비	분	시 분	시 분	분
운동(산책)하기	분	시 분	시 분	분
	분	시 분	시 분	분
	분	시 분	시 분	분
	분	시 분	시 분	분
	분	시 분	시 분	분
	분	시 분	시 분	분

3회기 실습 활동지

이름:

실습 활동 2 할 일 목록과 우선순위 정하기

• 한 주 혹은 한 달 동안에 해야 할 일을 생각해 보고, 활동들의 목록을 적은 후에 마감 기한과 예상 소요 시간, 우선순위를 정해 봅시다.

해야 할 과제/활동	마감 기한	예상 소요 시간	우선순위	완수 여부/실제 시간

3회기 실습 활동지

이름:

실습 활동 3 주간 계획표 작성하기

1. 규칙적으로 반복되는 활동을 먼저 기록해 봅시다.
2. 앞서 작성한 할 일 목록 중 우선순위가 높은 활동을 배치합니다.

	월	화	수	목	금	토	일	
오전 7시								오전 7시
오전 8시								오전 8시
오전 9시								오전 9시
오전 10시								오전 10시
오전 11시								오전 11시
오전 12시								오전 12시
오후 1시								오후 1시
오후 2시								오후 2시
오후 3시								오후 3시
오후 4시								오후 4시
오후 5시								오후 5시
오후 6시								오후 6시
오후 7시								오후 7시
오후 8시								오후 8시
오후 9시								오후 9시
오후 10시								오후 10시
오후 11시								오후 11시
오후 12시								오후 12시

3회기 실습 활동지

이름:

실습 활동 4 보상 목록 작성하기

1. 보상 목록을 작성하고 즐거움의 수준을 평가해 봅시다.

① 작은 보상과 큰 보상으로 나누어 보상 목록을 작성하고, 시간과 비용을 고려한 난이도와 즐거움 수준을 평가하여 보상의 순위를 매겨 봅시다.

② 보상 목록을 오늘 작성한 해야 할 일 혹은 지난 시간에 작성한 단기 목표와 짝지어 봅시다.

작은 보상(30분 이내)	비용(원)	시간(시/분)	즐거움(1~10)	순위
산책하기	0	30분	5	
큰 보상(1시간 이상+비용)	비용(원)	시간(시/분)	즐거움(1~10)	순위
영화 보러 가기	15,000원	2시간	5	

2. 12회기의 프로그램에 결석 없이 모두 참석했을 때 받을 보상을 정해 봅시다.

3회기 습관 만들기

이름:

습관 만들기 1 SMART 기법을 사용한 목표 설정 연습 문제 작성하기(2회기 실습 활동 1)

• SMART 기법으로 목표를 수정하는 것을 익히기 위해 다음 연습 문제를 작성해 봅시다.

[장기 목표: 독서하기]

Specific 구체적	한 달 동안 독서량을 늘릴 것이다. →
Measurable 측정 가능	책을 많이 읽을 것이다. →
Attainable 실제로 이룰 수 있는	한 달 동안 매일 책을 1권씩 읽을 것이다. →
Relevant 연관성 있는	(독서를 통해 연령에 맞는 지식과 교양을 쌓아야 하는데) 만화책을 많이 볼 것이다. →
Time-bound 기한 설정	앞으로 책을 10권 더 읽을 것이다. →

습관 만들기 2 목표 달성을 위한 계획 세우기에서 실천 가능한 세부 계획을 추가하거나 수정하기(2회기 실습 활동 2)

주요 목표			
하위 목표(단계)	세부 계획	소요 기간	완성 날짜
총 소요 기간: 목표 날짜:			

3회기 과제

이름:

과제 1 시간 추정 훈련하기(실습 활동 1)

- 한 주 동안 해야 할 활동들의 예상 소요 시간을 적고, 시작 시간과 완료 시간을 확인하여 실제 소요 시간을 적어 봅시다.
- 시작 시 타이머를 활용하여 예상 소요 시간을 맞춰 놓고, 알람이 울렸을 때 완료가 되었는지 확인하는 방법도 사용할 수 있다.

활동	예상 소요 시간	시작 시간	완료 시간	실제 소요 시간
	분	시 분	시 분	분
	분	시 분	시 분	분
	분	시 분	시 분	분
	분	시 분	시 분	분
	분	시 분	시 분	분
	분	시 분	시 분	분
	분	시 분	시 분	분

과제 2 할 일 목록 작성하기(실습 활동 2)

- 일정관리수첩에 오늘의 할 일 목록을 따로 작성하여 예상 소요 시간과 우선순위를 정하고 실천해 봅시다.
- 실습 활동 2에서 적었던 활동들에 이어서 할 일 목록을 추가하여 작성하고 우선순위를 다시 정해 봅시다.

과제 3 주간 및 일일 계획표를 작성하고 평가하기(실습 활동 3)

- 작성한 할 일 목록을 우선순위에 따라서 실습 활동 3에서 작성한 주간 계획표에 추가로 배치해 봅시다.
- 계획표에 따라 실천을 하고, 해야 할 일을 완료했다면 완수 여부와 실제 시간을 할 일 목록에 기록해 봅시다.
- 달성하지 못한 계획의 방해 요소가 무엇이었는지 계획표에 적고, 이를 보완하여 다음 주 새로운 주간 계획표를 작성해 봅시다.

과제 4 보상 목록을 완성하고 스스로에게 보상하기(실습 활동 4)

- 작은 보상과 큰 보상으로 나누어 보상 목록을 완성해 봅시다.
- 할 일 목록 중 하기 어려운 일이나 귀찮은 일에 보상 목록의 보상과 짝을 지어 봅시다.
- 할 일 목록 중 할 일을 모두 완료하였다면 짝지은 보상을 스스로에게 줍니다.
- 12회기 프로그램에 결석 없이 모두 참석하였을 때 받을 보상을 목록에서 정해 봅시다.

4회기

감정과 스트레스를 조절해 봅시다

실행기능 영역

정서 조절, 행동 억제, 인지적 유연성, 조직화

목표

1. 일상생활에서 경험하는 감정의 강도를 인식하고 감정을 조절하는 전략을 배운다.
2. 일상적 스트레스를 관리하는 방법을 배운다.

습관 만들기 점검

1. SMART 기법 연습 문제 작성해 온 것에 대해서 이야기 나누기
   - 수정한 목표를 번갈아 이야기하고 적절한지 서로 피드백을 한다.
2. 목표 달성을 위한 계획 세우기에서 실천 가능한 세부 계획을 추가하거나 수정하기
   - 바로 실천할 수 있는 세부 계획을 추가하거나 수정하고, 시작해서 달성한 계획이 있다면 이야기를 나누고 서로 피드백을 한다.

과제 점검

1. 시간 추정 훈련하기
   - 실습 활동 1에서 적었던 활동들의 예상 시간에 대해서 실제 소요 시간을 확인하여 적어 온 것 중에서 추정 시간과 실제 소요 시간이 달랐던 것을 발표한다.
2. 할 일 목록과 주간 및 일일 계획표를 작성하고 평가하기
   - 새로 할 일 목록을 작성하고 우선순위를 정해서 주간 계획표를 완성했다면 발표한다.
   - 해야 할 일 중 계획표에 따라 완수한 것이 있다면 발표한다.
   - 달성하지 못한 계획을 확인하고 실천을 어렵게 만드는 이유가 무엇이었는지 발표한다.
3. 보상 목록을 완성하고 스스로에게 보상하기
   - 보상 목록을 완성한 것을 발표하고, 해야 할 일을 달성했을 때 보상 목록 중에서 어떤 보상을 했는지 발표한다.
   - 12회기 프로그램을 모두 참석했을 때 받을 보상을 발표한다.

토론 질문

토론 tip

- ASD 아동들의 약 60% 정도가 감정 조절 문제를 겪는다(Lecavalier, 2006). 감정 조절의 문제는 불안, 과민성 등과 연관이 있고, 이는 행동의 폭발(behavioral outbursts)이나 제한적이고 반복적인 행동으로 이어지기도 한다(Laurent & Rubin, 2004). 자폐성 장애인들은 특히 부정적인 감정을 다루는 것이 미숙하며, 스트레스 상황에서 감정 조절은 더욱 취약하다(Mazefsky, 2016).

- 자폐성 장애인들은 감정 조절 전략이 부족하여 공존 우울증과 불안 증상이 빈번하게 나타나며, 이로 인해 사회성 기능이 저하되고 자살에 대한 생각으로 이어지기도 한다(Samson et al., 2015; Mazefsky et al., 2014; Swain et al., 2015; Nader-Grosbois & Mazzone, 2014; Cassidy et al., 2014). 심박변이도 및 신경반응성을 이용한 연구에서 자폐성 장애인들이 생물학적으로 감정 조절 문제에 더 취약하다는 근거를 제시하기도 하였다(Guy et al., 2014; Pitskel et al., 2014).
- 부정적인 감정과 스트레스가 누적되었을 때의 결과에 대해서 의견을 나누면서 감정 조절과 스트레스 조절의 필요성과 조절 전략의 필요성을 강조하고, 자신의 스트레스 관리 방식에 대해서도 생각해 볼 수 있는 기회를 갖고자 한다.

Q 질문 1: 부정적인 감정이나 스트레스가 쌓이면 어떤 결과가 나타날까요?

- 해야 할 일을 완수하지 못하거나 어이없는 실수로 망치기도 한다. 아무것도 하기 싫고 무기력해진다. 별것 아닌 것에 짜증을 낸다. 가까운 사람들에게 상처 주는 말을 한다. 부정적인 감정이 폭발한다(울거나, 소리를 지르거나, 폭력적인 행동을 할 수 있다). 갑작스러운 감정 폭발로 다른 사람에게 나쁜 평판을 얻게 된다.

Q 질문 2: 스트레스를 어떻게 관리하고 있나요?

- 주로 어떤 상황에서 스트레스를 받나요?
- 그런 상황에서 어떻게 스트레스를 해소하나요?

지신의 경험을 연결하여 이야기하기

① 경험(experience): 내가 실제로 겪은 상황
- 육하원칙에 따라서 이야기하기: (누가) / 언제 / 어디서 / 무엇을 / 어떻게 / (왜)

② 생각(thinking or thought): 사실(경험)에 대해서 내가 판단하는 것

③ 감정(feeling or emotion or affect): 사실(경험)에 대해서 내가 느끼는 기분

④ 행동(behavior) 혹은 결과(result): 그러한 생각과 기분에 따른 나의 행동, 혹은 일어난 결과

- 경험: 내가 ______(언제), ______(어디서), ______을(무엇을) 할 때 ______하게(어떻게) 혹은 ______한 이유로(왜) 했는데,
- 생각: ______한 생각이 들어서
- 감정: ______한 기분이었습니다.
- 행동(결과): ______한 행동을 했습니다. 혹은 ______한 결과가 일어났습니다.

실제 예시) 내가 지난달에(언제) 집에서(어디서) 중간고사 시험공부를(무엇을) 하다가(경험) 시험 범위가 너무 많다는 생각이 들어서(생각) 짜증이 났습니다(감정). 그래서 게임을 했는데(행동) 게임을 오래 해서 공부를 못해 시험에 대해서 더 걱정이 되었습니다(결과). 때문에 다시 공부에 집중하기 위해서 평소 좋아하는 음악을 들으며 불안한 마음을 가라앉혔습니다.

교육 내용

1. 나의 감정 인지하기

▶ **원리**: 감정 조절(emotion regulation) 능력은 아동의 사회적 · 정서적 발달에 매우 중요한 역할을 한다(Berkovits, Eisenhower, & Blacher, 2017). 감정 조절은 목표를 달성하기 위해 필요한 인지적인 능력 중 하나로, 감정적 반응을 의도적으로 조절하고 변화시키는 능력을 말한다(Thampson, 1994). 상위의 감정 조절 능력(advanced emotion regulation skills)이 부족하면 불안, 분노 조절 문제로 이어지기 쉽다. 상위의 감정 조절 능력을 가진 아동들은 사회적으로 더 유능하고, 행동 문제를 덜 보이는 반면, 감정 조절의 곤란(emotion dysregulation)을 겪는 아동들은 그렇지 않은 아동들에 비해 사회 기술이 더 부족하고, 또래들이 덜 받아들이며 또래와의 갈등이 더 많다고 보고된다(Eisenberg & Spinard, 2004; Eisenberg et al., 1993). 또한 감정 조절의 문제는 외현화(분노, 공격성 등) 및 내재화(불안, 우울 등)의 문제로 이어질 수 있다(Bowie, 2010; Suveg & Zeman, 2004).

ASD 아동들의 약 60% 정도가 감정 조절 문제를 겪는다(Lecavalier, 2006). ASD 아동의 감정 조절 문제는 불안, 과민성 등과 연관이 있고, 이는 행동의 폭발이나 제한적이고 반복적인 행동으로 이어지기도 한다(Laurent & Rubin, 2004). ASD 아동들은 외현화 문제와 관련된 주의력 결핍 과잉행동장애 및 반항장애, 내재화 문제인 불안 및 우울증의 비율이 전형적인 발달을 보이는 아동보다 더 높다(Kim et al., 2000). 즉, 자폐성 장애인들의 29.2% 정도가 사회불안장애를, 28.1%가 반항장애를 공존장애로 가지고 있을 정도로 불안 및 분노 조절에서 어려움을 나타낸다(Simonoff et al., 2008).

자폐성 장애인들은 대개 스트레스 상황에서 효과적인 정서 조절 전략을 사용하지 못하여 정서적 자극에 충동적으로 반응하는 것으로 보고된다(Mazefsky et al., 2013). 감정을 조절하지 못해 생기는 떼쓰기, 울기, 얼어 버리기(경직되기) 등의 행동은 다른 사람들과 상호작용을 하는 데 걸림돌이 될 뿐만 아니라 부정적이거나 공격적인 상호작용으로 이어져서 또래로부터의 거부, 외로움, 학업 문제, 직장에서의 문제 및 관계 유지의 어려움과 관련이 되기도 한다(Bullis et al., 2001; Maag, 2006). 따라서 감정 조절 기술의 문제는 성공적인 사회적 상호작용을 방해하여 의미 있는 사회적 관계와 학업 · 직업 기회를 형성할 기회에 부정적 영향을 미칠 수 있다(Bellini et al., 2007). 감정 조절의 어려움은 ASD를 가진 학령기 이전의 아동부터 성인까지 꾸준히 나타나는 문제이며, 이에 대한 개입이 필요하다

(Jahromi et al., 2013; Konstantareas & Stewart, 2006; Rieffe et al., 2011; Samson et al., 2015).

부정적 감정이 감정 폭발로 이어지지 않게 하기 위해서는 개별적인 감정 조절 전략을 개발하는 것이 중요하다(Bedrossian, 2015). 이러한 감정 조절 전략을 개발하기 위해서는 감정의 폭발로 이어질 수 있는 자신의 부정적인 감정을 인식하는 것에서 시작해야 한다. 자폐성 장애인들은 서로 다른 감정을 구별하여 인식하는 데 취약하고, 다른 사람의 감정뿐만 아니라 자신의 감정을 인지하는 데에도 어려움이 있다(Erbas et al., 2013; Fridenson-Hayo et al., 2016; Kinnaird et al., 2019). 예로, 자폐성 장애인들 중에는 감정표현불능증(alexithymia)이 동반된 사람들의 비율이 약 50% 정도라고 알려져 있을 정도로 자신의 감정을 잘 인지하지 못하는 사람이 많다(Kinnaird et al., 2019). 이러한 감정 인지의 어려움은 타인의 감정을 판단할 때 감정을 처리하는 데 중요한 뇌 부위인 편도체의 활동이 자폐성 장애인들에게 더 낮은 것과 연관이 있다(Baron-Cohen et al., 1999; Critchley et al., 2000). 따라서 자신이 느끼는 감정이 무엇인지 인지하고 객관적인 수치를 매기면서 감정의 강도를 인식하는 것이 자폐성 장애인들에게 자주 나타나는 감정 조절 문제에 도움이 될 수도 있다. 자폐성 장애인들이 자신의 감정이 폭발 직전으로 향하고 있다는 것을 인지하기 위해 다음과 같은 증상에 대한 인식을 가르쳐 줄 수 있다. ① 흉부의 압박(chest tightness), 심장박동 증가(palpitation), 몸의 떨림/저림(tremors or tingling)과 같은 신체적 변화, ② 두통 혹은 머리가 압박되는 느낌과 같은 통증, ③ 짜증(irritability), 분노 감정 혹은 편집증(paranoia)적인 생각이 떠오르는 것이 그것이다(Bedrossian, 2015). 이러한 신체적 증상과 감정 및 생각의 변화가 느껴지면 적절한 전략을 사용하여 감정적 폭발을 막을 수 있다.

우리가 느끼는 감정의 종류는 수십 가지가 있지만 그중에서도 불안과 분노는 자폐성 장애인들에게 흔한 부정 정서인 것으로 보고되고 있으며, 이는 ASD의 정신건강 문제의 중요한 위험 요인으로 알려져 있다(Samson et al., 2015; Ghaziuddin, 2002). 따라서 본 회기에서는 불안과 분노 감정이 무엇인지 구분하여 인식하고, 이러한 부정적 감정의 강도에 수치를 매김으로써 자신의 감정을 인식하는 것을 도울 예정이다.

1) 불안과 분노 감정 구분하기

설명

흔히 경험하는 부정 정서인 불안과 분노 감정을 구분하고, 내가 현재 느끼고 있는 감정의 강도를 인지하는 것을 연습함으로써 감정을 조절할 수 있는 발판을 만든다.

① 불안(anxiety): 미래에 있을 것 같은 위협이나 걱정에 의해서 생기는 불편함 또는 긴장 상태

- 눈앞에서 무슨 일이 일어날지 모르는 상황에서 잠재된 위협을 느낄 때 불안이 발생한다.
- 교감신경계의 흥분으로 심장박동수가 증가하고, 혈압이 증가하며, 소화작용이 억제되기도 한다.

② 분노(anger): 위협 또는 좌절 상황에서 자신을 보호하기 위해 일어나는 반응 상태

- 인간이 지닌 가장 자동적인 방어기제이다.
- 흥분되고 긴장되는 상태로서 혈압이 올라가고 맥박이 상승한다.
- 분노를 감소시키기 위하여 공격적인 행동이 나타나기도 한다.
- 가볍게는 짜증스러운 느낌을 갖는 것부터 시작하여 신경질이 나고, 안절부절못하는 불쾌감을 가지며, 심해지면 고함, 욕설, 협박과 폭력적인 행위까지 몰고 갈 수 있는 격분 상태가 된다.

2) 감정 불쾌지수로 내 감정의 강도 인지하기

설명

불쾌한 감정의 강도를 시각화한 '감정 불쾌지수'를 통해 자신이 느끼는 감정의 강도를 가늠해 본다.

① 감정 불쾌지수: 부정적인 감정의 강도를 0에서 10까지 수치화하여 나타내는 것

- 0~2점: 비교적 편안한 상태
- 3~4점: 다소 불편하더라도 쉽게 참을 수 있는 정도
- 5~6점: 불편하지만 어느 정도 의식적으로 참고 조절할 수 있는 상태
- 7~8점: 참기 힘들 정도로 불편함이 큰 상태
- 9~10점: 제대로 생각하지 못하게 되면서 생각이 부정적이거나 극단적으로 흘러가고, 행동이 잘 조절되지 않을 수 있으므로 조치가 필요한 상태

② 불안의 강도: 어떤 상황에서 마음이 불안하거나 몸이 긴장되는 정도를 지수로 측정

- 불안한 감정 불쾌지수의 수치가 올라갈수록 불안하고 긴장이 심해지는 것이다.

③ 분노의 강도: 어떤 상황에서 짜증이 나거나 화가 나서 폭발할 것 같은 분노 감정의 정도를 측정

- 분노 감정의 불쾌지수 수치가 올라갈수록 화가 난 감정을 조절하기 어려워 폭발할 것 같은 느낌이 심해지는 것이다.

감정 강도의 시각화-감정 불쾌지수

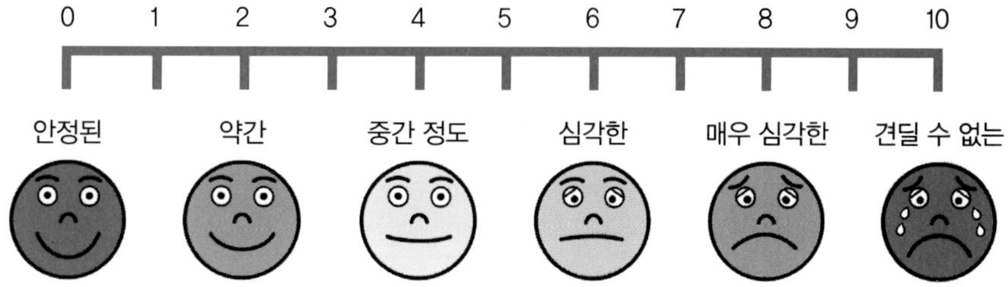

감정 강도의 시각화	안정된	약간	중간 정도	심각한	매우 심각한	견딜 수 없는
감정 불쾌지수	0	1~2	3~4	5~6	7~8	9~10
불안	편안하고 안심이 된다.	비교적 편안하지만 약간 걱정이 된다.	걱정이 되지만 쉽게 참을 수 있다.	걱정이 되어 얼굴 표정이 굳고 마음이 불편하다.	불안해서 참기 힘들고 가만히 있지못하겠다.	불안한 마음을 조절하지 못하겠고 정신을 잃을 것 같다.
분노	편안하고 안정되어 있다.	비교적 편안하지만 마음이 약간 불편하다	약간 짜증이 나지만 쉽게 참을 수 있다.	신경질이 나서 표정이 굳고 말투가 퉁명스러워진다.	화가 나서 참기 힘들고 소리를 지르거나 울고 싶다.	폭발해서 화를 내며 소리를 지르거나 폭력적인 행동을 할 것 같다.

실습 활동 1: 상황에 따른 나의 감정 불쾌지수는 몇 점일까?

- 일상에서 불안과 분노 감정이 느껴지는 상황을 떠올리면서 그 상황에서의 내 감정의 종류와 강도를 인식하는 연습을 해 본다. 다음의 예시 상황에서 느껴지는 분노, 불안 감정의 감정 불쾌지수를 측정해 본다.

상 황	불안 불쾌지수	분노 불쾌지수
평상시	1	1
배고플 때		
잠을 못 자서 피곤할 때		
지각했을 때		
새로운 사람을 만났을 때		
하고 싶은 일을 못 하게 할 때		
내가 하는 말을 무시할 때		
주변에서 모르는 사람들이 웃고 있을 때		
누가 나한테 지적을 할 때	5	9
공부한 만큼 성적이 나오지 않았을 때		
정해진 일정이 바뀌었을 때	8	6
공공장소에서 어린 아이가 큰 소리로 울 때		
학창 시절에 놀림받았던 것이 떠올랐을 때		

실습 활동 2: 감정 불쾌지수 5점 이상의 상황 생각해 보기

(실습 활동지 배부)

• 감정 불쾌지수가 5점 이상인 상황을 떠올려 보고 감정의 강도를 적어 본다.

상 황	불안 불쾌지수	분노 불쾌지수
1.		
2.		
3.		

2. 감정 불쾌지수 낮추기

▷ **원리:** 자기 감정의 강도를 인식했을 때 더 이상 참을 수 없는 상황이라고 인지할 경우에는 더 부정적인 생각에 빠져 패닉이 오거나 충동적이고 공격적인 행동으로 이어지지 않도록 감정을 가라앉히는 이완법과 생각을 전환하는 인지행동치료 기법을 배운다.

1) 호흡법

- 심호흡하기: 코로 숨을 들이마시고 입으로 '후~' 하고 천천히 끝까지 내쉬면서 폐에서 숨이 다 빠져나가는 것을 느낀다. 긴장감이 숨과 함께 몸 밖으로 빠져나간다고 상상해 본다. 3번 심호흡을 한다.
- 복식호흡하기: 숨을 들이쉬면서 아랫배가 풍선처럼 부풀어 오르게 하고 숨을 내쉴 때 꺼지게 하는 것이다. 5번 호흡을 한다.
- 집단원들과 함께 심호흡과 복식호흡을 연습해 본다.

2) 상상법

설명

내가 경험한 것 중에서 내 마음이 가장 편안하거나 만족스러운 감정을 불러일으키는 상황을 상상해 보는 것이다. 내가 가 본 곳 중 가장 멋진 곳이나 편안한 장소를 상상해 본다. 그 장소에서의 내 행동을 머릿속에 그려 보고 감각을 느껴 본다. 그 상황에서 나는 어떤 기분인지 느껴 본다.

• 상황이나 장소 상상의 예

사례 1 내 방, 내 침대에 편안한 옷을 입고 누워 있다. 강한 햇볕이 쨍쨍 내리쬐고 습기가 높아 후덥지근한 한여름이지만, 내 방의 에어컨 온도는 적당히 시원하고 방은 조용하여 나를 방해하는 것이 없다.

사례 2 한겨울 몹시 추운 날, 집에서 전기 매트를 깔고 그 위에 앉아 이불로 몸을 감싸고 좋아하는 유튜브 영상을 보며 맛있는 음식(예: 치킨, 피자, 고구마, 호빵)을 먹는다.

사례 3 제주도의 바다가 보이는 카페에 앉아 있다. 코끝에서 커피 향이 은은하게 퍼지고, 귀에서는 조용한 음악이 흐르고, 창 밖에서는 파도가 치는 모습이 보여 마음이 안정되고 평화롭다.

실습 활동 3: 상상법

(실습 활동지 배부)

(1) 내가 가장 편안한 장소와 상황을 작성한다

- ① 장소, ② 주변 환경이나 상황, ③ 내 행동, ④ 나의 감각, ⑤ 나의 기분.
- 나의 예시: ______________________________

(2) 감정 불쾌지수가 5점 이상인 상황을 떠올려 보고 감정을 느껴 본 뒤 상상법을 한 후에 감정 불쾌지수가 어떻게 변화해 가는지를 느껴 본다.

3) 다르게 생각하기

▷ 원리: 자폐성 장애인들은 파국화, 과잉 일반화, 흑백논리적 사고 등의 인지적 오류를 자주 보여 사소한 문제 상황에서 스트레스를 경험하기 쉽다(White, 2011). 자신에 대한 반복적인 부정적 생각은 자폐성 장애인들에게서 흔히 나타나는데, 이는 자기 참조적 정보처리 방식(self-referential processing)과 인지적 유연성의 결합이 서로 상호작용을 하여 반복적인 부정적 생각과 내면화 문제에 영향을 주는 것일 수 있다는 견해가 있다(Burrows et al., 2017). 따라서 인지적인 오류나 부정적인 생각에서 벗어나도록 하는 것이 감정 조절에 도움이 될 수 있다. 더불어 ASD 청소년과 정상 발달군을 대상으로 정서 조절이 필요한 상황에서의 대처 방법을 비교한 연구를 살펴보면 ASD 청소년들은 주로 '단순 감정 억제(suppression)'을 보인 반면, 정상 발달군은 인지적 재해석(cognitive reappraisal)을 통해 감정을 조절하는 경향성을 보였다. ASD 청소년들에게 인지적 재해석을 연습시킨 후에 그 효과를 살펴보니 정상 발달군과 유사한 정도의 긍정적인 변화를 나타냈다(Samson et al., 2015). 이를 토대로 인지적 재해석의 방식인 '다르게 생각하기(SODA 기법; McManmon, 2015)'를 활용한다면 ASD 성인의 정서 조절에 도움이 될 수 있을 것이다.

설명

감정을 직접 조절하는 것은 어렵지만 나의 생각은 비교적 쉽게 바꿀 수 있다. 생각을 바꾸는 것을 인지적 재해석이라고 하며, 상황을 재해석하는 것을 통해 감정을 바꾸고 행동도 바꿀 수 있다.

① 생각과 감정 구분하기

- 생각: 무언가를 인식하고 판단하는 것, 어떤 것에 대한 의견, 어떤 일에 대한 관심, 어떤 일에 대한 기억

  예 '좋다, 싫다' '가치 있다, 가치 없다' '~하고 싶다, ~하기 싫다' '~하고 싶다는 생각이 들었다' '~생각이 났다' '~생각이 떠올랐다'

  ✓ 맛있는 음식을 먹을 수 있어 감사하다.
  ✓ 오늘 해야 할 일을 다 끝내서 하루를 효율적으로 보냈다고 생각한다.
  ✓ 나는 능력이 없는 사람이라고 생각한다.
  ✓ 공부를 하는 것이 귀찮고 싫다.
  ✓ 원하는 대로 일이 진행되지 않아서 계획이 전부 망친 것 같다는 생각이 든다.
  ✓ 다른 사람에게 무시당했던 기억이 떠올랐다.

- 감정: 나의 기분이나 심리 상태

예시

긍정적 감정	중립적 감정	부정적 감정
행복한	궁금한	슬픈
만족한	담담한	불안한
기대하는	심심한	화가 나는
편안한	의아한	짜증나는
기쁜	놀라는	지겨운
즐거운	황당한	서러운
신나는	신기한	우울한
황홀한	간절한	무기력한
뿌듯한	지루한	무서운
감격한	잔잔한	당황스러운

② '생각–감정–행동'의 연결고리 이해하기

- 생각을 바꾸면 감정도, 몸의 반응도, 행동도 바뀌게 된다.

③ 생각 전환하기: '다르게 생각하기'

- 생각하는 것에 따라서 느끼는 감정이 바뀔 수 있다.

예 생각: "물이 반 밖에 안 남았네." – 감정: '아쉬움'

→ 생각: " 물이 반이나 남았네." – 감정: '다행스러움'

예 생각: "올 해가 반이나 지났네." – 감정: '초조함'

→ 생각: "올 해가 반이나 남았네." – 감정: '여유로움'

다르게 생각하기를 위한 SODA 기법(McManmon, 2015)

① Stop(잠시 멈추기): 감정 불쾌지수가 7점을 넘어가는 순간에 잠시 멈추고 심호흡을 한다.

② Observe(주의 깊게 상황을 관찰하기): 다시 한 번 주의 깊게 상황을 관찰하면서 내가 드는 생각이 맞는지를 확인한다.

③ Deliberate(신중하게 생각하기): 다르게 생각해 볼 수는 없는지 신중하게 고려한다.

④ Action(행동하기): 생각이 바뀌면 지금까지 해 오던 방식과 다르게 행동도 바꿀 수 있다.

다르게 생각하기의 예시

수정	상황	생각	감정 불쾌지수	행동
전	아르바이트 사장님으로부터 정적인 피드백을 받았다.	저 사람은 나를 싫어하는구나. 이번 아르바이트는 실패했어. 난 해고당할지도 몰라.	좌절감, 패배감, 7점	아르바이트 장소에서 그냥 나와 버린다.
후	아르바이트 사장님으로부터 나의 업무 실수에 대해 수정을 요청받았다.	내가 업무와 관련해서 지적을 받은 것이 흔하지 않은 일인데, 이번에는 실수가 있었구나. 실수는 누구나 하는 일이지. 다음부터는 실수 없이 업무를 잘해야겠다.	민망함, 부끄러움, 3점	사장님에게 실수에 대한 사과를 하고 재발 방지를 위한 약속을 한 후에 기분 전환을 위해 차 한 잔을 마신다.

실습 활동 4: 다르게 생각하기(SODA 기법) 연습

(실습 활동지 배부)

(1) 다음의 예시에 대해서 먼저 드는 생각을 적어 보고, 그 상황에서 떠오르는 감정과 불쾌지수 정도를 측정한 후 나의 행동을 예상해 본다.

- 다르게 생각하기를 통해 생각을 바꿔 보고, 그 생각에 따라 떠오르는 감정과 불쾌지수 정도를 측정한다. 그리고 그 생각에 따른 나의 행동을 예상해 본다.

다르게 생각하기의 예시

수정	상황	생각	감정 불쾌지수	행동
전	친구가 약속 장소에 연락 없이 나타나지 않았다.	이 친구가 나를 중요하지 않게 생각하는구나. 나를 무시하는 게 틀림없어.	배신감, 분노감, 8점	두 번 다시 그 친구를 보지 않기로 하고 절교 선언을 한다.
후	친구가 약속 장소에 나타나지 않았다.	이 친구에게 무슨 일이 생겼나? 연락을 못할 정도로 큰 일인가? 연락을 해주면 좋지만 연락 못 할 무슨 급한 사정이 있을지도 몰라.	걱정, 속상함, 4점	내가 먼저 연락해 보고 연락이 안 되면 문자를 남기고 집에 가서 친구의 연락을 기다린다.

(2) 앞서 실습 활동 2에서 생각한 상황을 하나 골라 그 상황에서 들었던 생각과 행동 결과를 작성한다.

- 상황을 다르게 바라볼 수 없는지, 생각을 어떻게 바꿀 수 있는지, 그에 따라 감정 불쾌지수에 어떠한 변화가 있는지, 그러면 어떻게 행동할 수 있는지를 작성한다.

수정	상황	생각	감정의 불쾌지수	행동
전				
후				

실습 활동 5: 다르게 생각하기-역할극

(1) 작성한 상황을 발표해 보도록 하고, 상황 중 한두 개를 골라 역할극으로 재연해 본다.

- 수정 전의 상황과 행동을 역할극으로 재연해 보고, 어떻게 다르게 생각했는지를 발표한 후에 이를 적용하여 변화한 행동으로 다시 재연한다.
- 자신의 상황으로 재연하는 것을 어려워한다면 앞서 수행한 예시를 통해 역할극을 해 보도록 한다.
- 역할극 시 상대 역할이 필요하다면, 보조 진행자가 상대 역할을 맡아 상황을 재연하는 데 도움을 줄 수 있다.

3. 스트레스 관리하기

1) 스트레스 단서 알아차리기

▷ 원리: 스트레스란 '외부로부터 물체에 가해지는 압력이나 압박'을 뜻하는 말로, 스트레스는 다양한 생활의 변화에서 오고, 그 변화의 정도와 종류가 많을수록 스트레스의 크기는 커진다. 그 변화에 적

응하기 위한 어느 정도의 스트레스는 삶의 필수적인 요소이며, 스트레스가 없다면 우리는 아무것도 성취할 수 없을 것이다. 따라서 적절한 수준의 스트레스는 활력과 창조성을 주기도 하고, 생산성을 높인다. 하지만 스트레스가 증가하여 일정 수준을 넘어가면 피로감과 짜증이 증가하고, 집중력이 떨어지며, 비판적 태도와 부정적 시각을 갖게 된다. 또한 자신감이 저하되고 과민해지거나 위축되어 일의 생산성, 효율성을 떨어뜨리고 학업 성취나 업무에서 보람을 느끼지 못하게 만든다. 따라서 스트레스가 과도하게 증가하지 않도록 조절하기 위해 스트레스 단서를 알아차리는 것이 중요하다.

- 스트레스 단서
  - ✓ 이유 없이 불안하거나 짜증나거나 우울하다.
  - ✓ 업무에 무관심해진다.
  - ✓ 수면 문제가 생긴다.
  - ✓ 수면 시간이 지나치게 늘거나 숙면을 취하지 못한다.
  - ✓ 늘 피로하다.
  - ✓ 주의집중에 어려움이 있다.
  - ✓ 근육이 긴장되어 있어 근육통에 시달린다.
  - ✓ 두통, 복통, 소화불량 등 신체적인 증상이 증가한다.
  - ✓ 술, 폭식, 약물 사용(두통약, 위장약, 수면제 등)이 증가한다.
  - ✓ 주변 사람들로부터 무슨 일이 있는지 표정이 좋지 않다는 피드백을 듣는다.

2) 나만의 스트레스 관리 전략 만들기

▷ 원리: ASD 성인들은 경직된 사고방식과 패턴화된 행동 특성으로 인해 학업과 업무를 수행하는 과정에서 전형적인 발달을 보이는 성인들보다 스트레스에 더 취약할 수 있다. 특히 식사, 수면 등과 관련된 자신만의 시간 규칙을 고수하여 생활 리듬이 깨지고 이에 따른 스트레스가 누적될 가능성이 있다. 아울러 지금까지 배운 것들을 꼭 지켜야 한다는 의무감에 사로잡혀서 더 큰 스트레스를 유발할 수 있으므로 학업 수행과 업무 수행 과정에서 보다 유연한 사고를 할 수 있도록 다음과 같은 전략을 소개하고자 한다.

(1) 원칙 1: 일상을 조직화하고 계획하는 것을 통해 스트레스를 감소시킨다

① 규칙적인 생활 습관을 만들어 유지하기

- 세끼 식사 시간, 하루 수면 시간 등을 일정하게 유지하면서 매일 아침, 저녁으로 하루 일과를 계획하고 정리하는 습관을 들인다. 또한 가벼운 운동이나 취미 활동을 생활 습관에 포함하여 스트레스를 해소하는 시간으로 삼는다.

② 균형적인 학습 및 업무 계획을 세우기

- 계속 공부하고 일을 하면서 휴식을 하지 않는 것은 번아웃을 야기할 수 있다. 업무 혹은 학습,

가정생활, 일상, 사회 활동, 휴식 간에 균형을 맞춘다.

③ 지나친 계획으로 스스로를 속박하지 않기

- 하루에 너무 많은 스케줄이나 할 일을 계획하지 않는다. 많은 것을 해야 할 경우에는 '하면 좋은 것'과 '해야 하는 것'을 구분하여 우선순위를 정한다. 필수적이지 않은 과제들은 목록 아래에 놓거나 아예 제거한다.

④ 아침에 좀 더 일찍 출발하기

- 수업 시간이나 사무실로 뛰어가는 것과 하루의 시작을 준비하면서 보낼 수 있는 시간을 갖는 것은 큰 차이를 만들 수 있다. 지각을 하지 않기 위해 뛰어가는 것 자체가 스트레스를 유발할 수 있다. 지각을 하지 않도록 출발해야 하는 시간의 15분 전부터 5분 간격으로 타이머를 맞춰 놓고 이에 맞춰 준비를 하도록 한다.

⑤ 규칙적인 휴식 계획하기

- 산책을 하거나 편안히 앉아 있거나 마음을 비우기 위한 짧은 휴식을 가진다. 점심을 먹기 위해 학습 공간이나 업무 공간에서 벗어나 휴식을 취하고 재충전을 하면 생산성을 더 높일 수 있다.

(2) 원칙 2: 나쁜 습관을 없애는 것을 통해 스트레스를 감소시킨다

① 완벽주의를 고집하지 않기

- 어떤 프로젝트, 상황, 결정도 완벽할 수 없다. 모든 일을 완벽하게 하려고 노력하는 것은 불필요한 스트레스를 줄 수 있다. 자신에 대한 비현실적인 목표를 세우거나 지나치게 많은 일을 하려고 하는 것은 스스로를 기대 이하로 평가하게 만드는 것이다. 최선을 다하는 것을 목표로 해야 한다.

② 행동을 바르게 정리하기

- 지각할 경우라면 알람을 맞춰 지각을 하지 않도록 한다.
- 책상이 지저분할 경우에는 수납 정리를 하고, 잡동사니들을 버리거나 파일을 정리한다. 모든 물건이 어디에 있는지 아는 것만으로도 시간을 절약하고 스트레스를 줄일 수 있다.

③ 부정적인 생각 뒤집기

- 모든 상황이나 상호작용의 부정적인 면을 보면 활력이나 동기가 감소하기 쉽다. 자신의 활동에 대해 긍정적으로 생각하고, 동료에 대한 부정적인 생각을 피하며, 작은 성취에도 스스로 격려할 필요가 있다.

④ 통제할 수 없는 것을 통제하려고 하지 말기

- 다른 사람의 행동과 같이 자신이 통제할 수 없는 것들을 굳이 통제하려고 하지 말고, 문제에 대처하기 위해 자신이 선택할 수 있는 것들에 초점을 맞추도록 한다.

(3) 원칙 3: 스트레스가 누적되어 감정 폭발을 하지 않도록 스스로를 관리한다.

나만의 스트레스 해소 활동 계획하기

스트레스를 해소할 수 있는 활동이 무엇이 있는지 생각해 보고, 스트레스 강도에 따라 이러한 활동은 선택하여 할 수 있도록 계획한다.

① 스트레스를 해소할 수 있는 활동의 목록을 작성한다.
② 활동에 소요되는 시간을 확인한다.
③ 활동에 필요한 예상 비용을 확인한다.
④ 스트레스 해소 활동을 사용하기에 적합한 감정 불쾌지수를 정한다.
⑤ 활동 시행 후 감정 불쾌지수 변화를 확인한다.

스트레스 해소 활동 계획하기의 예시

스트레스 해소 활동 목록	적절한 소요 시간	예상 비용	사용하기에 적합한 감정의 불쾌지수	시행 후 감정의 불쾌지수
음악을 듣는다.	목적지 이동 중 가능	무료	4	2
반려견과 산책을 한다.	30분~1시간	무료	5	1
산책을 한다.	30분~1시간	무료	4	2
게임을 한다.	1시간~1시간 30분	집: 무료(전기비) PC방: 2~3천 원	7	3
운동을 한다.	1시간	혼자 한다면 무료 혹은 헬스장 월회비	6	1
친구와 수다를 떤다.	친구와 약속한 시간만큼	무료 혹은 커피를 마신다면 커피 값	6	1
쇼핑을 한다.	2시간	품목에 따라 다름	7	4
안마 의자에 앉아 안마를 한다.	30~50분	안마 의자 카페: 13,000원	7	3
찜질방에 간다.	2~3시간	1만 원~1만 5천 원	8	2
노래방에 간다.	1시간	6천 원~1만 원	9	1
여행을 한다.	계획한 일정만큼	여행지에 따라	9~10	1

실습 활동 6: 나만의 스트레스 관리 전략 만들기

(실습 활동지 배부)

(1) 스트레스 관리 전략의 원칙 중에서 각 항목별로 내가 실제로 적용할 수 있는 방법을 실습 활동지에 작성해 본다.

(2) 실습 활동지에 스트레스를 해소할 수 있는 활동의 목록을 작성한다.

- 활동의 소요 시간과 비용을 예측해 보고, 사용하기에 적합한 불쾌지수가 어느 정도인지를 예상하여 스트레스 강도에 따른 해소 활동을 정해 본다.

습관 만들기

1. 시간 추정 훈련하기(**3회기** 실습 활동 1)
   - 하위 계획을 달성하기 위해 다음 주 할 일 목록을 작성하고 추정 소요 시간을 적는다.
   - 시작 시간과 완료 시간을 확인하여 실제 소요 시간을 적은 뒤 얼마나 일치하는지를 평가한다.
2. 목표 달성을 위한 계획 세우기에서 하위 단계나 세부 계획 수정하기(**2회기** 실습 활동 2)
3. 다음 주 할 일 목록과 우선순위를 정해서 주간 계획표 작성하기(**3회기** 실습 활동 2, 3, 4)
   - 할 일 목록에서 우선순위를 정한 후에 주간 계획표에 배치한다.
   - 우선순위에 따라 작은 보상 목록에서 보상을 정한다.
   - 주간 계획표를 통해 실천을 한 항목들은 할 일 목록에서 지우고 스스로에게 보상을 한다.

과제 안내

1. 호흡법과 상상법 연습하기(실습 활동 3)
   - 한 주 동안 감정 불쾌지수가 높아진 상황이 있다면 즉시 호흡법, 상상법 중에 선택하여 연습하기
2. 감정 불쾌지수가 높아진 상황에 대해 다르게 생각하기를 연습하기(실습 활동 4)
   - 감정 불쾌지수가 높아진 상황을 과제지에 적고 그때 떠오른 생각과 감정 불쾌지수 정도를 측정한다. 그 당시 나의 행동에 대해서 적어 본다.
   - 상황을 다시 관찰하고 다르게 생각해 본 결과, 감정 불쾌지수가 변화했는지, 나의 행동이 어떻게 바뀔 수 있는지를 적어 본다.

3. 나만의 스트레스 관리 전략 만들기(실습 활동 6)

- 조직화와 계획하기, 나쁜 습관 없애기, 스트레스 해소 활동 계획하기의 세 항목별로 내가 실제로 적용할 수 있는 방법을 선택하여 실습 활동지나 과제지에 적어 본다.
- 구체적인 계획을 세워 실천하고, 완수 여부를 기록한다.

4회기 실습 활동지

이름:

실습 활동 1 상황에 따른 나의 감정 불쾌지수는 몇 점일까?

• 다음의 상황을 떠올려 보고, 그 상황에서의 나의 감정 불쾌지수를 예상해 보세요.

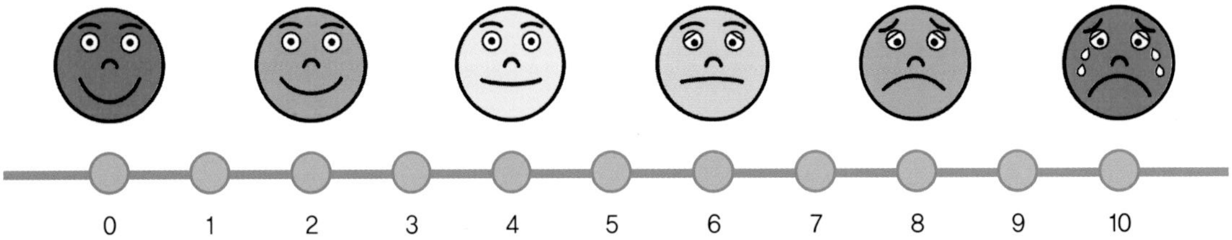

상황	불안 불쾌지수	분노 불쾌지수
평상시		
배고플 때		
잠을 못 자서 피곤할 때		
지각했을 때		
새로운 사람을 만났을 때		
하고 싶은 일을 못 하게 할 때		
내가 하는 말을 무시할 때		
주변에서 모르는 사람들이 웃고 있을 때		
누가 나한테 지적을 할 때		
공부한 만큼 성적이 나오지 않았을 때		
정해진 일정이 바뀌었을 때		
공공장소에서 어린 아이가 큰 소리로 울 때		
학창 시절에 놀림받았던 것이 떠올랐을 때		

4회기 실습 활동지

이름:

실습 활동 2 감정 불쾌지수 5점 이상의 상황 생각해 보기

• 감정 불쾌지수가 5점 이상인 상황을 떠올려 보세요.

상황	점수
	(분노/불안) 점
	(분노/불안) 점
	(분노/불안) 점
	(분노/불안) 점

4회기 실습 활동지

이름:

실습 활동 3 상상법

1. 내가 경험한 것, 혹은 내가 가 본 곳 중에서 가장 멋진 곳이나 편안한 장소를 상상해 보세요.

① 장소:

② 주변 환경이나 상황:

③ 그 장소에서의 나의 행동:

④ 그 상황에서의 나의 감각:

⑤ 그 상황에서 나의 기분:

2. 5점 이상의 감정 불쾌지수 상황을 떠올려 보고, 감정을 느껴 보세요. 다시 위의 장소를 상상해 보세요.

3. 감정 불쾌지수가 몇 점으로 변화되었나요?

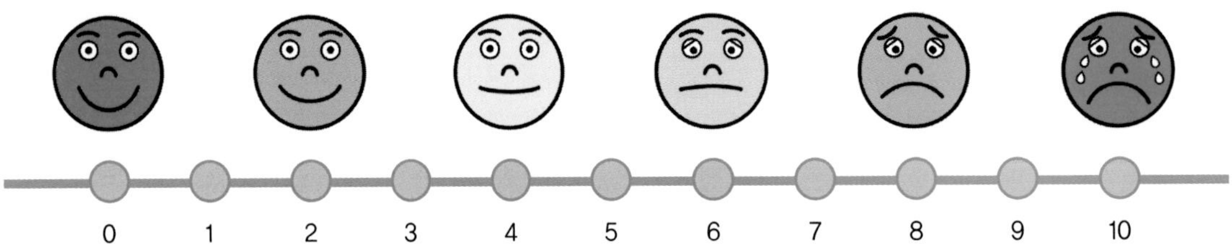

상황	점수
	(분노/불안) 점
	(분노/불안) 점

4회기 실습 활동지

이름:

실습 활동 4.5 다르게 생각하기(SODA 기법) 연습, 역할극

① Stop: 잠시 멈추기
② Observe: 주의 깊게 상황을 관찰하기
③ Deliberate: 신중하게 생각하기
④ Action: 행동하기

1. 다음의 예시에 대해 먼저 드는 생각을 적어 보고, 그 상황에서 떠오르는 감정과 불쾌지수 정도를 측정한 후에 나의 행동을 예상해 보세요.
   - 다르게 생각하기를 통해 생각을 바꿔 보고, 그 생각에 따라 떠오르는 감정과 불쾌지수 정도를 측정해 보세요. 그 생각에 따른 나의 행동을 예상해 보세요.

수정	상황	생각	감정 불쾌지수	행동
전	친구가 약속 장소에 연락 없이 나타나지 않았다.			
후				

2. 앞서 생각한 감정의 불쾌지수가 5점 이상인 상황 중 하나를 선택하여 그 당시 상황을 떠올려 적어 보세요. 그때 들었던 생각과 감정 불쾌지수를 적고, 어떻게 행동했는지를 적어 보세요.
   - 상황을 머릿속에 떠올려 다시 관찰해 보고, 다른 생각으로 생각할 수 없는지 신중하게 고려해 보세요. 그 생각에 따른 나의 감정과 불쾌지수를 적고, 어떻게 다르게 행동을 할 수 있을지도 생각해 적어 보세요.

수정	상황	생각	감정 불쾌지수	행동
전				
후				

4회기 실습 활동지

이름:

실습 활동 6 나만의 스트레스 관리 전략 만들기

1. 스트레스 관리 전략 중 내가 실제로 적용할 수 있는 방법을 작성해 봅시다.

선택한 방법	구체적인 계획	실행 여부
조직화와 계획하기- 규칙적인 휴식 계획하기	매일 잠들기 전 20분 동안 내 방에서 조용한 음악을 들으며 휴식을 취한다.	O

2. 스트레스를 해소할 수 있는 활동의 목록을 작성하고, 소요 시간과 비용을 예측해 봅시다. 사용하기에 적절한 감정 불쾌지수를 예상하고, 스트레스 강도에 따른 해소 활동을 정해 봅시다.

스트레스 해소 활동 목록	적절한 소요 시간	예상 비용	사용하기 적절한 감정 불쾌지수	시행 후 감정 불쾌지수
게임을 한다	2시간	PC방: 5,000원	8	1

4회기 과제

이름:

과제 1 호흡법과 상상법 연습하기(실습 활동 3)

- 한 주 동안 감정 불쾌지수가 높아진 상황이 있다면 즉시 호흡법, 상상법 중에 선택하여 연습하기

과제 2 감정 불쾌지수가 높아진 상황에 대해 다르게 생각하기를 연습하기(실습 활동 4)

- 감정 불쾌지수가 높아진 상황을 적어 보고, 그때 떠오른 생각과 감정 불쾌지수 정도를 측정해 봅시다. 당시 나의 행동에 대해서도 적어 봅시다.
- 상황을 다시 관찰하고 다르게 생각해 본 다음, 감정 불쾌지수가 변화했는지, 나의 행동이 어떻게 바뀔 수 있는지를 적어 봅시다.

수정	상황	생각	감정 불쾌지수	행동
전				
후				

과제 3 나만의 스트레스 관리 전략 만들기(실습 활동 6)

- 스트레스 관리 전략들 중 내가 실제로 적용할 수 있는 방법을 실습 활동지에 작성해 봅시다.

선택한 방법	구체적인 계획	실행 여부

- 스트레스를 해소할 수 있는 활동 목록을 작성해 봅시다. 활동의 소요 시간과 비용을 예측해 보고, 사용하기에 적합한 감정 불쾌지수가 어느 정도인지 예상하여 스트레스 강도에 따른 해소 활동을 정해 봅시다.

스트레스 해소 활동 목록	적절한 소요 시간	예상 비용	사용하기에 적절한 감정 불쾌지수	시행 후 감정 불쾌지수

5회기

융통성 있게 생각하고 행동합시다

실행기능 영역

인지적 유연성, 의사결정, 문제 해결

목표

1. 고정된 행동패턴으로 인한 결과와 행동 변화의 필요성을 이해한다.
2. 바람직한 의사결정을 위해 다른 사람의 조언을 따르는 것의 중요성을 이해한다.
3. 갑작스러운 상황 변화에 대처하기 위해 여러 가지 대안을 생각하고 선택하는 연습을 한다.

습관 만들기 점검

1. 시간 추정 훈련하기
   - 할 일 목록의 각 추정 소요 시간과 실제 소요 시간을 적은 표를 보고 얼마나 일치하는지, 시간을 추정하는 과정에서 어려운 점에 대해서 이야기를 나눈다.
2. 목표 달성을 위한 계획 세우기에서 하위 단계나 세부 계획 수정하기
   - 수정한 계획이 있다면 세부 계획 목록을 작성한 것에 대해서 이야기를 나눈다.
3. 다음 주 할 일 목록과 우선순위를 정해서 주간 계획표 작성하기
   - 주간 계획표를 작성한 것을 보여 주면서 할 일 목록과 우선순위 정하기를 한 과정과 어려운 점에 대해서 이야기를 나누고, 해야 할 일을 완료했다면 스스로에게 어떤 보상을 했는지 이야기한다.

과제 점검

1. 호흡법과 상상법 연습하기
   - 한 주 동안 호흡법과 상상법을 몇 번이나 연습했는지, 감정의 불쾌지수를 낮추는 데 효과가 있었는지 발표한다.
2. 감정의 불쾌지수가 높아진 상황에 대해 다르게 생각하기를 연습하기
   - 감정의 불쾌지수가 높아진 상황에서 어떻게 다르게 생각을 했고, 감정의 불쾌지수가 변화했는지, 나의 행동이 어떻게 바뀌었는지 발표한다.
3. 나만의 스트레스 관리 전략 만들기
   - 조직화와 계획하기, 나쁜 습관 없애기, 스트레스 해소 활동 계획하기 중 선택한 방법을 발표하고, 어떻게 계획을 세워 실천했는지 이야기한다.

감정 불쾌지수 낮추기 연습하기-호흡법과 상상법

1. 앞으로 매 회기마다 자신의 감정을 조절하는 방법 중 호흡법과 상상법을 습관화할 수 있도록 한다.
2. 호흡법 중 복식호흡을 5회 연습한다.
3. 집단원 중 한 사람의 상상법을 가지고 다 함께 감정을 조절하는 방법을 연습한다. 매주 돌아가면서 다른 집단원의 상상법으로 연습한다.

토론 질문

토론 tip

- ASD의 핵심적인 특성 중 하나인 '같은 것을 고집하고 반복적인 행동을 보이는 문제'는 인지적 유연성의 결함과 관련이 있다고 알려져 있다(Hill, 2004; Reed, Watts, & Truzoli, 2013). 이러한 인지적 유연성의 결함 때문에 ASD 성인들은 상황과 환경이 변화되어도 고정된 행동패턴을 유지하고, 다른 사람의 조언을 주의 깊게 듣거나 따르지 않은 채 자신의 생각을 고집한다. 또한 문제 해결 상황에서 다양한 대안을 유연하게 생각해 내지 못하기도 한다(McManmon, 2015).
- 따라서 이러한 특성들의 문제가 무엇인지 예를 통해 살펴보면서 이야기를 나누고, 이러한 문제를 겪지 않기 위해서는 어떻게 해야 하는지 토론을 통해 예측해 보고 본 회기에서 배울 내용에 대해 개요를 제시하는 시간으로 삼는다.
- 토론에서 제시되는 세 가지 상황은 ASD 성인, ASD 성인의 보호자, ASD 관련 전문가 및 종사자를 대상으로 심층집단면접을 진행하면서 'ASD 성인이 일상생활에서 겪는 문제'에 대한 질문에서 보고된 내용으로, 수집된 내용을 일부 수정하여 제시하였다.

Q 질문 1: 다음 상황에서 어떤 생각이 들까요?

사례 1 3월 중순, 늦겨울에서 초봄으로 계절이 바뀌어 날씨가 점점 따뜻해지고 있다. 아직도 두꺼운 외투를 입고 다니는 사람을 보면 어떤 생각이 들까요?

사례 2 나만의 업무 방식으로 일을 하고 있는데, 2년 먼저 입사한 선임이 나의 일하는 방식이 답답하다면서 새로운 업무 방식을 가르쳐 주었다. 하지만 이를 따르지 않고 자신이 해 온 업무 방식을 그대로 하고 있는 사람을 보면 어떤 생각이 들까요?

사례 3 어머니가 생수 두 묶음을 사 오라고 심부름을 시켜서 마트에 갔는데, 2리터 생수 6통이 한 묶음이라서 두 묶음을 사려면 12통을 사 가지고 가야 한다. 집까지는 걸어서 10분 거리인데, 이걸 가져가는 것이 너무 힘들 것 같지만 안 사 가면 어머니가 심부름도 제대로 못했다고 실망하실 것 같다. 어떻게 해야 할까요?

Q 질문 2: 이 사례에서의 공통된 문제점은 무엇일까요? 이들에게는 무엇이 필요할까요?

- 공통의 문제점: 인지적 유연성이 부족하다는 것

사례 1 상황 변화를 알아차리고 그에 맞춰 나의 행동패턴에도 변화를 주기

사례 2 다른 사람들의 조언 받아들이기

사례 3 문제가 무엇인지 확인하여 다른 해결책이나 대안을 생각해 보기

교육 내용

1. 상황 변화에 맞지 않는 행동 혹은 고정된 행동패턴에 따른 결과 알아차리기

▷ 원리: 일반 사람들은 일상생활에서 상황이 변화하게 되면 변화된 상황과 기존의 가지 행동이 불일치한다는 것을 쉽게 인식하고 행동을 빠르게 바꾸지만, 자폐성 장애인은 일상생활에서 일어나는 보편적인 변화 상황과 자기 행동이 일치하지 않는다는 사실을 잘 알아채지 못한다(McManmon, 2015). 예를 들어, 일반 사람들은 추운 겨울이 지나 따뜻한 봄이 오면 겨울 코트나 두꺼운 점퍼를 그만 입어야 하는 시기를 인식하고 가벼운 옷으로 바꿔 입기 시작하지만, 자폐성 장애인들은 날씨 변화를 민감하게 인식하지 못할 뿐만 아니라 자신의 행동패턴을 유지하려는 특성이 있기 때문에 계절이 봄으로 바뀌더라도 겨울 코트와 모자, 장갑을 지속적으로 착용하고 다닌다. 주변 사람들이 "날이 따뜻한데 너는 왜 아직 겨울 코트를 입고 다니니?"라고 질문을 받으면 대개 경직되고 방어적인 답변을 하고, 자신이 바꾸기로 결정할 때까지 겨울 코트를 계속 입고 다닌다.

자폐성 장애인들은 변화에 대한 필요성을 받아들이고 새로운 행동을 취하는 것이 극도로 어려우며, 새로운 것으로 바꾸려고 하는 의지나 어떤 변화를 이끌어 내기 위해서는 수년 동안의 교육이 필요하다. 따라서 이를 한 번의 교육으로 변화시키려고 하기보다는 상황 및 환경 변화에 따라 고정된 행동을 바꾸지 않는 자신의 경직된 행동이 다른 사람들에게 어떻게 보일지, 자신에게 어떠한 영향을 미치는지와 같이 자신의 고정된 행동패턴이 가져다주는 결과에 대해 함께 생각해 보면서 자신을 돌아볼 수 있는 기회로 삼도록 한다.

ASD 성인들은 고정된 행동패턴이 '나한테 크게 불편하지 않다', '나쁜 것이 아니다', '다른 사람에게 피해를 주는 것이 아니다'라고 하면서 이를 지속하려는 경향을 보인다. 그렇다고 하더라도 고정된 행동 패턴을 유지하는 것은 주변 사람들에게 '답답해 보인다', '이상해 보인다', '고집스러워 보인다'고 인식되기 때문에 부정적인 인상을 심어 줄 수 있다. 또한 고정된 행동 패턴은 더 좋은 결과를 얻는 데 방해 요인이 될 수 있으며, 그에 따라 삶의 질이 저하될 수 있다. 상황 변화에 따라 자신의 행동을 바꾸는 것은 개인의 '선택'이지만 다른 사람들에게 좋은 인상을 심어 주고, 더 좋은 결과를 얻으며, 삶의 질을 높일 수 있기 때문에 이를 위해서는 고정된 행동패턴에 변화를 주는 것이 필요하다고 제안한다.

1) 상황 변화가 고정된 행동패턴에 미치는 영향 살펴보기

Q 질문 1: 고정된 행동패턴이란 무엇일까요?

• 설명: 나만의 규칙을 만들어 그것을 지키려고 하는 것이다(예: 요일별, 시간별, 날짜별, 장소별,

상황별 규칙)

예 ✓ 머리는 항상 귀와 이마를 덮어야 해서 길어도 머리를 자르지 않기
✓ 무조건 분리수거를 해야 하므로 집안의 중요한 서류까지 모두 갖다 버리기
✓ 샤워는 아침에만 하기
✓ 필기 시 같은 색깔 혹은 특정 펜만 사용하기
✓ 같은 영화, 영상을 반복적으로 보기/같은 음악을 반복적으로 듣기
✓ 물건을 항상 정해진 자리에 두기
✓ 다니던 길로만 다니기/같은 교통수단만 이용하기
✓ 같은 시간에 매일 특정 프로그램을 듣거나 보기

Q 질문 2: 고정된 행동패턴을 왜 유지하려고 할까요?

- 설명: 다음과 같은 이유들로 기존의 행동을 유지하는 경향이 있다.
  ✓ 늘 반복되는 것이라서 익숙하고 편하니까
  ✓ 규칙대로 해야 마음이 안정되니까
  ✓ 그렇게 하지 않으면 불안하니까
  ✓ 그렇게 해야 하루 일과가 잘 풀릴 것 같아 안심이 되어서
  ✓ 원래 그렇게 하는 거니까

Q 질문 3: 상황이 변화할 때 나의 고정된 행동패턴을 바꾸지 않는다면 어떤 결과가 일어날까요?

- 설명: 갑자기 상황이 변화했는데도 그에 맞춰 행동을 바꾸지 않고 자신만의 고정된 행동패턴을 유지한다면 비합리적이거나 부정적인 결과가 일어날 가능성이 높다.

상황 변화에 고정된 행동패턴을 유지할 때의 결과

고정된 행동패턴의 예	상황 변화	고정된 행동패턴 유지	결과
요일에 따라 같은 옷 입기	• 세탁한 옷이 마르지 않았다. • 날씨가 변했다. • 옷이 어디에 있는지 보이지 않는다.	같은 옷을 입는다.	• 젖은 옷이라서 불쾌하다. • 기온과 맞지 않아서 입은 옷이 덥거나 춥다. • 옷을 찾느라 지각한다.
매일 같은 번호의 버스만 타기	• 사고 때문에 버스가 오려면 1시간 걸린다. • 목적지가 버스정류장과 멀리 떨어져 있다.	같은 버스를 탄다.	• 약속 시간에 늦는다. • 많이 걸어야 한다.

매일 2시 정각에 카페 가기	• 급히 해야 할 과제/업무가 생겼다. • 미팅이 2시 넘어서까지 계속된다.	2시에 카페에 간다.	• 과제/업무를 할 시간이 부족하다. • 다른 사람이 업무를 대신 맡아서 함에 따라 부정적으로 생각한다.
문서 작업은 항상 한글 프로그램, 글씨체 고딕, 글씨 크기 10으로만 작성	• 컴퓨터가 포맷되어 한글 프로그램이 없다. • 교수/상사가 다른 양식의 문서를 요구한다.	동일한 문서 프로그램과 양식을 사용한다.	• 프로그램을 설치하느라 문서작업이 지연된다. • 지정된 양식을 사용하지 않아서 부정적인 평가를 받을 수 있다.

Q 질문 4: 상황 변화에 따라 나의 고정된 행동패턴을 바꾼다면 어떤 결과를 얻을 수 있을까요?

- 설명: 갑자기 상황이 변화할 때 자신만의 고정된 행동패턴을 버리고 변화된 상황에 맞춰 자신의 행동을 변화시킨다면, 보다 합리적이거나 긍정적인 결과를 얻을 수 있다.

상황 변화에 고정된 행동패턴을 바꾸었을 때의 결과

고정된 행동패턴의 예	상황 변화	행동 변화	결과
요일에 따라 같은 옷 입기	• 세탁한 옷이 마르지 않았다. • 날씨가 변했다. • 옷이 어디에 있는지 보이지 않는다.	다른 옷을 입는다.	• 늘 입던 옷을 입지 않아서 기분이 어색하다. • 다른 사람이 보기에 이상하지 않다. • 부정적인 결과가 일어나지 않는다.
매일 같은 번호의 버스만 타기	• 사고 때문에 버스가 오려면 1시간 걸린다. • 목적지가 버스정류장과 멀리 떨어져 있다.	다른 교통수단을 이용한다.	• 낯설어서 헤맬 수도 있지만 잘 찾으면 제시간에 갈 수 있다. • 목적지와 가까운 정류장을 찾아서 걷는 시간을 줄일 수 있다.
매일 2시 정각에 카페 가기	• 급히 해야 할 과제/업무가 생겼다. • 업무 회의가 2시 넘어서까지 계속된다.	다른 시간에 카페에 간다. 혹은 오늘은 카페에 가지 않는다.	• 과제/업무를 제시간에 완료할 수 있으며, 다른 사람이 보기에 이상하지 않다.
문서 작업은 항상 한글 프로그램, 글씨체 고딕, 글씨 크기 10으로만 작성	• 컴퓨터가 포맷되어 한글 프로그램이 없다. • 교수/상사가 다른 양식의 문서를 요구한다.	대체 프로그램을 사용한다./지정된 양식으로 작성한다.	• 제시간에 문서를 작성할 수 있다. • 교수/상사로부터 양식과 관련된 부정적인 평가를 받지 않는다.

Q 질문 5: 상황 변화에 따라 기존의 행동을 바꿔야 하는 이유는 무엇일까요?

- 설명: 나를 둘러싼 주변의 상황은 끊임없이 변화하며, 변화된 상황에 따라서 나의 행동을 바꾸는 것은 개인의 '선택'이다. 그러나 상황 변화에 따라서 나의 고정된 행동 패턴을 바꾸지 않는다면, 부정적인 결과를 얻게 될 수 있으며, 반대로 고정된 행동 패턴을 바꾸면 보다 긍정적인 결과를 얻을 수 있다.

고정된 행동패턴을 바꾸지 않았을 때 부정적 결과	고정된 행동패턴을 바꾸었을 때 긍정적 결과
① 다른 사람들에게 부정적인 인상을 줄 수 있다. 게으르거나, 지루하거나, 눈치가 빠르지 못한 사람으로 보일 수 있다.	① 다른 사람에게 유연하게 잘 적응하는 사람으로 보인다.
② 좋은 결과를 얻는 데 기존 행동 패턴이 방해될 수 있다. 바뀌기 전 상황에서는 좋은 대처였더라도, 새로운 상황에서는 오히려 나의 목표를 달성하는 데 걸림돌이 될 수 있다.	② 변화된 상황에 맞춰 더 좋은 결과를 얻을 수 있다.
③ 삶의 질이 나빠질 수 있다: 변화에 빠르게 대처하지 못하면, 나의 시간이나 에너지를 불필요한 곳에 쓰게 된다.	③ 삶의 질이 좋아진다. 생활이 더 편해진다.

Q 질문 6: 나에게도 고정된 행동패턴이 있나요? 무엇인가요?
고정된 행동패턴을 유지하는 이유가 있나요?
고정된 행동패턴을 유지하느라 곤란을 겪은 적이 있나요?

자신의 경험을 연결하여 이야기하기

① 경험(experience): 내가 실제로 겪은 상황
– 육하원칙에 따라서 이야기하기: (누가) / 언제 / 어디서 / 무엇을 / 어떻게 / (왜)
② 생각(thinking or thought): 사실(경험)에 대해서 내가 판단하는 것
③ 감정(feeling or emotion or affect): 사실(경험)에 대해서 내가 느끼는 기분
④ 행동(behavior) 혹은 결과(result): 그러한 생각과 기분에 따른 나의 행동, 혹은 일어난 결과

- 경험: 내가 _____(언제), _____(어디서), _____을(무엇을) 할 때 _____하게(어떻게) 혹은 _____한 이유로(왜) 했는데,
- 생각: ________한 생각이 들어서
- 감정: ________한 기분이었습니다.
- 행동(결과): ________한 행동을 했습니다. 혹은 ________한 결과가 일어났습니다.

실제 예시) 내가 아침마다(언제) 등교하는 차 안에서(어디서) 특정 라디오 프로그램을(무엇을) 듣는데(경험), 그러지 않으면 그날 하루가 제대로 시작되지 않는다는 생각이 들어서(생각) 매일 아침 특정 라디오 프로를 들어야(행동) 안심이 됩니다(감정).

실습 활동 1: 나의 고정된 행동패턴 알아차리기

(실습 활동지 배부)

① 둘씩 짝을 지어 나의 고정된 행동 패턴과 관련이 있는 가상의 상황 변화를 만들어 본다.

② 어떻게 행동 변화를 할 수 있는지, 그에 따른 결과를 함께 생각해 본다.

- 자기 사례가 있다면 자기 사례를 적용하고, 자기 사례가 없다면 진행자가 제시한 사례 중에서 선택한다.

고정된 행동패턴의 예시

예	고정된 행동패턴	상황 변화
1	샤워는 아침에만 한다. 샤워를 40분 이상 해야 한다.	아침에 늦잠을 잤다. 40분간 샤워를 하면 9시 수업에 늦는다.
2	밥을 먹는 순서가 정해져 있다. 쌀밥을 다 먹은 후에 반찬을 먹는다. 편식이 심해 한 가지 종류의 음식만 먹고 먹어 본 적이 없는 음식은 먹지 않는다.	식당에서 사람들이 나를 이상하게 쳐다본다. 사람들이 보고 나와 같이 밥을 먹으려고 하지 않는다.
3	검은색 옷만 입는다.	사람들이 이상하게 쳐다본다. 과 행사가 있어서 과 티 혹은 단체복을 입어야 한다.
4	같은 시간에 같은 특정 라디오 프로그램만 듣는다.	이동을 하느라 버스를 탔는데, 버스에서 다른 라디오 프로그램이 나온다.
5	모든 종이를 버리지 않고 다 모은다(전단지, 포장지, 쓰레기 등).	내 방에 더 이상 종이를 보관할 공간이 없다. 방이 쓰레기장 같다고 엄마가 화를 낸다.
6	다니던 길로만 다닌다.	가던 길이 공사 중이라서 길을 막아 놓았다.
7	강의실, 지하철, 버스에서 같은 자리에만 앉는다.	강의실에서 내가 늘 앉던 자리에 다른 학생이 앉아 있다.
8	항상 같은 컵을 사용하여 물을 마신다.	늘 물을 마시던 컵을 친구가 빌려 가서 돌려주지 않았다.

예 선택	행동패턴/행동 변화	결과
	고정된 행동패턴 유지:	
	행동 변화 시도:	

2. 다른 사람의 조언을 유연하게 받아들이기

▷ 원리: 자폐성 장애인들은 경직된 사고방식을 가지고 있어서 자신의 생각과 다를 때 타협하는 능력이 부족하다(McManmon, 2015). 또한 타인을 공감하는 능력이 부족하고 사회적으로 고립되어 있는 ASD 성인은 대개 자신의 감정과 관점에만 사로잡혀서 자신이 하는 행동의 영향을 의식하지 못하고 다른 사람의 생각과 감정을 무시하기도 한다. ASD의 사회적 순응성을 살펴본 연구에 따르면, 집단 상황에서 어떤 사람이 오답을 정답이라고 잘못 이끌어 가자 대다수의 사람은 자신의 의견을 수정해서 '오답이 맞는 것 같다'고 하지만 자폐성 장애인들은 주변의 다수의 반응과는 상관없이 자기가 생각하는 정답을 고집하는 경향이 자주 관찰되었다(Yafai et al., 2014). 이 연구에서 알 수 있듯이, ASD 성인은 다른 사람들의 상황이나 의견을 잘 살피거나 신경 쓰지 않고 그에 따르지 않는 경향이 있다. 자기만의 생각을 고집하는 태도는 세상에 대한 편향된 관심을 형성하고 사회적으로 바람직한 결정을 내리는 능력을 손상시킨다. 따라서 신뢰할 만한 사람들과의 네트워크를 형성하여 조언을 구하고, 바람직한 결정을 내리기 위해 도움을 받을 필요가 있다.

• 질문 1: 어떤 의사결정 상황에서 혹은 문제 상황에서 나는 다른 사람의 조언이나 의견을 잘 따르는 편인가요? 그렇지 않다면 이유가 무엇인가요?

✓ 다른 사람의 의견보다 내 의견이 더 옳다고 생각해서
✓ 조언을 받으면 내가 틀렸다고 비난을 받는 것 같아서
✓ 조언을 따르면 내가 틀렸다는 것을 인정하는 것 같아서
✓ 이래라 저래라 하는 조언을 받으면 기분이 나빠서
✓ 다른 사람의 조언을 따르면 오히려 손해를 볼 것 같아서

• 질문 2: 의사결정 상황에서 다른 사람의 조언에 따라서 '성공한 예'와 '실패한 예'가 있나요?

자신의 경험을 연결하여 이야기하기

① 경험(experience): 내가 실제로 겪은 상황
– 육하원칙에 따라서 이야기하기: (누가) / 언제 / 어디서 / 무엇을 / 어떻게 / (왜)
② 생각(thinking or thought): 사실(경험)에 대해서 내가 판단하는 것
③ 감정(feeling or emotion or affect): 사실(경험)에 대해서 내가 느끼는 기분
④ 행동(behavior) 혹은 결과(result): 그러한 생각과 기분에 따른 나의 행동, 혹은 일어난 결과

• 경험: 내가 ______(언제), ______(어디서), ______을(무엇을) 할 때 ______하게(어떻게) 혹은 ______한 이유로(왜) 했는데,

- 생각: ________한 생각이 들어서
- 감정: ________한 기분이었습니다.
- 행동(결과): ________한 행동을 했습니다. 혹은 ________한 결과가 일어났습니다.

실제 예시)

- **(실패 경험)** 내가 고3 때(언제) 집에서(어디서) 대학교 수시 전형 원서를(무엇을) 썼는데, 부모님이(누가) 전공학과를 정해 주셔서(어떻게) 그대로 지원하고 합격을 했습니다(경험). 그러나 학교에 입학해서 전공 강의가 너무 어렵다는 생각이 들었고(생각), 부모님을 원망하는 마음이 생겨서(감정) 결국 학교를 그만두고 재수를 하기로 결심했습니다(결과).
- **(성공 경험)** 작년에(언제) 직업으로 할 수 있는 자격증을 찾던 중 학교 선배 언니가(누가) 바리스타 자격증을(무엇을) 추천해 주고 학원도 소개시켜 주어서 3개월 동안 학원에 다닌 후(어떻게) 자격증을 땄습니다(경험). 바리스타 일이 나의 적성에 잘 맞는다는 생각이 들었고(생각), 아르바이트 자리도 쉽게 구할 수 있어서(결과) 소개해 준 선배 언니에게 고마운 마음이 들었습니다(감정).

1) 당나귀 규칙(donkey rule)

당나귀 규칙

- 질문: 만약 어떤 동물 그림을 보고, 5명의 사람이 '당나귀'라고 말하고 한 사람이 '말'이라고 말한다면, 그 동물은 무엇일까요?

  → 1명의 판단보다는 5명의 판단이 옳을 가능성이 높기 때문에 그림은 '말'이 아니고 아마도 '당나귀'일 것이다(McManmon, 2015).

설명

- 의사결정을 내릴 때 가장 믿을 만한 주변 지인 5명 정도에게 의견을 요청한다면 더 좋은 방향의 바람직한 결정을 할 수 있다.
- 이 사람들의 생각이 일반적으로 적절한 결과로 이끌어 줄 수 있다. 즉, 어떤 상황에서 신뢰하는 다수의 사람이 비슷한 조언을 한다면 그 조언을 따르는 것이 좋은 결과를 낼 수 있다.
- 내 주변 사람들의 의견이 나의 생각과 다르다고 해서 '내가 틀렸다'거나 '내가 잘못되었다'는 것을 의미하지는 않는다. 다수의 의견이 나의 생각과는 다른 한 방향을 가리킨다면 이를 따르는 것이 더 좋은 결과로 이어질 가능성이 높다.
- 내가 늘 하던 방식, 내가 늘 하던 생각에서 벗어나 다른 사람의 말을 한번 듣고 따라본다면 더 좋은 결과를 경험해 볼 수 있을 것이다.

- 당나귀 규칙은 삶의 선택을 좋게 만드는 데 유용할 수 있다.
  - ✓ 실제 삶에서 규칙을 적용할 때, 결정이 좋은 것인지 혹은 의문스럽고 위험한 결정인지를 여러 명의 믿을 만한 친구들이나 주변 지인들에게 물어보는 보는 것이 좋다. 그들 중 대다수가 좋은 결정이라고 생각한다면 그것은 의사결정 시 내릴 수 있는 최선의 선택이다.
  - ✓ 만약 다른 사람들이 나의 결정이 위험하거나 의문의 여지가 있다고 한다면, 조언을 듣고 그들의 의견을 신뢰하면서 다른 의사결정을 내려야 한다.
- 내가 신뢰하는 사람은
  - ✓ 나의 특성을 잘 아는 사람
  - ✓ 나의 문제에 관심을 가지고 조언을 해 줄 수 있는 사람
  - ✓ 내가 믿을 수 있는 사람

실습 활동 2: 의사결정 시 조언 구하기

(실습 활동지 배부)

(1) 나의 의사결정에 도움을 줄 내 주변의 신뢰하는 사람 5명을 선택하고, 선택한 이유를 적어 본다(5명을 떠올리기 어렵다면 2~3명이어도 좋다).

예 부모님, 형제자매, 친척, 학교 선생님, 교수님, 학교 선배, 친구, 학원 선생님, 상담 선생님

(2) 나에게 중요한 의사결정 사항을 떠올려 본다.

예 진로 결정, 직업 선택, 학원 등록, 물품 구매

(3) (과제) 의사결정 사항에 대해서 신뢰하는 사람에게 각각 의견을 물어보고 적어 본다.

3. 상황 변화에 대처하기

▷ 원리: 상황은 고정되어 있지 않으며, 언제나 변할 수 있다. 그러나 ASD 성인들은 이렇게 변하는 상황에 대응하여 효율적이고 합리적인 결정을 내리는 데 어려움을 겪는다고 보고되는 경우가 많은데, 특히 대안적 선택을 평가할 수 있는 능력이 필요할 때 이러한 문제가 두드러지는 경향이 있다(Mussey et al., 2015). 즉, ASD의 인지적 경직성이 상황을 해결하기 위한 다양한 대안을 떠올리는 데 어려움을 초래할 수 있으므로 여러 대안을 떠올리고 그에 따른 장점과 단점을 비교하는 연습이 필요하다.

1) 상황 변화에 대처하기 위한 절차(Daly & Sterba, 2011)

① 상황: 문제 상황이 무엇인지 명확하게 만든다.

② 대안: 문제 상황을 해결하기 위한 대안들을 3가지 이상 탐색한다.

③ 장점: 각 대안들의 장점/긍정적 결과를 생각한다.

④ 단점: 각 대안들의 단점/부정적 결과를 생각한다.

⑤ 해결: 장점/긍정적 결과가 크고 단점/부정적 결과가 작은 해결방안을 선택하고 적용한다.

상황 변화에 대한 대처 방법의 예시

상황	대안	장점	단점	해결
오늘 입기로 한 옷이 세탁 후에 마르지 않았다.	마르지 않은 옷을 입고 간다.	• 제시간에 출발할 수 있다.	• 다른 사람들이 이상하게 본다. • 옷이 마르지 않아서 찝찝하다.	다른 옷을 입고 가는 선택지의 단점이 장점에 비해 적고 단기적이기 때문에 다른 옷을 입고 가는 것이 합리적이다.
	옷이 마를 때까지 기다린다.	• 의도한 대로 옷을 입을 수 있어서 편안하다.	• 약속 시간에 늦을 수 있다. • 지각으로 인해 나쁜 평판을 얻을 수 있다.	
	다른 옷을 입고 간다.	• 제시간에 출발할 수 있다. • 다른 사람들이 이상하게 보지 않는다.	• 익숙하지 않다.	

상황	대안	장점	단점	해결
방송에서 소개된 유명 맛집에서 친구에게 밥을 사 주기로 하고 함께 갔는데 영업을 하지 않는다.	친구에게 미안하다고 하고 다음에 다시 사 주겠다고 하고 헤어진다.	• 기대했던 맛집이기 때문에 다음에라도 꼭 와서 먹어 볼 수 있다. • 친구와 다음 약속을 기약할 수 있다.	• 기대하고 나왔는데 친구가 실망감이 크고 기분이 상한다. • 모처럼 잡은 친구와의 즐거운 시간을 보내지 못한다. • 다음 약속이 잡히지 않을 수 있다.	친구와 내가 서로 기분이 상하지 않고 즐거운 시간을 보낼 수 있는 방법은 세번째 대안으로, 내가 밥을 두 번 사야 한다는 부담이 있기는 하지만 좋은 친구를 사귀는 데 드는 비용이라고 생각하면 아깝지 않을 수 있다.
	유명 맛집이 문을 열 때까지 전화를 하고 기다린다.	• 맛집의 음식을 맛볼 수 있다는 기대감을 가질 수 있다. • 기다리는 동안에 친구와 시간을 보낼 수 있다.	• 언제 열지 몰라서 기다리느라 지친다. • 배가 고파서 둘 다 예민해진다.	
	유명 맛집은 다음에 오기로 약속을 다시 잡고 다른 곳에서 밥을 사 준다.	• 친구와 바로 식사를 하여 배고프지 않고 즐거운 시간을 보낼 수 있다. • 다음 약속을 또 잡을 수 있어서 친구와의 관계를 더 돈독히 할 수 있다.	• 기대했던 맛집에서 식사를 하지 못해서 아쉬운 마음이 든다. • 두 번 사 주어야 해서 비용이 2배로 든다.	

실습 활동 3: 상황 변화에 대처하기

(실습 활동지 배부)

① 2명의 집단으로 나누어 가상의 상황 변화 예시가 적힌 카드를 제시하고, 한 장씩 뽑은 상황에 대한 자신의 감정 불쾌지수를 측정해 본다.

② 집단별로 상황 변화에 대한 대처 방안을 생각하여 실습 활동지에 적어 본다.

- 가상의 상황 변화 예시

사례 1 교수님의 사정으로 월요일 정규 수업이 취소되고 금요일에 보강 수업이 잡혔다. 그런데 금요일에는 친구와 한국시리즈를 보러 야구장에 가기로 약속을 했다. 어떻게 할 것인가?

사례 2 기말고사 시험 범위가 기존에 알려 준 것과는 다르게 교수님께서 오늘 수업에서 갑자기 한 단원을 추가했다. 어떻게 할 것인가?

사례 3 면접을 보러 갔는데 약속된 면접 시간에 시작을 하지 않는다. 면접 끝나고 친구와 약속이 있는데 늦을 것 같다. 어떻게 할 것인가?

사례 4 아르바이트 시간이 9시인데 9시에 일어나 늦었다. 준비 시간 30분, 대중교통 이동 시간이 30분 걸린다. 어떻게 할 것인가?

사례 5 편의점 아르바이트에서 평소에 물건 진열 업무만 맡았는데 갑자기 점장이 계산 업무를 맡겼다. 결제 시스템 사용이 어렵다. 어떻게 할 것인가?

실습 활동 4: 상황 변화에 대처하기-역할극

① 다음의 상황을 주고 각자 자신의 감정 불쾌지수가 어느 정도인지 측정한다.

② 집단원들이 여러 가지 대안을 생각해서 발표를 하고, 발표를 통해 나온 대안 중 3가지를 화면에 제시한다.

③ 각 집단원이 각 대안의 단점과 장점을 생각해서 하나의 해결책을 선택한다.

④ 자신이 선택한 해결책으로 역할극을 진행한다. 집단원 역할과 친구 역할 2명의 역할극 자원자를 뽑는다. 지원자가 없다면 보조 진행자가 역할극에 도움을 줄 수 있다.

⑤ 다른 대안을 해결책으로 선택한 집단원이 있다면 그에 대해서도 역할극을 진행해 보고, 가장 좋은 해결책이 무엇인지 토론해 본다.

상황	대안	장점	단점	해결
프로그램의 요일이 집단 진행자의 사정으로 갑자기 목요일로 바뀌었다. 그런데 목요일에 친구와 영화를 보러 가기로 약속을 했다.	집단 진행자에게 약속이 있어 바꾸면 안 된다고 주장한다.	• 친구와의 약속을 지킬 수 있다.	• 집단 진행자와 실랑이가 길어지면서 관계가 어색해지고, 타인의 사정을 이해해 주지 못하는 사람이 된다. • 다른 집단원들이 불편해하고 집단 분위기가 어색해진다.	프로그램에 참여하는 것과 친구와의 약속을 지키는 것 중 내가 어느 것을 더 중요시하는지를 생각해 보고, 더 중요하다고 생각하는 것에 따라 결정을 한다. 프로그램이 중요하다면 세 번째 대안을 선택한다. 친구와의 관계가 더 중요하다면 두 번째 방법을 선택한다.
	친구와의 약속을 지키기 위해 프로그램에 결석한다.	• 친구와의 약속을 지킬 수 있어서 친구와 관계가 돈독해진다. • 친구와 즐거운 시간을 보낼 수 있다.	• 프로그램에서 배울 수 있는 것을 배우지 못해 손해가 생긴다. • 다음 시간에 내용을 따라가는 것이 어려울 수 있다. • 친구와 영화를 보는 내내 결석한 프로그램 생각에 불편하다.	
	프로그램 시간을 목요일로 바꾸고, 친구와의 약속을 뒤로 미룬다.	• 프로그램에 참여하고 다른 날짜에 친구와 영화를 볼 수 있다.	• 친구가 약속을 지키지 않는다고 화를 낼 수 있다. • 친구와의 약속이 뒤로 미뤄지지 않고 아예 취소될 수 있다.	

습관 만들기

1. 목표 달성을 위한 계획 세우기에서 하위 단계나 세부 계획 수정하기(**2회기** 실습 활동 2)
2. 규칙적인 생활 습관 항목과 다음 주 할 일 목록 및 우선순위를 정해서 주간 계획표 작성하기(**3회기** 실습 활동 2, 3, 4 & **4회기** 실습 활동 6)
   - 스트레스 관리 전략 중 규칙적인 생활 습관 항목을 주간 계획표에 배치한다.
   - 할 일 목록에서 추정 시간을 예상하고 우선순위를 정한 후 주간 계획표에 배치한다.
   - 우선순위에 따라 작은 보상 목록에서 보상을 정한다.
   - 주간 계획표를 통해 수행을 완수한 항목들은 할 일 목록에서 지우고 스스로에게 보상을 한다.
3. 감정 불쾌지수가 높아진 상황에 대해 다르게 생각하기를 연습하기(**4회기** 실습 활동 4)
   - 감정 불쾌지수가 높아진 상황을 과제지에 적고, 그때 떠오른 생각과 감정 불쾌지수 정도를 측정한다. 그 당시 나의 행동에 대해서 적어 본다.
   - 상황을 다시 관찰하고 다르게 생각해 본 결과, 감정 불쾌지수가 변화했는지, 나의 행동이 어떻게 바뀔 수 있는지를 적어 본다.
4. 나만의 스트레스 관리 전략을 사용할 일이 있다면 사용해 보기(**4회기** 실습 활동 6)

과제 안내

1. 가족이 생각하는 나의 고정된 행동패턴이 무엇인지 확인하기(실습 활동 1)
   - 내가 모르는 나의 고정된 행동패턴이 있는지 가족에게 물어본다.
   - 가족이 관찰한 상황 변화가 있었는지 확인하고, 그때 어떻게 행동 변화를 줄 수 있는지, 그 결과가 어떨지 가족과 논의해 본다.
2. 상황 변화에 대처하기를 연습하기(실습 활동 3)
   - 상황 변화에 대처하기 예시에 따라서 감정 불쾌지수를 측정하고, 대안 3개와 그에 따른 장단점과 해결책을 생각해 보고 작성한다.
   - 한 주 동안 일상에서 갑작스런 상황 변화가 생겼을 때 감정 불쾌지수를 측정해 보고, 호흡법과 상상법을 통해 감정을 조절하는 것을 연습한다.
   - 변화된 상황에 맞는 대안 3개와 그에 따른 장단점, 해결책을 생각해서 과제지에 작성한다.
3. 의사결정이 필요한 상황을 찾아 신뢰하는 사람 5명에게 의견 물어보기(실습 활동 2)
   - 의사결정이 필요한 사항을 실습 활동지에 기록하고 5명의 조언 결과를 작성한다.

5회기 실습 활동지

이름:

실습 활동 1 나의 고정된 행동패턴 알아차리기

• 나에게도 고정된 행동패턴이 있는지 생각해 봅시다.

나의 고정된 행동패턴	상황 변화
행동패턴/행동 변화	**결과**
고정된 행동패턴 유지하기	
행동을 바꾸기:	

5회기 실습 활동지

이름:

실습 활동 2 의사결정 시 조언 구하기: 당나귀 규칙

당나귀 규칙

내가 신뢰할 수있는 5명의 사람을 생각해 보고 그들의 조언을 따른다면 좋은 의사결정을 할 수 있을 것입니다.

* 나에게 중요한 결정이 필요할 때 내가 신뢰하는 사람들의 조언을 잘 들어 보세요.
* 그들의 조언을 따른다면 더 좋은 결정을 할 수 있을 것입니다.

1. 내가 신뢰하는 사람 5명을 생각해 보고, 선택한 이유를 적어 봅시다.

내가 믿을 수 있는 사람	이유

2. 중요한 의사결정 사항을 써 봅시다.

3. (과제) 의사결정 사항에 대해 각각 어떤 조언을 해 주었는지 적어 봅시다.

신뢰하는 사람	조언 내용

5회기 실습 활동지

이름:

실습 활동 3 상황 변화에 대처하기

1. 내가 뽑은 카드의 상황에 대한 감정 불쾌지수를 측정해 봅시다.

• 상황: ____

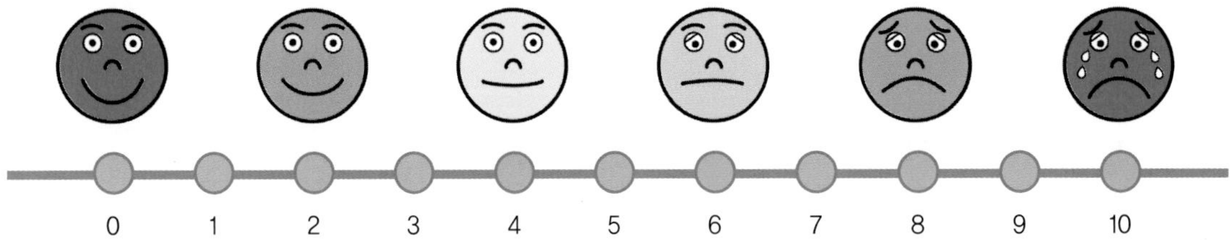

• 감정 불쾌지수: ______점

2. 상황의 변화에 대한 대처 방안을 생각해 봅시다. 어떻게 변화시킬 것인가요?

대안	대안의 장점	대안의 단점

• 해결 방안: ____

5회기 과제

이름:

과제 1 가족이 생각하는 나의 고정된 행동패턴이 무엇인지 확인하기(실습 활동 1)

- 가족에게 내가 모르는 나의 고정된 행동패턴이 있는지 확인해 봅시다.
- 가족이 관찰한 상황 변화가 있었는지 확인하고, 그때 어떻게 행동 변화를 줄 수 있는지, 그 결과가 어떨지 가족과 함께 논의해 봅시다.

나의 고정된 행동패턴	상황 변화
행동패턴/행동 변화	결과
고정된 행동패턴 유지하기	
행동을 바꾸기:	

과제 2 상황 변화에 대처하기를 연습하기(실습 활동 3)

- 상황: 저녁마다 10명의 사람들이 모여 스터디를 2시간씩 하는데, 끝내기로 한 시간보다 늦어진다. 버스 막차 시간을 놓칠 것 같다. 어떻게 할 것인가?
- 감정 불쾌지수: ______점
- 상황 변화에 대한 대처 방안을 생각해 봅시다. 어떻게 변화시킬 것인가요?

	대안	단점	장점
1			
2			
3			

- 해결 방안: ____________________

5회기 과제

이름:

• 한 주 동안 예기치 못한 상황 변화가 있다면 이에 어떻게 대처했는지 다음 항목에 맞게 작성해 봅시다.

✓ 상황: ____________________

✓ 감정 불쾌지수: ________점

✓ 상황 변화에 대한 대처 방안을 생각해 봅시다. 어떻게 변화시킬 것인가요?

	대안	단점	장점
1			
2			
3			

✓ 해결 방안: ____________________

과제 3 의사결정이 필요한 상황을 찾아 신뢰하는 사람 5명에게 의견 물어보기(실습 활동 2)

• 의사결정 사항에 대해 각각 어떤 조언을 해 주었는지 실습 활동지에서 요약해서 적어 봅시다.

일상 및 사회 적응 행동을 위한 실행기능의 활용

1회기부터 5회기까지는 실행기능이 무엇인지, 실행기능의 하위 영역 중 목표 설정과 계획, 조직화, 시간 관리, 감정 조절, 인지적 유연성의 각 영역을 어떻게 효과적으로 사용할 수 있는지 실행기능 기술의 효율적인 사용 방법을 살펴보았다. 이제는 이 실행기능 기술을 일상의 활동들에서 어떻게 활용할 수 있는지를 살펴보고자 한다.

일상의 기능 중 하나인 적응 행동은 ASD의 핵심 결함의 일부로 여겨진다. 적응 행동이란 '개인적 및 사회적 능력을 필요로 하는 일상 활동의 수행'을 의미하며, 개인이 자신의 환경에서 독립적으로 기능할 수 있는 능력을 나타내는 의미로 사용된다(Pugliese et al., 2016). 적응 행동은 전형적인 발달을 보이는 개인들에서는 지능과 밀접한 관련이 있지만, 자폐성 장애인의 경우에는 일반적인 지능 수준(IQ≥70)을 가지고 있더라도 적응 행동의 등급은 전형적인 발달을 보이는 사람들의 평균보다 더 부진하다(Lee & Park, 2007; Liss et al., 2001). 이러한 적응 능력의 결함은 실행기능의 결함과 관련이 있는데, 부모가 보고하는 측정 도구(Behavior Rating Inventory of Executive Function: BRIEF; Gioia, Isquith, Guy, & Kenworthy, 2000)에 의해 평가된 실생활 실행기능(real world executive function)과 적응기능(예: 사회적 기술, 의사소통 기술 및 일상생활 기술) 사이에 지능의 영향을 넘어서는 연관성이 있었다(Gilotty et al., 2002; Pugliese et al., 2015).

자폐성 장애인은 아동기부터 인지적 유연성, 통제, 계획 등 실행기능의 발달이 또래에 비해 부진한 경향이 있으며, 이러한 실행기능의 결함은 성인기로 전환의 부담을 더욱 가중시킬 수 있다(O'Hearn et al., 2008; Rosenthal et al., 2013). 성인기부터는 취업, 독립 등의 중요한 과업들을 앞두게 되는데, 실행기능에 결함이 있으면 이러한 장기적이고 복합적인 활동을 요하는 과업들을 성공적으로 성취해 내지 못한다(Shmulsky & Gobbo, 2013). 실행기능을 효과적으로 활용하지 못함에 따라 점점 복잡해지는 일상의 활동들을 계획하고 점검하며 조직화하면서 일상생활에 적응하는 데 상당한 어려움을 겪는다(Wisner-Carlson, Uram, & Flis, 2020). 따라서 ASD 성인들에게 일상 활동들에서 실행기능이 어떻게 이용되고, 이를 효율적으로 활용할 수 있는지를 가르쳐 주는 것이 필요하다.

6회기부터 이어지는 내용은 이전 회기들에서 습득한 여러 실행기능 기술들을 일상생활 적응, 환경 변화 적응, 개인경제 관리, 구직 활동, 직장생활 등 일상생활 및 사회생활에서 활용할 수 있게 돕기 위한 응용편으로 구성되었다. 즉, 후반부 회기들은 앞서 배운 실행기능 기술들을 통합적으로 사용하여 여러 일상의 과제들을 해결하는 방법을 익히고, 궁극적으로는 독립적인 성인으로서 삶을 영위할 수 있도록 하는 데 목적이 있다.

응용 영역별로 강조되는 실행기능

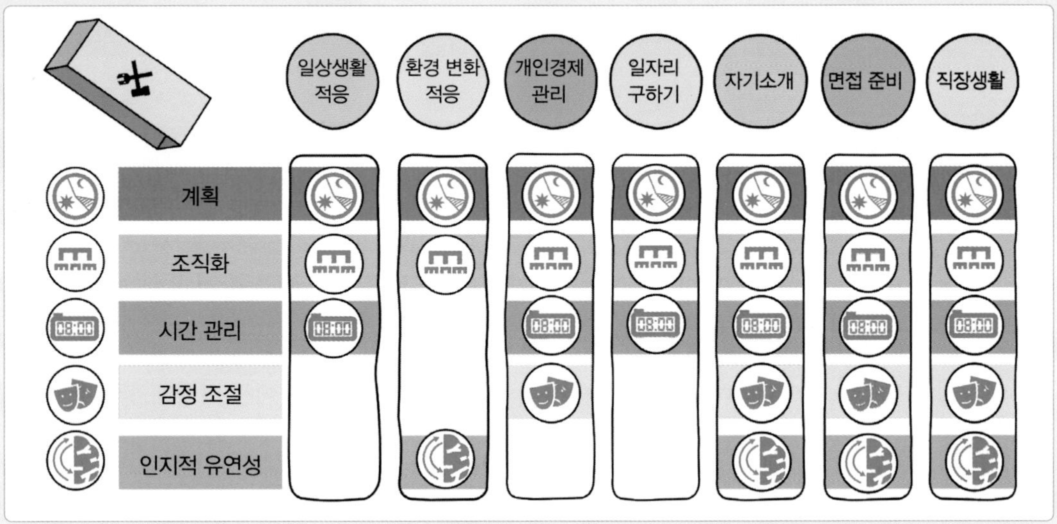

실행기능의 통합적인 적용 방법: 단계 밟기

▷ **원리**: 일상생활을 영위하기 위해 필요한 활동들에는 모두 실행기능이 필요하다(Pugliese et al., 2016). 정리정돈, 청소, 요리, 세탁 등의 집안일을 하기 위해서는 계획이 요구되고, 보다 효율적으로 일을 하기 위해서는 조직화 능력도 필요하다. 또한 경제 관리, 안전 관리를 위해서도 목표를 정하고 계획을 세우는 것이 요구된다. 특히 직업을 선택하고 취업에 필요한 활동들을 수행하여 준비한 후에 회사에 지원하여 취직을 하는 것처럼, 장기적인 노력이 요구되는 목표를 달성하기 위해서는 보다 체계적인 접근이 필수적이다. 그러나 ASD 성인들은 일상의 활동을 개념화하는 능력이 부족할 뿐만 아니라 세부 사항을 구체화하여 순서대로 시작하는 데 어려움을 겪는다(Hume, Loftin, & Lantz, 2009; Noens & Berckelaer-Onnes, 2004). 따라서 이 프로그램에서는 일상 활동을 수행할 때 필요한 단계들을 '단계 밟기'라는 명칭하에 제시하여 이후 다양한 활동을 체계화하는 데 활용하고자 한다.

단계 밟기

- **단계 밟기**: 일련의 단계를 통해 활동을 체계적으로 수행하는 것
- 이 기술은 '목표 설정, 계획, 조직화, 시간 관리, 감정 조절, 인지적 유연성'을 응용하는 실행기능 기술의 집합체이다.

◎ '단계 밟기'의 6단계

1) **목표 정하기**(goal setting)
   - 활동을 시작하기에 앞서 활동의 목표를 설정한다.
2) **정보 수집하기**(information gathering)
   - 수행을 할 때 필요한 정보들을 인터넷, 책 등 다양한 매체를 통해 수집한다.

3) **할 일 목록 작성하기**(writing a to do list)

– 활동을 완수하기 위해 해야 하는 세부적인 할 일들의 목록을 작성한다.

4) **우선순위 정하기**(prioritizing)

– 가장 빨리 시작해야 하는 일부터 각 세부적인 할 일의 우선순위를 정한다.

5) **시간 계획하기**(time planning)

– 각각의 세부적인 할 일을 수행하는 데 필요한 시간을 파악하고 계획한다.

6) **실행하기**(taking action)

– 계획에 맞춰 활동을 수행한다. 수행 시에는 이전 회기들에서 습득한 다양한 실행기능 기술을 최대한 활용하여 효율성을 높이도록 한다.

a) 완벽하게 준비되지 않아도 시작하기: 계획이 완벽하지 않더라도 우선 시작하고, 한 단계씩 차근차근 계획을 완성해 나간다.

b) 부정적인 상황이나 결과에 감정 조절하기: 계획한 대로 되지 않아 스트레스를 받는 경우에는 감정을 조절하기 위해 호흡법, 상상법 등 다양한 기술을 활용한다.

c) 다른 사람의 조언 구하기: 도움이 필요한 경우에는 '당나귀 규칙'을 활용하여 신뢰하는 사람들에게 조언을 구한다.

d) 상황 변화에 대처하기: 예기치 못한 상황이 생긴 경우에도 당황하지 않고 인지적 유연성을 발휘하여 상황을 해결하려고 노력한다.

단계 밟기 시각화

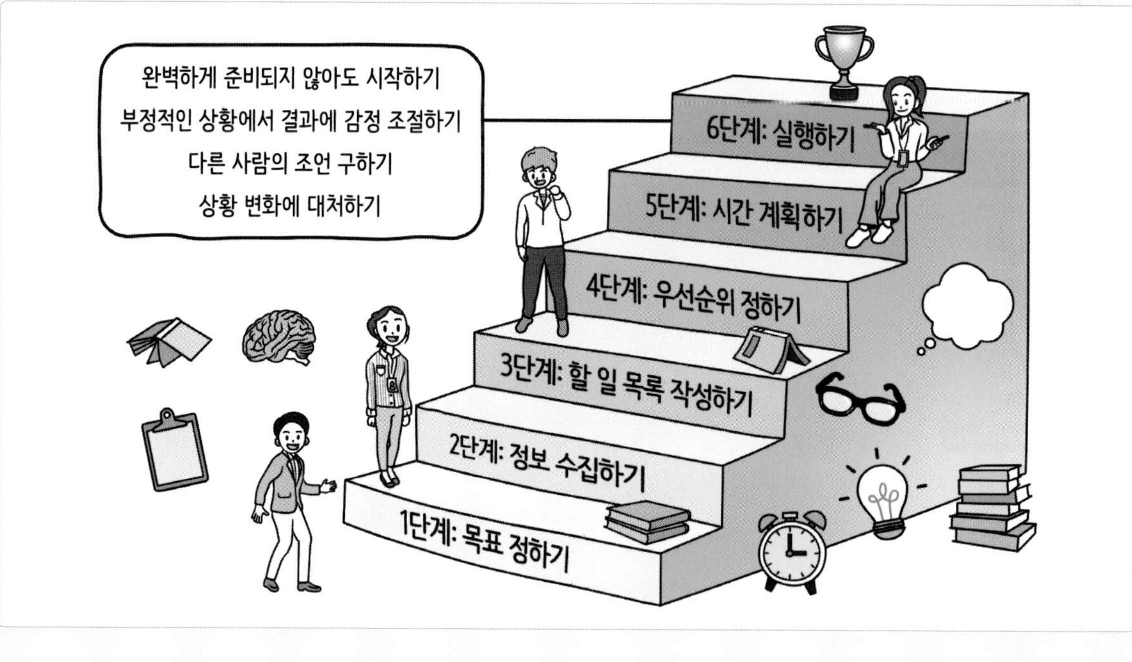

설명

- 앞으로 진행되는 6~12회기까지 각 주제에서 이루어지는 활동은 이 단계 밟기를 적용하는 것에 대해서 반복적으로 연습하도록 한다. 즉, 활동의 목표를 정하고(예: 체력을 키우고 건강한 신체를 만든다, 하위 목표-1년 안에 체중을 5kg 감량한다), 이 목표를 달성하기 위해 필요한 정보를 수집하며(예: 건강한 음식 섭취를 위한 방법, 체중 감량을 위한 식단으로 직접 요리하기, 체중 관리를 위한 식사 지침과 식사 일기 쓰기, 운동하는 법), 목표 달성을 하기 위해 할 일 목록을 작성하고(예: 정해진 시간에 규칙적으로 식사하기, 매일 20분씩 스트레칭 하기, 주 3회 30분간 유산소 운동하기), 우선순위를 정하여 시간을 계획한 후(예: 식사 시간은 매일 8~9시, 1~2시, 6~7시로 한다, 스트레칭은 7시 30분 기상 후 20분간 한다, 매주 월, 수, 금 저녁 8시에 30분간 조깅을 나간다) 각 활동 시간에 맞춰 실행하고, 그 과정에서 생긴 문제들에 대처하는 방식(예: 늦잠으로 식사 시간이 어긋나더라도 굶지 않고 최대한 계획한 시간 간격을 조정하여 식사를 시작한다, 운동법에 대해 스포츠센터 트레이너에게 조언을 구한다, 정해진 시간에 할 일이 생겨 조깅을 할 수 없는 경우에는 화, 목, 주말 시간을 활용한다)에 대해서 예시를 제시하면서 집단 참여자들이 단계 밟기를 적용하는 방법을 익히도록 한다.
- 더불어 앞으로의 각 회기를 구성하는 내용들은 단계 밟기 중 '2단계: 정보 수집하기'에 해당하는 것으로, 일상생활 적응, 환경 변화 적응, 개인경제 관리, 구직 활동, 직장 생활과 같이 각 주제와 관련된 활동을 효율적으로 할 수 있는 방법에 대한 정보를 제공하는 내용으로 이루어져 있다. 각 주제에 따른 활동들에 대해 6단계의 단계 밟기를 적용한 예시 표가 제시되며, 그중 집단 참여자들이 알면 좋은 내용의 정보와 효율적인 실천 방법들을 소개하고 이를 자신에게 맞게 활용하여 할 일 목록을 작성하고 우선순위를 정하여 계획한 시간에 따라 실행할 수 있도록 구성하였다.

단계 밟기 양식

1단계 목표 정하기

2단계 정보 수집하기

3단계 할 일 목록 작성하기

4단계 우선순위 정하기

5단계 시간 계획하기

6단계 실행하기

* 완벽하게 준비되지 않아도 시작하기
* 부정적인 상황이나 결과에 감정 조절하기
* 다른 사람의 조언 구하기
* 상황 변화에 대처하기

목표 달성!

6회기

실행기능을 활용하여 일상생활을 스스로 관리해 봅시다

실행기능 영역

조직화, 계획, 의사결정, 자기 조절

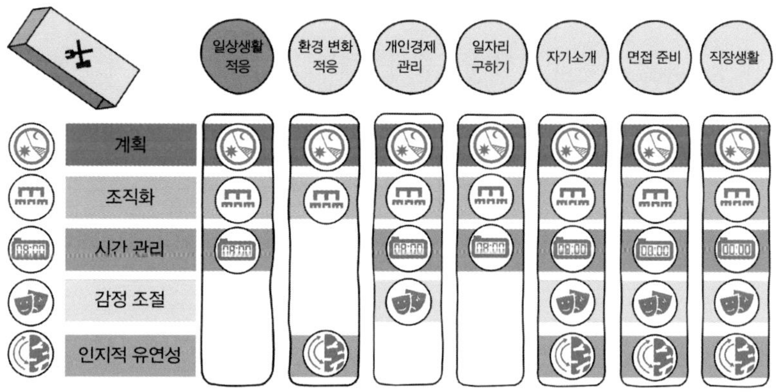

목표

1. 지금까지 배운 실행기능을 실제 생활에서 활용하는 구체적인 방법들을 배운다.
2. 개인의 위생을 점검하고, 질병을 예방하기 위한 건강 관리와 의료기관을 이용하는 방법을 배운다.
3. 요리, 옷의 세탁과 의류 관리, 집안 청소 등의 과정에서 조직화와 계획을 통해 집안일을 효율적으로 하는 방법을 배운다.
4. 집에서 독립하여 혼자 살게 될 시기를 대비하여 안전 관리 전략을 세우는 방법을 학습한다.

습관 만들기 점검

1. 목표 달성을 위한 계획 세우기에서 하위 단계나 세부 계획 수정하기
   - 수정한 계획이 있다면 세부 계획 목록을 보여 주면서 이야기 나눈다.
2. 규칙적인 생활습관 항목과 다음 주 할 일 목록 및 우선순위를 정해서 주간 계획표 작성하기
   - 주간 계획표를 통해 지킨 규칙적인 생활 습관, 수행을 완수한 항목들과 스스로에게 보상을 한 것이 있다면 할 일 목록과 주간 계획표를 보여 주면서 이야기 나눈다.
3. 감정 불쾌지수가 높아진 상황에 대해 다르게 생각하기를 연습하기
   - 감정 불쾌지수가 높아진 상황에서 어떻게 다르게 생각을 했고, 감정 불쾌지수가 변화했는지, 나의 행동이 어떻게 바뀌었는지 이야기 나눈다.
4. 나만의 스트레스 관리 전략을 사용할 일이 있다면 사용해 보기
   - 스트레스 관리 전략을 사용했다면 이야기 나눈다.

과제 점검

1. 가족이 생각하는 나의 고정된 행동패턴이 무엇인지 확인하기
   - 내가 모르는 나의 고정된 행동패턴이 있었는지, 상황 변화와 그에 따른 행동 변화와 결과에 대해 가족과 논의한 결과를 발표한다.
2. 상황 변화에 대처하기를 연습하기
   - 상황 변화에 대처하기 예시에서 감정 불쾌지수와 대안 3개, 그에 따른 장단점과 해결책을 발표한다.
   - 한 주 동안 일상에서 갑작스러운 상황 변화가 생겼을 때 호흡법과 상상법을 통해 불쾌지수가 어떻게 변화했는지, 변화된 상황에 맞는 대안 3개와 그에 따른 장단점, 해결책을 발표한다.
3. 의사결정이 필요한 상황을 찾아 신뢰하는 사람 5명에게 의견 물어보기
   - 의사결정이 필요한 사항과 신뢰하는 5명의 조언 결과를 발표한다.

감정 불쾌지수 낮추기 연습하기-호흡법과 상상법

1. 호흡법 중 복식호흡을 5회 연습한다.
2. 집단원 중 한 사람의 상상법 내용을 공유하면서 다 함께 감정을 조절하는 방법을 연습한다.

토론 질문

토론 tip

- 한 연구에서 ASD 성인 중 42%가 자기 관리 측면에서 개인 위생 유지에 어려움이 있으며, 집안일을 하는 데 덜 성공적이고, 절반 이상(54%)은 일상생활을 관리하는 데 어려움을 겪는다고 보고되었다(Eaves & Ho, 2008).
- 부모와 함께 살고 있는 ASD 성인들은 이러한 일상생활 영위 활동들에 적극적으로 참여하고 있지 않기 때문에 당장 실행기능을 활용한 일상생활 활동들의 필요성을 느끼지 못할 수 있다. 이에 추후에 독립해서 혼자 살기 위해서는 어떤 활동이 필요한지에 대해서 함께 생각해 보는 시간을 갖는다.
- 이러한 일상활동에 실행기능이 어떻게 활용되고 있는지를 토론을 통해 이끌어 내고, 본 회기에서 배울 내용에 대한 개요를 제시하는 시간으로 삼는다.

Q 질문 1: 가정에서 맡아서 책임지고 하는 집안일이 있나요? 어떤 방식으로 하고 있나요?

- 정리정돈, 청소, 설거지, 분리수거, 세탁, 요리하기

Q 질문 2: 부모로부터 독립해서 혼자 살 계획이 있나요? 그렇다면 어떤 준비가 필요할까요?

- 금전적 준비: 전세, 보증금, 월세, 관리비, 생활비 등
- 독립적 생활을 위한 준비: 개인위생, 청소, 설거지, 빨래, 요리, 분리수거, 쓰레기 처리 등
- 경제적 관리에 대한 대비: 월급, 저축, 보험, 수입과 지출 관리 등
- 안전에 대한 대비: 건강 관리, 외부의 잠재적 위험에 대한 예방 등
- 혼자 있는 시간(여가 시간)에 대한 관리: 자기계발, 취미 생활, 사회적 활동 등

설명

토론 질문을 통해 가정에서 해야 하는 집안일의 종류에는 무엇이 있고, 현재 가정에서 스스로 맡아서 하고 있는 집안일이 있는지, 어떻게 하고 있는지를 확인한다. 그리고 독립해서 혼자 산다는 것이 어떤 의미인지를 생각해 볼 수 있도록 하기 위해 혼자 살기 위해서는 어떤 준비가 필요한지에 대한 성인들의 생각을 들어 보는 시간을 갖는다. 이에 대해 잘 모르고 있다면 독립을 위한 준비에는 금전적 준비, 생활 관리, 경제적 관리, 안전에 대한 대비, 혼자 보내는 여가 시간 관리 등이 포함된다는 것을 설명한다.

교육 내용

설명

1~5회기까지 배운 실행기능 기술들을 통합하여 응용해 볼 첫 번째 영역은 일상생활이다. 이 프로그램의 궁극적인 목표인 독립적인 삶을 살아가기 위해서는 제일 먼저 기본적으로 일상생활을 스스로 영위할 수 있어야 하는데, 여기에는 개인 위생 관리, 건강 관리, 집안 관리 등이 포함되며, 혼자 살아가기 위해서는 개인의 안전도 스스로 관리할 수 있어야 한다. 따라서 이번 회기에서는 일상생활을 스스로 관리하기 위해 필요한 것이 무엇이고, 이를 효율적으로 하려면 어떤 방식으로 해야 하는지, 여기에 실행기능이 어떻게 활용되는지에 대한 정보를 제공한다.

1. 개인위생 관리

"이 영역은 계획, 조직화의 응용 편이다."

▷ 원리: 개인위생이란 우리의 몸을 깨끗하게 관리하고 건강하게 유지하는 모든 것을 포함한다. 몸을 깨끗하게 유지하는 것은 샤워하는 것, 손을 씻는 것뿐만 아니라 머리를 깨끗하게 감고, 이를 닦고, 손톱을 깨끗하게 정돈하는 것, 그리고 깨끗한 옷을 입는 것 모두를 말한다. 이 모든 것은 다른 사람들과 나의 관계에 큰 영향을 미친다. 개인위생이 깨끗하게 유지되어 깔끔해 보이고 좋은 냄새가 난다면 다른 사람들에게 나의 인상을 좋게 심어 줄 수 있다. 또한 깨끗하게 몸을 관리하는 것은 건강에도 큰 영향을 미친다. 예를 들어, 더러운 손으로 눈을 비비거나 음식을 먹는다면 눈병이나 배탈이 날 수 있고, 깨끗하게 씻지 않는다면 전염병에 쉽게 노출이 될 수 있다. 따라서 사회적으로 좋은 인상을 심어 주는 것과 함께 모든 질병 예방의 첫걸음은 위생 관리라고 할 수 있다. 그러나 ASD 성인들은 타인의 관점에서 이해하는 능력이 부족하기 때문에 개인의 위생 습관이 타인에게 좋은 인상을 주는 것과 관련이 된다는 것을 알지 못한다(Lee, 2010). 때문에 이들은 특히 개인위생을 스스로 관리하는 것에서 어려움을 겪는 경우가 많다(Eaves & Ho, 2008). 개인위생 관리에도 계획과 조직화(순서)가 필요한데, ASD 성인은 시간 관리의 문제로 샤워하는 동안 다음 단계로 넘어가지 않고 오랫동안 가만히 서 있거나, 추가적으로 상기시켜 주지 않으면 단계별로 씻는 것을 어려워할 수도 있다(Regan, 2015). 따라서 위생 관리가 필요한 이유와 영역, 그리고 방법에 대한 정보를 제공한다면 도움이 될 수 있다.

1) 입 냄새 관리하기

설명

양치하기의 중요성: 곁에 있는 사람을 멀어지게 하는 요소 중 하나가 바로 입 냄새이다. 입 냄새의 가장 큰 원인은 입 속의 세균으로, 충치와 같은 질환과 청결하지 못한 구강 환경이 문제이다. 충치가 있을 경우에는 빨리 치과에 가서 치료를 받아야 하며, 기본 구강 청결은 양치하기로 가볍게 해결할 수 있다. 자폐성 장애인들은 불량한 위생, 낮은 인지능력, 나쁜 식습관 등 다양한 위험 요인을 가지고 있으며, 감각에 대한 예민함, 의사소통의 결함 등으로 인해 적절한 치과 치료를 받는 데 어려움이 있다(Popple et al., 2016). 이에 구강 청결에 대한 기본적인 교육을 할 필요가 있다.

(1) 구강 청결을 유지하는 방법

- 구취가 발생하는 주요 장소인 잇새와 혀에 숨어 있는 세균을 칫솔질과 혀 닦기를 통해 청결하게 관리한다.
- 하루 두 번 이상 양치질을 한다.
- 치실과 치간칫솔을 생활화한다. 식사를 하고 나면 치아 사이에 낀 음식 찌꺼기 제거에 유의해야 하는데, 칫솔질만으로 음식 찌꺼기와 치태를 제거하기 쉽지 않기 때문에 치실과 치간칫솔 같은 구강 관리 용품을 적절히 사용한다.

반드시 양치질을 해야 하는 경우

- 식후에는 3분 이내에 청결하게 치아와 잇몸, 혀를 닦는다. 단, 탄산음료, 과일주스, 오렌지, 레몬 등 산성을 띤 음식을 먹은 경우에는 양치 전 물로 입 안을 헹궈 주고 30분 뒤 양치를 한다.
- 아침에 일어나서 외출하기 전에 (식사를 하지 않았더라도) 치아와 혀를 닦는다.
- 카페인이나 유제품 음료를 마신 후에 치아와 혀를 닦는다.
- 흡연 후에 치아와 혀를 닦는다.
- 이 모든 상황에서 3분 이상 양치하는 것이 중요하다.

(2) 치아 건강 관리를 위한 지침

- 양치를 열심히 했는데도 치아나 잇몸이 아프다면 또는 입냄새가 난다면 양치만으로는 제거하기 힘든 부분에 치석이 쌓였을 수 있고, 건강상의 문제로 편도 결석이 생겼거나 혀에 백태가 끼어 있을 수도 있다.
- 1년에 1차례 의료보험이 적용된 치석 제거(스케일링)를 치과에서 받을 수 있다.
- 나의 입냄새에 대해 확인하고 싶을 때는 치과에 관련된 검사가 있으므로 해당 서비스를 통하여 나

의 입냄새 정도에 대하여 객관적으로 확인해 볼 수 있고, 관련 치료도 받아 볼 수 있다.

- 다음과 같은 증상을 느끼면 치주질환을 의심해 볼 수 있으며, 이러한 증상이 있을 때는 치과를 방문한다.
  - ✓ 잇몸이 빨갛게 부어오르거나 욱신거리고 피가 남
  - ✓ 잇몸이 내려가 치아가 길어 보임
  - ✓ 치아가 흔들리거나 위치가 변함
  - ✓ 치아와 잇몸 사이에 고름, 염증 등이 보임
  - ✓ 이전보다 입냄새가 나며 입맛이 둔해짐
  - ✓ 음식을 씹을 때 불편함을 느낌

2) 몸 냄새 관리하기

설명

몸 씻기의 중요성: 우리가 몸을 깨끗하게 관리하지 않는다면 땀에 서식하는 박테리아가 증가하게 되고 악취가 나게 된다. 악취로부터 멀어질 수 있는 가장 좋은 방법은 따뜻한 물과 비누로 매일 샤워하는 것이다. 특히 꼼꼼히 닦아야 하는 부분은 겨드랑이나 사타구니와 같이 접히는 부위이다. 접히는 부위는 땀이 많이 나서 박테리아가 서식하기에 적합하기 때문에 물과 비누로 꼼꼼히 닦아 주고, 수건으로 물기를 제거한 후에 데오드란트를 발라 주면 냄새 예방에 효과적이다. 더불어 머리도 매일 감지 않는다면 기름지고 지저분한 냄새를 풍기게 되므로 샤워할 때 머리를 함께 감는 것이 간편하다.

머리 감기 순서

① 헝클어진 모발을 정리하고 샴푸를 용이하게 하기 위해 충분히 빗질을 해 준다.
② 미지근한 물로 두피부터 모발까지 충분히 적신다.
③ 샴푸를 손바닥에 500원 동전만큼 덜어서 거품을 낸 후에 두피와 모발에 문질러 준다.
- 손가락 끝으로 두피 전체를 골고루 꾹꾹 누르면 세정 효과뿐만 아니라 마사지 효과도 얻을 수 있다.
- 만약 샴푸액이 충분하지 않으면 두피와 머리카락이 충분히 깨끗해지지 않게 되므로 거품이 충분히 나는지 확인하며 샴푸 양을 조절한다.

④ 미지근한 물로 두피부터 삼푸액이 다 씻길 수 있게 충분히 헹군다.
- 깨끗하게 헹궈 내지 않으면 샴푸가 머리카락에 남아 끈적거리고 지저분해 보이므로 반드시 깨끗한 물로 충분히 헹궈 내는 것이 중요하다.

⑤ 린스를 할 경우에는 모발에만 도포하고, 두피에 린스가 닿지 않게 주의한다.
⑥ 손가락 끝을 머리카락 속에 집어넣고 두피 부분에 흐르는 물이 닿을 수 있도록 한 후에 구석구석 씻어 낸다. 이마나 귀 등 상대적으로 물이 닿지 않는 부분까지 흐르는 물로 꼼꼼하게 씻어 낸다.

⑦ 젖은 머리카락은 자연 건조를 하거나 드라이어의 찬바람을 이용해 말린다.

- 모발이 젖은 상태에서 햇빛을 볼 경우에는 자외선에 의해 상할 수 있으므로 외출 전에는 완전히 말리는 것이 좋다.
- 밤에 머리를 감고 제대로 말리지 않는 채 잠이 드는 것은 비듬뿐만 아니라 탈모까지 초래할 수 있다.

3) 발 냄새 관리하기

설명

발 씻기의 중요성: 손 씻기처럼 밖에서 발을 수시로 씻을 수 없으므로 귀가했을 때 발을 씻어야 하는데, 그 이유는 발에 다양한 종류의 세균이 서식하고 있기 때문이다. 발을 자주 씻지 않으면 땀에 의해 물러진 각질에 세균이 작용하여 시큼한 악취를 풍기는 화학물질을 만들어 내며, 이것이 발 냄새의 주범이 된다. 특히 여름철에는 땀이 많이 나고 고온 다습하여 세균이 번식하기 좋은 환경이 되기 때문에 발 냄새가 더욱 심해질 수 있다. 따라서 귀가 후에는 항상 발을 청결하고 건조하게 유지하는 것이 중요하다.

발 냄새를 줄이는 방법

- 발을 건조하게 유지하고 통풍이 잘되도록 한다.
- 장화나 워커, 부츠와 같이 밀폐된 신발보다는 샌들이나 통풍이 잘되는 재질의 신발을 신는다.
- 실내에서는 신발을 벗거나 슬리퍼를 신는다.
- 땀을 많이 흘리고 난 다음에는 발을 깨끗이 씻고 물기를 잘 제거한 후에 말린다.
- 항균 비누나 세정제를 사용하는 것이 도움이 될 수 있다.
- 마늘이나 카레, 술과 같은 특정 음식이 악취증을 악화시킬 수 있으므로 주의한다.
- 악취가 심할 경우에는 병원을 방문하여 치료를 받는다.

개인위생 관리를 위한 단계 밟기

1단계
목표 정하기

나의 신체를 깨끗이 정돈한다.

- 내 몸에서 나는 냄새를 줄인다.

2단계
정보 수집하기

위생 관리 방법

- 입 냄새 관리: 치아 건강 관리
- 몸 냄새 관리: 샤워 및 머리 감기
- 발 냄새 관리: 발 냄새를 줄이는 법

3단계
할 일 목록 작성하기

① 하루 세 번 양치하기
② 치실하기
③ 혀 닦기
④ 자기 전에 발 씻기
⑤ 아침에 샤워하고 머리 감기

4단계
우선순위 정하기

5단계
시간 계획하기

① 아침에 일어나자마자 양치하기 - 칫솔질, 혀 닦기, 치실하기(10분)
② 샤워하고 머리 감기(15분)
③ 점심식사 후 양치하기(5분)
④ 자기 전에 양치하기 - 칫솔질, 혀닦기, 치실하기(10분)
⑤ 발 씻기(5분)

6단계
실행하기

- 완벽하게 준비되지 않아도 시작하기
- 부정적인 상황이나 결과에 감정 조절하기
- 다른 사람의 조언 구하기
- 상황 변화에 대처하기

- 입 냄새 관리법에 대해 부모님께 조언을 구한다.
- 세 번 양치하기 어려운 경우에는 가글을 사용한다.

목표 달성!

2. 건강 관리

"이 영역은 계획, 조직화의 응용 편이다."

▷ 원리: 잘 정돈된 일상생활을 영위하기 위해 필수적인 조건은 바로 건강한 신체이다. 몸이 건강하지 못하면 일상생활이나 사회생활을 해 나가기 위한 에너지를 내지 못하게 되며, 활력이 없는 삶은 정신건강까지 해치게 된다. 큰 질병에 걸리지 않도록 일상생활 속에서 질병을 예방하고 건강한 신체를 유지하는 방법에 대해서 알아보는 것이 필요하다. 그중에서도 자폐성 장애인에게서 과체중, 비만이 일반 인구와 비교하여 더 높은 비율로 나타나며, 수면 문제, 비전형적인 식사 패턴, 신체 활동의 부족 등이 영향을 미칠 수 있다(Curtin et al., 2014; Hill et al., 2015). 더불어 자폐성 장애인들은 미각과 후각에 대한 예민성으로 인해 특정한 음식 섭취를 기피하거나 건강에 유익하지 않은 습관적인 섭식 행동을 보이는 경우가 많다. 어려서부터 섭취하는 음식의 종류가 제한되어 풍부한 영양소 섭취가 어려울 수 있으므로, 저체중을 보이는 경우도 있다(Hyman et al., 2012). 따라서 과제중이나 저체중이 되지 않도록 체중을 관리하고, 올바른 식습관을 형성하기 위한 정보 제공이 필요하다. 아울러 목표 설정 기술이 ASD 성인의 건강 관리상 한계들을 극복하고 건강하고 독립적인 생활 스타일을 만드는 데 중요한 요소가 될 수 있기 때문에 목표 설정 기술을 향상시키는 개입이 필요하다(Carr, Moore, & Anderson, 2014). 즉, 건강 관리를 위해서 나만의 목표를 정하고 계획을 세워 이를 지키는 등의 실행기능을 활용하는 것이 중요하다.

1) 식생활 관리하기-건강한 음식 섭취를 위한 방법

설명

건강한 음식 섭취의 중요성: 어떤 음식을 어떻게 먹는지에 따라서 다양한 영양소의 섭취와 영양 상태가 결정된다. 영양 섭취와 영양 관리는 건강한 신체와 정신을 유지하는 데 중요하다. 오랫동안 잘못된 식습관을 유지하면 비만, 당뇨 등 각종 신체질환, 변비, 치아 상태 불량, 식품 알레르기, 약물과 상호작용 등의 문제가 발생해서 건강에 직접적인 영향을 미친다. 올바른 식습관 형성이 평생의 건강을 결정하는 데 매우 중요한 요소이므로 잘못된 식습관이 있다면 교정해야 한다. 3대 영양소인 단백질, 지방, 탄수화물뿐만 아니라 비타민, 무기질 등 기타 영양소를 골고루 섭취하는 것이 중요하다. 그러나 자폐성 장애인들은 감각 정보에 대해 예민하기 때문에 음식 거절과 편식(food selectivity)과 같은 섭식 문제가 흔하게 나타난다(Linda et al., 2010; Kristoffer, 2011). 따라서 건강한 음식 섭취를 돕기 위한 교육이 필요하다.

(1) 해로운 음식 섭취 줄이기

① 정크푸드의 위험성

- 정크푸드란 열량은 높지만 필수 영양소가 부족한 식품들을 일컫는다.
  - 예 탄산음료, 과자, 패스트푸드(햄버거, 피자, 샌드위치, 편의점 간편식 등)
- 당, 지방, 나트륨, 인공첨가물이 필요 이상으로 많이 들어 있다.
- 우리 몸에 꼭 필요한 비타민, 무기질, 섬유소 등의 성분이 부족하다.
  - ✓ 비만, 심혈관계질환과 같은 신체적 문제의 위험성을 높인다.
  - ✓ 우울증 등 정서적 문제의 취약성을 높인다.

② 탄수화물 과다 섭취의 위험성

- 탄수화물의 과다 섭취는 인슐린을 지나치게 분비시킨다.
- 체내 지방 및 콜레스테롤을 축적시킨다.
- 당뇨나 고혈압, 심장병, 비만 등을 유발할 수 있다.

설명

자폐성 장애인 중 상당수는 감각적인 예민성으로 인해 음식을 가려 먹는 경우가 많으며, 일반적인 사람들과 같은 칼로리를 섭취하더라도 과일, 채소 등은 덜 먹고 고탄수화물 음식을 선호하는 경향이 있다. 특히 이러한 고탄수화물의 섭취는 주로 지나친 간식 섭취를 통해 이루어진다(Ho, Eaves, & Peabody, 1997). 또한 자폐성 장애인들은 사회적 활동이 적고 주로 집에서 홀로 시간을 보내는 경우가 많아 혼자서 간식 섭취를 많이 하고, 이 과정에서 탄수화물 과다 섭취가 일어나 비만으로 이어지기도 한다. 따라서 이러한 식습관은 자폐성 장애인에게 매우 해로울 수밖에 없다. 또한 자폐성 장애인들 중 위장 문제를 가진 사람의 비율이 높은데, 이는 일반인들에 비해서 탄수화물 소화 및 분해의 결함을 가지고 있는 것과 관련된다는 가설이 있다(Tas, 2018; Williams et al., 2011). 따라서 자폐성 장애인들은 특히 지나친 탄수화물 섭취를 피해야 하며, 탄수화물 중에서도 '건강한 탄수화물'을 주로 섭취하도록 교육하는 것이 필요하다.

③ 좋은 탄수화물 대 나쁜 탄수화물

- 좋은 탄수화물: 혈당을 서서히 올리고 인슐린의 분비를 과도하게 자극하지 않는 탄수화물
  - 예 잡곡밥, 통밀빵
- 나쁜 탄수화물: 혈당을 빠르게 증가시키고 인슐린의 분비를 과도하게 자극하는 탄수화물. 주로 정제된 탄수화물
  - 예 설탕이 많이 든 탄산음료, 일반 밀가루로 만든 빵이나 과자

(2) 영양 정보 확인하기

- 조리된 식품일 경우에는 포장 뒷면에 적힌 영양 성분 및 칼로리를 체크하여 정보를 얻는다. 식당

에서 판매하는 음식일 경우에는 식당에 비치된 팸플릿 또는 홈페이지를 통해 정보를 얻는다.

- '1일 영양 성분 기준치'와 비교하여 탄수화물, 당류, 지방, 나트륨이 지나치게 많이 포함된 음식은 피한다.

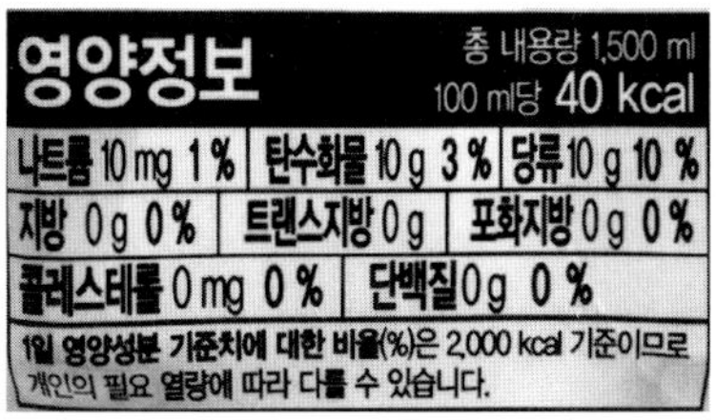

〈오렌지주스의 영양 정보〉

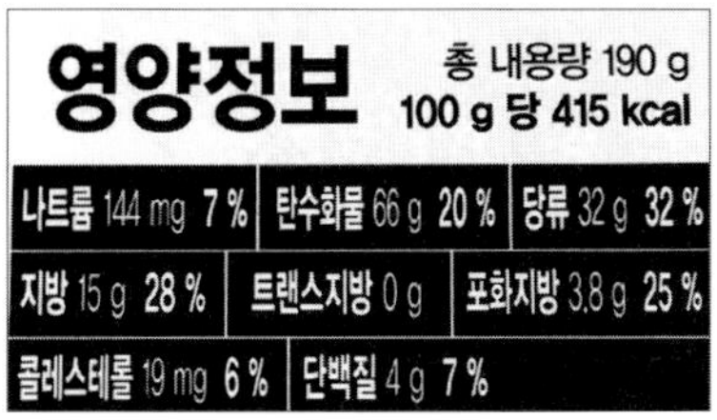

〈초콜릿 쿠키의 영양 정보〉

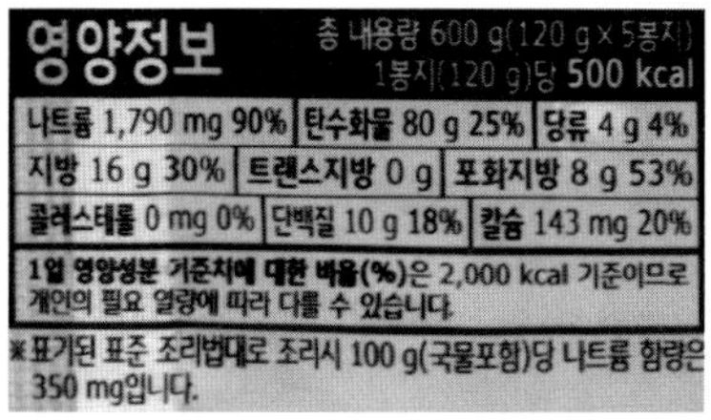

〈라면의 영양 정보〉

(3) 건강한 방식으로 음식 섭취하기(University Ottawa Heart Institute, 2014)

① 가공된 음식을 먹기보다는 집에서 요리해 먹는다.

② 다른 일을 하지 않고 식사에 집중한다.

③ 배가 고플 때 먹고, 배가 부를 때는 먹지 않는다.

④ 규칙적인 시간에 먹는다.

⑤ 건강한 간식을 계획해서 먹는다.

⑥ 매 끼니에 야채와 과일을 먹는다.

⑦ 정제되지 않은 통곡물을 더 많이 먹는다.

⑧ 주 2회 이상 생선을 먹는다.

⑨ 콩, 견과류 등을 자주 먹는다.

⑩ 지방을 아예 안 먹기보다는 올리브유나 카놀라유와 같은 불포화지방을 더 많이 먹는다.

※ 참고사항: 항우울제와 자몽은 몸에서 상호작용을 일으켜서 약물의 농도를 변화시킨다. 그러므로 정신과 약을 복용하고 있다면 자몽과 자몽주스는 피하는 것이 안전하다.

(4) 직접 요리하기

"이 영역은 계획, 조직화, 인지적 유연성의 응용 편이다."

▷ 원리: 요리하기의 과정은 요리할 음식을 결정하고, 재료를 준비하는 것부터 시작해서 조리하기까지 일련의 순서가 필요한 활동이다. 또한 여러 가지 종류의 음식을 동시에 준비해야 할 경우에는 활동이 더욱 복잡해지므로 실행기능 중 계획과 조직화, 작업기억 능력이 요구된다. 하나의 음식을 완성하기 위해서는 구조화된 여러 단계를 따르는 것이 필요하다.

ASD를 가진 사람들은 인지적 유연성이 부족하기 때문에 새로운 규칙보다는 이전에 자신이 선호하던 방식을 고수하여 반복적 · 제한적인 행동을 보인다(Miler et al., 2015). 이러한 특징은 요리를 할 때 요리법의 변화를 거부하는 것으로 나타날 수 있다. 요리법의 변화를 받아들일 수 있도록 돕는 것은 인지적 유연성을 높이고, 반복적 · 제한적 행동을 개선하는 데 도움이 된다.

요리하기 순서

① 먹고 싶은 요리를 선택한다.
② 요리법(레시피)을 검색한다.
- 요리법은 재료와 주방 도구의 목록을 제시해야 하고, 단계별로 구성되어 있어야 하며, 사진, 그림, 영상 등으로 시각화되어 있는 것을 찾는 게 좋다.
- 처음에는 가능하면 재료, 주방 도구, 단계가 간단한 요리법을 선택한다.

③ 요리법에 필요한 재료와 주방 도구를 준비한다.
- 요리법에 필요한 재료와 주방 도구가 있는지 확인한다.
- 부족한 재료와 주방 도구는 구매한다.

④ 요리법에 따라 요리한다.
- 요리 단계에 따라 차례대로 요리한다.

⑤ 주방을 정리한다.
- 요리와 식사가 끝난 후에는 주방 도구를 세척하고 제자리로 돌려놓는다.
- 남은 음식 재료는 종류별로 정리하여 보관한다.

- 요리하기의 예(부록 1 참조)
- 요리법(레시피)을 참고할 만한 책과 사이트(부록 2 참조)

요리하기를 위한 단계 밟기

1단계 목표 정하기

저녁 식사로 봉골레 파스타 요리하기

2단계 정보 수집하기

- 인터넷을 통해 레시피를 검색한다.
- 필요한 재료를 확인하고, 구입할 수 있는 마트를 알아 둔다.
- 요리에 걸리는 시간을 파악한다.

3 단계

할 일 목록 작성하기

- 마트에서 장 보기
- 집에 있는 재료가 무엇인지 파악하기
- 레시피 숙지하기
- 재료 손질하기
- 요리법에 따라 요리하기
- 주방 정리하기

4 단계

우선순위 정하기

① 집에 있는 재료가 무엇인지 파악하기
② 마트에서 장 보기
③ 레시피 숙지하기
④ 재료 손질하기
⑤ 요리법에 따라 요리하기
⑥ 주방 정리하기

5 단계

시간 계획하기

현재 시간: 오후 5시, 식사 시간: 오후 7시
① 집에 있는 재료가 무엇인지 파악하기(5분)
② 마트에서 장 보기: 마트까지 다녀오기(10분), 장보기(15분) = 총 25분
③ 레시피 숙지하기(5분)
④ 재료 손질하기(5분)
⑤ 요리법에 따라 요리하기(20분)
⑥ 주방 정리하기: 식사 후
→ 6시부터 활동을 시작하여 7시에 식사하기

6 단계

실행하기

목표 달성!

- 완벽하게 준비되지 않아도 시작하기
- 부정적인 상황이나 결과에 감정 조절하기
- 다른 사람의 조언 구하기
- 상황 변화에 대처하기

- 레시피에 적힌 재료 중에서 한두 가지를 찾을 수가 없으면 대체할 재료를 찾거나 그 재료를 빼고 만든다.
- 실수로 요리가 타버리면 속상하지만 화를 내기 전에 감정을 조절한다.
- 요리를 하다가 레시피를 봐도 잘 모르는 내용이 있으면 가족 구성원들에게 도움을 요청한다.
- 식용유가 갑자기 부족해지면 버터 등으로 대체한다.

2) 체중 관리하기

설명

체중 관리의 필요성: 과체중은 복부비만, 고혈압, 대사증후군으로 이어진다. 대사증후군이란 뇌 심혈관질환 및 당뇨병의 위험을 높이는 체지방 증가, 혈압 상승, 혈당 상승, 혈중 지질 이상 등의 이상 상태들의 집합을 말한다. 체중을 감량하지 못하거나 비만이 심해져서 대사증후군이 장기간 지속되면 당뇨의 원인인 인슐린 저항 등의 위험이 발생할 수 있고, 결국 관상동맥질환 및 당뇨병 등의 유병 위험이 증가해서 높은 사망률로 이어지게 된다. 이 밖에도 비만은 호흡기, 소화기, 내분비계 문제 등 다양한 신체적인 질환의 원인이 될 수 있다. 또한 비만은 자존감을 떨어뜨리고 대인관계를 위축시키며 사회적인 적응을 제한시킬 수도 있어서 불안이나 우울 등 심리적 문제도 악화시킨다. 저체중 또한 영양 부족과 에너지 수준의 저하를 일으키고, 무기력하게 만들 수 있다(De Wit et al., 2009). 따라서 체중 관리는 신체적인 질환의 예방 및 심리사회적 측면에서 매우 중요하다.

(1) 나의 체중 상태 확인하기

- 나의 키와 체중을 토대로 체질량지수(Body Mass Index: BMI)를 계산하여 비만 정도를 확인한다.
- BMI란 비만을 판정하는 방법의 하나로, 체중(kg)을 신장(m)의 제곱으로 나눈 값[체중(kg)/신장(m)^2]이다. 체지방 축적을 잘 반영하기 때문에 비만도 판정에 많이 사용한다.
- 신체지수에 의한 비만의 분류

BMI 범위	18.5 이하	18.5~22.9	23~24.9	25~29.9	30~34.9	35 이상
상태	과소 체중	정상	과체중	비만	고도 비만	초고도 비만

출처: 대한비만학회.

- 앞의 계산이 어렵다면 검색 포털 사이트에서 BMI를 검색하여 쉽게 계산할 수 있다.
- BMI 수치 해석
  - ✓ 25 이상: 더 이상 체중이 증가하지 않도록 체중 관리가 필요하다.
  - ✓ 30 이상: 건강을 위해 반드시 감량이 필요한 상태이다.
  - ✓ 18.5 미만: 체력과 질병 예방을 위해 정상 체중에 도달할 수 있도록 체중을 늘릴 필요가 있다.

(2) 체중 관리를 위한 방법

① 체중 관리를 위한 식사 지침

- 하루 3회 미리 시간을 정해 두고 규칙적으로 식사한다.
- 하루 종이컵 8잔 정도의 물을 마신다.
- 잡곡 및 채소의 섭취를 늘린다.

체중을 줄일 경우	체중을 늘릴 경우
• 음료수, 가공음식, 인스턴트 음식, 패스트푸드 섭취를 줄인다(예: 튀김류, 자장면, 삼겹살, 돈가스, 케이크와 도넛, 팝콘 등). 단, 탄수화물을 지나치게 많이 섭취하지 않도록 유의한다. • 적당량의 채소와 과일을 섭취한다. • 최소 20분 이상 천천히 식사한다.	• 하루 칼로리 섭취량에서 200~500칼로리 정도 늘리고, 식사 빈도를 늘린다. • 기름기 없는 단백질을 충분히 섭취한다(예: 오리, 닭, 달걀, 유제품, 소, 돼지고기, 해산물, 콩). • 운동 직전과 직후에 건강한 탄수화물을 섭취한다(예: 과일, 감자, 통곡물 빵, 말린 과일) • 단백질 보충제 섭취를 고려한다.

외식 시 주의점

- 외식을 하게 되면 과식하기 쉬우므로 가급적 외식의 횟수를 줄인다.
- 뷔페식당은 과식의 유혹이 많으므로 가능한 한 피한다.
- 세트 메뉴보다는 필요한 음식만 골라서 먹는다.
- 식전 서비스 음식은 가능한 한 적게 먹고, 열량이 적은 채소류부터 먹기 시작한다.
- 여러 가지 음식이 한꺼번에 많이 제공될 때는 열량이 적은 음식부터 먹는다.
- 음식의 양이 자신에게 허용된 양보다 많을 때는 미리 덜어 내고 먹는다.
- 음식을 크기별로 판매하는 경우에는 작은 사이즈의 음식을 주문한다.

② 식사 일기 쓰기

- 매일 음식량, 운동량, 기분 상태, 체중 등의 식사 일기를 직접 작성해서 식사량의 변화를 확인하고 목표를 지켰는지 확인한다.
- 체중을 줄일 것인지, 늘릴 것인지를 정하고, 일일 권장 칼로리를 기준으로 하루 섭취 칼로리의 목표를 정한다.
- 매 식사 및 간식을 먹을 때마다 먹은 종류와 양을 스스로 기입한다.
  - ✓ 식품의 영양 정보를 이용해서 양과 칼로리를 살펴보고, 하루 섭취량을 조절한다.
  - ✓ 칼로리 계산 어플을 이용하면 쉽게 계산할 수 있다.

식사 일기의 예시

날짜	섭취한 음식의 종류와 양	칼로리(cal)	기분 상태	체중(kg)
6/15 점심	쌀밥 1공기 김치찌개 탄산음료 1잔 케이크 1조각	322 59 115 300	만족감 후 죄책감	80

참고) 일일 권장 칼로리-남성: 2,300~2,500cal, 여성: 1,800~2,000cal
주당 7,000cal의 감소는 0.9Kg을 줄일 수 있다.

③ 운동하기

- 체중 조절을 위한 운동은 충격이 적고 체중 부하가 적은 운동으로 시작하는 것이 좋다.
  예 걷기, 산책, 자전거 타기, 고정식 자전거타기, 수영
- 운동 횟수와 운동량은 보통 1회 60분 이상, 지속적인 운동을 1주에 최소한 3회 이상할 때 체중 조절에 효과적이다.
- 일반적으로 5분 준비운동(스트레칭)-50분 유산소 운동-5분 마무리 운동(스트레칭)으로 운동 프로그램을 구성할 수 있다. 단, 현재의 신체적 상태, 나이 등에 따라 운동 시간과 횟수, 강도 등은 줄이거나 늘릴 수 있다.
- 만보계나 스마트 워치 등을 활용해서 운동량, 운동을 통해 소모된 칼로리 등을 확인할 수 있다.
- 운동을 하고 나면 운동 일기를 작성해서 목표를 잘 수행했는지 확인하고, 다음 운동 계획을 세워 본다.

3) 질병 관리하기

(1) 질병 예방을 위한 손 씻기

설명

손 씻기의 중요성: 손 씻기는 개인위생의 첫 단추이며, 손 씻기만으로 많은 질환을 예방할 수 있다. 손을 잘 씻지 않을 경우에는 장염 바이러스나 눈병에 걸리기 쉬운데, 특히 장염 바이러스는 일단 감염되면 1~2일 이내에 구토, 설사, 복통, 발열 등의 증상을 일으키고, 회복 후 증상이 없어진 후에도 2주까지 타인에게 전염시킬 수 있다. 또한 손을 씻지 않고 눈을 비비게 되면 바이러스성 결막염(예: 아폴로)에 감염되어 눈이 충혈되거나 시력이 감퇴하는 후유증을 겪을 수 있다.

손을 꼭 씻어야 하는 경우

- 외출하고 집에 돌아와서
- 화장실에 갔다가 와서
- 코를 풀거나 기침 혹은 재채기를 한 뒤
- 요리를 하기 전이나 먹기 전에
- 반려동물과 놀고 나서
- 돈을 센 후
- 병문안에 가서 환자와 접촉 전후에

(2) 감기와 독감 예방하기

- 질문: 감기가 심해지면 독감에 걸리게 되는 것일까? 독감 예방접종을 맞으면 감기에 안 걸릴까?
  ➜ 감기와 독감은 다른 질환
- 감기는 다양한 세균이나 바이러스에 의해 발생하는 급성 호흡기질환이기 때문에 계절에 상관없이 언제든지 걸릴 수 있다. 감기는 서서히 증상이 발전한다.
- 독감은 인플루엔자바이러스가 호흡기로 감염되는 늦가을에서 봄 사이에 유행하는 질환이다. 독감은 고열과 인후통 등이 갑자기 발생한다.

감기와 독감(혹은 코로나19)의 예방법

- 자주, 올바르게, 깨끗하게 손 씻기
  - ✓ 감기와 독감 모두 손 위생 수칙을 잘 지키는 것이 중요하다. 손 씻기는 건강을 지키는 가장 쉽고 저렴한 방법이자 가장 확실한 예방법이다.
- 면역력 높이기
  - ✓ 규칙적인 운동과 균형 잡힌 식사로 바이러스와 세균으로부터 스스로 몸을 지킬 수 있도록 면역력을 높인다.
- 사람들이 많은 곳은 피하기
  - ✓ 감기나 독감이 유행할 때는 가급적 외출을 삼가는 것이 좋다. 또한 외부에서 기침을 할 때는 손으로 가리지 말고 머리를 아래로 숙여 바닥을 향하게 하고, 휴지나 손수건, 옷소매 등으로 입을 가리는 기침 예절을 지켜야 한다. 발열과 호흡기 증상이 있을 경우에는 마스크를 착용해야 한다.
- 고위험군은 독감 예방접종하기
  - ✓ 감기를 일으키는 바이러스는 200여 가지가 넘고 단순한 질병이 아닌 복합적인 질병이기 때문에 현재까지 개발된 예방 백신은 없지만, 독감은 예방접종으로 70~90%까지 예방이 가능하다.
  - ✓ 독감은 매년 일부 유전자 변화나 돌연변이를 통한 새로운 유형의 인플루엔자에 의해 발생하기 때문에 매년 다시 접종을 해야 한다. 접종 후 항체 생성 기간이 2주 이상 걸리므로 유행 시기에 앞서 10월~12월 사이에 접종하는 것이 바람직하다.
- 휴식 취하기
  - ✓ 감기나 독감에 걸렸을 경우에는 휴식을 취하는 것이 먼저이다.
  - ✓ 증상이 점점 심해져서 고열, 누런 가래나 콧물, 가슴 통증, 호흡곤란, 귀 또는 목의 통증이 나타난다면 반드시 병원(이비인후과, 내과, 가정의학과)에 방문해야 한다.

(3) 질병에 따른 의료기관 이용하기

① 증상별 병원 찾기

병원 종류	주요 증상
내과	복통, 설사, 소화불량, 감기, 독감, 두통 등
이비인후과	감기, 독감, 이석증 등
치과	치통, 충치, 사랑니, 잇몸병 등
안과	눈병, 시력 감퇴 등
정형외과	골절, 디스크, 관절 통증 등
피부과	피부염, 화상, 무좀, 여드름 등
산부인과	생리통, 생리불순 등
정신건강의학과	우울증, 스트레스, 불안, 공황장애 등

② 집에서 가까운 병원 찾기: 응급의료포털 e-gen(https://www.e-gen.or.kr/egen/main.do)

③ 의료기관의 분류

- 1차 의료기관: 의원, 보건소
  - ✓ 의원, 보건소, 보건지소, 보건진료소 등 단일 과목을 진찰하는 의원을 1차 의료기관으로 분류한다. 환자와의 초기 접촉을 통해 예방과 치료가 통합된 포괄적인 보건의료서비스를 제공한다. 주로 진료 난이도가 낮은 감기나 두통을 치료할 때 동네 의원을 많이 찾는다.
- 2차 의료기관: 병원, 종합병원
  - ✓ 1차 의료기관에서의 진단을 거쳐 일반적인 외래진료가 아닌 입원진료가 필요하다고 인정될 때 2차 의료기관으로 가게 된다. 종합병원이 되려면 병상이 100개 이상이어야 하며, 진료 과목은 적어도 7개 과목(내과, 일반외과, 소아청소년과, 산부인과, 영상의학과, 마취통증의학과, 진단검사의학과 또는 병리과, 정신건강의학과, 치과 등)이 필수적으로 있어야 한다. 또한 각 과목마다 전속하는 전문의를 1명 이상 두어야 하고, 진료기능, 교육기능, 인력 · 시설 · 장비, 질병군별 환자의 구성 비율, 의료서비스 수준, 진료 권역별 소요 병상 충족도 등으로 구분하여 평가한다. 1차 의료기관과 마찬가지로 따로 진료의뢰서가 없어도 진료가 가능하다.

- 3차 의료기관: 상급종합병원
  - ✓ 의과대학 부속병원(대학병원)과 그에 준하는 전문병원, 상급 종합병원을 3차 의료기관이라고 한다. 주로 대진료권 중심 도시에 설치하여 각종 시설과 그 분야의 진료를 하는 고급 인력을 배치하고, 1차 · 2차 의료기관에서 후송되는 환자를 담당한다.
- 의료기관을 1차, 2차, 3차 기관으로 분류하는 이유는 대학병원, 즉 3차 의료기관으로 환자의 쏠림 현상을 막고 1차 · 2차 의료기관으로 환자를 분산시켜서 합리적이고 체계적인 진료를 구축하는 데 의의를 둔다.
- 집에서 가까운 병원(1차 의료기관)을 갔는데도 내가 아픈 원인을 알 수 없다고 한다면 그럴 때는 2차 혹은 3차 의료기관에 방문할 수 있다.
- 3차 의료기관에 가려면
  - ✓ 1차 및 2차 의료기관에서 의사 소견이 기재된 요양급여의뢰서(진료의뢰서) 또는 의사소견서를 지참해야 한다.
  - ✓ 진료의뢰서 없이도 진료는 가능하나 미지참 시 건강보험 혜택을 받을 수 없어서 진료비는 100% 본인이 부담해야 한다.

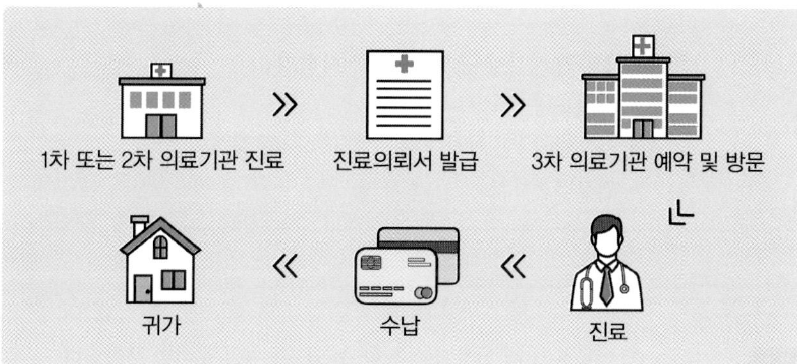

건강 관리를 위한 단계 밟기

1단계 목표 정하기

체력을 키우고 건강한 신체를 만든다.

- 1년 안에 체중을 5kg 감량한다.

2단계 정보 수집하기

[식생활 관리]

- 건강한 음식 섭취를 위한 방법
- 직접 요리하기

[체중 관리]

- 식사 지침
- 식사 일기 쓰기
- 운동하는 법

[질병 관리]

- 건강검진을 통해 신체 질환 확인

3단계 할 일 목록 작성하기

- 정해진 시간에 규칙적으로 식사하기
- 매일 20분씩 스트레칭하기
- 일주일에 3번 이상 30분 동안 유산소운동하기
- 건강검진하기

4단계 우선순위 정하기

5단계 시간 계획하기

① 여름휴가 때 건강검진을 할 수 있도록 3월에 미리 예약한다.
② 식사 시간은 매일 8~9시, 12~1시, 6~7시로 한다.
③ 스트레칭은 7시 30분 기상 후 20분간 한다.
④ 매주 월, 수, 금 저녁 8시에 30분간 조깅을 나간다.

6단계 실행하기

- 완벽하게 준비되지 않아도 시작하기
- 부정적인 상황이나 결과에 감정 조절하기
- 다른 사람의 조언 구하기
- 상황 변화에 대처하기

- 식사 시간이 약간 어긋나더라도 굶기보다는 최대한 맞춰서 식사를 시작한다.
- 운동을 하는 것이 힘들 때는 이완법으로 감정을 조절한다.
- 운동법에 대해 스포츠센터 트레이너에게 조언을 구한다.
- 할 일이 생겨서 조깅을 갈 수 없는 경우에는 화, 목, 주말을 활용한다.

목표 달성!

3. 집안 관리

"이 영역은 계획, 조직화의 응용 편이다."

▷ 원리: 내가 머물고 있는 공간과 내 몸에 밀착되어 있는 의복, 침구류를 깨끗하게 유지하는 것은 신체의 건강과 직접적으로 연관될 뿐만 아니라 심리적으로도 영향을 미칠 수 있다. 즉, 공간이 잘 정리되어 있고 내 몸과 주변이 깨끗하면 시각적으로 안락한 느낌이 들며, 편안하고 기분을 좋게 만든다. 복잡하고 정리되지 않은 나의 상태와 주변은 고민과 불안을 불러일으킬 수 있으며, 머릿속까지 복잡하게 만들어서 일상의 스트레스를 가중시킬 수 있다.

1) 청소하기

설명

청소를 효율적으로 하기 위해서도 순서와 단계가 필요하며, 실행기능 중 계획과 조직화 능력이 요구된다.

① 거실과 방 청소

- 거실과 방 청소를 시작할 때는 먼저 물건을 제자리에 정돈한 후에 청소기나 걸레를 이용하여 청소를 해야 한다. 청소기와 걸레를 이용한 바닥 청소는 매일 하루 1번씩 해 주는 것이 기관지 건강에 좋다.

구역별 청소 방법

- **먼지 청소**: 전등 갓이나 장식장, 선반, 테이블, 창문틀 등에는 먼지가 쉽게 쌓인다. 먼지털이를 이용하여 위에서 아래로 먼지를 털어 내고, 젖은 걸레로 닦은 후에 마른 걸레로 마무리하면 된다. 단, 먼지 청소를 할 때는 마지막에 하면 먼지가 날릴 수 있으므로 청소를 시작할 때 가장 먼저 해 주어야 한다.
- **바닥 청소**: 먼저 청소기로 바닥의 먼지부터 제거한 후에 물걸레로 닦아 준다. 나무 소재라면 극세사나 마른 걸레로 바닥을 닦는다.

② 욕실 청소

- 욕실은 물을 사용하는 곳이므로 습하기 때문에 곰팡이의 온상지가 되기 쉽다. 최소한 1주일에 1번은 다음과 같은 방법으로 청소하기를 추천한다.

욕실 청소 방법

① 세면대 주변에 놓여 있는 세면도구는 모두 욕실 밖으로 꺼낸다. 이렇게 해야 청소하기에 편리하고 청결하다.
② 세면대(거울 포함)와 수전에 물을 충분히 뿌린 뒤에 세제를 묻힌 수세미로 물때를 닦는다. 작은 솔로 좁은 틈새까지 꼼꼼하게 세척해 준다.
③ 찌든 때가 심할 경우에는 과탄산소다를 뿌리고 10분 이상 불린 뒤에 세척한다.
④ 흐르는 물로 세면대와 수전을 씻어 낸다.
⑤ 변기는 변기 전용 솔에 세제를 묻혀 변기 안쪽을 구석구석 닦아 주며, 변기 테두리 윗부분의 잘 보이지 않는 부분까지 닦는다. 변기 커버와 의자 부분은 세제를 묻힌 수세미로 골고루 닦는다.
⑥ 바닥에 세제와 락스를 적당량 뿌린 후에 바닥 전용 솔로 바닥을 문질러 준다.
⑦ 흐르는 물로 바닥을 씻어 낸 후에 욕실 문을 열어 두어 건조시킨다.

③ 주방 청소

- 주방도 욕실처럼 물을 많이 사용하는 곳이고, 음식을 만드는 곳이기 때문에 항상 세균 증식에 조심해야 하고, 청결에 신경을 써야 한다.

주방 청소 방법

① 싱크대는 물때가 잘 끼므로 자주 닦아 주어야 한다. 수세미에 세제를 풀어 문질러 주면 물때가 쉽게 제거된다.
② 가스레인지는 조리 후에 바로 청소하지 않으면 주위에 튄 음식물 자국이나 기름 때가 눌어붙어 청소가 더 힘들어지기 때문에 자주 해 주는 것이 좋다. 가스레인지 청소는 뜨거운 물에 베이킹소다를 잘 풀고 얼룩이 묻은 가스레인지에 골고루 뿌려 칫솔로 문질러 주면 찌든 때를 구석구석 깨끗하게 닦아 낼 수 있다.
③ 행주와 수세미는 자주 삶고, 식기, 도마는 잘 건조해야 한다. 도마는 쓸 때마다 뜨거운 물을 뿌리고 1주일에 한 번 표백제를 희석한 물에 담가 두는 것이 좋다. 세균 증식이 잘되는 행주나 수세미는 매일 삶거나 전자레인지에 넣어 돌린다. 전자레인지에 2분만 돌리면 행주, 수세미의 세균이 99% 이상 사멸한다.

청소하기를 위한 단계 밟기

1단계 목표 정하기

이번 주 일요일에 대청소를 한다.

2단계 정보 수집하기

청소 방법
- 거실과 방
- 욕실
- 주방

3 단계

할 일 목록 작성하기

- 청소 도구 구입하기
- 청소해야 하는 공간 확인하기
- 구역별 청소 방법 익히기
- 미리 준비해야 하는 일(찌든 때 불리기 등) 수행하기

4 단계

우선순위 정하기

① 청소해야 하는 공간 확인하기
② 구역별 청소 방법 익히기
③ 청소 도구 구입하기
④ 미리 준비해야 하는 일 수행하기
⑤ 청소하기

5 단계

시간 계획하기

오늘: 금요일, 청소 예정일: 일요일
① 청소해야 하는 공간 확인하기 - 30분 / 오늘
② 구역별 청소 방법 익히기 - 30분 / 오늘
③ 청소 도구 구입하기 - 마트로 이동 20분, 도구 구입 10분 / 토요일 저녁 식사 후
④ 미리 준비해야 하는 일 수행하기 - 때 불리기 10분 / 일요일 아침
⑤ 청소하기 - 일요일 점심 식사 후 시작

6 단계

실행하기

* 완벽하게 준비되지 않아도 시작하기
* 부정적인 상황이나 결과에 감정 조절하기
* 다른 사람의 조언 구하기
* 상황 변화에 대처하기

목표 달성!

- 원하는 청소 도구가 없어도 우선 다른 도구로 시도한다.
- 부모님께 청소에 대한 조언을 구한다.
- 청소하는 데 생각보다 시간이 오래 걸리는 경우에 나머지는 평일 저녁에 조금씩 나눠서 마무리한다.

2) 세탁과 의류 관리하기

▷ 원리: 자폐성 장애인들에게서 나타나는 기존에 선호하던 것을 고집하는 특성은 특정 옷에 대한 고집으로 나타날 수 있다. 때문에 이들은 상황에 적절하게 옷을 바꿔 입지 못한 채 한 가지 옷을 고집하면서 적절한 세탁 시기를 놓치고, 의복 위생 관리에 어려움을 나타낼 수 있다. 또한 침구류와 관련해서도 새로운 것에 대한 거부, 감각적 예민성과 같은 ASD의 특성으로 인해 세탁과 교체 시기를 놓친 채 지속적으로 사용하다가 위생상의 문제를 일으킬 수 있다. 따라서 의류와 침구 세탁 관리에 대한 교육은 주변 환경은 물론이고 개인위생을 관리하는 것과도 연관되므로 적절한 세탁 시기를 계획하면서 관리하는 것에 대한 교육이 필요하다.

① 의류 세탁

- 종류별 세탁 시기(옷감의 종류, 착용 빈도 등 경우에 따라 다를 수 있음)

종 류	세탁 시기
속옷, 양말, 여름 옷(반팔 티셔츠, 반바지, 운동복 등)	1회 착용 시
긴팔 남방, 긴팔 티셔츠, 후드티, 니트, 면바지	착용 빈도에 따라 (2~3회 착용 후)
재킷, 점퍼 등 간절기 아우터, 청바지, 겨울 니트, 겨울 바지	월 1~2회
겨울 코드, 패딩 점퍼	월 1회, 계절이 바뀌는 시기

세탁 방법

- 세탁 방법으로는 크게 가정 내 세탁기, 손빨래, 드라이클리닝으로 나눌 수 있다.
- 의류마다 세탁 방법이 다르므로 의류 안쪽에 부착되어 있는 라벨에 제시된 세탁 방법에 따라 세탁을 하는 것이 의류를 오래 유지할 수 있는 방법이다.

세탁 방법 기호 읽기

세탁 기호	의미	예	
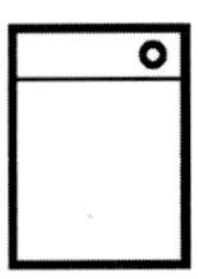	세탁기로 세탁이 가능하다는 것	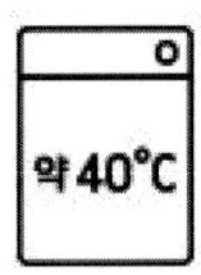	물 온도 40도 세탁기로 약하게 세제 종류 제한 없음
	손세탁이 가능하다는 것		물 온도 30도 약하게 손세탁 중성세제 사용

	드라이클리닝이 가능하다는 것		드라이클리닝 불가능
	표백이 가능하다는 것		산소, 염소계 표백제로 표백
	짜는 방법 표시	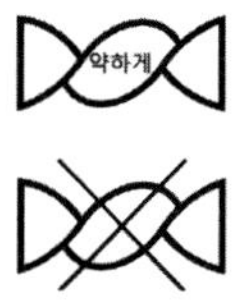	약하게 손으로 짜기 손으로 짜면 안 됨
	다림질 방법		헝겊을 덮고 180~210도
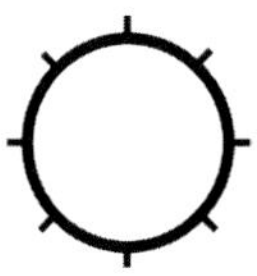	건조하는 방법 표시		그늘에 건조 옷걸이에 걸어서 건조

② 침구 세탁

- 침구류는 땀이 많이 나는 여름에는 1달에 2~3번씩, 겨울에는 1달에 1번씩, 베갯잇은 2주에 1번씩 세탁하는 것이 바람직하다.
- 진드기는 이부자리를 두드려 터는 것만으로도 70% 제거가 가능하므로 털 수 있는 침구류는 수시로 털어 주는 것이 좋다.
- 일반적인 침구류는 약 60℃의 온수를 이용하여 세탁기로 세탁한 후에 햇빛에서 바짝 말려 주거나 건조기를 이용하여 말리는 것이 좋다.
- 집에 있는 세탁기의 용량이 작아 이불 빨래가 힘들다면 세탁소에 맡기거나 코인 셀프빨래방을 이용하는 방법도 있다.
- 이불은 종류가 다양하고 세탁 방법이 이불의 종류마다 다르므로 세탁 시 인터넷 검색을 하여 세탁 방법을 찾거나 세탁 업체에 맡기는 것이 더 효율적일 수 있다.

세탁하기를 위한 단계 밟기

1 단계
목표 정하기

겨울옷 빨래하기(코트, 니트, 후드티셔츠)

2 단계
정보 수집하기

- 종류별 세탁 시기
- 세탁 방법 기호 라벨 읽는 법
- 종류별 세탁하는 방법

3 단계
할 일 목록 작성하기

- 세탁 방법 기호 라벨 읽기
- 세탁기 · 건조기 사용법 익히기
- 빨래하기
- 개켜서 옷장에 정리하기
- 집에서 세탁할 수 없는 옷은 드라이클리닝 맡기기

4 단계
우선순위 정하기

① 세탁 방법 기호 라벨 읽기
② 집에서 세탁할 수 없는 옷은 드라이클리닝 맡기기
③ 세탁기 · 건조기 사용법 익히기
④ 빨래하기
⑤ 개켜서 옷장에 정리하기

5 단계
시간 계획하기

① 세탁 방법 기호 라벨 읽기 - 10분/오늘
② 집에서 세탁할 수 없는 옷은 드라이클리닝 맡기기 - 20분/오늘
③ 세탁기 · 건조기 사용법 익히기 - 10분/내일
④ 빨래하기 - 2시간/내일
⑤ 개켜서 옷장에 정리하기 - 15분/내일

6 단계
실행하기

* 완벽하게 준비되지 않아도 시작하기
* 부정적인 상황이나 결과에 감정 조절하기
* 다른 사람의 조언 구하기
* 상황 변화에 대처하기

목표 달성!

- 세탁을 잘못해서 옷이 줄어들거나 늘어난 경우에는 다르게 생각하기를 활용해서 감정을 조절한다.
- 부모님께 세탁에 대한 조언을 구한다.
- 세탁소가 문을 닫은 경우에는 빨래 후에 필요한 옷을 드라이클리닝 맡긴다.

3) 분리배출하기

- 공동주택(예: 아파트, 빌라, 오피스텔)에 살 경우에는 분리배출 요일이 정해져 있을 수 있으니 미리 알아본다.
- 정해진 시간과 장소에 음식물 쓰레기와 재활용 쓰레기를 분리배출한다(문 앞에 두지 않는다).
- 분리배출함은 재활용을 할 수 있도록 재질별로 구분하고 있다.

재활용 재질	재활용 쓰레기의 종류
종이	우유팩, 과자 상자, 신문지, 종이 박스 등
캔(알미늄, 철)	깡통, 음료수 캔 등
유리	주스 병, 술 병 등
비닐류	각종 포장 비닐 등
플라스틱	샴푸 용기, 페트병, 요구르트 병 등

환경부에서 알려 주는 분리배출 방법

① 용기 안의 내용물을 비운다.
② 깨끗이 씻는다.
③ 상표와 라벨을 분리한다.
④ 종류별, 재질별로 구분하여 수거함에 넣는다.

실습 활동 1: 나에게 필요한 일상생활 관리 확인하기

(실습 활동지 배부)

(1) 개인위생 관리, 건강 관리, 집안 관리에서 제시한 내용 중 나에게 가장 필요한 활동이 무엇인지 생각해서 각 항목별로 하나씩 적는다.

(2) 그 활동을 선택한 이유를 자신의 경험과 연관지어 생각해 보고, 연결하여 이야기하기에 따라 작성한 후 발표한다.

자신의 경험을 연결하여 이야기하기

- 경험: 내가 ______(언제), ______(어디서), ______을(무엇을) 할 때 ______하게(어떻게) 혹은 ______ 한 이유로(왜) 했는데,
- 생각: ______한 생각이 들어서
- 감정: ______한 기분이었습니다.
- 행동(결과): ______한 행동을 했습니다. 혹은 ______한 결과가 일어났습니다.

실제 예시) 제가 지난 여름에 친구 집에 갈 일이 있었는데, 신발을 벗으니 발냄새가 심하게 났습니다(경험). 그래서 발냄새 관리가 필요하다는 생각을 했고(생각), 친구가 냄새를 맡고 저에 대해 안 좋은 인상을 가질까 봐(생각) 불안했습니다(감정).

4. 안전 관리

"이 영역은 인지적 유연성의 응용 편이다."

▷ 원리: ASD 성인들 중 상당수가 어려서부터 성인이 된 지금까지도 보호자의 과도한 개입과 보호 아래서 지내 왔기 때문에 스스로 안전에 대해 책임을 지거나 위험한 상황에서 자신을 보호해야 한다는 것 자체를 생각하지 못한다. 성인으로서의 역할을 다하기 위해서는 주변 사람들에 대한 의존도를 줄이고 자신의 안전을 스스로 관리하고 보호할 수 있어야 하므로 이에 대해 함께 생각해 볼 필요가 있다. 5회기에서 배웠던 '상황 변화에 대처하기 위해 대안을 생각해 보는 방식'으로 위급 상황과 개인 정보 보호 상황에서 대처 방법을 알아보고자 한다.

1) 위급 상황 대처하기

설명

위급 상황은 즉각적인 행동을 필요로 하는 상황으로, 위험하거나 안전을 위협하는 상황이다. 위급한 상황에 처하게 되면 당황을 하게 되고 심경이 복잡해지면서 그 상황에서 적합한 행동 방법을 생각하기 어려워진다. 따라서 위급한 상황을 미리 예상해 보고 대처 방법을 생각해 둔다면 실제 위급 상황에 닥쳤을 때 당황하지 않고 즉각적인 행동을 취할 수 있을 것이다.

다음의 위급 상황에 대해 대처 방법을 생각해 본다. 생각한 대처 방법이 적용되지 않을 수 있는 여러 경우의 수를 생각해서 그에 따른 대처가 어떻게 달라져야 하는지 여러 다양한 대안을 함께 고려해 본다.

위급 상황	대처 방법
넘어졌는데 도저히 스스로 일어날 수가 없어요.	• 가족이 올 수 있는 곳이라면 가족에게 먼저 연락한다. • 가족이 오기 어렵다면 119에 신고하여 나의 위치를 알린다.
배가 너무 아파서(혹은 몸이 너무 아파서) 움직일 수가 없어요.	• 가족에게 먼저 알린 후에 가족이 도와줄 수 있는 상황인지 확인한다. • 가족의 도움을 받을 수 없다면 119에 신고하여 도움을 받는다.
집에 왔는데 대문이 살짝 열려 있어요.	• 들어가지 않고, 다른 가족이 열어 둔 것이 아닌지 확인한다. • 가족이 아니라면 경찰(112)을 불러 안전 점검을 먼저 한다.
길을 잃어서 내가 어디에 있는지 모르겠어요.	• 우선 멈춰서 스마트폰의 GPS를 작동시킨 후에 지도 앱을 이용하여 나의 위치를 파악한다. • 가장 가까운 버스 정류장이나 혹은 지하철 역으로 이동하여 내가 아는 장소로 이동한다. • 금전적으로 가능하다면 택시를 타고 내가 아는 가장 가까운 장소로 이동하는 방법도 있다.

귀가가 늦어져서 대중교통이 끊겼어요.	• 택시를 타고 이동하는 방법이 가장 좋다. • 택시가 잘 잡히지 않는 곳이라면 택시를 부를 수 있는 앱을 이용한다.
누군가 나를 쫓아오는 것 같아요. 혹은 집까지 따라온 것 같아요.	• 집으로 바로 들어가지 말고 건물 밖으로 나가서 그 사람이 실제로 나를 따라온 것인지 확인한다. • 경비실로 가서 경비원에게 도움을 요청한다. • 편의점이나 근처 밝은 가게로 안전하게 피한 후에 경찰에 신고한다. • 예방 방법으로는 늦은 시간에 인적이 드문 곳으로 다니지 않는다. • 각 지역자치단체에서 운영하는 '안심귀가 서비스' 앱을 알아보고 이용할 수 있다.

2) 개인정보 보호하기

개인정보란 주민등록번호, 집 주소, 전화번호, 은행 계좌번호와 같이 나를 확인할 수 있는 정보로서 이 정보를 무분별하게 타인에게 공유하거나 양도할 경우에 나에게 큰 문제나 손해가 발생할 수 있다.

① 보이스 피싱 대처법

- 금융거래 정보 요구는 일절 응대하지 않는다. 은행 보안카드 번호 전체를 요구하면 100% 피싱이다.
- 현금지급기로 유인하면 100% 보이스 피싱이므로 절대로 응하지 말아야 한다.
- 나에게 전화를 한 사람이 개인 · 금융거래 정보를 미리 알고 접근하는 경우에도 내용의 진위를 반드시 확인해야 한다.
- 내가 조심했는데도 불구하고 피해를 당한 경우에는 경찰청 112 콜센터 또는 금융회사 콜센터로 신속히 지급정지를 요청한다.
- 유출된 금융거래 정보는 즉시 해지하거나 폐기해야 한다.
- 예금통장 및 현금(체크)카드는 타인에게 양도하면 안 된다.

② 채팅이나 게임에서 개인정보 소심하기

- 낯선 사람을 쉽게 접할 수 있는 채팅이나 온라인 게임에서 나의 정보를 공개적으로 오픈하면 안된다.
- SNS나 익명 채팅방에서 다른 사람이 나의 개인정보에 대하여 질문을 하면 모르는 사람이므로 답을 해 주어서는 안 된다.
- 만나자고 제안을 받고, 내가 만나고 싶더라도 상대방이 안전한 사람인지 알 수 없으므로 조심하는 것이 안전하다.

실습 활동 2: 신고 상황 및 개인정보 공유 판단하기

OX 퀴즈 게임

(실습 활동지 배부)

다음의 문제 상황에 대해 ○, ×로 답을 한 후에 해결 방법을 논의한다.

(1) 어떤 경우에 119, 112에 신고해야 할까요?

✓ 집 열쇠를 잃어버렸어요. □

➞ **No** 열쇠를 파는 곳에 연락하여 새로운 열쇠를 만듭니다.

✓ 자동차 사고를 목격했어요. □

➞ **Yes** 112에 신고합니다.

✓ 누군가 나에게 길에서 욕을 했어요. □

➞ **No** 길에서 모르는 사람과 다투는 것은 굉장히 위험합니다. 대응하지 않고 지나갑니다.

✓ 버스를 잘못 탔어요. □

➞ **No** 앞에 제시된 대처 방법을 따라 스스로 해결할 수 있는 문제입니다.

✓ 옆집에서 연기가 나오고 타는 냄새가 나는 것을 목격했어요. □

➞ **Yes** 119에 신고해야 합니다.

✓ 가전제품 혹은 스마트폰이 망가졌어요. □

➞ **No** 제조업체 AS 센터에 연락하거나 방문하여 수리합니다.

✓ 누군가 내 스마트폰을 훔쳐 갔어요. □

➞ **Yes** 가까운 경찰서에 방문하여 신고를 할 수 있습니다.

(2) 이럴 때는 개인정보를 공유해도 괜찮을까요?

✓ 이력서에 주민등록번호 입력하기 □

➞ **Yes** or **No** 중요한 개인정보이므로 아르바이트를 구하는 상황에서 내 주민등록번호를 입력할 필요는 없습니다. 그러나 구직을 하는 상황에서 공공기관과 같은 곳에서는 주민등록번호를 요구할 수 있으므로 상황마다 다른 점을 인지하여야 합니다.

✓ SNS에 전화번호 적어 두기 □

➞ **No** 보이스 피싱의 대상이 될 수도 있고, 모르는 타인에게 내 전화번호가 공개될 수 있기 때문에 위험합니다. 단, 전체 공개가 아닌 친구 공개일 경우에는 개인의 선택에 따릅니다.

✓ 계좌 비밀번호를 친구에게 알려 주기 □

➞ **No** 아무리 가까운 친구여도 금융에 관련된 비밀번호를 알려 주는 것은 위험합니다.

✓ 전화한 사람에게 내 개인정보 알려 주기 □

Yes or **No** 내게 전화하여 개인정보를 요구하는 사람들이 모두 보이스 피싱을 하려는 사람은 아닐 것입니다. 보통 업무상 내게 연락한 사람은 계좌번호나 보안 카드 정보를 요구하지 않을 것입니다. 내가 안전한지 여부를 판단하기 어렵다면 가족과 함께 있는 시간에 다시 전화해 달라고 요구합니다. 가족의 도움을 받는 것이 안전합니다.

✓ 친구에게 금융 카드 빌려주기 □

No 타인에게 금융 카드를 빌려주는 것은 위험하며 불법 행위입니다.

습관 만들기

1. 다음 주 할 일 목록과 주간 계획표 작성하기(**3회기** 실습 활동 2, 3, 4)
2. 감정 불쾌지수가 높아진 상황에 대해 다르게 생각하기를 연습하기(**4회기** 실습 활동 4)
    - 감정 불쾌지수가 높아진 상황을 과제지에 적고, 그때 떠오른 생각과 감정 불쾌지수 정도를 측정한다. 그 당시 나의 행동에 대해서 적어 본다.
    - 상황을 다시 관찰하고 다르게 생각해 본 결과, 감정 불쾌지수가 변화했는지, 나의 행동이 어떻게 바뀔 수 있는지를 적어 본다.
3. 상황 변화에 대처하기를 연습하기(**5회기** 실습 활동 3)
    - 한 주 동안 일상에서 갑작스러운 상황 변화가 생겼을 때 감정 불쾌지수를 측정해 보고, 호흡법과 상상법을 통해 감정을 조절하는 것을 연습한다.
    - 변화된 상황에 맞는 대안 3개와 그에 따른 장단점, 해결책을 생각해서 과제지에 작성한다.

과제 안내

1. 나에게 필요한 일상생활 관리 활동을 가족의 조언을 받아 알아보기
    - 개인위생 관리, 건강 관리, 집안 관리에서 제시한 내용 중 나에게 가장 필요한 것이 무엇인지 가족에게 물어보고 항목별로 작성한다.
2. 나에게 필요한 일상생활 관리 활동을 단계 밟기에 따라 실천하기
    - 개인위생 관리, 건강 관리, 집안 관리 중 나에게 가장 필요한 일상생활 관리 활동을 선택하여 단계 밟기를 작성하고 그에 따라 실천한다(다음 항목에서 선택하기).

      ① 개인위생 관리: 평소 나의 위생 상태에 대해 가족에게 확인하여 청결해지기 위한 단계 밟기를 작성하고 실천한다.

      ② 식생활 관리: 단계 밟기에 따라 내가 건강하게 먹을 수 있는 음식을 한 가지 만들어 보고 촬영하여 문자로 보낸다.

      ③ 체중 관리: BMI 계산 후 표준 체중으로 가기 위한 단계 밟기를 작성하고 실천한 과정을 촬영하여 문자로 보낸다.

      ④ 집안 관리: 단계 밟기에 따라 청소한 후에 청소 전후를 촬영하여 문자로 보낸다.
3. 단계 밟기에 따라 실천한 과정을 가족에게 설명하고 가족의 피드백 적어 오기
    - 일상생활 관리 활동을 단계 밟기에 따라 실천한 과정을 가족에게 설명한 후에 피드백을 부탁하고 적어 온다.

과제 수행 절차

① 개인위생 관리, 건강 관리, 집안 관리에서 현재 나에게 가장 필요하고 중요한 것이 무엇인지 가족 구성원에게 의견을 구하고 각각 적어 본다.

② 이 중 한 가지를 선택하여 단계 밟기를 작성한 후에 실천하고, 과정을 활동지에 기록하거나 촬영한다.

③ 실천한 결과를 가족 구성원과 공유하고, 피드백을 과제지에 작성한다.

④ 실천한 과정을 보여 줄 수 있는 기록이나 촬영물을 문자로 보내고, 다음 시간에 가족의 피드백 내용을 발표한다.

6회기 실습 활동지

이름:

실습 활동 1 나에게 필요한 일상생활 관리 확인하기

1. 개인위생 관리, 건강 관리, 집안 관리에서 제시한 내용 중 나에게 필요한 활동이 무엇인지 생각해 보고, 항목별로 하나씩 작성해 봅시다.

개인위생 관리	
건강 관리	
집안 관리	

2. 연결하여 이야기하기

자신의 경험을 연결하여 이야기하기

누가, 언제, 어디서, 무엇을, 왜, 어떻게,
겪었는데 그 때 나는 (생각) 한 생각이 들었고, 그래서 (감정) 기분이 느껴졌습니다.
그래서 (행동) 을 했습니다. 혹은 (결과) 가 일어났습니다.

(작성 칸)

6회기 실습 활동지

이름:

실습 활동 2 신고 상황 및 개인정보 공유 판단하기

1. 다음 상황에서 119, 112에 신고하는 것이 좋을지 ○, ×로 표시하고, 신고한다면 어디에 신고해야 할지, 신고하지 않는다면 어떻게 해야 할지 적어 봅시다.

상황	○, ×	어디에 말해야 할까요?
집 열쇠를 잃어버렸어요.		
자동차 사고를 목격했어요.		
누군가 나에게 길에서 욕을 했어요.		
버스를 잘못 탔어요.		
옆집에서 연기가 나오고 타는 냄새가 나는 것을 목격했어요.		
가전제품 혹은 스마트폰이 망가졌어요.		
누군가 내 스마트폰을 훔쳐 갔어요.		

2. 주어진 상황을 읽고, 개인정보를 공유해도 괜찮은 상황이라면 ○, 아니라면 ×로 표시해 봅시다.

상황	○, ×	왜 그럴까요?
이력서에 주민등록번호 입력하기		
SNS에 전화번호 적어 두기		
계좌 비밀번호를 친구에게 알려 주기		
전화한 사람에게 내 개인정보 알려 주기		
친구에게 금융 카드 빌려 주기		

6회기 과제

이름:

과제 1 나에게 필요한 일상생활 관리 활동을 가족의 조언을 받아 알아보기

- 개인위생 관리, 건강 관리, 집안 관리에서 제시한 내용 중 나에게 가장 필요한 것이 무엇인지 가족에게 물어보고 항목별로 하나씩 작성해 봅시다.

조언한 가족: ______________________

개인위생 관리	
건강 관리	
집안 관리	

조언한 가족: ______________________

개인위생 관리	
건강 관리	
집안 관리	

6회기 과제

이름:

과제 2 나에게 필요한 일상생활 관리 활동을 단계 밟기에 따라 실천하기

• 개인위생 관리, 건강 관리, 집안 관리 중 나에게 가장 필요한 일상생활 관리 활동을 선택하여 단계 밟기를 작성하고, 그에 따라 실천해 봅시다.

단계 밟기

1단계 목표 정하기

2단계 정보 수집하기

3단계 할 일 목록 작성하기

4단계 우선순위 정하기

5단계 시간 계획하기

6단계 실행하기

* 완벽하게 준비되지 않아도 시작하기
* 부정적인 상황이나 결과에 감정 조절하기
* 다른 사람의 조언 구하기
* 상황 변화에 대처하기

목표 달성!

6회기 과제

이름:

과제 3 단계 밟기에 따라 실천한 과정을 가족에게 설명하고 가족의 피드백 적어 오기

• **일상생활 관리 활동을 단계 밟기에 따라 실천한 과정을 가족에게 설명한 후에 피드백을 부탁해 봅시다.**

선택한 일상생활 관리 활동	개인위생 관리 ☐ 건강 관리 ☐ 집안 관리 ☐	구체적인 내용:
가족의 한마디		

부록

부록 1 요리하기의 예시

1. 먹고 싶은 요리 선택하기	감자 샌드위치
2. 요리법 검색하기	네이버에서 감자 샌드위치 레시피를 검색 → 네이버 지식백과의 감자 샌드위치 레시피 선택 → 그림이나 사진이 제시되어 있는지 확인
3. 요리법에 필요한 재료와 주방 도구 준비하기	• 재료: 감자 1개(200g), 버터 1큰술(10g), 식빵 4장(160g), 마요네즈 4+1/2큰술(45g), 플레인요구르트 1+1/2큰술(15g), 설탕 1작은술(3g), 소금 약간 • 주방 도구: 칼, 냄비, 볼, 체
4. 요리법에 따라 요리하기	① 감자는 껍질을 벗기고 열십자(+)로 4등분한다. 냄비에 반 정도 잠길 만큼 물, 소금 약간, 감자를 담아 푹 삶은 후에 체에 밭쳐 물기를 뺀다. 볼에 넣어 으깬다.  ② 오이와 당근은 4cm 길이로 가늘게 채 썬다. 소금 약간을 뿌려 10분간 절인다. 물에 헹구어 물기를 꼭 짜고 다진다.  ③ 볼에 감자, 당근, 오이, 마요네즈, 플레인 요구르트, 설탕, 소금, 후춧가루를 넣어 골고루 섞는다.  ④ 식빵 한쪽 면에 버터를 골고루 펴 바른다. ③의 1/2 분량씩 올린 후에 나머지 식빵으로 덮는다. 
5. 주방 정리하기	칼, 냄비, 볼, 체를 세척해서 말린 후에 제자리에 놓는다.

부록 2 요리법(레시피)을 참고할 만한 책과 사이트

유형	항목	설명
책	진짜 기본 요리책 	**구성**: 기본 가이드, 320개의 요리 레시피 ① 기본 가이드: 계량 도구 사용법, 불 세기 조절법, 칼 사용법, 기본 양념 만드는 법, 재료 잘 고르는 법, 고기 부위별 요리법, 냉장, 냉동, 실온 보관법, 밥 짓는 법, 주방 도구 관리법 등 ② 요리 레시피: 나물, 조림 및 밑반찬, 구이 및 전, 볶음 및 찜, 김치 및 장아찌, 국물 요리, 일품 요리
	퇴근 후 후다닥 집밥 한 끼 	**구성**: 기본 가이드, 140개의 요리 레시피 ① 기본 가이드: 계량법, 간단한 재료 손질법, 다양한 썰기 방법, 기본 육수 끓이는 법 등 ② 요리 레시피: 국 및 찌개, 기본 반찬, 저칼로리 반찬, 일품 요리, 야식 및 술안주
영상	Youtube	Youtube에 'OOO 만들기'로 검색 혹은 유명인 '백종원'의 채널을 찾아볼 수 있음 
	네이버 캐스트	요리 채널 이용하기 ① [핸디쿡] 쉽게 따라하는 요리 동영상 ② 만개의 레시피 ③ 요리가 쉬워진다! 해먹남녀
웹사이트	포털 사이트 검색	포털 사이트에 'OOO 만들기' 또는 'OOO 레시피'로 검색한 후 블로그나 카페의 게시글 클릭
	네이버 지식백과	네이버 지식백과에 'OOO 레시피'로 검색 

<table>
<tr>
<td rowspan="2">어플</td>
<td>만개의 레시피</td>
<td>

기능: 검색 시스템, 10만 개 이상의 레시피, 스크랩
① 검색 시스템: 재료명, 요리명, 쉐프명 검색
② 레시피 분류: 종류별 레시피, 상황별 레시피, 방법별 레시피, 재료별 레시피
③ 스크랩: 즐겨 찾는 레시피 스크랩

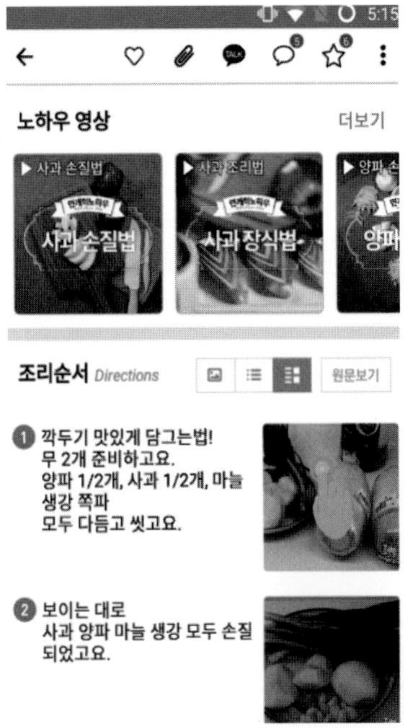

</td>
</tr>
<tr>
<td>해먹</td>
<td>

기능: 검색 시스템, 레시피, 영양 정보 및 주의 성분 함량, 스크랩
① 검색 시스템: 재료명, 요리명 검색
② 레시피 분류: 상황별 요리, 나라별 요리, 재료별 요리, 조리법별 요리
③ 영양 정보 및 주의 성분 함량: 탄수화물, 비타민, 단백질, 무기질, 지방, 칼로리 정보 제공, 주의 성분인 콜레스테롤, 포화지방산, 나트륨, 당류 수준 정보 제공
④ 스크랩: 즐겨 찾는 레시피 스크랩

</td>
</tr>
</table>

7회기

실행기능을 활용하여 환경 변화에 적응하는 능력을 높여 봅시다

실행기능 영역

계획, 조직화, 시작, 의사결정, 인지적 유연성(환경 적응)

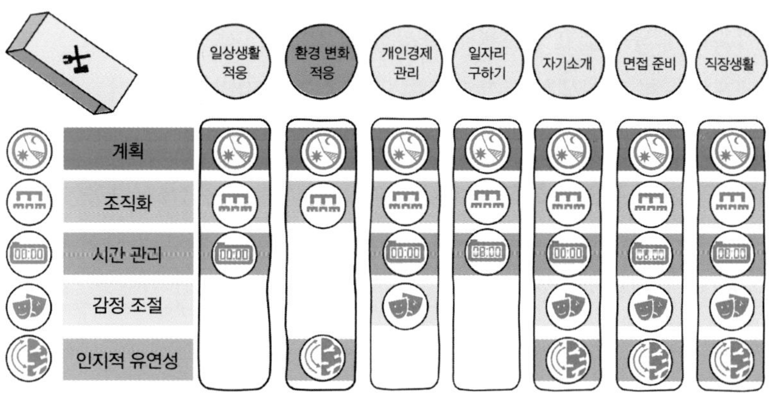

목표

1. 환경 변화는 당연한 것이라는 전제를 내재화한다.
2. 새로운 환경에 빠르게 적응할 수 있는 전략을 배운다.
3. 새로운 환경에 접했을 때 주변 환경을 조직화하여 생활을 효율적으로 할 수 있는 방법을 배우고 실천한다.
4. 변화하는 환경에 잘 적응할 수 있도록 자신의 특성을 파악하고 이에 적합한 환경 조건을 생각한다.

습관 만들기 점검

1. 다음 주 할 일 목록과 주간 계획표 작성하기
   - 주간 계획표를 통해 지킨 규칙적인 생활 습관, 수행을 완수한 항목들과 스스로에게 보상을 한 것이 있다면 할 일 목록과 주간 계획표를 보여 주면서 이야기 나눈다.
2. 감정 불쾌지수가 높아진 상황에 대해 다르게 생각하기를 연습하기
   - 감정 불쾌지수가 높아진 상황에서 어떻게 다르게 생각을 했고, 감정 불쾌지수가 변화했는지, 나의 행동이 어떻게 바뀌었는지 이야기 나눈다.
3. 상황 변화에 대처하기를 연습하기
   - 한 주 동안 일상에서 갑작스러운 상황 변화가 생겼을 때 호흡법과 상상법을 통해 불쾌지수가 어떻게 변화했는지, 변화된 상황에 대안 3개와 그에 따른 장단점, 해결책이 무엇이었는지 이야기 나눈다.

과제 점검

1. 나에게 필요한 일상생활 관리 활동을 가족의 조언을 받아 알아보기
   - 개인위생 관리, 건강 관리, 집안 관리에서 제시한 내용 중 나에게 가장 필요한 것이 무엇인지 가족에게 물어보고 항목별로 작성한 내용을 발표한다.
2. 나에게 필요한 일상생활 관리 활동을 단계 밟기에 따라 실천하기
   - 개인위생 관리, 건강 관리, 집안 관리 중 나에게 가장 필요한 일상생활 관리 활동을 선택하여 단계 밟기를 작성하고 그에 따라 실천한 내용을 발표한다(다음 항목에서 선택하기).
   - 집단원이 문자로 보낸 내용이나 사진을 PPT 교육 자료에 넣어 편집해 두고, 집단원이 이를 공유하는 것에 동의한다면 이 사진을 제시하고 집단원이 실천한 과정을 발표한다.

     ① 개인위생 관리: 평소 나의 위생 상태에 대해 가족에게 확인하여 청결해지기 위한 단계 밟기를 작성하고 실천한다.

     ② 식생활 관리: 단계 밟기에 따라 내가 건강하게 먹을 수 있는 음식을 한 가지 만들어 보고 촬영하여 문자로 보낸다.

     ③ 체중 관리: BMI 계산 후 표준 체중으로 가기 위한 단계 밟기를 작성하고 실천한 과정을 촬영하여 문자로 보낸다.

     ④ 집안 관리: 단계 밟기에 따라 청소한 후에 청소 전후를 촬영하여 문자로 보낸다.
3. 단계 밟기에 따라 실천한 과정을 가족에게 설명하고 가족의 피드백 적어 오기
   - 일상생활 관리 활동을 단계 밟기에 따라 실천한 과정을 가족에게 설명한 후에 피드백을 부탁하고 적어 온 내용을 발표한다.

감정 불쾌지수 낮추기 연습하기-호흡법과 상상법

1. 호흡법 중 복식호흡을 5회 연습한다.
2. 집단원 중 한 사람의 상상법 내용을 공유하면서 다 함께 감정을 조절하는 방법을 연습한다.

토론 질문

토론 tip

- 성인으로의 전환기에 대학이나 직장 등의 전혀 다른 새로운 환경에 적응해야 하는 상황에 맞닥뜨리는 것은 ASD 성인들에게 상당한 부담이 될 수 있다(Wenzel & Rowley, 2010). 시간의 흐름에 따라 접하는 다양한 환경의 변화는 ASD 성인뿐만 아니라 누구에게나 일어나는 변화이며, 바뀐 환경에 빠르게 익숙해지는 것이 바로 적응을 잘하는 것이라고 할 수 있다.
- ASD 성인들이 새로운 환경에 적응하는 과정에서, 혹은 평소 생활에서 사소한 환경 변화를 접하면서 어떠한 점을 어려워하고 불편해 하는지에 대해 경험을 나누어 보고, 이러한 변화가 힘들다면 피할 수 있는 것인지, 피할 수 없다면 어떻게 하는 것이 좋을지에 대해 생각해 보는 시간을 갖는다.

자신의 경험을 연결하여 이야기하기

- 경험: 내가 _____(언제), _____(어디서), _____을(무엇을) 할 때 _____하게(어떻게) 혹은 _____ 한 이유로(왜) 했는데,
- 생각: _____한 생각이 들어서
- 감정: _____한 기분이었습니다.
- 행동(결과): _____한 행동을 했습니다. 혹은 _____한 결과가 일어났습니다.

Q 질문 1: 새로운 환경에 적응해야 한 적이 있나요? 연결하여 이야기하기에 따라 발표해 보세요.

예 "작년에 처음으로 새로운 대학에 입학했습니다. 수업 일정 때문에 식사 시간도 달라지고 주말에 과제를 해야 해서(경험) 자유가 없어진 것 같았습니다(생각). 그래서 기분이 울적해졌습니다(기분)."

Q 질문 2: 주변 환경의 사소한 변화 혹은 시간이 지남에 따라 생기는 환경 변화 때문에 불편한 적이 있나요? 연결하여 이야기하기에 따라 발표해 보세요.

예 "지난 주말에 집에서 아버지가 청소를 하고 있었는데, 나갔다가 돌아와 보니 제 피규어들의 순서를 바꿔 놓았습니다(경험). 아버지는 실수였다고 했지만 제가 정리하는 방식을 무시하는 것 같아서(생각) 화가 났습니다(기분)."

Q 질문 3: 시간이 지남에 따라 생기는 환경의 변화와 새로운 환경에 적응하는 상황을 피할 수 있을까요? 피할 수 없다면 어떻게 하는 것이 좋을까요?

설명

나를 둘러싼 모든 상황은 시간이 지남에 따라 어떤 측면이든 변화하기 마련이므로 변화에 저항하고 화를 내기보다는 의연하게 받아들이고 변화에 맞춰서 나의 행동을 바꾼다면 빠르게 적응할 수 있다. 변화된 환경이나 상황에 따라서 나의 행동을 바꾸지 않는다면 내가 더 힘들어질 수 있다는 것을 명심해야 함을 강조한다.

교육 내용

▷ 원리: 건강, 외모, 일상적인 스케줄 등 개인적인 요소부터 대인관계, 학업이나 업무 환경, 사회환경 등의 보다 넓은 영역까지 개인은 늘 변화를 마주하게 된다. 이러한 변화에 적응하는 데에는 인지적 유연성뿐만 아니라 계획, 시간 관리 등 다양한 실행기능이 필요하지만, 자폐성 장애인들은 실행기능의 결함을 보이는 경우가 많고, 특히 기민한 대처 능력이 부족하여 변화된 상황에 직면하였을 때 어려움을 경험할 가능성이 높다(Panerai et al., 2014). 이렇듯 변화하는 환경에 적응하지 못하는 ASD 성인들은 과도한 분노를 표현하거나 타인에게 공격적인 행동을 하는 등의 문제 행동을 나타내기도 한다(Williams, Siegel, & Mazefsky, 2018). 따라서 먼저 변화에 정서적으로 자극되지 않기 위해서 '내가 살아가는 환경에서 변화가 일어나는 것은 당연한 것'이고 '누구나 변화에 적응하기 위해서 자기 자신을 같이 바꿔 나간다는 것'을 받아들이게 하는 것이 필요하다. 그러고 나서 환경 변화에 대처하는 여러 전략을 습득할 수 있도록 돕는다.

1. 새로운 환경에 빠르게 적응하기 위한 전략

"이 영역은 계획, 조직화, 인지적 유연성의 응용 편이다."

▷ 원리: 자폐성 장애인들은 낯설고 새로운 장소와 환경을 두려워하고 거부하는 특성이 있고, 학년과 학교가 바뀌는 시점이나 학원을 옮기는 등 환경이 새롭게 바뀔 때 적응하는 것에 어려움을 겪는다. 성인으로의 전환기에 대학이나 직장 등의 전혀 다른 새로운 환경에 적응해야 하는 상황에 맞닥뜨리는

것은 ASD 성인들에게 상당한 부담이 될 수 있다(Wenzel & Rowley, 2010). 시간이 흐름에 따라서 나를 둘러싼 사회환경은 지속적으로 변화하며, 변화하는 환경 속에서 생활하기 위해서는 자신의 생각과 행동, 태도 또한 바뀌어야 한다. 새로운 환경에 접했을 때 내가 바뀔 준비를 하는 것이 적응을 위한 첫 단계라고 할 수 있다. 이러한 마음가짐을 가지고 새로운 환경에 빠르게 익숙해지도록 미리 계획하고 준비해 둔다면 낯선 환경에서 예기치 않은 일들이 벌어졌을 때 덜 당황할 수 있다. 한편으로 자폐성 장애인들은 새로운 환경에 접하거나 낯선 사람을 대할 때 기존에 하던 태도를 유연하게 바꾸어서 상황에 맞게 행동하지 못해 상황이나 상대방을 곤란하게 만들 때도 있다(Lough et al., 2015). 변화된 공간과 상황에 맞춰서 나의 태도를 바꿔야 한다는 것을 인식할 수 있도록 한다.

설명

시간의 흐름에 따라서 나를 둘러싼 사회환경은 지속적으로 변화하며, 변화하는 환경 속에서 생활하기 위해서는 자신의 생각과 행동, 태도 또한 바뀌어야 한다. 새로운 환경에 접했을 때 내가 바뀔 준비를 하는 것이 적응을 위한 첫 단계라고 할 수 있다. 적응이란 새로운 환경이 나에게 익숙해지고 편안하게 느껴지는 것, 환경 속에서 일어나는 일들이 예측 가능하고 대처 가능해지는 것이다. 상황에 맞춰 나를 바꾼다는 마음가짐을 가지고 새로운 환경에 빠르게 익숙해지도록 미리 계획하고 준비해 둔다면 낯선 환경에서 예기치 않은 일들이 벌어졌을 때 덜 당황할 수 있다. 새로운 환경에의 빠른 적응을 위해 다음의 전략들에 대해서 알아보자.

1) 새로운 공간에 익숙해지기

Q 질문: 새로운 공간에 빠르게 익숙해지기 위해 할 수 있는 것이 무엇일까요?

- 학교 및 회사의 위치, 건물 및 층 호수를 파악한다.
- 화장실, 식당, 주변 편의시설을 확인한다.
- 집에서 가는 데 걸리는 시간, 교통수단 등을 다양한 선택지로 찾아본다.
- 정식 등교 및 출근일 전에 사전 방문해 본다.
- 시설 안내문 등을 확보한다.

2) 바뀐 시간(일정)에 익숙해지기

Q 질문: 바뀐 시간(일정)에 빠르게 익숙해지기 위해 할 수 있는 것이 무엇일까요?

- 학교나 직장의 한 해 혹은 한 달 일정표가 있다면 학과 사무실이나 담당부서에 미리 요청하여 받아 둔다.

- 나와 관련이 있는 일정들을 확인하여 달력에 미리 표시한다.
- 각 강좌의 리포트나 업무 관련 프로젝트 등 장기 과제의 마감 기한을 달력에 미리 표시한다.
- 전체 과제를 부분으로 나누어 수행 기한을 정한다.
- 규칙적으로 반복되는 일정들(예: 강의, 회의, 정기 모임)을 확인한다.
- 월간/주간/일일 계획표를 짠다.
- 기억해야 할 내용과 해야 할 일 목록을 일정관리수첩이나 스마트폰에 기록하고 매일 업데이트 한다.

3) 새로운 사람에게 익숙해지기

Q 질문: 새로운 구성원들에게 빠르게 익숙해지기 위해 할 수 있는 것이 무엇일까요?

- 도움이 필요할 시 요청할 수 있도록 기관의 조직도 및 행정 부서를 파악하여 연락처를 정리한다.
- 학과 혹은 부서 내 구성원들의 이름을 파악한다.
- 나와 관련된 사람들의 이름과 연락처를 정리한다.
  - ✓ 공적인 관계 혹은 업무와 관련된 연락
    - 공적인 관계의 사람에게는 사무실 연락처를 물어본다.
    - 공적인 업무와 관련된 용건일 경우에는 사무실 연락처를 사용하며, 개인 휴대전화나 SNS로 되도록 연락하지 않는다. 단, 상대방이 허락한 경우에는 괜찮다.
    - 개인 휴대전화로는 주말에는 가급적 연락하지 않는다.
  - ✓ 사적인 관계 혹은 개인적인 연락
    - 필요시 도움을 요청할 사람들을 확보하고, 사무실 연락처가 없을 경우에는 사전에 미리 양해를 구한 뒤에 개인 연락처를 물어본 후 연락한다. 예) 과 대표, 동아리 간부, 부서 내 선임, 입사 동기
    - 개인적으로 더 친해지고 싶은 경우에는 상대방에게 직접 개인 휴대전화 번호를 물어보고 연락처를 알려 준 경우에만 연락한다.
    - 개인 휴대전화로 연락을 할 경우에는 10시 이내로 연락한다는 규칙을 지킨다.
- 안면이 있는 사람과 마주친 경우에는 먼저 인사를 한다.
  - ✓ 하루 중 처음 마주친 경우에는 "안녕하세요." 하고 인사를 하고, 중복해서 마주친 경우에는 미소를 지으면서 눈인사를 하거나 목례를 한다.

4) 변화된 공간과 상황에 맞춰 나의 행동 바꾸기

▷ 원리: 자폐성 장애인들은 변화에 대한 저항성이 크고 스스로의 행동을 조절하고 통제하는 실행기능이 부족한 경우가 많을 뿐만 아니라(Kleinhans et al., 2005), 사회적인 신호를 정확하게 해석하는 데 어려움이 크기 때문에 변화한 상황에서도 분위기나 타인의 반응을 살피지 못한 채 기존의 방식대로 행동하다가 무례하고 둔감하며 이기적인 사람으로 비춰질 가능성이 있다(Barnhill et al., 2002). 즉, 새로운 장소에 방문하거나 낯선 사람과 만나게 되는 경우에는 익숙한 행동 방식에서 벗어나 예의를 차리면서 변화된 상황에 적합한 태도와 행동으로 유연하게 전환하는 것이 필요하다.

Q 질문: 새로운 장소에서 익숙한 곳인 것처럼 습관대로 행동한다면 다른 사람에게 어떻게 보일까요?

- 예 기숙사의 공용 냉장고에서 자기 집에서 하는 것처럼 허락 없이 다른 사람의 음식을 꺼내 먹는 사람
- 예 직장에서 자기 방처럼 양말을 벗은 채 책상 위에 발을 올리고 보고서를 읽는 사람
- 예 카페의 테이블에서 자기 방처럼 모든 물건을 진열해 놓고 쓰는 사람

➞ 대답: 예의가 없어 보인다, 이상해 보인다, 미성숙해 보인다, 충동적인 사람 같다

설명

새로운 장소에서 원래 하던 대로 지나치게 편하게 행동하면 사회적 거리를 지키지 못하고 예의범절이 부족한 사람으로 인식되어 호감을 주지 못할 수 있다.

Q 질문: 새로 만난 사람에게 처음부터 친한 친구에게 하는 방식으로 대하면 어떻게 보일까요?

- 예 새 학기에 처음 만난 사람에게 친근함을 표현하고 싶어서 어깨동무를 하면서 인사한다.
- 예 동호회에 새로 들어온 사람과 빨리 친해지고 싶어서 전화번호를 알아내어 하루 종일 메시지를 보낸다.

➞ 대답: 부담스럽다, 예의가 없어 보인다, 눈치 없어 보인다

설명

사람마다 친밀감을 느끼는 정도가 다르므로 처음부터 지나치게 친밀감을 표현하면 상대방이 부담스러워할 수 있다.

새로운 환경에 맞추어 행동하는 tip

- 다른 사람들이 하는 행동을 주의 깊게 살펴보고 이와 비슷하게 행동한다.
- 하고 싶은 행동이 있을 때는 주변 사람이나 관련 있는 사람에게 양해를 구한다.
  - 예 친구 집에 갔을 때 책이나 물건을 꺼내 보기 전에 봐도 되는지 먼저 물어본다.
- 공용으로 사용하는 공간에서 내 개인적인 공간에서 하는 것처럼 행동하지 않는다.
- 공용으로 사용하는 공간에 내 취향을 과도하게 드러내는 물건을 가져다 두지 않는다.
  - 예 애니메이션 캐릭터, 피규어
- 서로 알아가는 시간을 충분히 가진 후에 상대방이 불쾌해 하지 않을 정도로 거리를 유지하며 친밀감을 표현한다.
  - 예 만나자마자 전화번호나 SNS 아이디를 물어보지 않는다.
  - 예 최근 알게 된 사람에게 반복적으로 개인적인 연락을 하지 않는다.

실습 활동 1: 새로운 환경에 적응하기 위한 전략 실천하기

(실습 활동지 배부)

- 새로운 환경에 적응하기 위한 방법(공간, 시간, 사람) 중에서 한 가지를 고르고, 단계 밟기에 맞춰 구체적인 적응 계획을 실습 활동지에 작성해 본다.
- (과제) '당나귀 규칙'에 따라 신뢰하는 사람들에게 조언을 구하여 더 필요한 것이 없는지 점검하고, 다음 시간에 결과를 발표한다.

새로운 환경에 적응하기 위한 단계 밟기

1단계 목표 정하기	새 학기 개강 후 새로운 일정에 적응하기
2단계 정보 수집하기	• 강의 시간 및 과제 마감 기한 • 학과 일정 • 동아리 일정 • 학교 행사 일정

3 단계

할 일 목록 작성하기

- 강의 시간 및 과제 마감 기한을 캘린더에 표시하기
- 학과 일정을 과사무실에서 확인하기
- 동아리원들과 의논해서 일정 확정하기
- 참여해야 할 학교 행사 일정 확인하기
- 연간 계획표를 간단하게 작성하기
- 월간 계획표를 세부적으로 작성하기

4 단계

우선순위 정하기

① 학과 일정을 학과사무실에서 확인하기
② 참여해야 할 학교 행사 일정 확인하기
③ 강의 시간 및 과제 마감 기한을 캘린더에 표시하기
④ 동아리원들과 의논해서 일정 확정하기
⑤ 연간 계획표를 간단하게 작성하기
⑥ 월간 계획표를 세부적으로 작성하기

5 단계

시간 계획하기

① 학과 일정을 학과사무실에서 확인하기 - 개강 1주 전
② 참여해야 할 학교 행사 일정 확인하기 - 개강 1주 전
③ 강의 시간 및 과제 마감 기한을 캘린더에 표시하기 - 개강 1주 전
④ 동아리원들과 의논해서 일정 확정하기 - 개강 후 1주 내
⑤ 연간 계획표를 간단하게 작성하기 - ④ 완료 후
⑥ 월간 계획표를 세부적으로 작성하기 - ④ 완료 후

6 단계

실행하기

* 완벽하게 준비되지 않아도 시작하기
* 부정적인 상황이나 결과에 감정 조절하기
* 다른 사람의 조언 구하기
* 상황 변화에 대처하기

목표 달성!

- 개강 전에 필요한 정보들을 모두 수집하지 못한 경우에는 개강 후 최대한 빨리 확인한다.
- 일정이 겹쳐서 지나치게 바쁜 주가 있다면 활동 중 일부를 포기하거나 다른 것으로 변경할지 선배들에게 조언을 구한다.
- 만약 일정이 변경되는 경우를 대비하여 여유 시간을 확보하고, 일정이 바뀌는 즉시 다시 계획을 세운다.

2. 변화하는 환경에 적응하기 위해 주변 환경을 조직화하기

"이 영역은 조직화의 응용 편이다."

▷ 원리: 변화하는 환경에 언제든지 적응할 수 있으려면, 수행을 하는 데 필요한 자료들이나 물건들을 쉽게 찾아서 이용할 수 있어야 한다. 자폐성 장애인의 경우, 제한된 관심사의 특성으로 인해 자신의 관심사를 수집하고 저장하는 특성이 두드러진다. ASD 성인의 반 이상(53.47%)이 높은 수준의 저장 장애(hoarding disorder: 필요 없는 물건들을 버리지 못하고 쌓아 두어 일상에 지장이 생길 정도의 장애) 관련 증상을 보이는데, 특히 관심사와 관련한 물건들을 반복적으로 수집하여 주변 환경이 혼란해질 수 있다(Acland et al., 2018; Ruta et al., 2010). ASD 성인들 중 어떤 사람들은 자신의 관심사와 관련이 있는 물건들은 자기만의 분류 체계에 따라 정리를 매우 잘하지만 그 외에 주변 환경에는 전혀 신경 쓰지 않기 때문에 정작 생활에 필요한 물건들은 정리가 되지 않아 실제 생활은 매우 혼란스럽다. 혹은 자신의 관심사와 관련된 물건들을 공간적인 한계나 정리 방식들을 고려하지 않은 채로 무조건적으로 수집, 저장을 하려고 하면서 불필요한 것들을 버리지 못한 채 자신을 둘러싼 환경을 혼란스럽게 만드는 사람들도 있다. 만약 주변 정리가 안되어서 필요한 자료나 물건들을 찾는 데 시간을 소비한다면, 하고 있던 수행의 흐름이 끊기고 주의가 분산되어 내가 추정한 과제 완료시간보다 더 지연되고 이후에 예정된 일들을 완료할 수가 없게 된다. 따라서 내 주변을 효율적으로 조직화하고 정리함으로써 수행의 효율을 높일 수 있고, 스트레스를 덜 받으면서 기분이 좋아질 수 있다는 것을 알려 줄 필요가 있다.

Q 질문 1: 내 물건이나 주변을 정리하는 자기만의 방식, 규칙 혹은 전략이 있나요?

Q 질문 2: 내 주변 환경을 정리정돈하는 것이 왜 필요할까요?

설명

자신의 관심사와 관련이 있는 물건들은 정리를 하면서도 그 외에 주변 환경에는 전혀 신경 쓰지 않으면서 정작 생활에 필요한 물건들이 정리되지 않는다면, 필요한 자료나 물건들을 찾는 데 시간을 소비하게 되고, 하고 있던 활동의 흐름이 끊기고 주의가 분산되어 하고 있는 수행이나 활동을 마치는 데 지나치게 오랜 시간이 걸리거나 끝까지 마무리하지 못하게 될 수도 있다. 즉, 자신의 생활 공간과 주변 환경을 정리하지 않는다면, ① 필요한 물건(옷, 신발, 필기구, 노트, 유인물 등)을 찾는 데 시간이 오래 걸리고, ② 물건을 찾느라 지각이나 마감 기한 지연 등이 일어날 수 있으며, ③ 주변이 지저분하고 정신이 없어서 집중하는 것이 어렵다. 그러다 보면 ④ 학업이나 업무 수행의 효율성이 떨어지고, ⑤ 집에서는 부모님의, 학교에서는 선생님의, 직장에서는 상사의 잔소리를 듣게 되며, 궁극적으로 ⑥ 스트레스를 받고 기분이 안 좋아진다. 따라서 변화하는 환경 속에서 효율적인 생활, 학업, 업무를 수행하기 위해서는 내 주변 환경을 조직화(정리정돈)하는 것이 필수적이다.

1) 주변 환경 조직화의 필요성

- 보다 쉽게 물건/자료를 찾을 수 있다.
- 과제나 업무를 할 때 집중력과 효율성이 높아진다.
- 과제나 업무를 할 때 스트레스가 감소된다.
- 주변이 보다 깔끔하고 보기 좋고 기분도 좋아진다.

2) 주변 환경 조직화 전략

① 필요 여부에 따라 분류한다.

예 FAT – File(모을 것) / Action(작업할 것) / Trash(버릴 것)

조직화 대상	모을 것(File)	작업할 것(Action)	버릴 것(Trash)
책상	• 책꽂이: 나중에 볼 책, 파일 • 연필꽂이: 필기도구 • 칸막이 정리함: 클립, 집게, 지우개	• 책상 위: 현재 공부하는 문제집, 사용하고 있는 필기도구, 작업하고 있는 노트북	• 쓰레기통: 다 쓴 이면지, 파기해야 할 종이, 다 쓴 볼펜, 다 먹은 간식 포장지
의류 및 잡화	• 박스: 계절이 지난 옷, 모자, 신발	• 옷장: 계절에 맞는 옷, 속옷, 모자 • 신발장: 계절에 맞는 신발	• 의류 수거함: 손상이 있거나 작거나 더 이상 착용하지 않을 것 같은 의류 및 잡화
파일	• 폴더: 나중에 열어 볼 예정인 파일	• 바탕화면: 현재 가장 많이 열어 보고 수정하는 파일	• 휴지통: 나중에 열어 보지 않을 파일

② 내용에 따라 분류한다.

예 종류, 주제, 색깔, 크기, 날짜

조직화 대상	종류	색깔 혹은 주제	날짜 혹은 시기
의류	• 상의: 티셔츠, 남방, 가디건, 점퍼 • 하의: 청바지, 면바지 • 속옷: 삼각팬티, 사각팬티, 런닝, 내복	• 상의: 붉은색 계열, 흰색 계열, 푸른색 계열, 줄무늬 계열 • 하의: 베이지색, 네이비색, 카키색, 검은색, 흰색	• 봄가을용 • 초여름용 • 한여름용 • 한겨울용 • 간절기용
파일	• 문서: 한글, 워드, 엑셀, PPT, 메모장 • 사진: 풍경, 인물 • 그림: 만화, 일러스트 • 음악: 록, 댄스, 발라드, 클래식, 연주곡 • 동영상: 영화, 드라마, 유튜브 방송	• 문서: 과목별, 과제별, 프로젝트별 • 사진: 여행 지역별 사진, 가족 사진, 친구 사진, 동물 사진 • 동영상: 공포영화, 멜로영화, 재난영화, 히어로 액션, 만화영화	• 문서: 작성 연도별 • 사진: 여행 연도별 • 동영상: 개봉 시기별, 드라마 방영 시기별, 유튜브 방송 날짜별
책상	• 유인물(서류): 과목별 클리어 파일 • 책 & 노트: 과목별 • 필기구: 연필, 볼펜, 사인펜, 형광펜	• 필기구: 빨간색, 파란색, 형광색 • 파일: 과목별로 다른 색깔로 정리	• 책 & 노트: 시험 날짜 순서별 • 파일: 학기별

③ 공간을 구분할 수 있는 장치를 이용한다.

예 색깔로 구분된 통, 이름표가 붙어 있는 파일, 가방 속 분리된 공간, 컴퓨터 폴더

④ 자주 쓰는 물건이나 자료는 가장 가까이에 있도록 정리한다.

⑤ 물건이나 자료를 사용한 후에 제자리에 둔다.

3. 환경에 쉽게 적응하기 위해 나의 특성에 맞는 환경 조건 파악하기

"이 영역은 조직화의 응용 편이다."

▷ 원리: 자폐성 장애인들은 변화에 적응하는 것을 어려워하는데, ASD에서 두드러지는 사회적 의사소통의 어려움과 더불어 계획 및 조직화와 같은 실행기능의 결함, 감각적인 예민성, 제한적인 관심사 등이 이러한 문제에 영향을 미칠 수 있다(Bissonnette, 2014). 따라서 큰 환경 변화를 받아들이기 어렵다면 자신이 가진 특성을 미리 파악하고 내가 적응하기에 용이한 환경을 찾아서 선택하는 것이 쉽게 적응하기 위한 가장 효과적인 전략일 수 있다. 이를 위해 자신이 가진 특성을 적어 보고, 선호하는 환경의 조건을 숙고해 보는 활동을 진행하여 향후 새로운 환경 적응에 도움이 되고자 한다.

1) 나의 특성 파악하기

① 나만의 독특한(ASD 관련) 특성에 대해 적어 본다.

② 이러한 특성과 관련하여 내가 선호하는 환경과 힘들게 느끼는 환경을 생각해 본다.

③ 각 특성이 나에게 미치는 영향이 얼마나 큰지 중요도를 평가한다.

나의 특성 파악하기의 예시

항목	나의 특성	선호하는 환경	힘들게 느끼는 환경	중요도 (1~10)
변화에 대한 반응	되도록 변화가 적고 안정적인 것을 좋아한다.	매일 비슷한 일을 할 수 있는 환경	매일 창의적으로 새로운 일거리를 만들어야 하는 환경	8
감각적인 예민성	작은 소리도 잘 듣고, 큰 소리가 나면 힘들다.	소음이 거의 없는 환경	시끄러운 소리가 자주 들리는 환경	7
사회성	혼자 있는 것이 편하다.	혼자 일할 수 있는 환경	매일 새로운 사람을 만나야 하는 환경	6
관심사	기차, 기계에 대해 관심이 많다.	기차, 기계를 직접 다룰 수 있는 환경	기차, 기계와는 전혀 상관이 없는 환경	3

2) 나의 특성에 맞는 환경 조건 확인하기

① 나의 특성에 따라 내가 선호하거나 피하고 싶은 환경의 요소나 조건들을 정리해 본다.

- 학습 환경 선택의 예
  - 예 시끄러운 환경에서 집중하는 것이 어렵다면 카페에서 공부하는 것은 피한다.
  - 예 빛에 대해 예민하다면 차분한 조명이 있는 독서실을 선택한다.

② 내가 원하는 조건의 중요도를 고려하여 조건의 우선순위를 매겨 본다.

- 우선적으로 나만의 독특한 특성과 밀접한 관련이 있는 조건(예: 감각적 예민성, 예기치 않은 변화의 가능성, 사회적 관계)을 고려한 후에 환경 선택에 영향을 미치는 다른 조건을 고려한다.
- 학습 환경 선택의 예
  - 예 우선순위: ⓐ 소음, 채광 및 조명(감각적인 예민성), ⓑ 좌석 형태(변화에 대한 반응), ⓒ 타인과의 간격 및 수용 인원(사회성), ⓓ 교통, ⓔ 비용, ⓕ 운영 시간

실습 활동 2: 나의 특성에 맞는 환경 조건 파악하기

(실습 활동지 배부)

(1) 나만의 독특한 특성이 있는지 생각해 보고 실습 활동지에 작성한다.

(2) 환경에 빠르게 적응하기 위해 내가 선호하거나 피하고 싶은 학습 환경을 생각해 보고 실습 활동지에 작성한다.

나의 특성에 맞는 환경 조건 확인하기의 예시

선택 요소	내가 원하는 조건	조건의 중요도 (1~10)	조건의 우선순위
소음	최대한 조용한 공간	10	1
채광 및 조명	어두운 실내에서 스탠드 사용	7	3
타인과의 간격	분리되어 있는 1인 공간	8	2
공간 이용 인원	적을수록 좋음	4	5
좌석 형태(고정, 유동)	고정	6	4
교통	가까울수록 좋음	2	7
비용	월 15만 원 이하	3	6
운영 시간	최소 밤 12시까지 운영	1	8

습관 만들기

1. 다음 주 할 일 목록과 주간 계획표 작성하기(**3회기** 실습 활동 2, 3, 4 & **6회기** 실습 활동 1)
   - 개인위생 관리, 건강 관리, 집안 관리 중에서 지속적으로 실천할 수 있는 것을 골라 보고, 할 일 목록이나 주간 계획표에 추가하여 실천한다.
   - 수행을 완수한 것에 대해서 스스로에게 보상을 한다.
2. 다르게 생각하기와 상황 변화에 대처하기 연습하기(**4회기** 실습 활동 4 & **5회기** 실습 활동 3)
   - 한 주 동안 감정 불쾌지수가 높아진 상황이나 일상에서 갑작스런 상황 변화가 생겼을 때 감정 불쾌지수를 측정해 보고, 호흡법과 상상법을 통해 감정을 조절하는 것을 연습한다.
   - 다르게 생각하기를 해 보거나 변화된 상황에 맞는 대안 3개와 그에 따른 장단점, 해결책을 생각해서 과제지에 작성한다.
3. 개인위생 관리, 건강 관리, 집안 관리 중 지난주에 하지 않은 다른 하나를 선택하여 단계 밟기를 작성한 후에 그에 따라 실천한 과정을 촬영하여 문자로 보내고, 가족에게 피드백을 받기(**6회기** 과제 2, 3)

과제 안내

1. 새로운 환경에 적응하기 위한 계획 세우고 실천하기(실습 활동 1)
   - 새로운 환경에 적응하기 위한 단계 밟기를 신뢰하는 5명 중 한 사람에게 설명하고 조언을 구한 후에 더 필요한 것이 없는지 점검하고 계획을 완성한다.
   - 당장 실천할 수 있는 방법들을 실천하고 얼마나 도움이 되는지 생각해 본다.
2. 주변 환경 조직화하기

   ① 주변 환경 조직화하기 전략을 이용해서 정리할 수 있는 대상을 찾아본다(예: 방 정리, 책상 정리, 책장 정리, 옷장 정리, 여행 사진 정리, 컴퓨터 파일 이름 정리).

   ② 하나의 대상을 정해 조직화 전략을 선택하고 그에 따라 정리한다.

   ③ 정리하기 전과 정리한 후의 사진을 촬영하여 문자로 보낸다.

   ④ 정리된 후에 나의 기분과 효율성에 대해 생각해 본다.
3. 나의 특성에 맞는 환경 조건 파악하기(실습 활동 2)
   - 나의 독특한 특성과 관련해서 내가 선호하거나 피하고 싶은 학습 환경의 조건을 정리한다.
   - 나의 특성에 따른 학습 환경 조건의 중요도 및 우선순위를 매겨 본다.
4. 사용하고 있는 가계부가 있다면 가져오기
   - 가계부가 없다면 종이 가계부를 사용할 것인지, 전자 가계부나 스마트폰 어플을 사용할 것인지를 결정해서 가계부 수첩을 준비하거나 어플을 깔아 둔다.

7회기 실습 활동지

이름:

실습 활동 1 새로운 환경에 적응하기 위한 전략 실천하기

1. 새로운 환경에 적응하기 위한 방법(공간, 시간, 사람) 중에서 한 가지를 고르고, 단계 밟기에 맞춰 구체적인 적응 계획을 작성해 봅시다.

단계 밟기

1단계 목표 정하기

2단계 정보 수집하기

3단계 할 일 목록 작성하기

4단계 우선순위 정하기

5단계 시간 계획하기

6단계 실행하기

* 완벽하게 준비되지 않아도 시작하기
* 부정적인 상황이나 결과에 감정 조절하기
* 다른 사람의 조언 구하기
* 상황 변화에 대처하기

목표 달성!

2. (과제) '당나귀 규칙'에 따라 신뢰하는 사람들에게 조언을 구하여 더 필요한 것이 없는지 점검하고, 다음 시간에 결과를 발표해 봅시다.

7회기 실습 활동지

이름:

실습 활동 2 나의 특성에 맞는 환경 조건 파악하기

1. 다음의 표를 작성하며 나의 특성을 파악해 봅시다.

① 나만의 독특한 특성에 대해 적어 본다.

② 이러한 특성과 관련하여 내가 선호하는 환경과 힘들게 느끼는 환경을 생각해 본다.

③ 각 특성이 나에게 미치는 영향이 얼마나 큰지 중요도를 평가한다.

항목	나의 특성	선호하는 환경	힘들게 느끼는 환경	중요도 (1~10)
변화에 대한 반응				
감각적인 예민성				
사회성				
관심사				

2. 환경에 빠르게 적응하기 위해 내가 선호하거나 피하고 싶은 학습 환경을 고려하여 작성해 봅시다.

- **나만의 독특한 특성과 밀접한 관련이 있는 조건을 우선적으로 고려한 후에, 환경 선택에 영향을 미치는 다른 조건을 고려하여 중요도와 우선 순위를 정해 봅시다.**

선택 요소	내가 원하는 조건	조건의 중요도(1~10)	조건의 우선순위
소음			
채광 및 조명			
타인과의 간격			
수용 인원			
좌석 형태(고정, 유동)			
교통			
비용			
운영 시간			

8회기

실행기능을 활용하여 개인 경제를 스스로 관리해 봅시다

실행기능 영역

조직화, 계획, 의사결정, 스트레스 관리, 시간 관리, 자기 조절

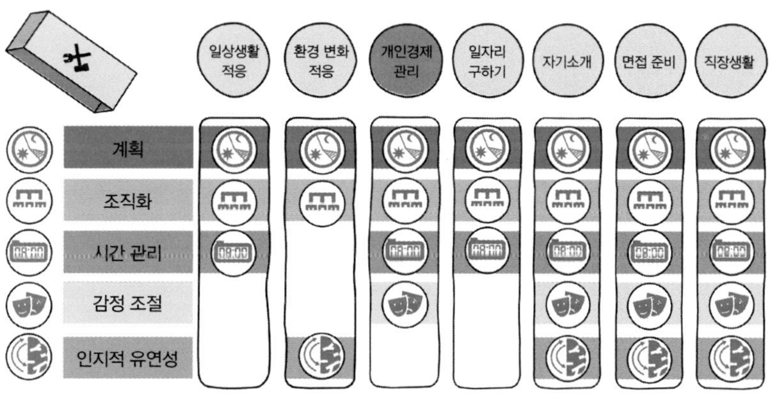

목표

1. 독립된 성인으로서 수입과 지출 관리의 필요성에 대해서 인식한다.
2. 실행기능(계획, 조직화)을 활용하여 가계부를 작성하고, 예산을 세우며, 저축하는 방법을 배운다.
3. 실행기능(계획, 조직화)을 활용하여 합리적인 소비 활동을 하기 위한 전략을 배운다.
4. 실행기능(계획, 조직화)을 활용하여 경제적인 여가 활동 계획을 세우는 방법을 익힌다.

습관 만들기 점검

1. 다음 주 할 일 목록과 주간 계획표 작성하기
   - 개인위생 관리, 건강 관리, 집안 관리 중에서 지속적으로 실천할 수 있는 활동을 할 일 목록이나 주간 계획표에 추가하고, 수행을 완수한 것에 대해서 스스로에게 보상을 한 것이 있다면 이야기 나눈다.
   - 할 일 목록과 주간 계획표 작성이 습관화되고 있는지, 시간 관리에 도움이 되는지에 대해서 이야기 나눈다.
2. 다르게 생각하기와 상황 변화에 대처하기 연습하기
   - 감정 불쾌지수가 높아진 상황이나 일상에서 갑작스런 상황 변화가 생겼을 때 감정 불쾌지수를 어떻게 조절했는지 이야기 나눈다.
   - 다르게 생각하기를 해 보거나 변화된 상황에 맞는 대안 3개와 그에 따른 장단점, 해결책을 생각해 봤다면 이에 대해서 이야기 나눈다.
3. 개인위생 관리, 건강 관리, 집안 관리 중 지난주에 하지 않은 다른 하나를 선택하여 단계 밟기를 작성한 후에 그에 따라 실천한 과정을 촬영하여 문자로 보내고, 가족에게 피드백을 받기
   - 실천하고 촬영해 둔 사진이 있다면 이를 다른 집단원에게 소개하면서 실천한 과정에 대해 이야기를 나누고, 가족의 피드백이 어땠는지에 대해서도 이야기 나눈다.

과제 점검

1. 새로운 환경에 적응하기 위한 계획 세우고 실천하기
   - 새로운 환경에 적응하기 위한 단계 밟기를 신뢰하는 5명 중 한 사람에게 설명하고 조언을 구한 후에 완성된 계획을 발표한다.
2. 주변 환경 조직화하기

   ① 주변 환경 조직화하기 전략을 이용해서 정리한 대상이 무엇이고, 어떠한 조직화 전략을 선택했는지 발표한다.

   ② 정리하기 전과 정리한 후의 사진을 찍어 보냈다면, 이를 PPT 교육 자료에 편집해 두고 집단원이 동의한다면, 이 사진을 제시하고 발표한다.

   ③ 정리된 후에 나의 기분과 효율성에 대해 발표한다.
3. 나의 특성에 맞는 환경 조건 파악하기
   - 나의 독특한 특성과 관련해서 내가 선호하거나 피하고 싶은 학습 환경의 조건을 정리한다.
   - 나의 특성에 따른 학습 환경 조건의 중요도 및 우선순위를 발표한다.

4. 사용하고 있는 가계부를 가져오기

- 사용하고 있는 가계부를 가져왔는지, 없다면 어떤 종류를 선택했는지 발표한다.

감정 불쾌지수 낮추기 연습하기-호흡법과 상상법

1. 호흡법 중 복식호흡을 5회 연습한다.
2. 집단원 중 한 사람의 상상법 내용을 공유하면서 다 함께 감정을 조절하는 방법을 연습한다.

토론 질문

토론 tip

- 전환기에 있는 ASD 성인에게 필요한 것 중 하나는 경제 관리이다. ASD 성인들은 독립을 위한 재정 관리의 중요성에 대해 알고 있지만, 목표를 정하고 실천하기 위해 요구되는 기술들이 부족하기 때문에 구체적인 교육 및 지원이 요구된다(Cheak-Zamora et al., 2017; Caria, 2019; Wisner-Carlson et al., 2020).
- 수입과 지출의 관리의 필요성, 합리적이고 계획적인 지출 계획(예산 세우기)에 대한 필요성, 지출 금액을 고려한 소비 활동과 여가 활동의 선택 및 계획의 필요성에 대해서 토론의 화두를 던지며 본 회기에서 배울 내용에 대해서 개요를 제시한다.

Q 질문 1: 정기적인 수입이 있나요? 어디서 나오나요? 비정기적인 수입이 있다면 어디서 나오나요?

예) 직장에서의 급여 vs. 부모님으로부터의 용돈 vs. 기타 (중고 거래, 기간별 아르바이트 등)

Q 질문 2: 자신의 수입과 지출을 어떻게 관리하고 있나요? 가계부를 사용하고 있나요? 사용하지 않는다면 이유는 무엇인가요?

예) 귀찮아서, 어차피 가계부를 써도 아낄 수 있는 것이 아니라서, 작성하는 것과 하지 않는 것에 따른 행동 차이가 없어서, 가계부를 쓰는 것에 익숙하지 않아서, 지출 구조가 단순하고 명확해서, 쓸 돈이 없어서

Q 질문 3: 사고 싶은 물건이 있을 때, 하고 싶은 취미 혹은 여가 활동이 있을 때 깊게 생각해 보지 않고 무계획적으로 돈을 사용하면 어떠한 결과가 나타날까요?

예 • 불필요한 물건을 사거나 불필요한 활동에 돈을 소비하여 죄책감이 든다.
• 다른 물건을 구매하거나 다양한 취미나 여가 활동을 하는 데 필요한 돈이 부족하다.
• 더 싸게 살 수 있는데도 비싼 돈을 주고 산다.

교육 내용

▷ 원리: 전환기에 있는 ASD 성인들이 독립적인 삶을 살기 위해서는 재정 관리가 필수적이다(Wisner-Carlson et al., 2020). 독립된 성인은 수입원을 찾고 필요한 물건들을 구매할 생활비를 마련해야 하며, 자신의 재정 상태를 기억하면서 소비의 균형을 맞추고 비상시를 위해 쓸 돈을 저축해야 한다. 이러한 돈 관리에는 여러 가지 구성 요소가 포함되며, 이를 효과적으로 수행하지 않으면 식품을 구하지 못하거나 각종 서비스들을 이용하지 못하게 되는 등의 심각한 결과를 초래할 수 있다. 돈 관리는 누구에게나 힘든 일이 될 수 있지만 ASD 성인에게는 특히 어려울 수 있다. ASD 성인들은 재정 관리의 중요성에 대해 알고 있고 재정 관리를 잘할 수 없는 것에 대해서 걱정을 하면서 독립된 성인이 되는 데 이 문제가 걸림돌이 된다고 생각한다(Cheak-Zamora et al., 2017). 하지만 실질적인 재정 목표를 정하고 실천하기 위해 요구되는 기술들이 부족하기 때문에 이를 잘하기 위해서는 구체적인 교육 및 지원이 필요하다(Caria, Paternó, & Santoro, 2019). 전환기에 있는 ASD 성인들을 교육할 내용으로 자신이 가진 돈을 파악하고 물건이나 서비스를 구매할 만큼 충분한지를 판단할 수 있도록 하는 것과 함께 은행 서비스를 이용할 수 있는 방법과 복잡한 재무 관리 기술을 배우는 것도 필요하다(Cihak & Grim, 2008). 이를 위한 첫 단계로 자신의 소비의 흐름을 파악할 수 있게 가계부 작성을 하도록 하며, 가계부를 작성하면서 자신의 한 달 수입과 지출을 정리해 보고, 다음 달에 사용할 금액에 대한 예산을 세워 보는 연습을 한다. 더불어 은행을 이용하는 방법에 대해서 간단히 살펴보고, 물건 구매 시 합리적인 판단을 할 수 있도록 구매 전략에 대해 살펴본다. 마지막으로, 여가 활동에 들어가는 비용에 대해서도 생각해 보면서 여가 활동 계획을 세워 보는 연습을 한다.

1. 수입과 지출 관리

"이 영역은 계획, 조직화의 응용 편이다."

1) 수입과 지출 관리의 필요성

설명

돈을 관리하는 것의 시작은 자신의 수입과 지출의 규모를 파악하는 것이다. 대개 사람들은 스스로 돈을 벌기 전까지는 부모님으로부터 필요한 돈을 받아서 소비를 한다. 성인 전환기에 수입이 없는 성인의 경우에는 필요한 소비 상황이 생겼을 때 부모님에게 직접 돈을 받아서 지출을 하는 사람도 있지만, 상품의 결제 단계에서 부모님이 대신하거나 소비 활동 자체를 부모님이 한 후에 상품만 제공해 주는 경우도 있어 직접적인 소비 활동의 기회가 적은 사람들도 있다. 이러한 기간이 길어질수록 성인은 경제활동에 대한 개념을 갖지 못하게 되고, 독립적인 수입과 지출 활동의 필요성에 대해서도 인식하지 못하게 된다. 이에 경제적인 독립에 필수적인 수입 활동인 직업을 갖고자 하는 동기가 저하될 수 있으며, 부모에게 경제활동의 의존도가 높아지고 의존 기간 또한 길어질 수 있다. 우리가 사용할 수 있는 돈은 한정되어 있으며, 부모님으로부터 나오는 돈과 내가 벌어들이는 수입 또한 무한하지 않다. 따라서 한정되어 있는 돈의 범위 내에서 생활하면서 필요한 소비를 할 수 있도록 계획 세우는 것을 훈련하는 것이 필요하다.

(1) 수입과 지출 관리가 필요한 이유

- 필요한 물건을 적절한 시기에 구매하기 위해
- 하고 싶은 활동이나 취미생활에 필요한 지출을 하기 위해
- 공부나 자기 계발에 필요한 금액을 내기 위해
- 사회적 관계를 유지하기 위해(예: 식사비, 카페 음료비, 영화비, 유흥비)
- 수입이 없는 기간에 생활을 유지하기 위해
- 예기치 못한 일이 생겼을 때(예: 사고로 인한 병원비)를 대비하기 위해
- 미래를 대비하기 위한 저축 계획을 위해
- 경제적인 독립을 위해
- 독립된 가정을 꾸리기 위해
- 자존감을 유지하기 위해

설명

개인 경제 관리의 시작은 자신의 수입 안에서 지출을 계획하는 것이다. 자신의 수입 이상으로 지출을 하게 되면 부모에게 금전적인 지원을 요청하거나 타인 혹은 금융기관에게 빚을 질 수밖에 없고, 결국 경제적인 독립을 하지 못한 채 지속적으로 의존하게 된다. 또한 미래를 대비하거나 고가의 금액이 필요한 물품을 구매하기 위해서 저축이 필요하며, 나의 수입과 지출의 규모를 알아야 저축 계획을 세울 수 있다. 이러한 지출과 저축 계획을 세우기 위해서는 고정된 수입이 필요하다. 고정된 수입 안에서 저축과 지출이 이루어져야 경제적인 독립을 했다고 할 수 있으며, 이를 위해서는 일정 기간 동안 고정된 수입을 갖는 것이 중요하다. 일반 직장이나 아르바이트의 경우에는 급여가 한 달 단위로 지급되므로 수입과 지출의 관리를 한 달 단위로 하는 것이 적당하다. 직장이나 아르바이트를 통해 한 달 단위로 지급되는 고정된 수입이 없다면 부모님과 상의하에 한 달 단위의 용돈으로 고정된 수입을 마련하도록 한다.

(2) 고정된 수입의 중요성

- 나의 수입 안에서 지출을 스스로 결정하고, 저축을 하는 것은 경제적 독립의 첫걸음이다.
- 내가 필요할 때마다 부모님으로부터 돈을 받는다면 지출을 계획하기 어려우며, 나에게 드는 비용(예: 통신비, 병원비, 학원비, 교통비 등)을 부모님이 대신 지출한다면 경제적인 독립이 이루어지지 않는다.
- 경제적 독립을 위해서는 고정된 수입이 있어야 하며, 일정 기간 동안 고정된 수입 안에서 스스로 지출을 결정하고 저축을 하는 것이 독립된 경제 관리라고 할 수 있다.
- 아직 직장이나 아르바이트를 통해서 버는 고정된 수입이 없다면, 용돈과 같이 내 스스로 관리할 수 있는 고정된 수입을 마련하는 것이 필요하다.

고정된 수입 만들기

- 부모님과 상의하에 한 달 단위로 일정한 금액을 정해서 매월 같은 날에 용돈을 받도록 한다.
- 나에게 드는 모든 비용 중 내가 용돈에서 관리할 수 있는 지출 항목과 부모님이 지출할 항목을 정한다.
  ① 내가 관리할 지출 항목의 예: 교통비, 통신비, 간식비, 유흥비, 필요한 물품 구매비, 저축 비용 등
  ② 부모님이 관리할 지출 항목의 예: 등록금, 학원비, 병원비 등
- 내가 관리할 지출 항목에 필요한 한 달 동안의 용돈 금액을 부모님과 함께 결정한다.

2) 은행 계좌 만들기

설명

성인이 되면 아르바이트나 직업 활동을 통해 스스로 돈을 벌 수 있고, 동시에 필요한 물건이나 비용을 스스로 결정해서 지출해야 한다. 개인 경제 규모가 작고 용돈을 받아서 생활하더라도 자신만의 계좌를 만들어서 사용한다면 수입과 지출을 조직화하여 효율적인 지출과 저축을 연습할 수 있기 때문에 경제적인 독립을 대비하는 데 도움이 될 수 있다. 자기 이름의 은행 계좌가 있는 경우에는 현재 자신이 가지고 있는 돈을 확인하여 보유한 금액에서 얼만큼 지출할 수 있는지 결정할 수 있다. 또한 계좌를 만들어 특정 목적을 위해 돈을 모은다면(예: 여행, 운전면허증 취득) 추후에 달성하는 데 비용이 드는 목표를 부담 없이 설정하고 계획해서 이를 이루기가 더 쉬워질 수 있을 것이다.

(1) 계좌의 필요성 및 장점

- 계좌란 은행에 자신의 금전적인 자산을 보관할 수 있는 자리를 계약하는 것으로, 이를 통해 수입과 지출의 흐름이 기록된다.
- 수입과 지출을 정확하고 빠르게 파악할 수 있다.
- 돈을 안전하게 보관할 수 있다.
- 카드를 연동하면 필요한 상품을 편리하게 구매할 수 있다.

- 온라인에서 거래할 때 유용하다.
- 보유한 돈에 대한 이자를 받을 수 있다.

(2) 계좌를 개설하는 방법

- 신분증과 도장(사인으로 대체 가능)을 지참하고 은행을 방문하여 목적에 맞는 통장을 개설한다.
  - ✓ 보이스피싱의 성행으로 인해 수시입출금 계좌를 개설 시 실명 확인과 금융거래 목적을 확인하기 위한 증빙 서류가 필요하므로 개설 목적을 명확히 전달한다(예: 월급통장, 적금 혹은 예금 통장 개설을 위한 수시입출금 통장).
  - ✓ 비대면 계좌 개설도 가능하므로 인터넷이나 모바일로 신규 계좌 개설을 할 수 있다.
- 인터넷뱅킹 혹은 모바일뱅킹이 가능하도록 신청한다.
  - ✓ 스마트폰에 주거래은행 앱을 설치하고, 공인인증서 발급이나 생체인식 등록을 통해 로그인을 하면 실시간으로 계좌 확인이 가능하다.
  - ✓ 체크카드를 연동해서 사용하면 수입과 지출의 흐름을 알 수 있다.

(3) 통장의 종류

- 입출금이 자유로워 생활비용 통장으로 사용할 수 있는 일반 예금 통장
- 목적에 따라 저축을 할 수 있는 저축 통장
  - ✓ 적금 통장: 일정 기간 동안 정해진 금액 혹은 자유로운 금액을 매달 저축하는 통장
  - ✓ 예금 통장: 정해진 기간 동안 일정 금액을 은행에 예치하는 통장
  - ✓ 주택청약 종합저축통장: 주택 청약 신청을 할 수 있는 통장
  - ✓ 연금 통장: 노후 대비를 위해 55세 이후에 저축한 금액을 받을 수 있는 통장

설명

필요시 은행 상담원의 안내에 따라 목적에 맞는 통장을 개설한다. 은행을 방문할 필요 없이 인터넷이나 모바일 뱅킹을 이용해서 목적에 맞는 통장을 찾아 계좌를 개설할 수 있다.

3) 가계부 작성하기

설명

한 달 단위의 수입과 지출의 규모를 파악하는 것은 수입과 소비하는 돈을 기록하는 가계부 작성을 통해서 할 수 있다. 가계부를 매일 쓴다는 것은 상당한 기력을 소모하는 일이지만, 제일 먼저 나의 고정된 수입과 지출의 현 상태를 파악하지 않고는 저축으로 이어지지 않을 수 있기 때문에 힘들어도 반드시 해야 한다. 가계부로 얻은 정보가 있어야 내 상황을 개선하고 적정한 소비 규모를 세우고 미래를 위한 저축을 할 수 있다.

(1) 가계부 작성의 장점

- 수입과 지출 현황을 한눈에 파악해 볼 수 있다.
- 소비를 기록하고 분석하면 생활 습관을 알 수 있어 불필요하게 쓰는 돈을 줄일 수 있다.
- 향후 자금 계획(예산)을 세우고 나에게 합리적인 소비 규모를 정할 수 있다.
- 미래를 위한 저축 계획을 세울 수 있다.

(2) 가계부 종류의 선택: 아날로그 가계부 vs. 디지털(전자) 가계부

- 다음의 디지털 가계부의 장단점을 살펴보고, 장점이 더 크다고 판단되면 디지털 가계부를, 단점이 더 크다고 판단되면 아날로그 가계부를 선택하여 사용을 시작해 본다.

디지털 가계부의 장점	디지털 가계부의 단점
① 종이 가계부보다 더 쉽게 사용할 수 있다. - 실시간으로 지출의 합계를 확인할 수 있다. - 자동 계산이 가능하다. - 지출을 하자마자 바로 휴대폰에 기록하는 것으로 가계부 정리가 끝난다. - 신용카드나 체크카드 사용 내역은 자동으로 기록된다. - 자동이체로 나가는 돈을 반복 설정해서 자동으로 기록할 수 있다. ② 지출을 항목별로 파악할 수 있다. 지출의 구성을 원그래프로 확인할 수 있다. - 주간 월간, 연간 변화를 바로 확인할 수 있다.	① 입출금 내용이 자동으로 계산되어 직접 쓰면서 계산하는 것보다 경제 관념을 기르기 어려울 수 있다. - 지출을 직접 쓰다 보면 나의 소비 패턴을 더 체감할 수 있다. ② 개인정보 유출의 위험이 있다. ③ 백업을 하지 않으면 정보가 사라질 가능성이 있다.

- 디지털 가계부의 종류 소개(부록 참조)

(3) 가계부 작성 요령

"이 영역은 조직화의 응용 편이다."

① 월별로 지출 내역과 사용 금액을 적는다.

② 결제 수단을 구분한다.

③ 항목을 분류하여 기록한다.

✓ 항목 분류의 예: 식비, 교통비, 주거생활비, 학비, 학원비, 문화생활비, 건강관리비, 의류비, 미용비, 사회생활비, 유흥비, 간식비, 금융보험비, 저축, 방세, 보험료, 공과금, 통신비, 생필품, 기타

④ 지출의 필요 여부(필수/선택)를 기록한다.

⑤ 월말에 지출 총액을 합산하여 한 달 소비 규모를 파악한다.

⑥ 항목별 지출 금액을 합산하여 어느 항목의 소비가 많은지를 파악한다.

⑦ 선택 지출 항목을 살펴보고 불필요한 소비를 줄일 수 있도록 지출을 관리한다.

가계부 작성의 예시

날짜	지출 내역	금액(원)	결제 수단 (카드/현금)	항목 분류	필요 여부 (필수/선택)
8/1	교통카드 충전	50,000	현금	교통비	필수
	편의점 도시락과 라면	8,000	카드	식비	선택
8/3	친구와 카페	15,000	카드	사회생활비	선택
	학원 교재비	30,000	현금	학원비	필수
8/7	PC 방	10,000	현금	유흥비	선택
	PC 방에서 간식	5,000	현금	간식비	선택
8/11	통신비	60,000	카드	통신비	필수
8/31	친구들과 노래방	15,000	카드	유흥비	선택
8월	합계	193,000			

4) 간편한 지출 관리 방법

설명

가계부 작성이 번거롭다고 생각되거나 가계부를 작성할 만큼 아직 관리할 수입과 지출 금액이 크지 않다면 가계부를 작성하지 않는 것보다 다음과 같은 방법을 활용하여 나의 지출을 관리해 볼 수 있다.

(1) 영수증 박스

① 한 달간 쓴 영수증을 박스에 모은다.

② 월말에 영수증에 잘 쓴 돈이면 ○, 낭비한 돈이면 ×로 표시한다.

③ 낭비한 항목을 줄일 수 있도록 지출을 관리한다.

(2) 달력 가계부

① 탁상 달력을 정해서 돈을 쓴 날에 항목들을 적거나 쓴 돈의 총액을 적는다.

② 돈을 쓰지 않은 날짜에는 스티커를 붙이거나 스탬프를 찍어서 표시한다.

③ 월말에 금액을 합산해서 그 달에 얼마를 썼는지 파악한다.

④ 항목들을 확인하면서 불필요한 소비는 없었는지 체크한다.

⑤ 돈을 쓰지 않은 날의 수를 늘려 가도록 한다.

(3) 리스트형 가계부

① 수첩에 일주일 동안 돈을 쓴 아이템들의 이름만 기록한다.

② 비싼 것(1만 원 이상)은 형광펜으로 표시하고, 낭비한 품목에는 빨간색으로 표시한다.

③ 리스트 길이를 줄여 나가기 위해서 노력한다.

2. 예산 세우기

예산을 세우기 위한 단계 밟기

1단계 목표 정하기	다음 달 예산을 세운다.
2단계 정보 수집하기	• 수입 및 지출 내역을 조직화하는 방법 • 예산을 세우는 방법

"이 영역은 계획, 조직화의 응용 편이다."

1) 한 달 수입과 지출 내역을 조직화하기

(1) 한 달 수입 내역을 조직화하기

① 한 달간 수입 내역을 작성하고 내역별로 금액을 작성한다.

② 고정 수입(월급, 월 용돈)인지, 변동 수입(친척 용돈, 한시적 아르바이트 비용)인지를 기록한다.

③ 한 달간 총 수입 금액을 계산하고, 고정 수입 금액을 따로 계산한다.

(2) 한 달 지출 내역을 조직화하기

① 한 달간 사용한 현금/카드 지출 내역과 내역별로 금액을 작성한다.

② 고정 지출(필요한 것, 매달 나가는 것)인지, 변동 지출(원하는 것, 충동적인 것)인지를 기록한다.

✓ 고정 지출의 예: 통신비, 교통비(교통카드 충전비), 식비(학생식당 식권), 학원비, 방세, 공과금

✓ 변동 지출의 예: 식비(외식비), 간식비, 교통비(택시비, 기차표), 유흥비(술, PC방, 당구장, 노래방 등), 의류비, 미용비, 충동 구매 비용

③ 한 달간 총 지출 금액을 계산하고, 고정 지출 금액을 따로 계산한다.

2) 한 달 지출 계획(예산) 세우기

① 한 달간의 고정 수입 금액을 확인하고 이 범위 내에서 지출 예산을 정할 수 있도록 예상한다.

② 석 달간의 총 지출 금액의 평균을 한 달 예산으로 잡는다.

③ 변동 지출 금액을 확인하고 불필요한 지출은 없었는지 점검한 후에 항목을 확인한다.

✓ 일반적인 예: 간식비, 의류비, 유흥비, 충동구매비, 게임비

④ 다음 달 계획한 예산에서 불필요한 변동 지출액을 감액하면서 예산을 조정하고, 지출 시 불필요한 지출을 줄이도록 노력한다.

⑤ 변동 수입 금액은 저축하여 여윳돈을 만든다.

✓ 예산에 포함하지 않은 예상치 못한 지출(의료비, 경조사비 등)이 생기거나 예산을 초과하는 지출이 생길 경우에는 여분 금액으로 사용한다.

예산 세우기의 예시

수입 내역		
수입 내역	수입 금액(원)	고정/변동
1. 한 달 용돈 혹은 월급	500,000	고정
2. 할아버지 용돈	100,000	변동
A. 총 수입 금액 / B. 고정 수입 금액	A. 600,000	B. 500,000 ①
여분 저축 금액	600,000-500,000(A-B) = 100,000 ⑤	
지출 내역		
지출 내역	지출 금액(원)	고정/변동
1. 교통카드 충전	50,000	고정
2. 학교 식권 구입	30,000	고정
3. 편의점 간식과 음료(간식비)	5,000 ③	변동
4. 통신비	40,000	고정
5. 마블 피규어 구입(취미 생활 비용)	80,000 ③	변동
6. 친구와 PC 방	15,000	변동
7. 동생과 집 앞 분식집에서 저녁 식사	20,000	변동
C. 총 지출 금액 / 고정 지출 금액	350,000	120,000
필요한 예산 금액	350,000-85,000 ③ = 265,000 ④	
E. 최근 3개월 평균 지출 금액	E. 300,000 ②	

실습 활동 1: 나의 한 달 예산 세우기-지난 달 수입과 지출을 토대로

(실습 활동지 배부)

(1) '예산을 세우기 위한 단계 밟기'에 따라 시간 계획을 세우고 실행한다.

(2) 지난달 수입 및 지출 내역을 토대로 나의 한 달 예산을 세워 본다.

① 지난 달 수입 내역을 생각해 보고, 고정적인 수입을 파악한다.

② 지난 한 달 동안의 지출 내역을 생각나는 대로 작성하고, 고정적인 지출 항목과 변동하는 지출 항목을 파악한다.

③ 불필요한 지출 금액은 없었는지 확인하고 표시해 둔다.

④ 다음 달 필요한 예산 금액이 얼마나 될지 예상해 본다.

⑤ 수입 금액과 지출에 따라서 정기 저축 금액을 예상해 본다.

(3) 부모님과 함께 한 달 용돈 및 내가 관리할 지출 항목을 결정한다.

고정적인 수입이 없다면, 부모님께 고정된 용돈을 받도록 의논하고 한 달 용돈 금액을 결정한다. 필요할 때마다 용돈을 받아서 쓰지 않도록 한 달에 필요한 금액을 예상하여 신중하게 결정한다.

① 나에게 드는 모든 비용 중 내가 용돈에서 관리할 수 있는 지출 항목과 부모님이 지출할 항목을 정한다.

✓ 내가 관리할 지출 항목의 예: 교통비, 통신비, 간식비, 문화생활비 등

✓ 부모님이 관리할 지출 항목의 예: 등록금, 학원비, 병원비 등

② 내가 관리할 지출 항목에 필요한 한 달 동안의 용돈 금액을 부모님과 함께 결정한다.

예산을 세우기 위한 단계 밟기

1단계 목표 정하기

다음 달 예산을 세운다.

2단계 정보 수집하기

- 수입 및 지출 내역 조직화하는 방법
- 예산을 세우는 방법

3 단계
할 일 목록 작성하기

4 단계
우선순위 정하기

5 단계
시간 계획하기

① 매주 가계부에 지출 내역 작성하기
② 한 달간의 수입 및 지출 내역 조직화하기
③ 평균적인 고정 수입 결정하기
④ 평균적인 고정 지출 결정하기
⑤ 변동 지출액 점검하기
⑥ 확인한 내용을 바탕으로 예산 짜기

6 단계
실행하기

* 완벽하게 준비되지 않아도 시작하기
* 부정적인 상황이나 결과에 감정 조절하기
* 다른 사람의 조언 구하기
* 상황 변화에 대처하기

- 지난 달 수입 및 지출 내역을 제대로 기록하지 않았더라도 대략적인 금액을 예상하면서 우선 예산을 짜 본다.
- 부모님께 예산 세우기에 대한 조언을 구한다.
- 예산을 짜 둔 것과 달리 돌발적인 지출이 생길 경우를 대비하기 위해 여윳돈을 마련한다.

목표 달성!

3. 합리적인 소비 활동을 위한 전략 학습하기

설명

자폐성 장애인들은 관심사가 제한되어 있어 자신의 관심사와 관련해서 지나치게 많은 돈을 사용하는 경우가 있다. 좋아하는 캐릭터 관련 물품이나 특정 항목을 수집하는 목적으로 지나치게 많은 양을 구매하거나 온라인 게임에 빠져 게임 비용으로 무분별하게 결제를 하기도 한다. 따라서 어려서부터 불필요한 지출로 인해 부모님이나 주변 사람들로부터 지적을 받은 적이 있었는지에 대해서 발표를 하고, 자신에게 불필요한 지출이 무엇인지 상기하도록 한다.

Q 질문: 내가 관심 있는 분야에 돈을 지나치게 많이 쓴 적이 있었나요? 연결하여 이야기하기에 따라 발표해 보세요.

자신의 경험을 연결하여 이야기하기

- 경험: 내가 _____(언제), _____(어디서), _____을(무엇을) 할 때 _____하게(어떻게) 혹은 _____한 이유로 (왜) 했는데,
- 생각: ________한 생각이 들어서
- 감정: ________한 기분이었습니다.
- 행동(결과): ________한 행동을 했습니다. 혹은 ________한 결과가 일어났습니다.

실제 예시) 저는 메이플 스토리 게임을 매우 좋아하는데요. 지난 주말에 집에서 게임을 하다가 새로운 아이템이 나왔길래 충동적으로 캐쉬를 10만 원어치 충전했습니다(경험). 그렇게 돈을 쓰고 나니 막상 필요한 책을 살 돈이 없어서 '괜히 질렀다'라고 생각했습니다(생각). 그래서 후회가 되고 기분이 울적해졌습니다(감정).

설명

불필요한 지출을 막기 위해서는 소비에도 계획이 필요하다. 구매하고 싶은 물건이 생기거나 소비 항목이 생길 경우에 바로 지출을 하는 것이 아니라 계획을 통해서 지출하는 것이 합리적인 소비를 위한 지름길이다.

1) 물건 구매 계획 세우기

"이 영역은 계획과 조직화의 응용 편이다."

① 구매하고 싶은 물건이 생기면 수첩의 구매하고 싶은 목록에 적어 둔다.

② 물건을 '필요한 것'과 '원하는 것'으로 구분해서 구매 여부를 결정한다.

✓ 필요한 것부터 구매한다. 원하는 것은 가용할 수 있는 돈을 고려해서 구매 여부를 결정한다.

예시

구매하고 싶은 물건 목록				
항목	가격 범위	필요한 것	원하는 것	구매 여부
이어폰	3~20만 원	○		○
운동화	5~50만 원	○		○
휴대전화	100만 원		○	

③ '물건 구매를 위한 단계 밟기'에 따라 체계적으로 구매 계획을 세운다.

물건 구매를 위한 단계 밟기

1단계
목표 정하기

필요한 상품 구입하기

2단계
정보 수집하기

구매 시 고려해야 할 요소
- 상품의 종류
- 품질
- 가격
- 구매 방법

3단계
할 일 목록 작성하기

4단계
우선순위 정하기

① 필요한 상품에 대한 정보 수집하기
② 수집한 정보 중 중요하게 생각하는 요소에 따라 구매할 상품의 종류 결정하기
③ 구매 방법 결정하기
④ 주문 혹은 구매하기

5단계
시간 계획하기

① 상품에 대한 정보 수집하기 – 이번 주 주말까지
② 수집한 정보 중 중요하게 생각하는 요소에 따라 구입할 상품의 종류 결정하기 – 다음 주 금요일까지
③ 구매 방법 결정하기 – 다음 주 주말까지
④ 주문 혹은 구매하기 – 결정 후 주말 중에 바로 실행

6단계
실행하기

* 완벽하게 준비되지 않아도 시작하기
* 부정적인 상황이나 결과에 감정 조절하기
* 다른 사람의 조언 구하기
* 상황 변화에 대처하기

목표 달성!

- 새로운 구매 방법을 사용해야 하는 경우에는 이 방법을 잘 아는 친구에게 조언을 구한다.
- 갑자기 다른 곳에 돈을 써야 하는 상황이 생긴다면 구입을 다음 달로 미룬다.

구매하려는 물건에 대한 정보 탐색

구매 시 고려해야 할 요소	
상품	색상, 디자인, 크기, 원산지, 만든 회사, 유통기한
품질	성능, 내구성, 안정성, 편리성, A/S 여부
가격	값, 지급수단
구매 방법	가게 방문, 온라인, 중고 사이트

구매 물건에 대한 정보 탐색의 예시

항목	옵션	상품	품질	구매 방법별 가격
이어폰	1	1) 색상: 흰색 2) 디자인: 블루투스 커널형 3) 회사: 삼성	1) 성능: 배터리 3시간 지속 2) 편리성: 무선형이라 편함 3) A/S: 가능	1) 오프라인: 180,000원 2) 온라인: 150,000원 3) 중고 사이트: 100,000원
	2	1) 색상: 흰색 2) 디자인: 블루투스 오픈형 3) 회사: 애플	1) 성능: 배터리 2시간 지속 2) 편리성: 무선형이라 편함 3) A/S: 가능	1) 오프라인: 200,000원 2) 온라인: 160,000원 3) 중고 사이트: 100,000원
	3	1) 색상: 검은색 2) 디자인: 오픈형 3) 회사: 소니	1) 성능: 음질이 가장 좋음 2) 편리성: 유선형이라 불편함 3) A/S: 가능	1) 오프라인: 40,000원 2) 온라인: 30,000원
운동화	1	1) 색상: 흰색+초록색 2) 디자인: 폭이 넓은 런닝화 3) 회사: 나이키	1) 내구성: 튼튼함 2) 편리성: 가볍고 발이 편함	1) 오프라인: 100,000원 2) 온라인: 85,000원
	2	1) 색상: 검은색 2) 디자인: 러닝화 3) 회사: 아디다스	1) 내구성: 가장 튼튼함 2) 편리성: 발이 편함	1) 오프라인: 80,000원 2) 온라인: 65,000원
	3	1) 색상: 회색+파란색 2) 디자인: 폭이 좁음 3) 회사: 컨버스	1) 내구성: 보통 2) 편리성: 발이 불편함	1) 오프라인: 35,000원 2) 온라인: 20,000원

2) 충동구매를 방지하기 위한 전략

- 충동구매 경향이 있는지 스스로 평가한다.
  ✓ 지난 달 지출 내역에서 충동구매의 비율을 계산한다.
- 구매 목록을 작성한다.
  ✓ 마트 등 오프라인 매장에 갈 때 구매 목록을 작성하고, 되도록 목록 내에서 구매한다.
- 신용카드보다 현금이나 체크카드를 사용한다.
  ✓ 현금이나 체크카드를 통해 지출할 수 있는 범위를 제한시킨다.

- 영수증이나 태그를 보관한다.
  - ✓ 물건 구매를 후회할 경우에는 환불할 수 있다.
- 온라인으로 쇼핑한다.
  - ✓ 오프라인 매장은 여러 종류의 물건을 눈 앞에서 볼 수 있어서 충동구매의 위험이 높다. 필요한 물건을 온라인으로 검색하고 구매하는 것이 충동구매를 방지할 수 있다.
- 비싼 물건의 구매에 대해 다른 사람과 상의한다.
  - ✓ 구매하고자 하는 물건이 비쌀 경우에는 신뢰할 수 있는 사람(가족이나 친구 등)과 상의한 후에는 구매 여부를 결정한다.

실습 활동 2: 물건 구매 계획 세우기

(실습 활동지 배부)

① 구매할 물건의 목록을 작성한다.
② 물건을 '필요한 것'과 '원하는 것'으로 구분해서 구매 여부를 결정한다.
③ '물건 구매를 위한 단계 밟기'에 따라 구매 계획을 세운다.
④ 구매 시 고려해야 할 요소(상품, 품질, 가격, 구매 방법)에 대한 정보를 탐색하고, 구매할 상품과 구매 방법을 정한다.

4. 경제적인 여가 활동 계획 세우기

"이 영역은 계획, 조직화, 시간 관리의 응용 편이다."

▷ 원리: 일반적으로 성인들은 정기적인 일과 활동을 마치고 여가 시간을 가지기 마련이지만, ASD 성인들의 경우에는 정규교육 과정인 고등학교를 졸업한 이후에 더 이상 교육을 지속하지 않거나 직업 활동을 하지 않게 되면 정기적인 일과 활동이 없기 때문에 일과 시간과 여가 시간의 경계가 모호할 수 있다. 때문에 일이나 가사 활동과 같은 의무적인 활동을 전혀 하지 않으면서 대부분의 시간을 자유 시간으로 보내는 ASD 성인들은 이 시간에 보내는 활동들, 가령 TV나 유튜브를 보거나 게임을 하거나 만화를 보는 등의 활동들을 여가 활동이라고 생각할 수 있다. 그러나 의무적인 활동을 하지 않는다면 하루 대부분의 시간을 보내면서 하는 활동들을 여가 활동이라고 할 수 없으므로, ASD 성인들에게 여가 활동을 계획하기에 앞서 여가 활동의 의미에 대해서 명확히 알려 주는 것이 필요하다. 또한 ASD 성인들은 제한적인 관심사와 관련된 활동에만 몰두하는 특성과 감각 자극에 대한 민감성, 사회적 상호작용의 결함으로 인해 활동적인 여가보다는 온라인 게임과 같은 정적인 여가 활동에 관

여하는 비율이 또래 집단보다 높다. 이와 같은 특성은 신체 활동을 감소시켜서 건강상의 문제를 일으킬 수 있다(Russel, 2018). 사회 및 신체 활동을 포함하는 여가 활동들은 ASD 성인의 삶의 질과 스트레스에 긍정적인 영향을 미치기 때문에(García-Villamisar & Dattillo, 2010), 이들이 다양한 여가 활동을 계획하고 실천할 수 있도록 도울 필요가 있다. 더불어 여가 활동의 종류에 따라서 활동 시 비용이 들 수 있으므로 자신이 운용할 수 있는 경제적 여건 내에서 가능한 여가 활동을 선택하고 실행할 수 있도록 계획적인 여가 활동을 하게끔 도와주는 것이 필요하다.

Q 질문 1: 여가 활동이란 무엇일까요?

① 여가 활동의 정의: 일이나 공부 등을 하여 생긴 피로를 풀어 주는 여러 가지 활동으로, 보수를 바라지 않고 스스로 참여하여 즐거움을 찾으려는 활동

② 여가 활동의 기준

- 공부 시간이나 일하는 시간에 해서는 안 되며 남는 시간에 해야 하는 것
- 남이 시키는 것이 아니라 스스로 원해서 해야 하는 것
- 피로하지 않고 기쁨과 즐거움을 느낄 수 있어야 하는 것
- 남을 방해하거나 불쾌감을 주어서는 안 되는 것

설명

여가 시간이란 직업상의 일이나 필수적인 가사 활동 외에 소비하는 시간으로, 의무적인 활동 전후에 남는 자유로운 시간이다. 여가 활동은 일하고, 먹고, 자고, 수업에 출석하고, 숙제하고, 집안일을 하는 것과 같은 의무적인 활동에 쓰는 시간 이외에 남는 자유로운 시간에 하고 싶은 활동을 하는 것이다. 의무적인 활동을 하는 시간이 없다면 여가 시간의 의미도 없다. 여가 활동을 즐기고자 한다면 의무적인 활동을 이행하는 시간이 있어야 하며, 그래야 여가 시간이 존재할 수 있다. 따라서 자신의 일상 시간을 계획할 때 일, 학업 활동, 가사 활동과 같은 의무적인 활동을 하는 시간을 계획하는 것이 필요하며, 그 활동에 쓰는 시간 외의 시간에 여가 활동을 계획할 수 있다.

Q 질문 2: 여러분의 여가 시간은 언제이고, 어떤 여가 활동을 하나요?

① 의무적인 활동을 하는 시간이 있나요?, 의무적인 활동을 하지 않는 여가 시간은 언제인가요?

② 그러한 여가 시간이 생겼을 때 주로 무슨 활동을 하나요?

설명

여가 시간이 생겨 여가 활동을 하고 싶다면 어떠한 여가 활동을 할 것인지를 결정하는 것이 필요하다. 여가 활동을 결정할 때는 다음과 같은 요소를 고려해야 한다.

1) 여가 활동을 결정하기 위한 요소들

(1) 여가 활동의 종류: 무슨 활동을 할 것인가?

- 장소: 야외 활동/실내 활동
  - ✓ 야외 활동: 등산, 캠핑, 래프팅, 낚시, 서핑, 드라이브 등
  - ✓ 실내 활동: 게임, TV 시청, 유튜브 시청, 웹서핑, 웹툰, 독서, 음악감상, 영화관람 등
- 유형: 신체운동 활동/문화 체험 활동
  - ✓ 신체운동 활동: 축구, 농구, 인라인 스케이팅, 스케이트 보드, 자전거타기 등
  - ✓ 문화 체험 활동: 유적지 탐방, 공원 및 고궁 산책, 박물관, 미술관, 전시회, 공연 관람 등
- 목적: 취미 활동/사회적 활동/자기계발
  - ✓ 취미 활동: 그림 그리기, 수공예하기, 요리하기, 퀴즈 풀기, 도서관이나 서점 가기, 기사 스크랩, 맛집 투어, 스포츠 경기 관람
  - ✓ 사회적 활동: 친구/가족과의 만남, 교내 동아리 활동, 동호회 활동, 봉사활동, 외국인 친구 사귀기 모임, 친구/동료와 운동하기
  - ✓ 자기계발: 관심 분야와 관련된 학원 다니기 또는 공부하기, 헬스장 다니기

(2) 여가 시간의 길이: 여가 시간이 얼마나 있는가?

- 길이: 1~2시간, 반나절, 하루
- 주기: 일회성 시간 vs. 정기적인 시간

(3) 비용: 여가 활동을 하기 위해 비용이 얼마나 필요한가?

- 비용 없음: 독서, 음악감상, TV 시청, 유튜브 시청, 웹서핑, 축구, 농구, 자전거 타기 등
- 1회성 비용: 영화 감상, 공연 관람, 스포츠 관람, 유적지 탐방, 전시회 관람, 친구 만남 등
- 주기성 비용: 학원 등록, 헬스장 등록, 동호회 활동 등

2) 여가 활동을 위한 계획 세우기

(1) 여가 활동 선택하기

① 자신의 취미나 관심사에 맞는 여가 활동 목록을 작성한다.

② 여가 활동별로 필요한 시간을 정한다.

③ 여가 활동별로 필요한 비용을 계산한다.

④ 현재 가용할 수 있는 시간과 돈을 바탕으로 여가 활동을 선택한다.

여가 활동 선택의 예시

여가 활동의 종류	시간(이동시간 포함)	돈(교통비 포함)
웹툰 보기	30분	무료
만화책방에 가서 만화책 보기	1시간 30분	10,000원
프라모델 조립하기	2시간	25,000원
지역사회 무료 전시회 가기	2시간 30분	무료
고흐 전시회 가기	5시간	18,000원
공예품 만들기 클래스	5시간	33,000원

(2) 선택한 여가 활동 실행을 위한 계획 세우기

- 여가 활동을 위한 정보 수집 항목
  - ✓ What: 참여하려는 활동이나 행사가 무엇인가?
  - ✓ When: 언제 갈 것인가? (날짜, 요일, 시간)
  - ✓ Who: 누구와 갈 것인가?
  - ✓ Where & How: 어디로 어떻게 갈 것인가?
  - ✓ Cost: 교통비, 식비, 입장료, 이용료와 같은 비용은 얼마인가?
  - ✓ Etc: 그 외에 알아야 할 기타 사항은 확인하였는가?

여가 활동 정보 수집의 예시

여가 활동 정보 수집 항목	내용
What: 참여하려는 활동이나 행사가 무엇인가?	고흐 전시회
Where & How: 어디로 어떻게 갈 것인가?	우정아트센터에 지하철(인천 2호선-주안역-1호선-시청역)로 1시간 30분 타고 가기
When: 언제 갈 것인가? (날짜, 요일, 시간)	8월 14일 수요일 9시 30분 출발, 11시 입장
Who: 누구와 갈 것인가?	친구와 함께
Cost: 교통비, 식비, 입장료, 이용료와 같은 비용은 얼마인가?	교통비: 3,000원, 식비: 10,000원, 입장료: 15,000원 1인당 28,000
Etc: 그 외에 알아야 할 기타 사항은 확인하였는가?	전시회 티켓을 구매하면 전시회장 아래 층의 푸드코트 10% 할인쿠폰을 받을 수 있음

실습 활동 3: 여가 활동을 위한 계획 세우기

(실습 활동지 배부)

① 자신의 취미나 관심사에 맞는 여가 활동 목록을 작성하고 현재 가용할 수 있는 돈과 시간을 바탕으로 여가 활동을 선택한다.

② '여가 활동 실행을 위한 단계 밟기'에 따라 여가 활동 계획 세우기를 한다.

여가 활동 실행을 위한 단계 밟기

1단계 목표 정하기

주말 여가 시간에 할 여가 활동 정하기
- 고흐 전시회 관람하기

2단계 정보 수집하기

여가 활동을 위한 정보 수집 항목
- What: 참여하려는 활동이나 행사가 무엇인가?
- When: 언제 갈 것인가? (날짜, 요일, 시간)
- Who: 누구와 갈 것인가?
- Where & How: 어디로 어떻게 갈 것인가?
- Cost: 교통비, 식비, 입장료, 이용료와 같은 비용은 얼마인가?
- Etc: 그 외에 알아야 할 기타 사항은 확인하였는가?

3단계 할 일 목록 작성하기

4단계 우선순위 정하기

① 함께 갈 친구에게 연락해서 약속 잡기
② 입장권 예매하기
③ 전시회 장소, 가는 길 및 교통편 확인하기
④ 주변 식당 알아보기
⑤ 관람 시 유의 사항 숙지하기

5단계 시간 계획하기

오늘: 월요일, 관람 예정일: 토요일
① 함께 갈 친구에게 연락해서 약속 잡기 - 30분/오늘
② 입장권 예매하기 - 30분/친구 확인 후 바로 실행
③ 전시회 장소, 가는 길 및 교통편 확인하기 - 20분/금요일 저녁
④ 주변 식당 알아보기 - 30분/금요일 저녁
⑤ 관람 시 유의 사항 숙지하기 - 10분/토요일 전시회로 이동 중 확인

6 단계

실행하기

* 완벽하게 준비되지 않아도 시작하기
* 부정적인 상황이나 결과에 감정 조절하기
* 다른 사람의 조언 구하기
* 상황 변화에 대처하기

목표 달성!

- 만약 전시회 내용이 예상과 달리 흥미롭지 않은 경우에는 상상법으로 감정을 조절한다.
- 재료 소진 등의 이유로 알아본 식당에서 식사를 하기 어려운 경우에는 주변 대형 쇼핑몰에 방문하여 식당을 찾아본다.

습관 만들기

1. 다음주 할 일 목록과 주간 계획표 작성하기(**3회기** 실습 활동 2, 3, 4 & **6회기** 실습 활동 1)
   - 개인위생 관리, 건강 관리, 집안 관리 중에서 지속적으로 실천할 수 있는 것을 골라 보고, 할 일 목록이나 주간 계획표에 추가하여 실천한다.
   - 수행을 완수한 것에 대해서 스스로에게 보상을 한다.
2. 다르게 생각하기와 상황 변화에 대처하기 연습하기(**4회기** 실습 활동 4 & **5회기** 실습 활동 3)
   - 한 주 동안 감정 불쾌지수가 높아진 상황이나 일상에서 갑작스런 상황 변화가 생겼을 때 감정 불쾌지수를 측정해 보고, 호흡법과 상상법을 통해 감정을 조절하는 것을 연습한다.
   - 다르게 생각하기를 해 보거나 변화된 상황에 맞는 대안 3개와 그에 따른 장단점, 해결책을 생각해서 과제지에 작성한다.
3. 주변 환경 조직화하기
   ① 주변 환경 조직화하기 전략을 이용해서 정리할 수 있는 대상을 찾아본다(예: 방 정리, 책상 정리, 책장 정리, 옷장 정리, 여행 사진 정리, 컴퓨터 파일 이름 정리).
   ② 지난주에 하지 않은 하나의 대상을 정해 조직화 전략을 선택하고 그에 따라 정리한다.
   ③ 정리하기 전과 정리한 후의 사진을 촬영하여 문자로 보낸다.
   ④ 정리된 후에 나의 기분과 효율성에 대해 생각해 본다.

과제 안내

1. 은행 계좌 개설하기
   - (계좌가 없다면) 주거래은행을 선택하고 은행을 방문하여 입출금 통장을 개설하고 인터넷뱅킹 신청한다. 혹은 스마트폰에 은행 앱을 설치하여 비대면으로 계좌를 개설한다.
   - (계좌가 있다면) 은행을 직접 방문하거나 혹은 스마트폰(인터넷뱅킹)을 이용하여 적금 통장을 개설한다.
2. 예산 세우기를 위한 한 주 동안의 지출 내역(가계부) 작성하기
   - 종이 가계부, 스마트폰 가계부 앱, 달력 가계부, 리스트형 가계부 중에 선택하여 기록한다.
   - 예산 세우기 연습을 위해 앞으로 한 달 동안의 수입과 지출 내역을 실습 활동지에 따로 기입을 한다.
3. 지난달 수입과 지출 내역을 토대로 한 달 예산 세우기(부모님과 함께 실습 활동지 작성)(실습 활동 1)

   ① 실습 활동 1에서 시행한 지난달 수입 및 지출 내역을 토대로 나의 한달 예산을 세우기를 부모님과 함께 다시 검토하고 수정한다.
   - 지난달 수입 내역을 생각해 보고, 고정적인 수입을 파악한다.
   - 지난 한 달 동안의 지출 내역을 생각나는 대로 작성하고, 고정적인 지출 항목과 변동하는 지출 항목을 파악한다.
   - 불필요한 지출 금액을 확인하고 이를 제외한 다음 달 필요한 예산 금액이 얼마나 될지 예상해 본다.
   - 수입 금액과 지출에 따라서 정기 저축 금액을 정한다.
   - 지출 항목과 금액, 정기 저축 금액이 적절한지 부모님과 함께 이야기 나누고, 부모님의 의견을 실습 활동지에 적어 온다.

   ② 부모님과 함께 한 달 용돈 및 내가 관리할 지출 항목을 결정한다. 고정적인 수입이 없다면, 부모님께 고정된 용돈을 받도록 의논하고 한 달 용돈 금액을 결정한다. 필요할 때마다 용돈을 받아서 쓰지 않도록 한 달에 필요한 금액을 예상하여 신중하게 결정한다.
   - 나에게 드는 모든 비용 중 내가 용돈에서 관리할 수 있는 지출 항목과 부모님이 지출할 항목을 정한다.
     - ✓ 내가 관리할 지출 항목의 예: 교통비, 통신비, 간식비, 문화생활비 등
     - ✓ 부모님이 관리할 지출 항목의 예: 등록금, 학원비, 병원비 등
   - 내가 관리할 지출 항목에 필요한 한 달 동안의 용돈 금액을 부모님과 함께 결정한다.
4. 물건 구매 계획 세우기(실습 활동 2)
   - 구매 목록 중 하나를 골라 '물건 구매를 위한 단계 밟기'를 작성한다.
   - 구매 시 고려할 요소를 선택하고 정보를 수집하여 구매 상품과 구매 방법 결정한다.

5. 여가 활동을 위한 계획 세우고 실천하기(실습 활동 3)

- 나만의 스트레스 관리 전략 목록 중 이번 주에 실천하고 싶은 여가 활동을 선택하고, '여가 활동 실행을 위한 단계 밟기'를 작성한다.
- 선택한 여가 활동에 필요한 정보를 수집하고(What, When, Who, Where & How, Cost), 계획에 따라서 여가 활동을 실천한다.

8회기 실습 활동지

이름:

실습 활동 1 나의 한 달 예산 세우기

1. '예산을 세우기 위한 단계 밟기'에 따라 시간 계획을 세우고 실행합니다.

1단계 목표 정하기

다음 달 예산을 세운다.

2단계 정보 수집하기

수입 및 지출 내역을 조직화하는 방법
- 예산을 세우는 방법

3단계 할 일 목록 작성하기

- 매주 가계부에 지출 내역 작성하기
- 지난 달 수입 및 지출 내역 조직화하기
- 평균적인 고정 수입 결정하기
- 평균적인 고정 지출 결정하기
- 변동 지출액 점검하기
- 확인한 내용을 바탕으로 다음 달 예산 짜기

4단계 우선순위 정하기

5단계 시간 계획하기

6단계 실행하기

* 완벽하게 준비되지 않아도 시작하기
* 부정적인 상황이나 결과에 감정 조절하기
* 다른 사람의 조언 구하기
* 상황 변화에 대처하기

목표 달성!

8회기 실습 활동지

이름:

2. 지난 달 수입과 지출 내역을 토대로 나의 한 달 예산 세우기

지난 달 수입 내역		
수입 내역	수입 금액(원)	고정/변동
1.		
2.		
3.		
4.		
A. 총 수입 금액 / B. 고정 수입 금액		
여분 저축 금액	(A–B)	

지난 달 지출 내역		
지출 내역	지출 금액(원)	고정/변동
1.		
2.		
3.		
4.		
5.		
6.		
7.		
8.		
9.		
10.		
11 .		
12.		
C. 총 지출 금액 / 고정 지출 금액		
D. 변동 지출 중 불필요한 지출 금액		
필요한 예산 금액	(C–D)	

가족의 의견:

8회기 실습 활동지

이름:

3. 부모님과 함께 한 달 용돈 내가 관리할 지출 항목 정하기

지출 항목	
교통비	• 이동에 필요한 비용: 버스비, 지하철 요금, 택시비 등
통신비	• 핸드폰을 사용하기 위해 지불하는 비용: 휴대전화 요금 등
식비	• 식사를 위한 비용: 외식비, 음식 재료비 등
간식비	• 간식 구매에 쓰는 비용: 커피, 과자, 아이스크림 등
문화생활비	• 취미 활동에 들이는 비용: 영화 관람, 전시회 방문, 취미 용품 구입 등
생활용품비	• 일상에서 많이 쓰는 물건을 구매하는 비용: 학용품, 세안용품 등
패션/미용비	• 자신을 가꾸기 위한 비용: 헤어샵, 의복, 스킨케어 제품 등
교육비	• 교육에 들이는 비용: 등록금, 학원비 등
병원비	• 치료를 위해 필요한 비용: 병원비, 약값 등
기타	• 자주 발생하지 않는 비용: 경조사비, 회비, 선물 등

부모님이 관리할 지출 항목
1.
2.
3.

내 용돈에서 관리할 지출 항목	지출 금액(원)	고정/변동
1.		
2.		
3.		
4.		
5.		
6.		
7.		
8.		
고정 지출 금액:		
변동 지출 금액:		
예상 필요 용돈 금액:		
예상 저축 가능 금액:		

가족의 의견:

부모님과 결정한 한 달 용돈 금액:

8회기 실습 활동지

이름:

실습 활동 2 물건 구매 계획 세우기

1. '물건 구매를 위한 단계 밟기'에 따라 구매 계획을 세워 봅시다.

1 단계 목표 정하기

2 단계 정보 수집하기

3 단계 할 일 목록 작성하기

4 단계 우선순위 정하기

5 단계 시간 계획하기

6 단계 실행하기

목표 달성!

* 완벽하게 준비되지 않아도 시작하기
* 부정적인 상황이나 결과에 감정 조절하기
* 다른 사람의 조언 구하기
* 상황 변화에 대처하기

8회기 실습 활동지

이름:

2. 물건 구매 계획 세우기

• 평소 구매하고 싶었던 물건을 목록에 적어 보고, 구매 여부를 결정해 봅시다.

구매하고 싶은 물건 목록				
항목	가격 범위	필요한 것	원하는 것	구매 여부
운동화	2~10만 원	○		○

• 이 중 물건 하나를 골라 구매 시 고려해야 할 요소를 선택하고, 그에 따라 구매할 상품과 구매 방법을 결정해 봅시다.

구매 시 고려해야 할 요소	
상품	색상, 디자인, 크기, 원산지, 만든 회사, 유통기한
품질	성능, 내구성, 안정성, 편리성, A/S 여부
가격	값, 지급수단
구매 방법	가게 방문, 온라인, 중고 사이트

구매할 물건 목록				
항목	옵션	상품	품질	구매 방법별 가격
운동화	1. 나이키	1) 색상: 흰색+초록색 2) 디자인: 폭이 넓은 러닝화	1) 내구성: 튼튼함 2) 편리성: 가볍고 발이 편함	1) 오프라인: 100,000원 2) 온라인: 85,000원
	1.			
	2.			
	3.			
지출 금액				

8회기 실습 활동지

이름:

실습 활동 3 여가 활동을 위한 계획 세우기

1. 평소 시간이 날 때 어떤 활동들을 주로 하였는지 여가 활동 결정하기 요소를 생각하면서 여가 활동 목록을 만들어 봅시다.

나의 여가 활동 목록	시간(이동시간 포함)	돈(교통비 포함)
전시회 가기	5시간	18,000원

8회기 실습 활동지

이름:

2. 앞에서 적은 활동 중 하나를 골라 '여가 활동 실행을 위한 단계 밟기'에 따라 계획해 봅시다.

1단계 목표 정하기

2단계 정보 수집하기

3단계 할 일 목록 작성하기

4단계 우선순위 정하기

5단계 시간 계획하기

6단계 실행하기

* 완벽하게 준비되지 않아도 시작하기
* 부정적인 상황이나 결과에 감정 조절하기
* 다른 사람의 조언 구하기
* 상황 변화에 대처하기

목표 달성!

8회기 실습 활동지

이름:

3. 단계 밟기 2단계에 따라 선택한 여가 활동을 위한 정보 수집을 해 봅시다.

여가 활동 정보 수집 항목	내용
What: 참여하려는 활동이나 행사가 무엇인가?	
Where & How: 어디로 어떻게 갈 것인가?	
When: 언제 갈 것인가?(날짜, 요일, 시간)	
Who: 누구와 갈 것인가?	
Cost: 교통비, 식비, 입장료, 이용료와 같은 비용은 얼마인가?	
Etc: 그 외에 알아야 할 기타 사항은 확인하였는가?	

8회기 과제

이름:

과제 2 예산 세우기를 위한 한 주 동안의 지출 내역(가계부) 작성하기

• 한 주 동안의 수입과 지출 내역을 작성해 보세요. 앞으로 한 달 동안 이어서 작성해 봅시다.

수입 내역		
수입 내역	수입 금액(원)	고정/변동
1. 용돈		
2. 추가 용돈(설거지, 청소, 빨래 등 집안일을 도움)		
3.		
4.		
A. 총 수입 금액 / B. 고정 수입 금액		
여분 저축 금액	(A–B)	
지출 내역		
지출 내역	지출 금액(원)	고정/변동
1.		
2.		
3.		
4.		
5.		
6.		
7.		
8.		
9.		
10.		
11 .		
12.		
C. 총 지출 금액 / 고정 지출 금액		
D. 변동 지출 중 불필요한 지출 금액		
필요한 예산 금액	(C–D)	

8회기 과제

이름:

과제 4 물건 구매 계획 세우기(실습 활동 2)

• '물건 구매를 위한 단계 밟기'에 따라 구매 계획을 세워 봅시다.

1 단계
목표 정하기

2 단계
정보 수집하기

3 단계
할 일 목록 작성하기

4 단계
우선순위 정하기

5 단계
시간 계획하기

6 단계
실행하기

* 완벽하게 준비되지 않아도 시작하기
* 부정적인 상황이나 결과에 감정 조절하기
* 다른 사람의 조언 구하기
* 상황 변화에 대처하기

목표 달성!

8회기 과제

이름:

과제 4 물건 구매 계획 세우기(실습 활동 2)

- 실습 활동 2에서 작성한 구매 목록에서 물건 하나를 골라 구매 시 고려해야 할 요소를 선택하고, 그에 따라 구매할 상품과 구매 방법을 결정해 봅시다.

구매 시 고려해야 할 요소	
상품	
품질	
가격	
구매 방법	

구매할 물건 목록				
항목	옵션	상품	품질	구매 방법별 가격
	1.			
	2.			
	3.			
지출 금액				

8회기 과제

이름:

과제 5 여가 활동을 위한 계획 세우기(실습 활동 3)

• '여가 활동 실행을 위한 단계 밟기'에 따라 실행 계획을 세워 봅시다.

1 단계
목표 정하기

2 단계
정보 수집하기

3 단계
할 일 목록 작성하기

4 단계
우선순위 정하기

5 단계
시간 계획하기

6 단계
실행하기

* 완벽하게 준비되지 않아도 시작하기
* 부정적인 상황이나 결과에 감정 조절하기
* 다른 사람의 조언 구하기
* 상황 변화에 대처하기

목표 달성!

8회기 과제

이름:

과제 5 여가 활동을 위한 계획 세우기(실습 활동 3)

• **여가 활동을 위한 정보 수집 항목을 작성해 봅시다.**

여가 활동 정보 수집 항목	내용
What: 참여하려는 활동이나 행사가 무엇인가?	
Where & How: 어디로 어떻게 갈 것인가?	
When: 언제 갈 것인가? (날짜, 요일, 시간)	
Who: 누구와 갈 것인가?	
Cost: 교통비, 식비, 입장료, 이용료와 같은 비용은 얼마인가?	
Etc: 그 외에 알아야 할 기타 사항은 확인하였는가?	

• 디지털 가계부의 종류 소개

어플	설명
편한 가계부 	**기능**: 카드 알림/문자 자동저장, 사용 내역을 필터로 분류, 수입 및 지출 내역을 차트 또는 달력으로 보여 주기, 자산관리, PC로 내용 확인 및 수정 가능  
똑똑 가계부 	**기능**: 카드 알림/문자 자동저장, 사용 내역을 필터로 분류, 수입 및 지출 내역을 차트 또는 달력으로 보여 주기, 예산관리  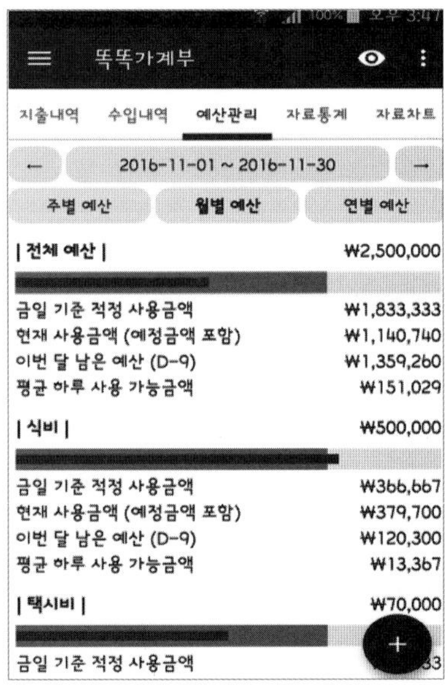

<table>
<tr>
<td>비주얼 가계부</td>
<td>

기능: 카드 알림/문자 자동저장, 사용 내역을 필터로 분류, 수입 및 지출 내역을 차트 또는 달력으로 보여 주기, 구글캘린더 연동, 생활 패턴 분석, 예산관리

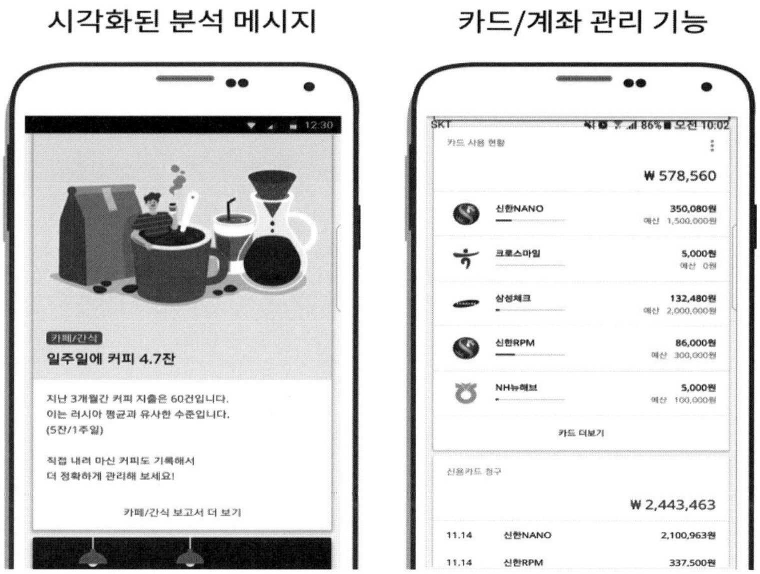

</td>
</tr>
<tr>
<td>뱅크 샐러드</td>
<td>

기능: 카드 알림/문자 자동저장, 사용 내역을 필터로 분류(카드 내역, 은행별로 알 수 있음), 수입 및 지출 내역을 차트 또는 달력으로 보여 주기, 자산관리, 신용점수 확인 가능, 로그인 시 생체 기능

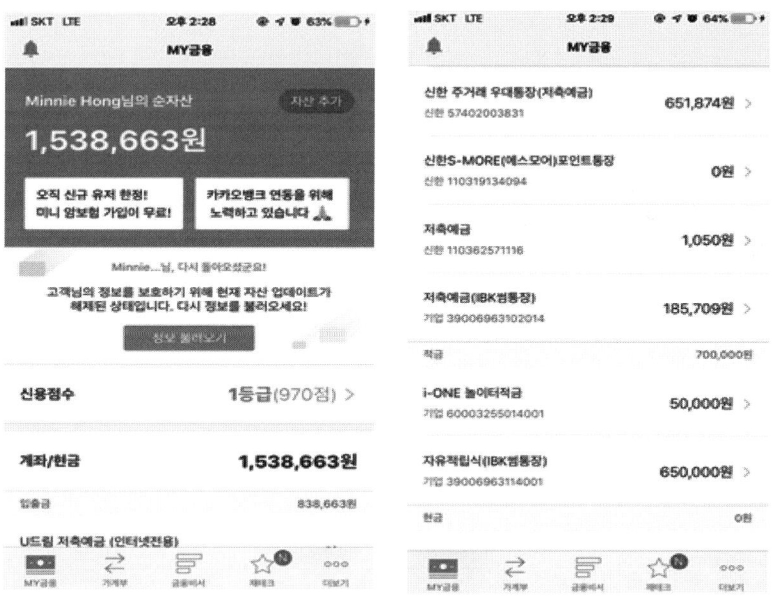

</td>
</tr>
</table>

9회기

실행기능을 활용하여 나에게 맞는 일자리를 찾아봅시다

실행기능 영역

조직화, 계획, 의사결정

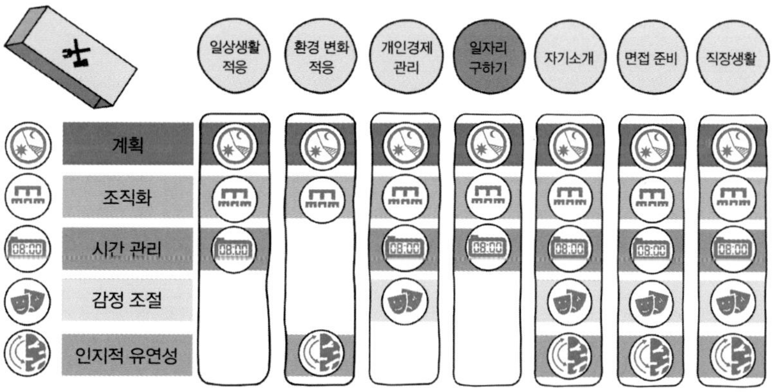

목표

1. 안정적인 직업이 필요한 이유를 이해한다.
2. 실행기능(계획, 조직화)을 활용하여 나에게 맞는 직업을 선택하는 방법을 배운다.
3. 일자리를 찾는 다양한 방법에 대해 알아본다.
4. 실행기능을 활용하여 나의 조건에 적합한 일자리를 찾아본다.

습관 만들기 점검

1. 다음 주 할 일 목록과 주간 계획표 작성하기
    - 개인위생 관리, 건강 관리, 집안 관리 중에서 지속적으로 실천할 수 있는 활동을 할 일 목록이나 주간 계획표에 추가하고, 수행을 완수한 것에 대해서 스스로에게 보상을 한 것이 있다면 이야기 나눈다.
    - 할 일 목록과 주간 계획표 작성이 습관화되고 있는지, 시간 관리에 도움이 되는지에 대해서 이야기 나눈다.
2. 다르게 생각하기와 상황 변화에 대처하기 연습하기
    - 감정 불쾌지수가 높아진 상황이나 일상에서 갑작스러운 상황 변화가 생겼을 때 감정 불쾌지수를 어떻게 조절했는지 이야기 나눈다.
    - 다르게 생각하기나 상황 변화에 대처하기를 통해 나의 행동이 어떻게 바뀌었는지 이야기 나눈다.
3. 주변 환경 조직화하기
    - 주변 환경 조직화하기 전략을 이용해서 정리한 대상이 무엇이고, 어떠한 조직화 전략을 선택했는지 이야기 나눈다.
    - 정리하기 전과 정리한 후의 사진을 찍어 비교한 것을 보여 주고, 정리된 후에 나의 기분과 효율성에 대해 이야기 나눈다.

과제 점검

1. 은행 계좌 개설하기
    - (계좌가 없다면) 주거래은행을 선택하고 은행을 방문하여 입출금 통장을 개설하고 인터넷뱅킹을 신청했는지, 혹은 스마트폰에 은행 앱을 설치하여 비대면으로 계좌를 개설했는지 확인한다.
    - (계좌가 있다면) 은행을 직접 방문하거나 혹은 스마트폰(인터넷뱅킹)을 이용하여 적금 통장을 개설했는지 확인한다.
2. 예산 세우기를 위한 한 주 동안의 지출 내역(가계부) 작성하기
    - 종이 가계부, 스마트폰 가계부 앱, 달력 가계부, 리스트형 가계부 중에서 선택하여 기록하고 있는지 발표한다.
    - 한 달 동안의 수입과 지출 내역을 실습 활동지에 따로 기입을 하고 있는지 확인한다.

3. 지난 달 수입과 지출 내역을 토대로 한 달 예산 세우기(부모님과 함께 실습 활동지 작성)

- 나의 한 달 월급이나 용돈, 독립 생활에 필요한 고정 지출이 얼마인지, 한 달 예산과 저축 금액을 얼마로 정했는지 설명하고, 부모님의 피드백이 어땠는지 발표한다.
- 고정적인 수입이 없는 경우에는 부모님과 상의하여 내가 관리할 지출 항목, 한달 용돈을 어떻게 결정했는지 발표한다.

4. 물건 구매 계획 세우기

- 구매 목록 중 하나를 골라 '물건 구매를 위한 단계 밟기'를 어떻게 작성했는지 발표한다.
- 구매 시 고려할 요소를 결정하고 정보를 수집하여 구매 상품과 구매 방법을 정한 물건이 있다면 발표한다.

5. 여가 활동을 위한 계획 세우고 실천하기

- 나만의 스트레스 관리 전략으로 중에서 선택한 여가 활동이 무엇이고, '여가 활동 실행을 위한 단계 밟기'를 어떻게 작성했는지 발표한다.
- 선택한 여가 활동에 필요한 정보와 계획에 따라서 실천했는지 발표한다.

감정 불쾌지수 낮추기 연습하기-호흡법과 상상법

1. 호흡법 중 복식호흡을 5회 연습한다.
2. 집단원 중 한 사람의 상상법 내용을 공유하면서 다 함께 감정을 조절하는 방법을 연습한다.

토론 질문

토론 tip

- 인간은 자신의 능력과 적성에 맞는 직업을 통해 만족감과 성취감을 느끼고, 사회에 적응하며 하나의 구성원으로서 역할을 수행하게 된다. 특히 장애인들은 취업을 통해 사회의 구성원으로서 역할을 수행할 수 있다는 자긍심과 자립심을 느끼고, 그 가족은 보호 및 경제적 부담을 어느 정도 해소할 수 있게 된다(김희순, 2006). 장애인에게 직업은 경제적인 의의뿐만 아니라 그들의 심리적 · 사회적 기능에도 긍정적인 영향을 미치기 때문에 적절한 직업을 찾고 유지하는 것이 필요하다(박주영, 2017).
- ASD 성인의 취업 의사는 정신장애인 중에서도 높은 편이지만(이현경, 박효은, 최만규, 2013), 직장에 고용된 장애인 중 ASD 성인은 17.4%로, 상대적으로 낮은 고용률을 보인다(남용현, 김기룡, 송남영, 2017). ASD 성인의 직업의 지위와 안정성 또한 일반적으로 낮은 편이다(Levy & Perry, 2011).

- 한편, ASD 성인은 어떤 일을 스스로 시작할 수 있는 능력인 주도성(initiation)이 부족하다. 이들은 통상적으로 정규교육에 참여하는 동안에 부모님과 선생님, 그리고 다른 전문가들의 교육 계획을 통해서 목표를 설정하고 그에 따라 수동적으로 참여해 온 경우가 많고, 어려서부터 또래들의 괴롭힘 등으로 인해 자존감이 낮아져서 주도적으로 행동하는 것이 어렵다(McManmon, 2015). 때문에 고등학교나 대학교를 졸업했지만 그 이후에 자신의 적성이 무엇인지, 자신이 원하는 직업이 무엇인지를 찾는 것부터 어려움을 겪으며, 원하는 직업을 생각하더라도 막연하여 구체적으로 그러한 직업이나 일자리를 어떻게 알아봐야 하는지를 알지 못한다. ASD와 같은 발달장애인에게는 직무적합성이 직업을 갖고 이를 유지하는 데 중요하게 작용한다. 직무의 내용이 그들의 능력과 적성에 적합할 때 직무에 대한 만족도가 높아져서 직업 유지 기간을 연장시킨다. 따라서 직업 선택에 앞서 자신의 적성과 흥미, 그리고 능력에 대한 적절한 탐색과 평가가 이루어질 필요가 있다(박주영, 2017). 자신의 조건과 맞는 일자리를 찾기 위해, 그리고 관심 있는 일자리와 관련된 정보에 항상 주의를 기울일 수 있도록 돕는 것이 필요하다.
- 먼저, 토론 질문을 통해 안정적인 일자리가 필요한 이유를 이해하고, 나에게 맞는 일자리를 찾기 위한 기준에 대해 알아봄으로써 구직에 대한 동기를 높이도록 한다. 동기를 높인 다음에는 일자리를 탐색하는 다양한 방법에 대한 교육이 필요하다. 원하는 일자리를 찾기 위한 구직 공고를 어디에서 볼 수 있는지, 어떤 내용을 봐야 하는지에 대한 교육을 하기 전에 토론 질문으로 화두를 던져서 참여자들이 구직 정보를 알아본 경험이 어느 정도 있는지를 확인한다.

Q 질문 1: 안정적인 일자리는 왜 있어야 할까요?

- 돈을 벌 수 있다.
- 사회의 한 구성원으로서 참여할 수 있다.
- 남에게 의지하지 않고 스스로 하려는 마음(자립심)을 키울 수 있다.
- 자신의 능력을 믿음으로써 당당함(자긍심)을 느낄 수 있다.
- 자신의 능력을 발휘함으로써 성취감을 느낄 수 있다.
- 적성에 맞는 일을 함으로써 만족감을 느낄 수 있다.

Q 질문 2: 일자리를 찾을 때 어떤 기준이 필요할까요?

- 나에게 맞는 일자리 환경이 무엇인지 알아야 한다.
- 나의 조건(흥미, 적성)과 일자리가 요구하는 조건이 맞아야 한다.
- 일자리와 관련된 나의 특성과 내가 선호하는 일자리의 조건을 고려해야 한다.

Q 질문 3: 원하는 일자리는 어떻게 찾을 수. 있을까요?

- 구인구직 업체(알바몬, 사람인, 인크루트 등)의 광고(TV, 옥외, 버스 등)를 본 경험이 있나요?
- 일자리 알선 공공기관(한국장애인고용공단 등)을 들어 본 적이 있나요?
- 친구들 혹은 선배들과 일자리에 대한 정보 교류를 한 적이 있나요?
- 학교 취업 상담 센터에서 상담을 받아 본 적이 있나요?

나에게 맞는 일자리를 찾기 위한 단계 밟기

1단계 목표 정하기

나에게 맞는 일자리 찾기

- 나의 흥미, 적성, 특성에 맞는 직업 분야를 선택한다.
- 일주일 동안 일자리를 검색하여 목록을 작성한다
- 그중에서 나의 조건에 가장 적합한 일자리를 선택한다.

2단계 정보 수집하기

1) 나에 대한 정보 수집

- 나의 흥미 알아보기
- 나의 적성 알아보기

2) 일자리에 대한 정보 수집

- 직업 영역에 대해 알아보기
- 각 직업에 필요한 기술과 능력 알아보기
- 나에게 맞는 일자리 조건 알아보기

3) 일자리 검색 방법

- 검색 사이트 알아보기
- 일자리 공고 내용 이해하기

교육 내용

1. 직업 선택의 시작

"이 영역은 계획, 조직화의 응용 편이다."

▶ 원리: 자폐성 장애인의 경우에는 장애로부터 비롯된 문제들이 비교적 일찍 발견되기 때문에 여러 가지 발달 과업에서 양육자의 도움을 늦게까지 상당 부분 받게 되고, 진학 결정, 학교 선택, 진로 결정 등 중요한 선택이나 결정 사항들이 또한 부모에 의해서 이루어지는 경우가 많다. ASD 성인 또한 그것에 익숙해지다 보니 부모에 의해서 결정된 것을 그대로 따르기 때문에 자신이 원하는 것이나 자신이 잘하는 것들에 대해서 깊이 있게 생각해 볼 만한 기회가 적다. 직업 선택의 경우에도 지배적인 성향이 강한 부모는 ASD 성인의 선호도나 특성을 고려하지 않은 채 직업 훈련을 시키기도 하며, 부모가 더 이상 도와줄 수 없는 ASD 성인의 경우에는 스스로 직업을 선택하지 못한 채 무기력하게 지내기도 한다. 따라서 직업 진로를 결정하기 전에 ASD 성인이 가장 흥미를 느끼고 잘할 수 있고 편안하게 생각하는 분야가 무엇인지를 발견하는 것이 중요하다. 또한 지적장애를 동반하지 않은 ASD 성인들은 특정 분야에 대해 제한된 관심을 과도하게 보이는 경우가 있는데, 이를 잘 활용한다면 고수익의 전문적 직업을 가질 수도 있지만 대다수의 ASD 성인들은 자신에게 적합한 직업을 찾는 것에서부터 어려움이 있다(Wehman et al., 2019). 따라서 자신의 흥미와 적성에 대해 알아보고, 이와 관련된 직업을 탐색하는 활동은 ASD 성인이 본인에게 적합한 직업에 대한 의사결정을 할 수 있도록 도울 것이다.

1) 스스로에 대한 인식과 이해(단계 밟기 2단계: '나'에 대한 정보 수집)

설명

직업을 선택할 때는 내가 좋아하는 것(흥미)과 내가 잘하는 것(적성)이 무엇인지와 같은 자기 자신의 특성을 인식하고 이해하는 것이 먼저 이루어져야 한다. 혼자 파악하는 것이 어렵다면 커리어넷(www.career.go.kr)에서 진로 적성 검사를 해 보는 것이 도움이 될 수 있다.

(1) 흥미

흥미란 어떠한 활동이나 사물에 대해 특별히 좋고 즐거운 느낌을 가지거나 관심을 나타내는 것

- 현장형: 분명하고 질서정연하고 체계적인 것을 좋아하고, 연장이나 기계를 조작하는 활동 및 기술에 흥미가 있는 유형. 농업, 자연, 군사 활동, 운동경기, 기계 관련 활동

  예 신체 활동, 야외 활동, 농업, 스포츠, 기계 장비 다루기

• 탐구형: 관찰적, 상징적, 체계적이며, 물리적, 생물학적, 문화적 현상의 창조적인 탐구를 수반하는 활동에 흥미가 있는 유형. 과학, 수학, 의학

예 물리학/자연과학 탐구, 수학/통계학 탐구, 생명과학/의학 탐구

• 예술형: 예술적 창조와 표현, 변화와 다양성을 선호하고, 틀에 박힌 것을 싫어하며, 모호하고 자유롭고 상징적인 활동에 흥미가 있는 유형. 음악/드라마, 미술, 응용미술, 글쓰기

예 공연, 관람, 색채감각, 순수 창작, 시각적 디자인, 실용적 창작, 말하기, 언어적 표현

• 사회형: 타인의 문제를 듣고, 이해하고, 도와주고, 치료해 주고, 봉사해 주는 활동에 흥미가 있는 유형. 가정/가사, 교육, 사회봉사, 의료봉사, 종교 활동

예 요리하기, 학생 가르치기, 타인에게 도움 주기, 의료 처치를 통한 도움 주기

• 진취형: 조직의 목적과 경제적인 이익을 얻기 위해 타인을 지도, 계획, 통제, 관리하는 일과 그 결과로 얻은 명예, 인정, 권위에 흥미가 있는 유형. 대중 연설, 법/정치, 상품유통, 판매, 조직 관리

예 설득하기, 논리적 토론, 도매/소매, 고객 상담, 타인 통솔, 감독 및 관리 등

• 사무형: 정해진 원칙과 계획에 따라 자료를 기록, 정리, 조직하는 일을 좋아하고, 체계적인 작업 환경에서 사무적 · 계산적 능력을 발휘하는 활동에 흥미가 있는 유형. 자료 관리, 컴퓨터 활동, 사무 활동

예 자료 분석, 컴퓨터 사용, 자료 관리, 사무 관리

(2) 적성

적성이란 어떤 분야의 일을 할 때 그 일을 상대적으로 잘할 수 있는 능력이나 숨겨진 재능

• 신체 · 운동 능력: 기초체력을 바탕으로 효율적으로 몸을 움직이고 동작을 학습할 수 있는 능력
• 손재능: 손으로 정교한 작업을 할 수 있는 능력
• 자연친화력: 인간과 자연이 서로 연관되어 있음을 이해하며, 자연에 대하여 관심을 가지고 탐구, 보호할 수 있는 능력
• 수리, 논리력: 논리적으로 사고하여 문제를 해결하는 능력
• 창의력: 새롭고 독특한 방식으로 문제를 해결하고, 아이디어를 내는 능력
• 음악능력: 노래를 부르고, 악기를 연주하며, 감상할 수 있는 능력
• 공간지각능력: 머릿속으로 입체적인 물체의 위치나 모습을 상상하여 떠올릴 수 있는 능력
• 예술 시각 능력: 선, 색, 공간, 영상 등에 민감하게 반응하고 조화롭게 재구성할 수 있는 능력
• 언어능력: 말과 글로서 자신의 생각과 감정을 표현하며, 다른 사람의 말과 글을 잘 이해할 수 있는 능력
• 대인관계능력: 조직 속에서 구성원들과 협조적이며 원만한 관계를 유지하는 능력
• 자기 성찰 능력: 자신을 돌아보고, 생각과 감정을 조절하며, 자신에게 주어진 여러 자원을 관리하는 능력

설명

직업에 대한 흥미는 직업의 선택과 지속, 그리고 직업에 대한 만족감과 밀접한 관련이 있다. 또한 직업을 선택할 때는 적성 및 능력을 함께 고려해야 한다. 직업은 내가 좋아하는 것일 뿐만 아니라 내가 잘하고 있거나 앞으로 발전할 가능성이 높은 능력을 발휘할 수 있는 것이어야 한다.

실습 활동 1: 나의 흥미와 적성 알아보기

(실습 활동지 배부)

• 나의 흥미와 적성을 1, 2, 3위까지 생각해 보고, 그 이유를 자신의 경험과 연관지어 연결하여 이야기하기에 따라 작성한 후 발표한다.

자신의 경험을 연결하여 이야기하기

• 경험: 내가 ______(언제), ______(어디서), ______을(무엇을) 할 때 ______하게(어떻게) 혹은 ______ 한 이유로(왜) 했는데,
• 생각: ______한 생각이 들어서
• 감정: ______한 기분이었습니다.
• 행동(결과): ______한 행동을 했습니다. 혹은 ______한 결과가 일어났습니다.

	흥미	적성
1	베이킹	운동
이유	제가 주말에 집에서 베이킹을 했는데, 레시피에 나와 있는 것이 아닌 새로운 재료를 사용해 보는 것이 좋을 것 같다는 생각을 했고, 새로운 시도를 하는 것이 즐거웠습니다.	제가 체육 시간에 학교에서 축구를 했는데, 선생님이 칭찬을 해 줘서 운동을 잘한다고 생각을 했고, 뿌듯함을 느꼈습니다.
2		
이유		
3		
이유		

2) 직업 영역에 대한 이해(단계 밟기 2단계: '직업 영역'에 대한 정보 수집)

설명

나에게 맞는 일자리를 찾기 위해 어떤 직업 영역들이 있는지 알아보고, 그중 나의 특성과 관련 있는 직업 영역을 찾아본다. 그다음에 내가 선호하는 일자리의 조건을 확인하여 가능한 직업을 선택한다.

(1) 직업 영역

- 농업/천연자원 분야: 기본적으로 야외에서 수행되는 활동으로, 농업, 임업, 어업, 광업 등의 영역에서 식물, 동물을 기르고 돌보며, 곡물을 경작하고, 천연자원을 수집하는 등의 활동이 포함된다.
- 공학 분야: 제조, 건설, 운송 분야의 일을 수행한다. 전문직은 공학적 · 구조적인 설계를 담당하고, 숙련직은 건설, 제조, 설비 및 수리 등의 일을 숙련된 기술을 바탕으로 수행한다.
- 과학 분야: 과학 분야의 연구를 계획, 수행한다. 전문직은 수학, 의학, 생물학, 물리학 등과 관련된 분야에서 체계적인 지식을 축적하며 이를 활용한다. 숙련직은 관찰, 분류 등의 연구 보조 활동을 하거나 관련 분야의 지식을 적용하는 일을 한다.
- 예술 분야: 전문직은 음악, 미술, 무용, 디자인, 연극, 영화, 체육 등의 분야에서 개인적 재능을 발휘한다. 숙련직은 사진, 산업미술 및 디자인 등의 영역에서 예술적 기능을 응용한다.
- 언론직: 문학작품을 창작 또는 해석하거나 자신의 생각과 지식을 말이나 글로 표현하는 등 언어의 사용과 관련된 영역이다.
- 서비스 분야: 전문직은 사회봉사, 보건, 교육 등의 분야에서 사람들의 욕구 충족 및 복지와 관련해서 높은 책무성을 갖는다. 숙련직은 서비스, 사회봉사, 건강, 치안, 교통 등의 분야에서 사람들의 기호, 욕구, 복지를 충족시킨다.
- 소비자경제 분야: 음식, 음료의 조리와 포장, 의류, 직물의 제작 및 손질 등에 관련된 일을 한다.
- 사무직: 문서나 자료를 기록, 정리, 보관하는 등의 일을 한다. 세심한 주의력, 정확성, 깔끔함, 질서정연함, 빠른 일처리 등을 필요로 한다.
- 경영 분야: 전문직은 사업체나 정부 기관에서 조직의 인력과 자산을 관리하고 효율적으로 운용한다. 재무, 회계, 관리, 경영 촉진 활동 등이 포함된다. 숙련직은 판매, 판촉, 마케팅을 포함하여 영업 촉진과 관련된 재정 및 조직 활동을 한다.
- 전산/정보통신 분야: 정보의 생산, 관리, 교환 등을 목적으로 컴퓨터 소프트웨어, 데이터베이스 시스템, 정보통신망 및 통신 처리 방식 등을 연구, 개발한다.
- 컴퓨터 응용 분야: 컴퓨터의 다양한 기능을 활용하여 설계, 가공, 창작 등을 한다.

Q 질문: 살펴본 직업 영역 중에서 관심이 가는 직업 영역이 무엇인가요? 혹은 살펴본 직업 영역 외에 내가 관심 있는 직업 영역이 있다면 무엇인가요?

(2) 나의 흥미와 직업 연결 짓기

① 나의 흥미 중에서 직업으로 바꿀 가능성이 있는 것을 찾는다.

② 하나의 흥미는 다양한 직업 영역으로 바꿀 수 있다. 내가 선택할 수 있는 직업과 그 역할에 대해서 최대 한 많이 조사해 본다.

③ 각 직업을 갖기 위해 필요한 기술과 능력에 대해서 알아본다.

④ 직업이 요구하는 것과 나의 적성(능력)이 맞으면 결정한다.

예 나의 흥미가 '기차, 기차역' 일 경우

- ✓ 공학 분야: 기관사, 기차 정비사, 철도차량배관공, 철도설계기술자, 철도차량설비조립원, 고속철도차량설계 연구원, 철도차량전기검사원 등
- ✓ 경영 분야: 철도여행상품개발원, 철도시설관리자, 열차운영관제사 등
- ✓ 사무직: 철도공사 직원 등
- ✓ 서비스 분야: 역무원, 열차 승무원, 철도승무지도 교관사, 철도건널목안내원

예 기관사가 되기 위해 필요한 기술과 능력

- ✓ 속도감각, 민첩성, 순간판단력, 원근거리 식별 능력, 운송 및 기계에 관한 기본 지식 등
- ✓ 관련학과: 기계공학과, 전기공학과, 제어계측과
- ✓ 철도차량 운전면허 소지
- ✓ 자격 취득을 위해서 「철도안전법」에 따라 적성검사와 신체검사에 합격. 철도차량 운전면허 지정교육기관에서 면허 종류 및 관련 분야 경력을 쌓아야 함.

실습 활동 2: 나의 흥미와 직업 연결 짓기

(실습 활동지 배부)

① 나의 흥미와 관련된 가능한 직업 영역들에 대해 알아본다.

② 각 직업에 필요한 기술과 능력이 무엇인지 알아본다.

③ 나의 적성 및 조건과 일치하는 정도를 1~10점으로 평가한다. 이때 일치하는 정도가 낮더라도 노력하여 얻을 수 있는지 가능성을 고려하여 판단한다.

나의 흥미	관련 직업	필요한 기술과 능력	나의 적성
베이킹	제과제빵사	손재능, 자격증 등	6
	빵 판매원	언어능력, 정확한 계산 등	8
	빵 제품 개발 연구원	창의력, 손재능 등	5
	베이킹 강사	손재능, 자격증, 언어능력, 대인관계능력 등	2

3) 나의 특성에 맞는 일자리 조건 확인하기

"이 영역은 조직화의 응용 편이다."

설명

직업을 선택할 때는 나의 특성이 직업이 가지고 있는 조건과 일치해야 직업을 오래 유지할 수 있다. 그러므로 나의 흥미와 적성뿐만 아니라 내가 선호하거나 피하고 싶은 일자리의 조건들을 알아볼 필요가 있다. 7회기에서 배운 '나의 특성에 맞는 환경 조건 확인하기'의 절차를 일자리 조건을 확인하는 것으로 적용할 수 있다. 일자리를 선택할 때, 고려해야 할 여러 가지 일자리 조건이 있을 수 있으므로 모든 조건을 충족하는 일자리를 선택하는 것이 좋겠지만, 현실적으로 그렇지 못한 경우가 많다. 따라서 내가 선호하는 조건의 중요도를 고려하여 우선순위를 결정할 필요가 있다.

일자리 선택 시 고려해야 할 조건

- **근무하는 곳의 물리적 환경**: 업무 공간의 크기, 소음 정도, 채광 및 조명도, 근무자 간의 밀집도 등
- **조직 구성(상사 및 동료)**: 동료들과 협업 여부, 근무 시간 동안 상사와 한 공간에 있는지, 직장 내 위계가 뚜렷하여 권위적인 분위기인지, 업무 보고가 매일 이루어지는지, 위계보다는 업무 동료로서 자유롭게 일하는 분위기인지 등
- **근무 시간**: 출퇴근 시간 고정 혹은 선택 여부, 야간 교대 근무 여부, 야근 여부 등
- **급여**: 유사한 학력의 다른 직종과 비슷한 수준인지, 최저 시급과 비교해 얼마나 차이가 나는지, 격려금이나 장려금 등이 있는지, 급여 외 다른 복지가 있는지
- **근무하는 곳의 위치**: 출퇴근 거리, 교통편, 기숙사 여부, 자취 가능 여부
- **발전 가능성**: 앞으로 장기근속 시 보상이 향상될 수 있을지, 꾸준히 일하면 숙련도가 높아져 다른 일자리로 이직할 수 있을지 등

나의 특성에 맞는 일자리 조건 선택의 예시

선택 요소	나의 특성에 맞는 조건	조건의 중요도 (1~10)	조건의 우선순위
물리적 환경	시끄러운 것을 싫어함. 조용한 환경이면 좋겠음	7	2
조직 구성	권위적인 것을 싫어함. 자유로운 분위기였으면 좋겠음	8	1
근무 시간	불규칙적인 것을 싫어함. 출퇴근 시간이 고정되어 있으면 좋겠음	5	4
급여	최저 시급을 지키며, 평균 임금과 비슷한 수준이면 좋겠음	6	3
위치	통근 시간이 왕복 1시간 이내인 위치이면 좋겠음	4	5
발전 가능성	10년 후 보상이 향상될 것으로 전망되는 직업이면 좋겠음	4	6

실습 활동 3: 나의 특성에 맞는 일자리 조건 확인하기

(실습 활동지 배부)

① 일자리 선택에 필요한 요소들의 기준을 알아본다.

② 내가 선호하거나 피하고 싶은 조건들을 정리해 본다.

③ 내가 원하는 조건의 중요도를 1~10점으로 평가해 보고, 그에 따라 조건의 우선순위를 결정한다.

선택 요소	나의 특성에 맞는 조건	조건의 중요도 (1~10)	조건의 우선순위
근무 시간	저녁에는 학원을 다녀야 하므로 오전 근무가 가능한 아르바이트	7	2

실습 활동 4: 나의 흥미, 적성, 특성에 맞는 직업 분야 선택하기

(실습 활동지 배부)

- 지금까지 한 실습 활동 1~3에서 나의 흥미, 적성, 특성과 내가 선호하는 일자리의 조건을 고려할 때 가장 나에게 맞는다고 생각되는 직업을 선택하고, 그 이유를 적어 본다.
- (과제) 만약 혼자서 판단하기 어렵다면 신뢰하는 사람에게 조언을 구해 본다.

선택한 직업	이유
빵 판매원	베이킹 지식이 있기 때문에 빵에 대한 설명을 잘할 수 있을 것 같고, 계산하는 것도 어렵지는 않을 것 같아서
신뢰하는 사람 ________의 의견	
제과제빵사	베이킹을 잘하는 편이기 때문에 노력하면 자격증을 딸 수 있을 것 같아서
신뢰하는 사람 ________의 의견	
빵 제품 개발 연구원	창의력은 조금 부족하지만 노력하면 될 것 같고, 새로운 것을 만드는 것도 재미있다고 느껴서
신뢰하는 사람 ________의 의견	

나에게 맞는 일자리를 찾기 위한 단계 밟기 중간 단계 - 하위 목표 실행을 위한 단계 밟기

1단계
목표 정하기

나에게 맞는 일자리 찾기
- 나의 흥미, 적성, 특성에 맞는 직업 분야를 선택한다.

2단계
정보 수집하기

1) 나에 대한 정보 수집
- 나의 흥미와 적성을 찾는다.

2) 일자리에 대한 정보 수집
- 나의 흥미와 관련된 가능한 직업 영역들에 대해 알아본다.
- 각 직업을 갖기 위해 필요한 기술과 능력이 무엇인지 알아본다.
- 나의 특성에 맞는 일자리 조건에 대해 알아본다.

3단계
할 일 목록 작성하기

4단계
우선순위 정하기

5단계
시간 계획하기

① 나의 흥미와 적성 알아보기(실습 활동 1)
② 나의 흥미와 직업 연결 짓기(실습 활동 2)
③ 나의 특성에 맞는 일자리 조건 확인하기(실습 활동 3)
④ 직업이 요구하는 조건과 나의 조건을 비교하여 직업 선택의 가능성 판단하기
⑤ 나의 흥미, 적성, 특성에 맞는 직업 분야 선택하기(실습 활동 4)

6단계
실행하기

* 완벽하게 준비되지 않아도 시작하기
* 부정적인 상황이나 결과에 감정 조절하기
* 다른 사람의 조언 구하기
* 상황 변화에 대처하기

- 각 직업에 필요한 기술과 능력이 나의 적성에 맞는지 생각해 본다.
- 맞지 않는다면 노력해서 얻을 수 있는 것인지 판단한다.
- 혼자서 판단하거나 결정하기 어렵다면 신뢰할 수 있는 사람들에게 조언을 구해 본다.
- 예상하지 못한 상황 변화에 대처하기 위하여 가능한 직업을 2개 더 선택한다.

목표 달성!

2. 일자리 검색 방법을 알아보기(2단계: '일자리'에 대한 정보 수집)

"이 영역은 계획, 조직화의 응용 편이다."

▷ 원리: 계획과 시작에 어려움이 있는 ASD 성인들은 구직 공고를 어디에서 찾아야 하는지를 알지 못하기 때문에 구직 공고를 찾는 방법부터 단계적으로 알려 주는 것이 필요하다. 어떤 사이트에 들어가고, 어떤 게시판에서 어떤 제목으로 찾아볼 것인지에 대한 정보를 제공해 주며, 구인 공고에 나온 내용들을 이해할 수 있도록 설명해 주는 것도 필요하다(Bissonnette, 2014). 더불어 직접 일자리를 찾는 것이 어렵고, 또래의 청년들과 경쟁하는 일자리에 취업하는 것이 어렵게 느끼는 성인들에게는 장애인 등록을 통해 장애인 취업 기관에 도움을 요청하는 방법이 있다는 정보를 알려 준다.

설명

여기서 제시되는 취업 정보 사이트의 종류나 구직 공고의 내용, 양식 등은 시대에 따라 달라질 수 있는 내용이므로 실제 프로그램을 진행할 때는 그 시기에 맞는 내용으로 수정하여 제시할 필요가 있다. 그 시기에 자주 보는 취업 정보 사이트가 새로 생겼다면 이를 소개해 주며, 구직 공고 내용 예시도 여기에서는 '아르바이트, 생산직 정규직, 경력 정규직'의 예시를 제시하였으나, 구직 업종마다, 회사마다 그 내용이 다를 수 있으므로 참여하고 있는 대상자들에게 맞춰 가장 적합한 업종과 회사의 구직 공고 내용을 예시로 제시해 주는 것이 도움이 될 수 있다.

1) 직접 찾기

(1) 취업 정보 사이트 이용하기

- 사이트명: 알바몬, 사람인, 잡코리아, 인크루트, 워크넷, 워크투게더
- 검색 방법: 채용 정보 – 지역별, 직무별, 산업별로 분류 검색하기
- 취업 정보 사이트 검색 방법 소개(**부록**)

(2) 취업 정보 사이트의 공고 내용 이해하기

- 구직 공고에 포함되는 내용들
  - ✓ 필수 업무
  - ✓ 업무에 필요한 기술
  - ✓ 필요한 경험의 종류와 양(학력 및 경력)
  - ✓ 타인과의 의사소통의 양과 특징
  - ✓ 근무 조건: 근무 기간, 근무 시간, 근무 요일, 급여
  - ✓ 접수 방법 및 절차

- 구직 공고를 읽을 때 주의점
  - ✓ 공고에서 어떤 요구사항이 반복되는지 확인하기: ~에 대한 많은 경험, 지식, 능숙하신 분
  - ✓ 어떤 종류의 업무, 기술이 강조되는지 확인하기: 특정 기술, 조직화, 대인관계
  - ✓ 협의 가능한 항목의 표현: 우대 사항, ~선호, ~업무 경력자 우대, ~경험자 우대
  - ✓ 협의할 수 없는 항목의 표현: 필수 요건, 입증할 수 있는 경력, ~는 반드시 포함되어야 함, 이러한 항목이 충족되지 않을 시 지원이 불가합니다
  - ✓ 각 문구의 의미 이해하기

    예 1) 다양한 집단의 사람들과 어울릴 수 있는 능력: 각기 다른 욕구와 업무 스타일을 가진 사람들에게 적응해야 하는 업무 환경

    2) 독립적인 분, 빨리 배우는 분: 많은 관리감독 없이 일을 시작하고 끝낼 것을 기대

    3) 서비스 마인드 소유자로, 밝은 인상을 지닌 분: 고객을 대할 일이 많은 업무 환경

    4) 긍정적 마인드, 건강한 신체: 스트레스가 있고 체력이 필요한 업무

    5) 단시간 교육으로 업무를 시작할 수 있음: 전문적인 지식, 능력이 필요하지 않음

    6) 성실하고 책임감이 강한 자: 출퇴근 시간 등을 준수하고 장기 근속할 사람을 선호

구직 공고의 예시 - 단순 아르바이트

오늘 OOO에서 아르바이트를 뽑습니다.

모집 부문

모집 부문	담당 업무 및 자격 요건
홀 아르바이트	• 담당 업무: 서빙, 청소, 설겆이 • 자격 요건: 긍정적 마인드, 건강한 신체

근무 조건

- 근무기간: 3~6개월
- 급여: 9,500원, 3개월 근무 시 10,000원으로 인상, 4대보험 가입 필수임
- 근무 요일: 주3일(금, 토, 일)
- 근무 시간: 20:00~24:00

지원 조건

- 성별: 성별 무관
- 연령: 20세 이상~35세 이하
- 학력: 학력 무관

접수 방법

- 접수 방법: 문자 지원
- 문자로 이름, 나이, 성별, 사는 곳을 보내 주시면 바로 연락드립니다.
- 근무 중에 전화 받기 힘드니 문자로 지원 부탁드립니다.

구직 공고의 예시-정규직(학력 및 경력 무관)

OO제과제빵 생산사원 모집

모집 부문

모집 부문	담당 업무 및 자격 요건
생산 · 제조 · 품질검사	• 담당 업무: 제과제빵 생산 및 포장 • 자격 요건: 근거리 거주자/보건증 발급 가능자

근무 조건

• 근무 기간: 1년 이상 장기 사원

• 근무 요일: 월~토

• 근무 시간: 07:00 ~ 16:00 + (연장 3~5시간 발생) / 휴게 시간: 60분

• 급여: 월급 280 ~ 340만 원 [잔업에 따라 급여 변동]

• 복리후생: 국민연금, 고용보험, 산재보험, 건강보험, 퇴직금, 휴일근로수당, 연장근로수당, 주휴수당, 중식 제공, 근무복 지급

지원 조건

• 성별: 성별 무관

• 연령: 25세 이상 ~ 50세 이하

• 학력: 학력 무관

• 우대 조건: 유사 업무 경험, 업무 관련 자격증 소지

• 힘들지만 목표를 가지고 열심히 근무하시어 목돈 마련하실 분 대환영입니다!

접수 방법

• 접수 방법: 문자 지원 [010 ○○○○ ○○○○]

예) OO베이커리 지원/성함/나이/사는 곳

★ 선착순 모집이므로 조기 마감될 수 있으니 빠른 지원 바랍니다★

구직 공고의 예시 - 정규직(경력직)

(사) 좋은책○○○ 각 분야별 신입 및 경력 사원 모집

젊은 회사! 성장하는 회사!
좋은책○○○에서 여러분의 꿈과 비전을 펼치시길 바랍니다.

1. 모집 부문 및 자격 요건

구분	채용 직급	경력 및 고용 형태	수행 직무	응시 자격 및 우대 사항
중고등수학 참고서	팀원	신입 및 경력 정규직	• 중고등 수학 학습물 기획 및 편집 • 중고등 수학 학습물 원고 집필	• 4년제 대학 졸업 이상 • 수학 관련 전공자 • 긍정적인 사고와 성실한 자세의 소유자 • 중고등 수학 학습물(참고서 또는 교과서) 기획 및 편집 유경험자 • 중고등 수학 학습물 원고 집필 유경험자

영업관리	팀원	신입 및 정규직	• 매출 전산 관리 • 물류센터 외주 관리 등	• 4년제 대학 졸업 이상 • 커뮤니케이션 능력이 뛰어나고, 투명하고 꼼꼼한 성격으로 근면 성실한 자 • 책임감이 높고, 매사에 긍정적이고, 능동적 · 적극적인 자세를 가진 자 • 문제의식이 있고, 솔선수범하는 정신과 배려심이 있는 자
웹 개발	팀원	경력 정규직	• 웹사이트 웹 개발 및 유지 보수 업무 • 온라인 강의 개발 및 유지보수 업무	• 4년제 대학 졸업 이상 • 개발에 대한 열정이 있고, 커뮤니케이션이 원활한 자 • ASP.NET 기발 C# 웹 개발 경력자 • (Java 개발자 가능) • MSSQL 테이블 설계 및 프로시저 개발 가능자 • HTML, CSS, Javascript, jQuery, Ajax 이해 및 능숙자

2. 근무 조건

- 고용 형태; 정규직
- 급여
  - 대졸 신입 기준 최대 3,600만 원(연구직)
  - 대졸 신입 기준 최대 3,550만 원(일반 관리직)
  - 기타 직무 및 경력직은 회사 내규 및 별도 협의에 따름

    *경영 실적에 따라 경영성과급 지급(월 급여의 최대 200%)

    *인턴/수습으로 채용될 경우 3개월 간 인턴/수습 급여 적용

3. 제출 서류

- 이력서
- 자기소개서
- 최종 합격 후 졸업증명서
- 최종 학교 전 학년 성적증명서
- 공인시험 및 기타 자격증 사본(소지자에 한함)
- 취업보호대상증명서(대상자에 한함)
- 기타 회사가 요구하는 서류

4. 전형 절차

① 서류 전형: 6/23~6/30, 8일간

② 필기 전형: 추후 별도 결정(서류 합격자에 한해 개별 통지)

③ 보고서 전형: 7/1~7/8, 8일간

④ 전형자 필기시험 및 면접 전형: 추후 별도 결정(합격자에 한해 개별 통지 진행)

⑤ 서류 및 면접 합격자에 한해 개별 통보

5. 제출 서류

- 자격증 사본 각 1부(해당자에 한함)
- 공인외국어성적증명서 사본 각 1부(해당자에 한함, 공고일 기준 2년 이내만 유효함)
- 경력증명서, 건강보험득실확인서 각 1부(해당자에 한함)

  *서류 미제출 경력은 인정하지 않음
- 취업지원대상자증명서 또는 장애인등록증 1부(해당자에 한함)

6. 기타 유의 사항

- 허위 사실이 발견될 경우 채용이 취소될 수 있습니다.

2) 도움을 구하기: 장애인 취업 지원 기관에 등록하기

(1) 취업 지원 기관 연락처를 확인하기

- 한국장애인고용공단(1588-1519)
  - ✓ 경기동부지사(분당구 구미로8, 031-600-0200)
- 한국장애인개발원(02-3433-0600)

(2) 장애인 취업 성공 패키지

- 개요: 장애인에게 성공적인 취업과 직업 적응을 지원하기 위해 단계별로 통합적인 서비스를 제공하는 전문적인 취업 지원 프로그램
- 신청 대상: 취업을 희망하는 만 18세 이상~69세 이하의 장애인
- 참여 방법: 인근 지사 직접 방문 혹은 전화 문의(1588-1519)
- 단계별 프로그램 안내
  - ✓ 등록 후 1개월까지: 상담 및 취업 계획 수립
  - ✓ 등록 후 12개월까지: 장애인 전용 직업훈련
  - ✓ 등록 후 3개월~6개월: 집중 취업 알선(면접 동행 등)

실습 활동 5: 취업 정보 사이트 검색을 통해 일자리 목록 작성하기

(실습 활동지 배부)

① 일자리를 검색할 사이트를 선택한다.

② 해당 사이트에 접속하여 조건을 입력한다.

③ 검색 결과 나타난 채용 공고 중에서 선택하여 상세 내용을 확인한다.

④ 지원 자격과 근무 조건이 나와 맞는지를 확인하고 장단점을 적는다.

검색 사이트	일자리	지원 자격	근무 조건	장점 및 단점
사람인	크라운제과 진열 사원	학력, 나이, 성별 무관, 경력 무관	담당 업무: 거래처 관리, 과자류 진열 근무 형태: 정규직 근무 일시: 일 7시간 (점심시간 포함) 급여: 1,270,000원 근무 지역: 대구광역시	장점: 일이 쉽다 단점: 급여가 적다

나에게 맞는 일자리를 찾기 위한 단계 밟기

1단계 목표 정하기

나에게 맞는 일자리 찾기
1) 나의 흥미, 적성, 특성에 맞는 직업 분야를 선택한다.
2) 일주일 동안 일자리를 검색하여 목록을 작성한다.
3) 그중에서 나의 조건에 가장 적합한 일자리를 선택한다.

2단계 정보 수집하기

1) 나에 대한 정보 수집
- 나의 흥미 알아보기
- 나의 적성 알아보기

2) 일자리에 대한 정보 수집
- 직업 영역에 대해 알아보기
- 각 직업에 필요한 기술과 능력 알아보기
- 나에게 맞는 일자리 조건 알아보기

3) 일자리 검색 방법
- 검색 사이트 알아보기
- 일자리 공고 내용 이해하기

3단계 할 일 목록 작성하기

4단계 우선순위 정하기

① 나의 흥미, 적성, 특성에 맞는 직업 분야 선택하기
② 선택한 분야의 일자리 검색하기
③ 일자리 목록 작성하기
④ 일자리들의 조건을 비교하여 우선순위 결정하기
⑤ 나의 조건에 가장 적합한 일자리 선택하기

5단계 시간 계획하기

① 나의 흥미, 적성, 특성에 맞는 직업 분야 선택하기(1일)
② 선택한 분야의 일자리 검색하기(2일)
③ 일자리 목록 작성하기(1일)
  - 일자리에 대해 수집한 정보 정리하기
  - 일자리별로 장점과 단점 생각해 보기
④ 일자리들의 조건을 비교하여 우선순위 결정하기(1일)
⑤ 나의 조건에 가장 적합한 일자리 선택하기(1일)

6단계 실행하기

* 완벽하게 준비되지 않아도 시작하기
* 부정적인 상황이나 결과에 감정 조절하기
* 다른 사람의 조언 구하기
* 상황 변화에 대처하기

목표 달성!

- 모든 정보를 수집하지 못했다고 느껴지더라도 우선 일자리 목록을 작성해 보면서 부족한 부분을 보충한다.
- 실행하는 도중에 부정적인 상황이나 결과를 맞닥뜨렸을 때 상상법과 같은 방법을 통해 부정적인 감정을 조절해 본다.
- 내가 선택한 일자리에 대해 신뢰할 수 있는 사람들에게 조언을 구하고, 반영할 것이 있는지 생각해 본다.
- 원하는 분야의 일자리가 없거나 나의 조건에 적합한 일자리가 없을 때 대안을 생각해 본다. 예를 들어, 다른 분야를 알아보거나, 다른 사이트나 기관에서 검색해 보는 방법이 있을 수 있다.

습관 만들기

1. 다음 주 할 일 목록과 주간 계획표 작성하기(**3회기** 실습 활동 2, 3, 4 & **6회기** 실습 활동 1)
   - 개인위생 관리, 건강 관리, 집안 관리, 주변 환경 조직화하기 중에서 지속적으로 실천할 수 있는 것을 골라 보고, 할 일의 목록이나 주간 계획표에 추가하여 실천한다.
   - 수행을 완수한 것에 대해서 스스로에게 보상을 한다.
2. 다르게 생각하기와 상황 변화에 대처하기 연습하기(**4회기** 실습 활동 4 & **5회기** 실습 활동 3)
   - 한 주 동안 감정 불쾌지수가 높아진 상황이나 일상에서 갑작스런 상황 변화가 생겼을 때 감정 불쾌지수를 측정해 보고, 호흡법과 상상법을 통해 감정을 조절하는 것을 연습한다.
   - 다르게 생각하기를 해 보거나 변화된 상황에 맞는 대안 3개와 그에 따른 장단점, 해결책을 생각해서 과제지에 작성한다.
3. 예산 세우기를 위한 한 주 동안의 지출 내역(가계부) 작성하기(**8회기** 과제 2)
   - 종이 가계부, 스마트폰 가계부 앱, 달력 가계부, 리스트형 가계부 중에서 선택하여 기록한다.
   - 예산 세우기 연습을 위해 한 달 동안 수입과 지출 내역을 실습 활동지에 따로 기입한다.
4. (지난주에 안 했다면) 여가 활동을 위한 계획 세우고 실천하기(**8회기** 실습 활동 3 & 과제 5)
   - 나만의 스트레스 관리 전략 목록 중 이번 주에 실천하고 싶은 여가 활동을 선택한다.
   - '여가 활동 실행을 위한 단계 밟기'에 따라 작성하고, 여가 활동에 필요한 정보를 수집하고 계획에 따라서 실천한다.

과제 안내

1. 나의 흥미와 직업 연결 짓기 완성하기(실습 활동 2)
   - (필요하다면) 나의 흥미, 적성에 대해 더 고민해 보고, 이와 관련된 직업과 그에 필요한 기술 및 능력에 대해서 검색을 통해 알아본다.
2. 나의 흥미, 적성, 특성에 맞는 직업 분야 선택하기(실습 활동 4)

   ① 내 적성과의 일치도가 높고, 내 특성에 맞는 일자리 조건과 가장 부합하는 직업 분야를 선택한다.

   ② 선택한 직업을 실습 활동지에 적고, 그 직업을 선택한 이유와 신뢰하는 사람의 의견과 조언을 적는다.

   ③ 신뢰하는 사람의 조언을 듣고 선택한 직업 분야를 수정하거나 2, 3순위의 직업으로 정할 수 있다.

3. 취업 정보 사이트 검색을 통해 일자리 목록 작성하기(실습 활동 5)

- 선택한 직업을 일자리 검색 방법을 통해 취업 정보 사이트에서 검색한다.
- 채용 공고를 확인하여 일자리의 지원 자격과 근무 조건들을 작성하고, 내가 선호하는 조건과 비교하여 각 일자리의 장점과 단점을 적는다.

9회기 실습 활동지

이름:

실습 활동 1 나의 흥미와 적성 알아보기

- 나의 흥미와 적성을 1, 2, 3위까지 생각해 보고, 그 이유를 연결하여 이야기하기에 따라서 작성해 봅시다(혼자서 파악하기 어렵다면 커리어넷에서 검사를 해 볼 수 있습니다).

자신의 경험을 연결하여 이야기하기

(누가), (언제), (어디서), (무엇을), (왜), (어떻게),

겪었는데 그 때 나는 (생각) 한 생각이 들었고, 그래서 (감정) 기분이 느껴졌습니다.

그래서 (행동) 을 했습니다. 혹은 (결과) 가 일어났습니다.

	흥미	적성
1		
이유		
2		
이유		
3		
이유		

9회기 실습 활동지

이름:

실습 활동 2 나의 흥미와 직업 연결 짓기

① 나의 흥미와 관련된 가능한 직업 영역들에 대해 알아봅시다.

② 각 직업에 필요한 기술과 능력이 무엇인지 알아봅시다.

③ 나의 적성과 일치하는 정도를 1~10점으로 평가합니다. 이때 일치하는 정도가 낮더라도 노력하여 얻을 수 있는지 가능성을 고려하여 판단합니다.

나의 흥미	관련 직업	필요한 기술과 능력	적성과의 일치도

나의 흥미	관련 직업	필요한 기술과 능력	적성과의 일치도

9회기 실습 활동지

이름:

실습 활동 3 나의 특성에 맞는 일자리 조건 확인하기

① 일자리 선택에 필요한 기준들을 알아봅시다.

② 내가 선호하거나 피하고 싶은 조건들을 정리해 봅시다.

③ 내가 원하는 조건의 중요도를 1~10점으로 평가해 보고, 그에 따라 조건의 우선순위를 결정합니다.

선택 요소	내가 선호하는 조건	조건의 중요도 (1~10)	조건의 우선순위

이름:

실습 활동 4 나의 흥미, 적성, 특성에 맞는 직업 분야 선택하기

- 나의 흥미, 적성, 특성과 내가 선호하는 일자리의 조건을 고려하여 나에게 가장 적합한 직업 분야 혹은 일자리를 선택해 봅시다(대안으로 2, 3순위의 직업 분야도 선택해 봅시다).
- (과제) 만약 혼자서 판단하기 어렵다면 신뢰하는 사람에게 조언을 구하고, 그들의 의견을 함께 기록합시다.

선택한 직업	이유
신뢰하는 사람 ____________의 의견	
신뢰하는 사람 ____________의 의견	
신뢰하는 사람 ____________의 의견	

9회기 실습 활동지

이름:

실습 활동 5 취업 정보 사이트 검색을 통해 일자리 목록 작성하기

- **앞서 선택한 직업 영역에 대해 취업 사이트에서 직접 일자리를 검색하여 일자리 목록을 작성해 봅시다.**

  ① 일자리를 검색할 사이트를 선택한다.

  ② 해당 사이트에 접속하여 조건을 입력한다.

  ③ 검색 결과 나타난 채용 공고 중에서 선택하여 상세 내용을 확인한다.

  ④ 지원 자격과 근무 조건이 나와 맞는지 확인하고 장단점을 적는다.

검색 사이트	일자리	지원 자격	근무 조건	장점 및 단점

• **알바몬 사이트 이용 방법**

1. 알바몬(https://www.albamon.com)에 접속한다.
2. 채용 정보의 지역별, 업직종별, 기간별 알바에서 선호하는 지역, 업직종, 기간을 선택한다.

3. 선호하는 구체적인 지역, 세부적인 업직종, 근무 기간, 근무 요일, 근무 시간을 체크하고 검색한다.

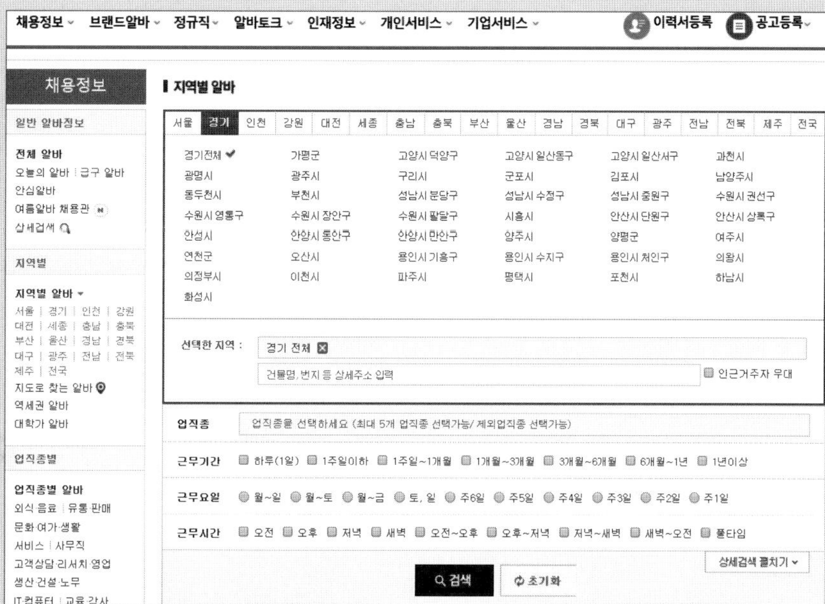

4. 검색 결과를 확인한다.
5. 개별 채용 공고의 상세 내용을 이해한다.

- **인크루트 사이트 이용방법**

1. 인크루트(https://www.incruit.com)에 접속한다.
2. 채용 정보의 지역별, 업직종별, 기업분류별, 우대사항별, 전공계열별, 급여별, 학력별 등에서 선호하는 지역, 업직종, 기업, 우대사항, 전공계열, 급여, 학력을 선택한다.

3. 선호하는 구체적인 지역, 세부적인 업직종, 급여, 학력, 경력, 고용 형태, 사업소를 체크하고 검색한다.

4. 검색 결과를 확인한다.
5. 개별 채용 공고의 상세 내용을 이해한다.

• **워크투게더 사이트 이용방법**

1. 고용노동부 산하 한국장애인고용공단이 운영하는 장애인고용포털(http://www.worktogether.or.kr)에 접속한다.
2. 근무 지역, 희망 직종 등 희망 조건이 의미하는 내용이 무엇인지 이해한다.

3. 검색 결과를 확인한다.
4. 개별 채용 공고의 상세 내용을 이해한다.

10회기

실행기능을 활용하여 원하는 일자리에 나를 소개해 봅시다

실행기능 영역

조직화, 계획, 의사결정

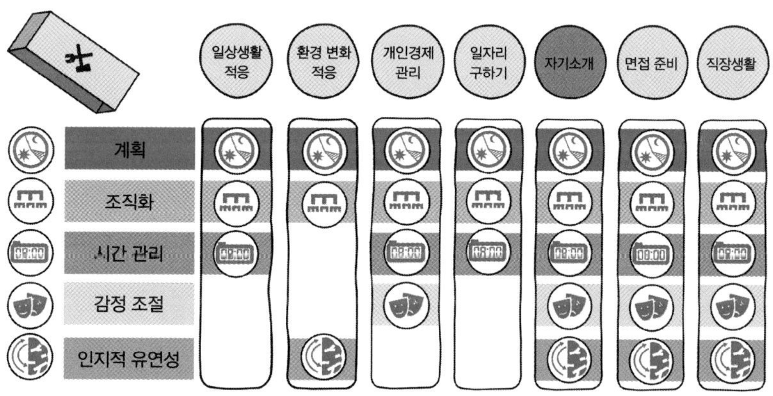

목표

1. 취업에 필요한 서류의 종류를 알아보고, 목적을 이해한다.
2. 실행기능(계획, 조직화)을 활용하여 자기소개서 작성하는 법을 배운다.
3. 구직 장면에서 장애 공개 여부에 대해서 생각해 본다.

습관 만들기 점검

1. 다음 주 할 일 목록과 주간 계획표 작성하기
   - 개인위생 관리, 건강 관리, 집안 관리, 주변 환경 조직화하기 중에서 지속적으로 실천할 수 있는 활동을 할 일 목록이나 주간 계획표에 추가하고, 수행을 완수한 것에 대해서 스스로에게 보상을 한 것이 있다면 이야기 나눈다.
   - 할 일 목록과 주간 계획표 작성이 습관화되고 있는지, 시간 관리에 도움이 되는지에 대해서 이야기 나눈다.
2. 다르게 생각하기와 상황 변화에 대처하기 연습하기
   - 감정 불쾌지수가 높아진 상황이나 일상에서 갑작스러운 상황 변화가 생겼을 때 감정 불쾌지수를 어떻게 조절했는지 이야기 나눈다.
   - 다르게 생각하기나 상황 변화에 대처하기를 통해 나의 행동이 어떻게 바뀌었는지 이야기 나눈다.
3. 예산 세우기를 위한 한 주 동안의 지출 내역(가계부) 작성하기
   - 종이 가계부, 스마트폰 가계부 앱, 달력 가계부, 리스트형 가계부 중에서 선택하여 기록하고 있는지 이야기 나눈다.
   - 한 달 동안의 수입과 지출 내역을 실습 활동지에 따로 기입을 하고 있는지 이야기 나눈다.
4. (지난주에 안 했다면) 여가 활동을 위한 계획 세우고 실천하기
   - 나만의 스트레스 관리 전략 목록 중에서 선택한 여가 활동을 '여가 활동 실행을 위한 단계 밟기'에 따라 작성했는지, 여가 활동에 필요한 정보와 계획에 따라서 실천했는지 이야기 나눈다.

과제 점검

1. 나의 흥미와 직업 연결 짓기 완성하기
   - 나의 흥미와 적성과 관련된 직업과 그에 필요한 기술 및 능력에 대해 알아본 것을 발표한다.
2. 나의 흥미, 적성, 특성에 맞는 직업 분야 선택하기
   - 내 적성과의 일치도가 높고, 나의 특성에 맞는 일자리 조건과 가장 잘 맞는 직업 분야에 대해 발표한다.
   - 선택한 직업 분야에 대해 신뢰하는 사람의 의견이 어땠는지 발표한다.
3. 취업 정보 사이트 검색을 통해 일자리 목록 작성하기
   - 일자리 목록을 어떻게 작성했는지(어떤 취업 정보 사이트에서, 어떤 조건으로 입력하여 일자리를 검색했는지) 발표한다.

• 검색된 일자리 중 채용 공고에서 확인한 일자리의 지원 자격과 근무조건, 장단점을 발표한다.

감정 불쾌지수 낮추기 연습하기-호흡법과 상상법

1. 호흡법 중 복식호흡을 5회 연습한다.
2. 집단원 중 한 사람의 상상법 내용을 공유하면서 다 함께 감정을 조절하는 방법을 연습한다.

토론 질문

토론 tip

• 사회적 상호작용의 결함이라는 ASD의 특성으로 인해 ASD 성인은 다른 사람의 관점에서 생각하거나 그들의 관점을 이해하는 것이 어렵다. 이는 구직을 하는 과정에서 회사에 자신을 소개하는, 즉 자신을 뽑아 달라고 어필하는 데 어려움을 초래한다. 자신을 평가하게 될 사람들의 관점에서 생각하는 것이 어렵기 때문에 지원 서류의 목적을 이해하지 못하고, 평가자의 관점을 고려하지 않은 서류를 작성하게 될 가능성이 높다. 따라서 ASD 성인들이 평가자의 관점에서 생각하도록 함으로써 지원 서류의 목적을 이해하고 적절한 방식으로 작성하도록 도울 필요가 있다.

• 특히 ASD 성인에게는 자기소개서의 작성이 어려울 수 있다. 자기소개서는 읽는 사람의 관점을 고려하여 자신의 경험과 생각을 조직화해야 하는 글이다. 자기소개서를 성공적으로 작성하기 위해서는 사회적 상호성과 실행기능이 모두 요구된다. 따라서 ASD 성인들에게 자기소개서가 필요한 이유를 이해시킴으로써 적절한 내용과 방식으로 자기소개서를 작성하도록 도울 필요가 있다.

Q 질문 1: 회사에 나를 소개하는 방법들은 무엇이 있을까요?

• 이력서
• 자기소개서
• 자격증
• 추천서
• 졸업증명서
• 공인 영어 성적
• 경력증명서

Q 질문 2: 자기소개서는 왜 필요한 것일까요?

• 자기소개서는 새로운 환경(단체)에 처음 나를 소개할 때 사용되는 대표적인 방법이다.

설명

- 내가 좋아하는 것과 싫어하는 것, 잘하는 것과 못하는 것, 내가 자랑하고 싶은 경험 등을 통해 읽는 사람에게 나에 대해 소개하고, 내가 그 환경에 적절한 구성원임을 드러내면서 나를 선택하도록 설득하는 자료이다. 이에 자기소개서를 작성할 때는 읽는 사람의 관점을 고려해야 하며, 읽는 사람으로 하여금 나에 대한 호기심과 호감을 가질 수 있도록 작성해야 한다.
- 자기소개서는 다양한 환경(단체)에서 활용될 수 있으며, 그 환경(단체)의 성격에 따라 형식 또한 다양하다. 예를 들어, 학교에 입학할 때, (경쟁률이 높은) 학원에 등록할 때, 동아리에 지원할 때, 기숙사에 지원할 때, 일자리에 지원할 때 등에 자기소개서를 제출할 수 있으며, 환경(단체)의 특성과 목적에 맞춰서 각각의 내용은 달라질 수 있다.

교육 내용

원하는 일자리에 나를 소개하기 위한 단계 밟기

1 단계
목표 정하기

원하는 일자리에 나를 소개하기
- 취업에 필요한 지원 서류들을 준비한다.
- 지원 서류를 작성하는 방법을 알아본다.

2 단계
정보 수집하기

1) 취업 지원 서류 알아보기
- 취업하기 위해 필요한 지원 서류의 종류 및 제출 기한 확인하기

2) 지원 서류를 작성하는 방법 알아보기
- 이력서
- 자기소개서
- 기타 증빙서류

3) 서류를 제출하는 방법 알아보기

1. 취업 지원 서류 알아보기

"이 영역은 계획, 조직화의 응용 편이다."

▷ 원리: 구직 활동에서 가장 처음으로 준비해야 하는 이력서와 자기소개서는 고용책임자나 채용담당자에게 첫인상을 심어 주는 중요한 서류이다. 하지만 사회적 의사소통의 결함이 있는 ASD 성인들은 글로 자신을 표현하고 전달하는 것에 어려움을 겪으며, 특히 글로 전달해야 하는 내용의 조직화를 잘하지 못해서 이력서와 자기소개서의 내용을 효율적으로 구성하는 데에도 한계가 있다(Muller et al., 2008). 채용담당자에게 전달하고 싶은 내용이 무엇인지 주제를 구성하고, 하고자 하는 이야기의 우선순위를 정하며, 각 주제별 내용의 길이를 조정하는 등 글을 조직화하는 능력이 필요하다. 따라서 취업을 하기 위해 필요한 지원 서류의 작성 양식과 내용 구성의 방법에 대해서 알려 줄 필요가 있다.

1) 이력서(혹은 입사지원서)

(1) 이력서가 필요한 이유

① 이력서(履歷書)란 취직을 하기 위해 회사나 조직에 제출하는 문서로, 지금까지 거쳐 온 학업, 직업, 경력 등 내가 살아온 경험을 시간 순으로 나열하여 적은 것이다.

② 채용담당자에게 나의 기초적인 신상 정보를 제공한다.

③ 채용담당자에게 나의 직무적합성에 대한 객관적 정보를 제공한다.

(2) 이력서에 포함되어야 하는 내용

① 신상 정보: 사진, 이름, 생년월일, 성별, 주소, 전화번호, 이메일 주소 등

② 학력 사항: 최종 학력부터 기재. 고등학교와 대학교 학력을 기술

③ 경력 사항: 최근 경력부터 작성. 직무와 관련된 업무를 다른 경력 사항보다 상세히 작성

④ 자격증 및 수상 경력: 직무와 연관성 있는 자격증을 최근 취득한 순서로 기재. 자격명, 취득일, 발행처를 명확하게 기재

(3) 이력서 작성 시 유의점

① 지원하고자 하는 회사의 지원서 방식을 확인한다.

✓ 회사 자체 양식 및 온라인 지원의 경우에는 마음대로 수정하는 것이 불가능하므로 지원하고자 하는 회사의 지원서 방식을 확인하고 항목에 맞춰 준비할 필요가 있다.

② 자유 양식일 경우에는 자신의 능력을 드러낼 수 있도록 작성한다.

✓ 자유 양식은 직무 능력이 돋보이게 자신만의 형식을 구축하는 것이 가능하므로 교육 이수 사

항을 추가하거나 직무 능력을 구조화하여 자신의 능력을 드러낼 수 있는 지원서를 작성한다.

✓ 폰트, 좌우 정렬, 글자 크기 등을 통일하여 깔끔해 보이고, 함께 일하고 싶은 인재로 보이도록 작성한다.

③ 과장이나 거짓말을 하지 말고 신뢰성 있게 작성해야 한다.

✓ 자격증의 취득 년도, 교육 이수 과목명 등 필요한 자료는 정확히 알아보고 명시한다.

④ 간단하고 짜임새가 있으며, 목적에 맞게 작성하여 읽기 쉽고 일관성 있게 보여야 한다.

✓ 사용하는 용어들도 되도록 사회적 용어를 사용한다.

⑤ 오타, 문법이 잘못되었는지 필히 확인한다.

참고 1. 간이 이력서 양식

이력서

사진	이름	
	성별	
	생년월일	
	전화번호	
	주소	

학력 사항

학교명	전공	재학 기간	졸업 구분
○○고등학교	교과학습	2011. 3. ~ 2014. 2.	졸업

경력 사항

회사명	업무 내용	재직 기간	비고
○○ 베이커리	제빵	2015. 3. ~ 2016. 2.	

자격증 및 수상 경력

자격(수상) 종류	자격명(수상명)	취득 년월(일자)	발행 기관(수상 내용)
자격증	제빵기능사	2013. 9. 15.	한국산업인력공단

참고 2. 블라인드 채용

- 블라인드 채용이란? 입사지원자들에게 이력서에 성별, 출신지, 출신 대학, 사진 등 차별적 요소로 작용할 수 있는 사항들을 기재하지 않도록 함으로써 지원자들의 개인적 배경이 심사위원들에게 영향을 미치지 않고, 편견에서 벗어나도록 하는 것
- 정부 정책에 따라 블라인드 채용을 실시하는 기관이 늘어나면서 기업이나 기관에서 요구하는 이력서 및 자기소개서의 양식이 다르므로 이를 확인하고 이에 맞춰 작성해야 한다.
- 기재하지 않도록 명시된 사항(예: 성별, 출신 지역, 부모님 실명, 출신 학교)을 이력서 및 자기소개서에 작성할 경우에 결격 사유가 될 수 있다. 따라서 작성 지침을 꼼꼼히 읽고 주의하여 작성하도록 한다.

실습 활동 1: 지원 서류 작성의 사례 살펴보기

(PPT 교육 자료에 제시)

- 잘 쓰인 이력서를 소개하고, 어떤 점들이 잘 작성이 된 것인지를 함께 살펴본다.
- 잘 못 쓰인 이력서를 보여 주고, 잘못된 부분을 함께 찾아본다.

* (참고) 이력서와 입사지원서의 양식은 회사마다 혹은 시대에 따라 달라질 수 있는 내용이므로 실제 프로그램을 진행할 때 그 시기에 맞게 잘 쓰인 이력서와 잘 못 쓰인 이력서 샘플을 만들어 제시할 수 있다.

2) 자기소개서

"이 영역은 계획, 조직화, 우선순위의 응용 편이다."

설명

자기소개서는 읽는 사람에게 자신을 소개할 뿐만 아니라 자신을 선택해 달라고 설득, 어필하는, 즉 나를 광고하는 글이다. 자기소개서의 형식과 내용은 어디에 지원하는지(예: 학교 및 학원 입학, 동아리 가입, 일자리 취업)에 따라 달라질 수 있다. 따라서 자기소개서는 읽는 사람의 입장과 관점을 고려하여 작성해야 한다. 읽는 사람의 관점(예: 채용담당자, 동아리 회원, 입학 사정관)에서 지원자에 대하여 어떤 내용을 알고 싶은지를 먼저 생각한다. 그에 따라 내가 전달하고자 하는 내용의 주제를 구성하고, 하고자 하는 이야기의 우선순위를 정하며, 각 주제별 내용의 길이를 조절하는 등 글을 조직화하는 것이 중요하다. 그리고 나의 경험을 전달하기 위한 글을 작성하는 데 가장 기본은 나의 경험을 연결지어 이야기하는 것이다. 따라서 지금까지 연습해 왔던 경험–생각–감정을 연결하여 이야기하기를 글쓰기에도 적용하면서 경험과 그 경험에서 들었던 생각, 느꼈던 감정을 연결하여 글로 작성할 수 있도록 제안한다.

(1) 일자리를 구할 때 자기소개서의 필요성

설명

일자리를 구할 때 작성하는 자기소개서는 채용담당자에게 자신을 채용해 달라고 설득하기 위한 글이다. 채용담당자는 함께 일할 사람을 구하는 사람의 관점에서 자기소개서를 통해 지원자의 지원 동기와 장래성을 보고자 한다. 그리고 자기소개서에 작성된 내용을 통해 성격과 인생관 등을 파악하며, 문서를 작성하는 능력과 자신의 논리를 전개시켜 나가는 능력을 본다. 이에 일자리를 구할 때는 지원하고자 하는 직무와 연관 지어 논리적 · 조직적으로 자기소개서를 작성하는 것이 도움이 된다. 또한 자기소개서는 면접에서 기초 자료로 활용되는 경우가 많으므로 신경 써서 작성하도록 한다. 자기소개서에서 좋은 인상을 남겨야 면접에서도 좋은 인상을 줄 수 있으며, 자기소개서를 거짓으로 작성하거나 인터넷에서 베껴 쓰는 경우에는 면접에서 실수로 이어져서 부정적인 인상을 남길 가능성이 있다.

① 지원자에게 자기소개서의 목적

✓ 나를 채용담당자에게 소개

✓ 나를 채용하도록 설득

② 채용담당자에게 자기소개서의 의미

✓ 지원자의 지원 동기와 장래성을 평가

✓ 내용을 통해 지원자의 성격과 인생관 등을 파악

✓ 문서 작성 능력과 자신의 논리를 전개시켜 나가는 능력을 평가

✓ 면접의 기초 자료

(2) 자기소개서에 포함되는 내용

① 성장과정: 나의 강점이나 특징이 형성된 배경을 소개한다. 어려움을 극복한 사례를 넣어도 좋다. 이때 성장과정에서 직무와 관련이 있는 경험을 중심으로 작성하도록 한다. 단순히 성장과정을 나열하지 않도록 주의한다.

② 성격의 장단점: 나의 장점을 두드러지게 소개하고, 단점을 보완하기 위한 노력을 소개한다. 이때 장점은 내가 희망하는 직무와 관계가 있어야 한다.

③ 경력 사항: 내가 희망하는 직무와 관련된 경험을 소개한다. 직업 경험이 없는 경우에는 직무와 연관 지을 수 있는 학창시절의 경험도 좋다.

④ 지원 동기: 여러 선택지 가운데 이 곳에 지원하게 된 이유를 자세히 적는다. 그곳만의 장점, 역사, 목표 등을 알아 두면 도움이 된다.

(3) 자기소개서를 작성하는 방법

① 항목의 의도 파악하기

i) 의도에 맞게 작성하기

✓ 질문이나 항목이 묻고자 하는 의도를 파악하여 그에 맞는 내용으로 작성한다.

✓ 추가로 어필하고 싶은 부분이 있더라도 먼저 의도에 맞는 답변을 충실히 한 후에 언급하도록 한다.

ii) 특정 항목에 대해 작성할 내용이 생각나지 않더라도 비워 두거나 성의 없이 작성하지 않기

✓ 항목에 해당하는 내용이 생각나지 않거나 항목이 본인의 관심사와 관련이 없어 보일 때, 해당 항목을 아예 작성하지 않거나 성의 없이 작성하는 경우가 있다. 이는 읽는 사람으로 하여금 성의 없게 작성한 것으로 보여서 부정적인 인상을 남길 수 있다.

✓ 최대한 항목의 의도에 맞춰서 관련 있는 내용을 구상하여 작성하도록 노력한다.

② 항목별 내용 구상하기

i) 읽는 사람의 관심을 끌 수 있는 내용으로 작성하기

✓ 지나치게 뻔한 내용이나 단순한 경험 나열은 읽는 사람의 관심을 끌지 못할 수도 있다. 읽는 사람에게 호감을 줄 수 있는 '자신만의 포인트'를 어필할 수 있도록 내용을 구성한다.

✓ 단, 지나치게 튀거나 개성 있는 내용은 읽는 사람에 따라 다르게 받아들일 수 있으니 주의하도록 한다. 이에 대한 판단은 작성한 후에 다른 사람에게 조언을 받는 것이 하나의 방법이 될 수 있다.

ii) 중요한 내용부터 작성하기

✓ 하나의 항목에 하나 이상의 내용이 포함되어야 할 경우에는 우선순위를 결정하여 더 중요한 이야기를 먼저 기술한다.

✓ 이때 중요한 정도는 읽는 사람의 관점에서 더 호기심과 호감을 살 수 있는 정도에 따라 평가한다.

iii) 장점을 먼저 기술하며, 지원하는 직무 및 회사의 특징과 연결 지어 설명하기

✓ 장점을 먼저 기술하는 것이 읽는 사람에게 긍정적인 인상을 남기기 좋다. 특히 읽는 사람이 보기에 직무, 회사와 관련 있는 장점을 가진 사람이 더 호감으로 인식될 수 있으며, 업무에 적합하다고 보일 수 있다.

예 저는 정해진 순서에 맞게 일을 진행하는 것을 좋아하며 잘하는 편입니다. 이러한 특징은 정해진 순서에 따라 부품을 조립하는 업무를 수행하는 데 도움이 될 것이라고 생각됩니다.

iv) 단점을 부정적으로 쓰지 않고 어떻게 고쳐 나가고 있는지 함께 적기

✓ 사회적 상호작용의 어려움, 인지적 유연성 부족과 같은 단점이 있는 경우에는 이러한 단점을 자기소개서에 미리 언급하면서 어떠한 노력을 통해 극복하려고 시도했는지 서술한다

면 이후 언급된 단점들에 대한 부정적인 피드백을 받을 가능성이 줄어들고 오히려 긍정적인 측면으로 보일 수 있다.

예 저는 처음 보는 사람 앞에서 긴장하는 경향이 있습니다. 하지만 새로운 사람을 만나기 전에 어떤 이야기를 나눌지 미리 생각해 보고, 대화 시 자연스러운 표정을 지을 수 있도록 자주 연습합니다.

v) 관련 없는 내용은 적지 않기

✓ 항목의 의도나 지원하는 직무와 관련이 없는 내용은 나의 의도와 다르게 해석될 수 있으므로 주의한다.

③ 항목별 구조와 분량 결정하기

i) 읽기 쉽게 구조화시키기

✓ 내용의 흐름이나 시간 순서를 고려하여 기승전결에 맞게 작성한다.

✓ 구조화하는 방법은 다양하다. 주제를 먼저 기술하고 설명하는 방법, 시간 순서에 따라 기술하는 방법, 근거가 되는 예시들을 나열한 뒤에 결론을 기술하는 방법 등이 있다. 어떤 방법이 효과적으로 내용을 전달하고, 읽는 사람에게 호기심과 호감을 유발할 것인지 고려하여 선택하도록 한다.

✓ 같은 내용이 반복되는 경우, 앞뒤 문장이 관련이 없는 경우, 한 부분에만 치우친 경우, 주제에 따라 나누어지지 않은 문단, 지나치게 길거나 짧은 문단 등은 읽는 사람이 어떤 의미인지 알아볼 수 없거나 불편하게 느낄 수 있으므로 피해야 한다.

ii) 한두 가지의 특정한 주제에만 치우쳐 있지는 않은지 확인하기

✓ 어떤 사람들은 본인의 특정 영역에 국한된 관심, 흥미에 따라 1~2가지의 주제에만 초점을 맞출 수 있다. 이 경우에 항목에 맞지 않는 내용이 포함되거나 같은 내용이 반복될 가능성이 있기 때문에 주의하도록 한다.

④ 검토하기

i) 기본적인 문법 지키기

✓ 맞춤법, 띄어쓰기, 문장 표현, 틀린 글자, 빠진 글자 등을 꼼꼼히 확인한다.

✓ 문장 표현이 다양한 경우(~입니다, ~인데요 혼용), 맞춤법에 맞지 않거나 띄어쓰기와 오타가 많을 경우에는 글의 통일감과 완성도가 부족해 보인다. 이러한 글은 읽는 사람에게 신뢰를 주기 어렵다.

ii) 형식 준수하기

✓ 폰트 종류, 글자 크기, 여백, 정렬 등과 같은 형식에 대한 규정이 있는지 확인하고, 이에 맞게 작성한다.

✓ 자유 형식이더라도 폰트 종류, 글자 크기, 여백, 정렬 등과 같은 사항들을 통일하여 깔끔하게 작성하도록 한다.

자기소개서 양식 예시

학창 시절

학창 시절 동안 선생님과 친구들로부터 꼼꼼하다는 평가를 받았던 저는 고등학교 재학 시절에 신문부에서 활동하며 교지를 편집하고 문집을 내는 활동을 했습니다. 처음에는 신문을 만드는 데 참여하는 것이 부담스럽게 느껴졌지만, 결과물을 만드는 과정에서 많은 것을 배웠습니다. 특히 교내 소식을 전하는 기사를 작성하면서 체계적인 글쓰기가 어떤 것인지 어렴풋이 알게 되었습니다.

성격의 장단점

저는 관심 분야가 생기면 뛰어난 집중력으로 몰입하여 그 주제에 대해 많은 지식을 습득하는 장점이 있습니다. 그러나 한편으로는 관심사에 몰두하느라 다른 사람들과의 의사소통에는 충분한 주의를 기울이지 못할 때가 종종 있습니다. 저는 이러한 약점을 극복하기 위해 타이머를 활용하여 할 일에 집중하는 시간을 정해 두고, 쉬는 시간에는 함께 일하는 동료들과 일에 대해 이야기를 나누고 필요한 정보를 공유하려고 노력합니다.

경력 사항

지도 보는 것과 대중교통을 검색해 보는 것을 좋아해서 서울에 위치한 ㅇㅇ로지스에서 배송 업무를 했습니다. ITQ 정보기술자격증으로 ㅇㅇ정보에서는 여러 가지 문서를 작성하는 업무를 했습니다. 꼼꼼한 성격 덕에 문서의 오타를 잘 발견하여 고치고, 작성한 문서에 오류가 거의 없어 함께 일했던 사람들로부터 칭찬을 자주 들었습니다.

지원 동기

저는 사회복지학 공부를 했습니다. 그래서 남을 도와주는 일과 서류 작성하는 일을 하고 싶었습니다. 그러던 중 귀사에서 문서 작성을 할 사람을 구하는 것을 보고 지원을 하게 되었습니다. 이전 직장에서 문서 작성한 경험과 저의 꼼꼼한 성격이 귀사에서 문서 작성을 하는 데 큰 도움이 될 것이라고 생각됩니다. 저에게 일할 수 있는 기회를 주신다면 귀사에 맞는 인재가 되어 성실하게 일하는 사람이 되겠습니다.

자기소개서에 자주 쓰이는 표현 Best & Worst의 예시

Best	Worst
~(이 회사/직무)에 지원하기 위해 ~준비를 했습니다.	엄격하신 아버지와 자상한 어머니 사이에서 태어나~
책임감을 갖고 있기 때문에	~(뽑아/시켜)만 주신다면 무슨 일이든 하겠습니다
~했지만 ~을 통해 극복했습니다.	귀사가~, ~귀사에 항상 관심이 있었습니다. ('귀사' 표현 반복하기)
항상 웃음을 잃지 않고 긍정적으로	솔직히 말씀드리면~
~년 후 ~분야에서 전문가가 되고 싶습니다.	나는/저는 약속드립니다. ('나는/저는'으로 시작하는 문장 반복하기)
친구가 많고 대인관계가 좋은 편입니다.	학창 시절 결석 한 번 없이 성실하게 생활했으며~
~한 경험을 통해 ~을 키웠습니다.	귀사를 통해서 발전하도록 하겠습니다.

출처: 취업포털 커리어(www.career.co.kr)

3) 기타 증빙서류

① 자격증: 정부나 기관, 학회가 특정 분야의 일정한 전문성 혹은 전문가 자격을 공식적으로 인정하는 것으로, 직무와 관련된 전문적인 기술, 능력을 증명할 때 제출하게 된다.

② 추천서: 입시, 채용 등에서 적합하다고 생각되는 대상자를 해당 분야의 전문인이나 지식이 풍부한 추천인이 책임지고 소개할 때 작성하는 것으로, 추천인에 대한 신뢰성이 핵심이다. 일반적으로 추천인과의 관계, 추천 경위, 추천 사유, 특기 사항 등의 항목으로 구성된다.

③ 졸업증명서: 졸업 사실을 증명하기 위한 것으로, 학력을 증명할 때 제출하게 된다. 유사한 자료로 재학 중에 받은 성적들이 기재된 성적증명서가 있다.

④ 공인 영어 성적: 일반적으로 공신력을 인정받는 영어능력시험의 성적을 의미하며, 대표적으로는 TOEIC, TOEFL, TEPS, OPIC 등이 있다. 일정 수준 이상의 영어 능력이 직무에 요구될 때, 영어 능력을 증명하기 위해 제출한다.

⑤ 경력증명서: 특정 분야에서 근무해 본 경험이 있다는 것을 증명할 때 제출하게 된다.

⑥ 장애인등록증 사본: 일정 규모 이상의 기업에서는 일정 비율 이상의 장애인을 의무로 고용해야 한다. 이때 장애인으로 등록되어 있음을 증명하기 위해 장애인등록증 사본을 제출한다.

4) 서류 제출 방법

① 직접 제출 방법: 회사 사무실의 위치 및 근무 시간을 확인하고 방문

② 인터넷 제출 방법: 서류 일체를 스캔하여 해당 파일을 인터넷 업로드 창을 통해 업로드 후 송신

③ 우편 제출 방법: 서류 일체를 회사 주소를 적은 우편 봉투에 넣어 송부

실습 활동 2: 이력서 및 자기소개서 작성해 보기

(실습 활동지 배부)

① 이력서 양식을 배부하고 직접 작성해 보도록 한다.

✓ 작성 과정에서 의문이 생기면 질의응답을 통해 작성해 나갈 수 있도록 한다.

② 자기소개서의 양식을 배부하고, 단계 밟기의 절차에 따라 각 항목의 내용을 구상해 보도록 한다.

✓ 단계 밟기 실습 활동지를 배부하고, 자기소개서 작성을 위한 단계 밟기 절차를 작성한다.

✓ 일주일 동안 자기소개서를 작성할 수 있도록 시간 계획하기를 한다.

(과제)

자기소개서 작성의 완성은 과제로 해 오도록 한다. 메일로 자기소개서 양식 파일을 발송하고, 워드로 작성하여 미리 집단 진행자의 메일로 보내도록 한다.

자기소개서 작성을 위한 단계 밟기

1단계 목표 정하기

자기소개서 작성하기

- 지원하고자 하는 일자리에 맞게 자기소개서를 작성한다.

2단계 정보 수집하기

1) 자기소개서 형식
- 항목/분량

2) 자기소개서 작성 방법
- 주의할 점
- 잘 작성한 또는 잘못 작성한 자기소개서 예시 검색해 보기

3) 기타
- 지원하고자 하는 직무
- 지원하는 곳의 이념, 인재상 등

3단계 할 일 목록 작성하기

4단계 우선순위 정하기

5단계 시간 계획하기

① 항목의 의도 파악하기(1일)
② 항목별 내용 구상하기(1일)
③ 항목별 구조와 분량 결정하기(1일)
④ 작성하기(2일)
⑤ 검토하기(1일)

6단계 실행하기

* 완벽하게 준비되지 않아도 시작하기
* 부정적인 상황이나 결과에 감정 조절하기
* 다른 사람의 조언 구하기
* 상황 변화에 대처하기

목표 달성!

- 모든 정보를 수집하지 못했다고 느껴지더라도 우선 작성해 보면서 부족한 부분을 보충한다.
- 내가 작성한 자기소개서에 대해 신뢰할 수 있는 사람들에게 조언을 구하고, 반영할 점이 있는지 생각해 본다.

원하는 일자리에 나를 소개하기 위한 단계 밟기

1단계 목표 정하기

원하는 일자리에 나를 소개하기
- 취업에 필요한 지원 서류들을 준비한다.
- 지원 서류를 작성하는 방법을 알아본다.

2단계 정보 수집하기

1) 취업 지원 서류 알아보기
- 취업하기 위해 필요한 지원 서류의 종류 및 제출 기한 확인하기

2) 지원 서류를 작성하는 방법 알아보기
- 이력서
- 자기소개서
- 기타 증빙서류

3) 서류를 제출하는 방법 알아보기

3단계 할 일 목록 작성하기

- 취업하고자 하는 일자리의 모집 공고 확인하기
  - ✓ 지원 서류 목록 작성하기 ✓ 제출 방법 확인하기
  - ✓ 제출 기한 적기
- 이력서 작성하기
- 자기소개서 작성하기
- 기타 증빙서류 준비하기
  - ✓ 졸업증명서 발부 받기 ✓ 경력증명서 발부 받기
  - ✓ 자격증, 장애인등록증 사본 준비하기

4단계 우선순위 정하기

5단계 시간 계획하기

① 모집 공고 확인하기(1일)
② 이력서 작성하기(1일)
③ 자기소개서 작성하기(7일)
④ 기타 증빙서류 준비하기(5일)

6단계 실행하기

* 완벽하게 준비되지 않아도 시작하기
* 부정적인 상황이나 결과에 감정 조절하기
* 다른 사람의 조언 구하기
* 상황 변화에 대처하기

목표 달성!

- 모든 정보를 수집하지 못했다고 느껴지더라도 우선 서류를 작성해 보면서 부족한 부분을 보충한다.
- 내가 작성한 서류들에 대해 신뢰할 수 있는 사람들에게 조언을 구하고, 반영할 점이 있는지 생각해 본다.

2. 구직하는 과정에서 장애 공개의 장단점

"이 영역은 인지적 유연성의 응용 편이다."

1) 장애 공개 여부에 대한 판단-장애를 공개해야 할까

▷ 원리: 구직하는 과정에서 장애 공개의 여부는 개인의 판단에 달린 복잡한 문제이다. 장애를 공개할 경우에는 고용주들이 장애를 알게 됨으로써 적절한 편의를 제공받을 수 있게 하지만(Von Schrader, Malzer, & Bruyere, 2014), 장애를 가진 사람들은 장애를 공개함으로써 받게 되는 부정적인 결과들(편견, 탈락, 소외 등)을 걱정한다(Dalgin & Gilbride, 2003). 장애를 공개하는 것은 다양한 장점과 단점을 가지고 있으며, 장애의 종류(겉으로 명백히 드러나는 장애인지, 심신 장애인지 등), 직무에 요구되는 능력에 따라 그 결과가 달라질 수 있기 때문에 이를 고려하여 신중하게 판단할 필요가 있다(Dalgin & Bellini, 2008). 장애를 가진 사람들은 자신의 강점을 강조할 수 있는 이야기를 만들어야 한다(Jans, Kaye, & Jones, 2012). 이야기를 정교화하지 않고 단순하게 장애를 공개하는 것은 고용주들이 선입견과 부정확한 정보로 그들을 판단하게 할 수 있기 때문에 약점을 강점으로 재구성하는 것과 같은 효과적인 방식으로 장애를 공개해야 한다.

(1) 장애 공개의 장단점

장애를 공개하는 것의 장점	장애를 공개하는 것의 단점
• 장애를 감추는 것에 대한 불안을 감소시켜 준다. • 정직한 사람으로 평가받을 수 있다. • 고용주들에게 장애에 대해 교육을 할 수 있다. • 직장에서 적절한 편의를 제공받을 수 있다.	• 취업 기회가 제한될 수 있다. • 유능하지 못한 것으로 평가받을 수 있다. • 장애에 대한 왜곡된 생각 혹은 편견에 의해 판단될 수 있다.

- 장애를 공개하는 것의 장단점과 자신의 장애와 직무의 특성을 고려하여 장애를 공개할지 말지 고민해 본다.
- 장애를 공개하는 것은 개인의 특성이나 직무의 특성 등에 따라 달라질 수 있다. 따라서 상황의 변화에 맞춰 융통성 있게 결정해야 한다. 이때 취업 멘토나 한국장애인고용공단 등 신뢰하는 사람이나 기관 전문가와 상의하여 조언을 받는 것이 도움이 될 수 있다.

(2) 장애를 공개할 때 주의할 점

- 장애에 대해 단순한 언급만 하지 않는다.
- 장애가 직무를 수행하는 데 미치는 영향을 평가한다.
- 장애에 대한 고정관념을 고려한다.
- 장애가 가진 장점을 설명한다.

• 장애와 관련된 어려움들을 어떻게 극복했는지 설명한다.

습관 만들기

1. 다음 주 할 일 목록과 주간 계획표 작성하기(**3회기** 실습 활동 2, 3, 4 & **6회기** 실습 활동 1)
   • 개인위생 관리, 건강 관리, 집안 관리, 주변 환경 조직화하기 중에서 지속적으로 실천할 수 있는 것을 골라 보고, 할 일의 목록이나 주간 계획표에 추가하여 실천한다.
   • 수행을 완수한 것에 대해서 스스로에게 보상을 한다.
2. 예산 세우기를 위한 한 주 동안의 지출 내역(가계부) 작성하기(**8회기** 과제 2)
   • 종이 가계부, 스마트폰 가계부 앱, 달력 가계부, 리스트형 가계부 중에서 선택하여 기록한다.
   • 예산 세우기 연습을 위해 한 달 동안의 수입과 지출 내역을 실습 활동지에 따로 기입한다.
3. (지난주에 이어서) 취업 정보 사이트 검색을 통해 일자리 목록 작성하기(**9회기** 실습 활동 5 & 과제 3)
   • 선택한 직업을 일자리 검색 방법을 통해 취업 정보 사이트에서 추가적으로 검색한다.
   • 일자리의 조건과 내가 선호하는 조건을 비교하여 적절한 일자리를 목록에 작성하고 장점과 단점을 적는다.
   • 선택한 일자리의 채용 공고 상세 내용에서 준비 서류를 확인한다.

과제 안내

1. 이력서와 자기소개서 완성하기(실습 활동 2)
   ① 실습 활동 시간에 작성한 이력서를 파일로 완성한다. 진행자가 메일로 이력서 양식 파일을 발송하고, 집단원들은 집에서 워드로 작성하여 다음 회기 하루 전에 미리 메일로 보낸다.
   ② 구상한 내용을 토대로 자기소개서를 파일로 완성한다. 진행자가 메일로 자기소개서 양식 파일을 발송하고, 집단원들은 집에서 워드로 작성하여 다음 회기 하루 전에 미리 메일로 보낸다.
   ③ 단계 밟기의 절차에 따라 할 일 목록과 우선순위 정하기, 시간 계획하기를 한 후에 자기소개서를 작성한다.
   ④ 작성 과정에서 어려운 점들을 기록하여 다음 시간에 발표한다.
2. 다음 회기에 모의면접을 위한 1분 자기소개 멘트 준비해 오기
3. 다음 회기에 모의면접을 위한 면접용 복장(정장 혹은 단정한 옷)을 입고 프로그램에 참석하기
4. 면접 예상 질문 중 5개를 뽑아 답변을 미리 작성해 오기

10회기 실습 활동지

이름:

실습 활동 2 이력서 및 자기소개서 작성해 보기

이력서 양식

<table>
<tr><td rowspan="2">지원자 성명</td><td>한글</td><td colspan="4"></td></tr>
<tr><td>영문</td><td colspan="4"></td></tr>
<tr><td>주소 (우편번호)
(현 거주지)</td><td colspan="5"></td></tr>
<tr><td rowspan="2">연락처</td><td>전화번호</td><td colspan="2">전화</td><td colspan="2">휴대전화</td></tr>
<tr><td>전자우편</td><td colspan="2"></td><td colspan="2"></td></tr>
<tr><td rowspan="3">주요
경력 사항</td><td>회사명</td><td colspan="2">담당 업무(직무 내용)</td><td colspan="2">근무 기간(년, 월)</td></tr>
<tr><td></td><td colspan="2"></td><td colspan="2">년 월 ~ 년 월</td></tr>
<tr><td></td><td colspan="2"></td><td colspan="2">년 월 ~ 년 월</td></tr>
<tr><td rowspan="5">자격증
및
특기 사항</td><td rowspan="2">관련 자격증</td><td colspan="2"></td><td colspan="2">(년 월 취득)</td></tr>
<tr><td colspan="2"></td><td colspan="2">(년 월 취득)</td></tr>
<tr><td></td><td colspan="4"></td></tr>
<tr><td rowspan="2"></td><td></td><td></td><td></td><td></td></tr>
<tr><td></td><td></td><td></td><td></td></tr>
<tr><td>자기소개 등
활동 사항</td><td colspan="5"></td></tr>
<tr><td>취업 지원
대상자 여부</td><td>보훈 번호</td><td colspan="2"></td><td colspan="2"></td></tr>
<tr><td rowspan="2">장애인 여부</td><td>장애종별</td><td>등급</td><td colspan="3">장애인 등록번호</td></tr>
<tr><td></td><td></td><td colspan="3"></td></tr>
<tr><td rowspan="2">저소득층 여부</td><td>구분</td><td colspan="2">「국민기초생활 보장법」상 수급자</td><td colspan="2">「한부모가족지원법」상 보호대상자</td></tr>
<tr><td>해당 여부</td><td colspan="2"></td><td colspan="2"></td></tr>
</table>

10회기 실습 활동지

이름:

자기소개서 양식

성장과정, 가족관계, 성격 등
학교생활(동아리 활동) 등
경력 사항
지원 동기 및 입사 후 포부

10회기 과제

이름:

과제 2 모의면접을 위한 1분 자기소개 멘트 준비해 오기

• **다음 예시를 참고하여 필수 항목이 모두 포함된 1분 자기소개 멘트를 작성해 봅시다.**

포함 항목	내용
인사 지원 분야 이름	안녕하세요? 저는 ○○회사 ○○부서에 지원하게 된 ○○○입니다.
나의 강점 지원 동기	저는 어려서부터 ○○○에 관심이 많아서 이와 관련된 활동을 많이 해 왔습니다. 그래서 ○○교육을 이수하였고, ○○ 자격증도 취득하였습니다. 저의 이러한 관심과 장점을 업무에서도 발휘하고 싶어서 일자리를 찾던 중 ○○회사의 ○○ 업무를 알게 되었고, 이에 제가 적임자라는 생각이 들어서 지원을 하게 되었습니다.
포부 마무리 인사	저를 뽑아 주신다면 저의 ○○한 장점을 업무에 적용하여 ○○에서 더 효율성을 높일 수 있도록 하겠습니다. 감사합니다.

포함 항목	내용
인사 지원 분야 이름	
나의 강점 지원 동기	
포부 마무리 인사	

10회기 과제

이름:

과제 4 면접 예상 질문 중 5개를 뽑아 답변을 미리 작성해 오기

• **면접 예상 질문 중 5개를 골라 그에 대한 자신의 답을 준비해 봅시다.**

① 이 업무를 수행하기 위해서 무슨 교육을 받아 왔습니까?
② 과거에 무슨 업무를 경험했습니까?
③ 고등학교나 대학교에 다닐 때 무슨 동아리 활동을 했습니까?
④ 여가 시간에 무슨 취미나 활동을 합니까?
⑤ 이 업무를 할 수 있다고 생각합니까? 할 수 있다면 그 근거는 무엇입니까?
⑥ 고용될 경우에 업무가 즐거울 것 같습니까?
⑦ 이 조직에 잘 맞을 것 같습니까? 그 이유는?
⑧ 자신의 어떤 경험, 자격, 기술이 업무에 도움이 될 것 같습니까?
⑨ 자신이 받은 교육이 이 분야에 어떻게 도움이 될 것 같습니까?
⑩ 우리 회사가 당신을 왜 고용해야 할까요?
⑪ 가장 보람 있는 교육 경험은 무엇이었습니까?
⑫ 장기 계획은 무엇입니까?
⑬ 내가 일을 할 수 있게 하는 원동력은 무엇입니까?
⑭ 가장 만족했던 성취 경험 2~3가지는 무엇인가요? 왜 그런가요?
⑮ 5년 후 어느 정도의 수입을 기대합니까?
⑯ 돈과 업무 종류 중 어떤 것이 더 중요한가요?
⑰ 자기 자신에 대해 어떻게 소개할 수 있을까요?
⑱ 친구나 교사/교수는 당신에 대해 뭐라고 평가하나요?
⑲ 이 업무에 지원한 이유가 무엇인가요?
⑳ 이 회사에 대해 얼마나 알고 있습니까?
㉑ 지방으로 출장을 갈 수 있나요?
㉒ 지방에서 근무를 할 수 있나요?
㉓ 이 업무를 통해 기대하는 보상이 무엇인가요?
㉔ 자신의 성공 여부를 어떻게 판단할 것인가요?
㉕ 자신의 강점이 무엇인가요?
㉖ 자신의 약점이 무엇인가요?
㉗ 스트레스나 압박감에 어떻게 대처하나요?
㉘ 힘들었던 업무 상황/프로젝트는 무엇이며, 어떻게 극복했나요?
㉙ 이전 직장을 왜 그만뒀나요?
㉚ 향후 목표가 무엇인가요?

번호	준비 답변

11회기

실행기능을 활용하여 면접을 잘하는 방법에 대해 알아봅시다

실행기능 영역

계획, 조직화, 정서 조절, 인지적 유연성, 시간 관리

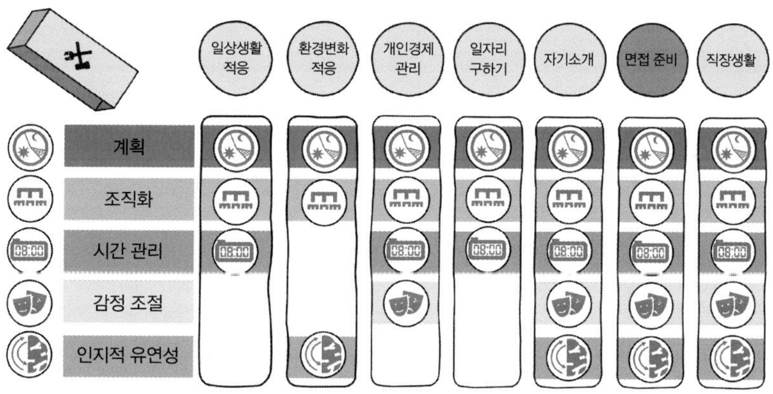

목표

1. 실행기능을 활용하여 면접 준비를 체계적으로 하는 방법을 배운다.
2. 실전 면접에 필요한 정보를 배우고 모의 면접을 통해 연습한다.
3. 면접에 대한 불안에 대처하기 위해 실행기능(감정 조절)을 활용한 불안 관리 전략을 배우고 활용한다.

습관 만들기 점검

1. 다음 주 할 일 목록과 주간 계획표 작성하기
    - 개인위생 관리, 건강 관리, 집안 관리, 주변 환경 조직화하기 중에서 할 일 목록이나 주간 계획표에 따라서 실천한 활동과 자기 보상에 대해 이야기 나눈다.
    - 할 일 목록과 주간 계획표 작성이 습관화되고 있는지, 시간 관리에 도움이 되는지에 대해 이야기 나눈다.
2. 예산 세우기를 위한 한 주 동안의 지출 내역(가계부) 작성하기
    - 종이 가계부, 스마트폰 가계부 앱, 달력 가계부, 리스트형 가계부 중에서 선택하여 기록하고 있는지 이야기 나눈다.
    - 한 달 동안의 수입과 지출 내역을 실습 활동지에 따로 기입을 하고 있는지 이야기 나눈다.
3. (지난주에 이어서) 취업 정보 사이트 검색을 통해 일자리 목록 작성하기
    - 추가한 일자리 목록이 있는지, 일자리 목록 중 관심 있는 일자리가 있는지 이야기 나눈다.
    - 일자리의 채용 공고에서 준비 서류가 어떤 것이 있었는지 이야기 나눈다.

과제 점검

1. 이력서와 자기소개서 완성하기
    - 메일로 보낸 이력서와 자기소개서를 확인한다.
    - 단계 밟기 절차를 따랐는지 확인한다.
    - 작성 시 어려운 점에 대해서 발표한다.
    - 집단의 진행자가 미리 점검한 잘 쓴 점과 보완할 점에 대해서 피드백을 한다.
    - 모의면접 실습 활동 시간에 사용할 것을 알린다.
2. 모의면접을 위한 1분 자기소개 멘트 준비해 오기
    - 1분 자기소개 멘트는 모의면접 실습 활동 시간에 사용할 것을 알린다.
3. 면접용 복장(정장 혹은 단정한 옷) 입고 프로그램에 참석하기
    - 면접용 복장으로 적절한지 의견을 나눈다.
4. 면접 예상 질문 중 5개를 뽑아 답변을 미리 작성해 오기
    - 작성해 온 것을 제출하고, 모의면접 실습 활동 시간에 사용할 것을 알린다.

토론 질문

토론 tip

대부분의 ASD 성인에게 면접은 명확히 제시되지 않은 기대와 혼란스러운 규칙이 있는 복잡한 사회적 활동으로 인식된다(Bissonnette, 2014). 일반 사람들은 보통 기대되는 질문에 어떻게 대답할지 연습하거나 자신이 면접을 보러 갈 조직이나 사람들에 대해서 찾아보면서 면접에 대비하지만, ASD 성인들은 스스로 이 과정을 수행해 나가는 데 어려움이 있다. 특히 면접이 왜 필요한지, 면접에서 자신에게 뭘 기대하는지, 면접에서 어떻게 행동하는 것이 호감을 줄 수 있는지, 면접관에게 어떻게 보여야 하는지 등에 대해서 잘 알지 못한다. ASD 성인들이 면접에 대해서 어떻게 생각하고 있는지를 파악하기 위해 면접을 한 경험에 대해서 이야기를 하고, 면접을 하면서 들었던 궁금증에 대해서 질문을 받으며, Bissonnette(2014)가 만난 ASD 성인들이 가졌던 면접에 대한 질문들을 제시하면서 면접에 대한 생각을 함께 나누도록 한다.

Q 질문 1: 면접을 경험한 적이 있나요? 연결하여 이야기해 보세요.

자신의 경험을 연결하여 이야기하기

- 경험: 내가 _____(언제), _____(어디서), _____을(무엇을) 할 때 _____하게(어떻게) 혹은 _____ 한 이유로 (왜) 했는데,
- 생각: _____한 생각이 들어서
- 감정: _____한 기분이었습니다.
- 행동(결과): _____한 행동을 했습니다. 혹은 _____한 결과가 일어났습니다.

실제 예시) 작년 여름에 카페 아르바이트를 뽑는다는 광고를 보고 카페에 면접을 보러 갔는데, 카페 사장님이 카페에서 일해 본 경험이 있는지를 물어보아서 카페에서 일해 본 적은 없지만 경험이 없어도 이런 작은 카페에서는 일을 잘할 수 있을 것 같다고 대답했습니다. 그러고 나서 사장님이 연락을 주겠냐고 돌아가라고 하더니 연락을 주지 않았습니다. 나를 무시했다는 생각이 들어서 매우 기분이 안 좋았습니다.

Q 질문 2: 면접을 하면서 떠올랐던 면접에 대한 궁금한 점이 무엇인가요?

- 자폐성 장애인들이 면접에 대해 궁금해 하는 질문들의 예
  - ✓ 이미 약속을 잡은 건데, 왜 제가 면접관에게 저를 소개해야 합니까?
  - ✓ 저를 소개한 후에는 뭐라고 말하죠?
  - ✓ (만약 면접관이 말해 주지 않는다면) 어디에 앉을지 어떻게 알죠?
  - ✓ 왜 이미 이력서에 적어 놓은 이전 경력에 대해 또 질문을 하는 거죠?
  - ✓ 집에 가고 싶다고 생각하고 있는데, 왜 이 직업을 원한다고 얘기해야 하죠?

✓ 면접관의 사무실로 함께 걸어갈 때, 얼마나 가까이 붙어서 따라가야 하죠?

✓ 면접이 끝나고 엘리베이터에 타고 나서야 질문에 대한 답이 생각나면 어떻게 하죠?

교육 내용

1. 면접 준비하기

"이 영역은 조직화, 계획의 응용 편이다."

▷ 원리: ASD 성인은 사회적 결함으로 인해 구직을 위한 면접 상황에서 자신이 어떻게 행동해야 하는지를 잘 알지 못하며, 특히 인사담당자나 면접관의 관점을 잘 이해하지 못한다(Bissonnette, 2014). 때문에 면접을 통해 자신이 좋은 인상을 주어야 한다는 필요성 자체를 인식하지 못하고 평소 자신의 모습을 있는 그대로 드러내는 것에 별다른 문제점을 느끼지 못한다. 이에 구직 활동에서 면접이 어떤 의미인지를 설명하고, 면접에서 자신의 부족한 모습을 드러내지 않고 호감을 주는 인상과 자신감 있는 태도로 자신의 장점을 부각시키는 방법에 대해서 알려 줄 필요가 있다. 또한 ASD 성인은 면접에서 답변을 시작하는 데 시간이 오래 걸리고, 답변을 하는 시간이 다양한 경향이 있는데, 이는 이들의 사회적 의사소통의 결함을 반영하는 것이다(Bublitz et al., 2017). 면접도 사회적 의사소통 상황의 일부이므로 대화 기술 기법을 면접 상황에서 활용할 수 있도록 한다. 다음은 한국장애인고용촉진공단 고용개발원(2006)에서 출판한 『자신을 보여 주는 면접 프레젠테이션』 내용을 참고하여 구성하였다.

면접 준비를 위한 단계 밟기

1단계
목표 정하기

면접을 잘 봐서 취업에 성공하기
- 면접 준비하기

2단계
정보 수집하기

면접을 잘 보기 위한 방법
1) 면접 준비 절차
- 면접 전
- 면접 도중
- 면접 마무리

2) 면접 예상 질문
3) 면접 시 자세 및 태도
4) 면접 시 불안 다루기

1) 면접의 역할

설명

면접은 공개 채용 시험의 최종 관문으로, 지원자에 대한 총체적 평가의 역할을 한다. 면접관이 직접 지원자를 대면함으로써 지원자가 입사 후에 재직 중인 직원들과 어울려서 일을 잘할 수 있는지, 직무를 빠르게 습득하여 업무에 도움이 될지, 어려운 일이 있어도 퇴사하지 않고 오랜 기간 근속할지 등을 확인하기 위한 작업이다. 한정된 시간 안에 자신이 왜 회사에 필요한지를 보여 주어야 하며, 면접관은 지원자의 면접 상황에서의 태도와 말, 행동을 보고 판단하게 된다. 따라서 면접에서 평소의 모습 그대로 보여 주는 것으로는 부족하며, 솔직하게 속마음을 모두 이야기할 필요는 없다. 호의적이고 적극적인 태도를 보이면서 '자신이 지원한 직업이나 회사에 큰 관심이 있다고 가장'하여 표현하는 것이 중요하다.

① 면접

- 공개 채용 시험의 최종 관문
- 지원자의 가치관, 능력, 태도에 대한 총체적 평가 절차

② 면접 시 면접관의 관심

- 직무를 빠르게 습득해서 업무에 도움이 될지
- 재직 중인 다른 직원들과 어울려서 일을 잘할 수 있는지
- 어려운 일이 있어도 그만두지 않고 오랜 기간 근무를 지속할지

③ 면접 시 지원자의 태도

- 내가 이 회사에 왜 필요한지 설득
- 지원한 회사와 지원한 직무에 대한 관심을 강조
- 호의적이고 적극적인 태도

2) 면접 준비 절차

① 면접 하루 전

- 면접용 복장을 준비한다(다림질, 구두닦기 등).
- 머리를 손질한다.
- 회사의 위치와 교통편을 확인한다.
- 알람을 맞춰 놓고 일찍 잠에 든다.

② 면접장에 출발하기 전

- 응시 원서와 필기도구 등 면접에 필요한 지참물을 확인한다.
- 전날 준비한 복장을 갖춰 입는다.
- 깨끗하게 씻고 식사를 거르지 않는다.

• 15분 이상 여유 있게 도착하도록 일찍 출발한다.

③ 면접장에 도착하고 면접 대기실에서

• 회사에 도착한 뒤에는 면접이 시작됐다는 생각으로 행동 가짐을 바르게 한다.
• 여유 있게 도착해서 마음을 가라앉히며 면접실의 분위기에 익숙해지도록 한다.
• 면접 대기실에서부터 인상이 형성되므로 졸거나, 음식을 먹거나, 통화를 하거나, 음악을 듣는 등의 행동을 삼가한다.

④ 호명 후 입실까지

• 손을 들고 "예"라고 적당한 크기로 대답한다.
• 노크를 한 후, 들어오라는 응답이 있을 때 조심스럽게 문을 열고 들어간다.
• 미소 띤 얼굴로 가볍게 목례를 하고 자리에 서 있는다.
• 자기의 수험 번호와 이름을 또박또박 이야기한다.
• 면접관이 "앉으세요"라고 말하면 의자에 앉는다.
• 의자 깊숙이 앉아 상체를 곧게 펴고, 두 손은 무릎 위에 가지런히 얹은 채로 시선은 면접관을 주시한다.

⑤ 질문과 응답

• 가능한 한 긴장을 풀고 침착한 태도를 가진다.
• 너무 긴장이 된다면 심호흡을 한다.
• 질문을 끝까지 듣고 질문 내용을 파악한다.
• 질문이 끝나면 서둘러 대답하지 말고 생각을 정리한 후에 침착하게 답변한다.
• 질문의 내용을 잘 이해하지 못했다면 "죄송하지만 제가 이해한 질문은 ~인데 맞는지요?"라고 한다.
  ✓ "네?" 하고 반문하지 않는다.
• 질문에 대답이 생각나지 않는다면 "잠시 생각할 시간을 주시겠습니까?" 하고 양해를 구한다.
  ✓ 10초 정도 생각을 정리한 후에 대답한다.
• 답변을 적당한 길이로 한다.
  ✓ 적당한 길이는 예상 질문에 대한 답을 연습해서 찾는다.
• 결론부터 말한 뒤에 세부 내용을 덧붙인다.
  ✓ 장황하게 이야기를 끌지 않는다.
• 면접을 여러 명이 함께한다면 다른 지원자의 대답도 잘 듣는다.
• 면접 공간에 맞춰서 목소리 크기를 잘 조절한다.
• 시선을 아래로 떨구지 말고 자신 있게 면접관을 주시한다.
  ✓ 단, 면접관의 눈을 빤히 쳐다보면 이상해 보일 수 있으므로 눈과 눈 사이나 코 정도를 쳐다보도록 하며, 면접관이 여러 명이라면 번갈아 시선을 옮겨 가면서 주시한다.

- 했던 말을 반복하지 않는다.
- 자신의 경험을 자랑하듯이 떠벌리지 않는다.
- 답변 시 농담을 하거나 유머를 사용하려고 하지 않는다.
- 면접자의 질문이 잘못되거나 불쾌하다고 생각하더라도 따지지 않는다.

⑥ 면접 마무리

- 마지막으로 질문 혹은 발언의 기회를 주었을 때 이를 그냥 넘기지 말고 포부, 감사의 뜻을 전한다.
- 퇴실할 때는 입실할 때와 마찬가지로 조심스럽게 문을 열고 나간다.
- 긴장을 풀고 혼잣말을 하거나 큰 소리를 내며 퇴실하지 않는다.

3) 면접에서 자주 묻는 질문

- 자기소개를 해 주세요.
- 최근에 어떤 일을 하셨나요?
- 우리 회사에 지원한 이유를 말해 주세요.
- 이 일을 하려면 어떤 능력이나 기술이 필요하다고 생각합니까?
- 동시에 여러 가지 일을 시키면 어떻게 대처하겠습니까?
- 회사는 조직 생활입니다. 다른 사람들과 어울려 일했던 경험을 말해 주세요.
- 당신의 장단점을 이야기해 주세요.
- 왜 이 일을 선택했습니까?
- 우리 회사에 들어오고 나서 어떻게 일할 겁니까?
- 스트레스를 받을 때 어떻게 해소하시나요?

2. 면접 자세 및 태도

"이 영역은 인지적 유연성의 응용 편이다."

▷ 원리: ASD 성인은 면접 전에 연습이 필요하다는 사실을 깨닫지 못하는 경우가 많은데, 예상 질문의 목록을 훑어보고 자신이 뭐라고 답할지 생각하는 것이 그들의 연습이라고 말하기도 한다(Bissonnette, 2014). 면접 답변 시 내용도 중요하지만 이를 전달하는 과정에서의 면접 자세와 태도 또한 상당히 중요하다. ASD의 주요 증상 중 하나인 의사소통의 결함 때문에 ASD 성인은 비언어적 의사소통에서 여러 가지 문제를 보인다. 자기 외모 관리가 잘 안 되고 상황에 적합한 옷을 골라 입지 못하는 것은 ASD 성인들에게 자주 나타나는 행동 중 하나이고, 발성 혹은 발음의 문제, 부자연스러운 표정, 비일관적인 눈맞춤, 올바르지 못한 자세, 부족하거나 과장된 제스처 사용은 ASD의 진단 기준

으로 사용되는 대표적인 증상들이다(Lord et al., 2012; Rutter et al., 2003). 이러한 행동 특성이 면접 상황에서 불리하게 적용할 수 있으므로 면접 연습에서 이러한 행동들을 인지하고 개선하는 것이 중요하다. 더불어 ASD 성인은 한정된 혹은 반복적인 관심사의 일방적인 특성 때문에 사회적 의사소통에 제한을 나타내며, 면접에서 이러한 답변 태도를 보인다면 면접이 원활하게 진행되지 못할 수 있다. 선행 연구들에 의하면, ASD 성인들은 인터뷰 과정과 같이 사회적 예의가 필요한 상황에 적합한 표현과 제공해야 하는 적절한 정보량을 조절하는 것이 어렵다고 보고됨에 따라 대화 기술의 훈련이 필요하다고 제안하였다(Muller et al., 2003; Hurlbutt & Chalmers, 2004). 따라서 면접 과정에서 보편적으로 보여야 하는 답변 태도에 대해서도 짚어 준다.

1) 자신감 있는 태도

- 인사담당자들을 대상으로 '면접 시 장애인이 비장애인에 비해 가장 부족한 부분이 무엇인가?'라는 설문조사를 실시한 결과, 업무 능력(10%)보다 자신감(25%)과 적극적인 태도(25%)를 중요하게 생각하였다.
- 약점과 단점이 없는 지원자는 없으므로 본인에게 약점이 있다고 하더라도 이에 대해 콤플렉스를 가지기보다는 부족한 점을 솔직히 시인하는 한편, 자신의 강점을 내세워야 한다.

2) 비언어적 표현

① 단정한 외모

- 사람의 이미지를 결정하는 요소 중 가장 중요한 것은 시각적으로 보이는 것이다.
- 상대방에게 좋은 이미지를 전달하기 위해서 단정한 용모와 복장을 준비하고, 자신감 있는 행동을 보여 줄 필요가 있다.

② 또렷한 발성

- 목소리가 작으면 소극적으로 보일 수 있으므로 중저음의 큰 목소리로 당당하게 이야기할 필요가 있다.
- 발음을 분명히 하고 말끝을 흐리지 않아야 한다.

③ 얼굴 표정

- 면접관을 바라보고 자연스럽게 환한 미소를 보여 준다면 좋은 인상을 심어 줄 수 있다.
- 어둡고 굳은 표정은 자신감 없는 태도로 받아들일 수 있다.

④ 눈 맞춤

- 눈을 맞추면 상대방에게 잘 듣고 있다는 뜻을 전달할 수 있다.
- 면접관의 눈을 보는 것이 두렵다면 이마나 입을 응시하는 것도 도움이 된다.

⑤ 자세

- 등을 똑바로 펴서 바로 앉는다.

- 면접관이 이야기하는 중에 면접관 쪽으로 몸을 자연스럽게 기울이는 것도 괜찮다.
- 의자의 가장자리에 앉거나 뒤로 푹 기대지 않는다.
- 손은 무릎 위에 편안히 올려 두고 손장난을 하지 않는다.
- 다리를 의자 밑 안쪽으로 들여놓으면 다리를 떨거나 과도하게 벌리는 실수를 막을 수 있다.

⑥ 제스처

- 적당한 정도를 찾기 어렵다면 무릎 위에 가지런히 놓는 것이 가장 좋다.
- 너무 많은 손짓은 산만해 보일 수 있다.

3) 답변 태도

① 알아듣기 쉽게 말한다.

- 어려운 용어나 은어, 사투리 등을 삼가고, 일상적이면서도 간단명료한 말로 쉽게 말하는 것이 좋다.

② 결론부터 이야기한다.

- 아무리 좋은 이야기도 길어지면 지루하고 불쾌해지기 마련이다.
- 결론을 먼저 이야기한 다음에 이를 부연하는 것이 좋다.

③ 싫은 질문도 성의껏 대답한다.

- 듣기 싫은 질문과 불쾌한 질문에도 당혹스러운 표정을 짓지 말고 인내심을 갖고 여유 있게 대처하는 모습을 보여 주어야 한다.
- 사소한 질문이라고 생각되더라도 성실하게 답변하는 태도를 보여 주면 좋다.

④ 말하는 것보다 듣는 것이 중요하다.

- 면접담당자가 질문을 할 때, 혹은 다른 지원자가 답변을 할 때에도 경청하는 자세를 보여 줘야 한다.
- 내 답변 내용을 생각하느라 시선을 다른 데로 두거나 손을 만지작거려서는 안 된다.

⑤ 질문의 요지를 파악한다.

- 면접담당자가 묻는 요점을 파악하고, 이에 적절한 답변을 제공해야 한다.
- 질문의 의미가 파악되지 않으면 어설프게 대답하는 것보다는 질문을 하는 편이 좋다.

⑥ 마지막까지 최선을 다한다.

- 면접 도중에 실수하거나 분위기가 나빠졌다고 해서 포기하지 않는다.
- 앞서 잘 대답하지 못했더라도 후반부에 분위기를 반전시킬 수도 있다.

실습 활동 1: 면접 질문과 응답 연습하기

(실습 활동지 배부)

① 실습 활동지에 제시된 예상 면접 질문의 답변을 연결하여 이야기하기를 토대로 작성한다.

Q. 회사는 조직 생활입니다. 다른 사람들과 어울려 일했던 경험을 말해 주세요.

Q. 당신의 장점과 단점을 이야기해 주세요.

Q. 동시에 여러 가지 일을 시키면 어떻게 대처하겠습니까?

자신의 경험을 연결하여 이야기하기

- 경험: 내가 _____(언제), _____(어디서), _____을(무엇을) 할 때 _____하게(어떻게) 혹은 _____ 한 이유로(왜) 했는데,
- 생각: _____한 생각이 들어서
- 감정: _____한 기분이었습니다.
- 행동(결과): _____한 행동을 했습니다. 혹은 _____한 결과가 일어났습니다.

② 면접관–지원자 역할극을 통해 면접 응답 연습을 한다.

✓ 둘씩 짝을 지어 면접관 역할과 지원자 역할을 정한다.

✓ 면접관 역할을 맡은 사람이 예상 면접 질문 중 하나를 선택하여 질문을 한다.

✓ 지원자 역할을 맡은 사람은 질문과 응답 규칙을 지켜서 답변을 한다.

③ 역할을 바꾸어서 절차를 반복한다.

3. 면접에 대한 불안 대처하기

"이 영역은 감정 조절, 인지적 유연성의 응용 편이다."

▷ **원리**: 구직을 위해 고용책임자 혹은 채용담당자에게 최종 선택을 받는 자리인 면접 상황은 ASD 성인뿐만 아니라 일반 구직자들에게도 매우 긴장되고 불안이 높아지는 상황이다. 더욱이 낯선 환경에서 불편감과 불안감을 느끼는 ASD 성인들에게는 면접 상황에서 더욱 불안감이 커져서 돌발 행동을 할 가능성이 높다. 먼저, 면접 상황에서의 불안은 누구나 느낄 수 있는 보편적인 감정임을 알려 주고, 면접 상황을 상상하며 나의 감정 불쾌지수를 측정해 보도록 한다. 그리고 면접 상황의 불안을 낮추기 위해 4회기에 배웠던 감정 불쾌지수를 낮추는 방법을 적용할 수 있도록 복습하고, 더불어 모의면접을 통해 미리 준비하고 대비하는 것이 효과적인 방법임을 제시한 후에 실습을 한다.

1) 면접 상황에서 나의 감정 불쾌지수 측정하기

① 내가 지원한 일자리의 면접 상황을 상상한다.

② 감정 불쾌지수에서 불안의 강도가 몇 점까지 올라가는지 측정한다.

③ 불안의 강도에 따라 불안 지수를 낮추기 위해서 다음의 방법 중 어떤 방법이 효과적일지 생각해 본다.

④ 시기(예: 면접 일주일 전, 면접 직전, 면접 중)에 따라 활용할 수 있는 방법을 고려하여 적용할 수 있도록 한다.

감정 불쾌지수 측정하기의 예시

상황	취업을 희망하는 직장에 최종 면접을 일주일 앞두고 있다.
감정의 시각화	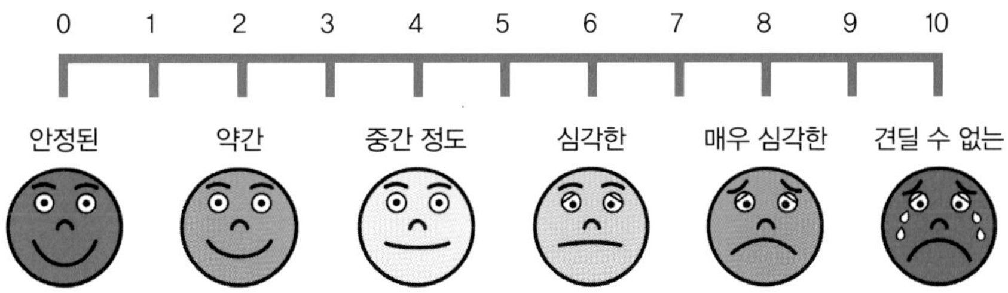
감정 불쾌지수	불안감, 초조감 9점
불안 지수를 낮추기 위한 방법	• 철저히 준비하기 • '다르게 생각하기'를 활용하기 • 복식호흡을 통해 이완하기 • 상상법을 통해 이완하기

2) 면접 불안을 낮추는 방법

(1) 철저히 준비하기

- 면접에 필요한 것들을 여러 번 점검한다.
- 자기소개와 면접 답변을 여러 번 말로 연습하고 외운다.
- 미리 면접장을 방문하여 친숙해진다.
- 면접 전날에 잘 자고, 잘 먹고, 잘 마시면서 컨디션을 조절한다.
  - ✓ 카페인이 든 음료는 신체를 불필요하게 각성시키거나 불안하게 하므로 삼간다.
  - ✓ 배가 고프거나 졸린 것 역시 불안에 안 좋은 영향을 미칠 수 있으므로 식사를 거르지 말고 충분히 휴식을 취한다.

(2) '다르게 생각하기'를 활용하기

① 긍정적으로 생각하기

- 면접을 앞두고 부정적인 생각이 떠오르면 불안감이 더 높아질 수 있으므로 긍정적으로 생각을 바꾸어 불안한 감정을 조절할 수 있도록 한다.

- 준비된 뒤에는 낙천적으로 사고한다.
  - ✓ 나는 충분히 준비되었다고 생각한다.
  - ✓ 부정적인 결과를 생각하지 않는다.
  - ✓ 적어도 내 이력서를 뽑아 주었기 때문에 이미 면접관의 마음에 들었다고 생각한다.
- 절박해 하지 않는다.
  - ✓ 어차피 하나의 기회일 뿐이므로 절박한 마음으로 부담을 갖지 않는다.
  - ✓ 절박한 모습이 면접관의 눈에는 긴장되고 어색해 보일 수 있다.
  - ✓ 이것 역시 하나의 배움이 될 것이라는 점을 기억한다.

② 다르게 생각하기

- 4회기에서 배웠던 감정 조절 방법 중 '다르게 생각하기'를 이용하여 불안한 생각을 멈추고, 긍정적으로 생각하고 절박한 마음을 버릴 수 있도록 한다.

다르게 생각하기의 예시

수정	상황	생각	감정 불쾌지수	행동
전	취업을 희망하는 직장에 최종 면접을 일주일 앞두고 있다. 면접실에 들어가자 내 앞에 세 명의 면접관이 앉아 있고, 나는 면접을 보기 위해 자리에 앉아 있다.	• '자기소개 연습을 충분히 하지 못했는데 실수를 하면 어떡하지….' • '내가 준비하지 않은 질문을 면접관이 하면 뭐라고 대답해야 하지….' • '면접관은 나를 떨어뜨리기 위해 나의 단점을 찾을 텐데, 내 단점이 면접관의 눈에 보이면 어떡하지….' • '여기서 떨어지면 내 인생은 끝나는 거야….' • '여기서 떨어지면 다른 회사에서도 나를 받아 주지 않을 거야….' • '여기서 떨어지면 가족이 많이 실망할 거야….'	불안감 안절부절 좌절감 패배감 불쾌지수 9점	• 자기소개 연습을 해야 하는데 불안해서 미루게 된다. • 모의면접 연습에서 집중이 되지 않아 자기소개 내용이 외워지지 않는다. • 가슴이 두근거리고 머릿속이 하얗게 되어 면접관의 질문에 제대로 대답하지 못한다. • 면접관이 무서워 보여서 몸이 경직되고 입이 떨어지지 않는다. • 면접관의 질문을 이해하지 못하고 질문과 상관없는 엉뚱한 대답을 한다.
후		• '이 회사의 면접을 위해 회사에 대한 정보를 충분히 알아봤고, 자기소개서도 잘 작성하고, 모의면접 연습을 충분히 하는 등 철저하게 준비를 했으니 잘할 수 있을 거야.' • '최종 면접에 올라올 정도라면 이 면접관들이 나에 대해서 호감을 가지고 있을 거야.' • '이 면접에서 떨어지더라도 나중에 또 도전할 수 있을 거야.' • '이 회사가 아니더라도 내가 일할 수 있는 회사는 또 있으니 다시 도전할 수 있을 거야.' • '이 면접에서 떨어지더라도 이 면접을 통해 나의 부족한 점을 알아내면 다음 면접에서는 성공하여 가족을 기쁘게 만들 수 있을 거야.'	자신감 편안함 불쾌지수 2점	• 자기소개를 충분히 연습했으니 연습한 대로 자기소개를 할 수 있다. • 모의면접에서 다양한 예상 질문에 대한 답변을 준비했으니 차분하게 대답을 할 수 있다. • 실수를 하더라도 마음의 여유가 있어서 다음 답변에서 실수를 만회할 수 있다. • 면접이 끝난 후에 나의 부족한 점을 깨닫고 이를 보완할 수 있도록 준비한다.

(3) 복식호흡을 통해 이완하기

- 긴장이 느껴질 때 숨을 천천히 그리고 깊게 들이마시면서 배가 오르내리는 것을 느껴 본다.
- 면접 중에도 어려운 질문이 들어오거나 긴장이 될 때 사용할 수 있다.

(4) 상상법을 통해 이완하기

- 내가 훌륭하게 면접을 수행하는 모습을 구체적으로 상상한다.
- 면접관의 흐뭇한 표정이나 나의 자신감 있는 모습 등을 반복해서 상상해 본다.

실습 활동 2: 면접 불안에 대처하기 연습-다르게 생각하기

(실습 활동지 배부)

① 다음의 면접 상황을 제시하고, 바로 떠오르는 생각과 그에 따른 감정 불쾌지수를 적는다.
② 감정 불쾌지수에 따라 나의 행동이 어떨지 예상하여 적는다.
③ 다르게 생각하기를 이용해서 바꾼 생각을 적고, 그에 따른 감정 불쾌지수를 적는다.
④ 다르게 생각하기에 따라 내 행동이 어떻게 바뀔 것인지 예측하여 적는다.

예시

수정	상황	생각	감정의 불쾌지수	행동
전	면접실에 들어가자 내 앞에 세 명의 면접관이 앉아 있고, 나는 면접을 보기 위해 자리에 앉는다.	'여기서 떨어지면 가족이 많이 실망할 거야.'	패배감 8	면접관의 질문을 이해하지 못하여 질문과 상관없는 엉뚱한 대답을 한다.
후		'이 면접에서 떨어지더라도 이 면접을 통해 나의 부족한 점을 알아내면 다음 면접에서는 성공하여 가족을 기쁘게 만들 수 있을 거야.'	긴장감 4	면접이 끝난 후에 나의 부족한 점을 깨닫고 이를 보완할 수 있도록 준비한다.

면접 준비를 위한 단계 밟기

1단계
목표 정하기

면접을 잘 봐서 취업에 성공하기
- 면접 준비하기

2 단계
정보 수집하기

면접을 잘 보기 위한 방법

1) 면접 준비 절차
- 면접 전
- 면접 도중
- 면접 마무리

2) 면접 예상 질문
3) 면접 시 자세 및 태도
4) 면접 시 불안 다루기

3 단계
할 일 목록 작성하기

- 면접 예상 질문 답안 작성하기
- 면접 자세 및 태도 연습하기
- 면접 시 불안 다루기 연습하기
- 모의면접을 통해 연습하기
- 모의면접 기회 알아보기(어플 · 공개 모의면접)
- 모의면접 신청하기
- 가족과 모의면접 연습하기

4 단계
우선순위 정하기

5 단계
시간 계획하기

① 면접 예상 질문 답안 작성하기(11/10~13)

② 면접 시 불안 다루기 연습하기 (11/14~15)
- 다르게 생각하기
- 호흡법
- 상상법

③ 면접 시 자세 및 태도 연습하기(11/20~25)
- 부모님과 질의 응답 연습
- 친구와 답변 태도 연습

④ 모의면접을 통해 연습하기(12/1~15)
- 모의면접 기회 알아보기
- 모의면접 날짜 정하기
- 모의면접 신청하기

6 단계
실행하기

* 완벽하게 준비되지 않아도 시작하기
* 부정적인 상황이나 결과에 감정 조절하기
* 다른 사람의 조언 구하기
* 상황 변화에 대처하기

목표 달성!

- 면접 질문에 대한 정답은 없으니 나만의 답안을 만들어 본다.
- 당장 지원할 곳이 없다고 면접 준비를 시작하지 않기보다는 지원할 곳을 가정하여 미리 연습해 두는 것도 필요하다.
- 준비를 열심히 한 후에 모의면접에서 부정적인 피드백을 받았다고 하더라도 좌절하거나 화내지 말고 다르게 생각하기를 통해 감정을 조절한다.
- 면접 연습에서 어떤 점이 부족한지 부모님(혹은 친구들)에게 물어본다.
- 모의면접을 신청하였으나 취소가 되었을 경우에는 면접 어플을 이용하거나 가족에게 면접관 역할을 부탁하여 연습하는 등 다른 대안을 생각하고 장단점을 비교해 본다.

실습 활동 3: 모의 면접하기

① 참여자들을 3인 1조, 혹은 4인 1조로 나누고, 집단 진행자와 보조 진행자가 면접 담당자 역할을 하고 집단원이 응시자 역할을 하여 모의 면접을 진행한다.

- 과제를 제출한 이력서와 자기소개서의 서류를 준비한다.
- 시작 전 복식호흡과 상상법을 통해 불안감을 가라앉히는 연습을 한다.
- 문 밖에 서서 노크하는 것부터 시작해서 면접관에게 인사를 하고 자리에 앉는다.
- 면접 담당자는 '자주 묻는 질문' 목록이나 지난주 숙제로 내준 '면접 질문 목록' 중 참여자들이 답변을 준비해 온 10가지 질문, 혹은 실습 활동 1에서 작성한 면접 질문 응답 중에서 골라 응시자에게 질문을 한다.
- 응시자는 실제 면접 현장인 것처럼 배운 내용을 토대로 대답한다.
- 나가기 전 감사 인사를 하고 문 밖으로 나가는 것까지 진행한다.

② 2~3개의 질문이 끝나면 진행자가 면접 담당자의 입장에서 응시자에 대해 피드백을 한다.

- 응시자가 준비해 입고 온 면접 의상과 면접 시 자세에 대해서 피드백을 한다.
- 응시자의 대답을 들었을 때 생각과 감정을 피드백 한다.

③ 녹화가 가능하다면 녹화된 영상을 보고 응시자가 직접 본인에 대한 느낌을 이야기해 본다.

- 응시자가 자신이 의도한 대로 인상을 주었는지 확인한다.
- 자신을 모르는 사람의 입장에서 자신이 어떻게 보일 것 같은지 발표한다.

④ (과제) 모의 면접 후 개선할 점에 대해서 과제지에 기록하고 답변을 수정하여 가족의 피드백을 받는다.

습관 만들기

1. 다음 주 할 일 목록과 주간 계획표 작성하기(**3회기** 실습 활동 2, 3, 4 & **6회기** 실습 활동 1)
   - 개인위생 관리, 건강 관리, 집안 관리, 주변 환경 조직화하기 중에서 지속적으로 실천할 수 있는 것을 골라 보고, 할 일의 목록이나 주간 계획표에 추가하여 실천한다.
   - 수행을 완수한 것에 대해서 스스로에게 보상을 한다.
2. 한 주간의 지출 내역(가계부)을 작성하고, 4주간의 지출 내역 결산하기(**8회기 과제 2**)
   - 4주간의 총 수입액과 총 지출액을 살펴보고, 다음 달 한 달 예산을 예상하며 나의 소비 습관을 파악해 본다.
3. (지난주에 이어서) 취업 정보 사이트 검색을 통해 일자리 목록 작성하기(**9회기** 실습 활동 5 & **과제 3**)
   - 선택한 직업을 일자리 검색 방법을 통해 취업 정보 사이트에서 추가적으로 검색한다.
   - 일자리의 조건과 내가 선호하는 조건을 비교하여 적절한 일자리를 목록에 작성하고 장점과 단점을 적는다.

• 선택한 일자리의 채용 공고 상세 내용에서 준비 서류를 확인한다.

과제 안내

1. 면접에서 자주 묻는 질문 중 3개를 골라 응답 멘트를 작성하기(실습 활동 1)
   • 경험을 작성할 때는 경험-생각-감정을 연결하여 이야기하기를 토대로 작성한다.
   • 작성한 응답의 길이가 적당한지 가족에게 물어본다.
   • 응답을 외울 수 있도록 연습한다.
2. 모의면접의 피드백을 듣고 나의 면접 응답 태도에서 개선점을 찾고 연습하기(실습 활동 3)
   ① 면접 응답 태도 중 피드백 받은 것과 내가 부족하다고 생각하는 것을 확인하고 과제지에 기록한다.
   ② 해당 항목에 대해 다음에 어떻게 답변하면 좋은지 개선 내용을 적고 이에 신경 써서 대답하는 연습을 한다.
   ③ 가족 중 한 명에게 면접관 역할을 부탁하여 면접 응답을 하고, 해당 항목에 대해서 피드백을 받도록 한다.
3. 수료식을 위한 자기 보상물을 준비해 오기
   • 12회기 동안 결석 없이 참석한 사람은 3회기에 작성했던 보상 목록에서 정한 자기 보상물을 준비한다.
   • 결석이 1회 이상 있었던 사람은 3회기에 정했던 보상물보다 더 작은 자기 보상물을 준비한다.

11회기 실습 활동지

이름:

실습 활동 1 면접 질문과 응답 연습하기

1. 다음의 예상 면접 질문의 답변을 경험-생각-감정을 연결하여 이야기하기를 토대로 작성해 봅시다.

자신의 경험을 연결하여 이야기하기

(누가), (언제), (어디서), (무엇을), (왜), (어떻게),
겪었는데 그 때 나는 (생각) 한 생각이 들었고, 그래서 (감정) 기분이 느껴졌습니다.
그래서 (행동) 을 했습니다. 혹은 (결과) 가 일어났습니다.

면접 질문	응답(경험-생각-감정 이야기하기에 따라 응답하기)
Q 회사는 조직 생활입니다. 다른 사람들과 어울려서 일했던 경험을 말해 주세요.	
Q 당신의 장단점을 이야기해 주세요.	
Q 동시에 여러 가지 일을 시키면 어떻게 대처하겠습니까?	

이름:

실습 활동 2 면접 불안에 대처하기 연습-다르게 생각하기

1. 다음과 같이 면접 불안이 높은 상황을 생각해 보고, 그때의 감정 불쾌지수 정도를 측정해 봅시다. 그때 나의 행동에 대해 적어 봅시다.
2. 상황을 다시 관찰하고 다르게 생각해 본 다음, 감정 불쾌지수가 변화했는지, 나의 행동이 어떻게 바뀔 수 있는지를 적어 봅시다.

다르게 생각하기(SODA 기법) 연습

① Stop: 잠시 멈추기

② Observe: 주의 깊게 상황을 관찰하기

③ Deliberate: 신중하게 생각하기

④ Action: 행동하기

수정	상황	생각	감정 불쾌지수	행동
전	면접실에 들어가자 내 앞에 세 명의 면접관이 앉아 있고, 나는 면접을 보기 위해 자리에 앉아 있다.			
후				

11회기 과제

이름:

과제 1 면접 질문 선택 및 응답 멘트 작성하기(실습 활동 1)

① 면접에서 자주 묻는 질문 중 3개를 골라 응답 멘트를 경험-생각-감정을 연결하여 이야기하기를 토대로 작성해 봅시다.
② 작성한 응답의 길이가 적당한지 가족에게 물어봅시다.
③ 응답을 외울 수 있도록 연습합시다.

면접 질문	응답(경험-생각-감정 이야기하기에 따라 응답하기)

11회기 과제

이름:

과제 2 모의면접 후 개선점 찾기(실습 활동 3)

① 모의면접 후, 기억나는 질문에 대한 나의 답변과 개선점을 기록해 봅시다.

내가 받은 질문	나의 답변	답변에 대한 나의 평가 (또는 모의 면접관의 피드백)
같은 질문을 받는다면 다음에는 어떻게 답변하는 것이 좋을까요?		

② 가족에게 면접관 역할을 부탁하여 면접 응답을 하고 해당 항목의 피드백을 받아 봅시다.

면접관 역할을 한 가족	면접 응답에 대한 피드백
피드백을 반영하여 같은 다음에는 어떻게 답변하는 것이 좋을까요?	

12회기

실행기능을 활용하여 직장생활을 잘하는 방법에 대해 알아봅시다

실행기능 영역

계획, 인지적 유연성, 자기 조절, 시간 관리

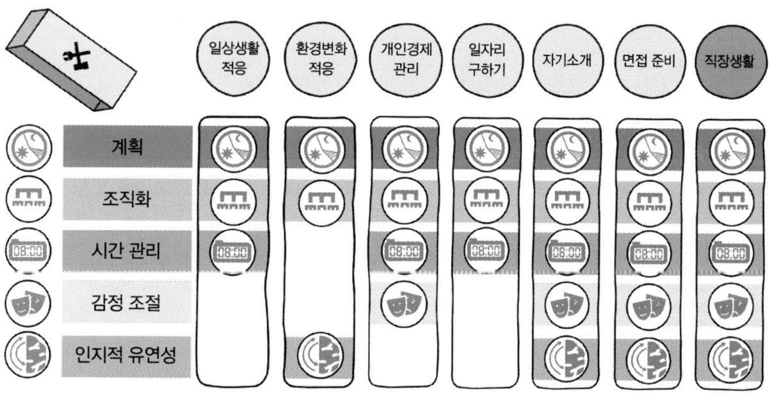

목표

1. 직장생활을 잘하기 위한 방법을 배운다.
2. 직장생활에서 실행기능을 활용할 수 있는 방법을 배운다.
3. 수료식을 통해 스스로를 격려하고 자기 보상을 주며 성취감을 느낀다.

습관 만들기 점검

1. 다음 주 할 일 목록과 주간 계획표 작성하기
   - 개인위생 관리, 건강 관리, 집안 관리, 주변 환경 조직화하기 중에서 할 일 목록이나 주간 계획표에 따라서 실천한 내용에 대해 이야기 나눈다.
   - 할 일의 목록과 주간 계획표 작성이 습관화되고 있는지, 시간 관리에 도움이 되는지에 대해서 이야기 나눈다.
2. 한 주간의 지출 내역(가계부)을 작성하고 4주간의 지출 내역 결산하기
   - 4주간의 총 수입액과 총 지출액을 살펴보고, 예상한 다음 달 예산과 파악한 나의 소비 습관에 대해서 이야기 나눈다.
3. (지난주에 이어서) 취업 정보 사이트 검색을 통해 일자리 목록 작성하기
   - 추가한 일자리 목록이 있는지, 일자리 목록 중 관심 있는 일자리가 있는지 이야기 나눈다.
   - 일자리의 채용 공고에서 준비 서류가 어떤 것이 있었는지 이야기 나눈다.

과제 점검

1. 면접에서 자주 묻는 질문 중 3개를 골라 응답 멘트를 작성하기
   - 면접 질문 3개의 응답 멘트를 작성했는지 확인한다.
   - 발표를 통해 경험-생각-감정을 연결하여 이야기하기를 토대로 작성했는지, 작성한 응답 길이가 적당한지를 확인한다.
2. 모의면접의 피드백을 듣고 나의 면접 응답 태도에서 개선점을 찾고 연습하기
   - 면접 응답 태도를 연습했는지 확인한다.
   - 면접 응답 태도 중 부족한 점이 무엇이었는지, 면접관 역할을 한 가족(누구인지)에게 어떠한 평가를 받았는지 발표한다.
3. 수료식을 위한 자기 보상물을 준비해 오기
   - 3회기에 작성했던 보상 목록에서 정한 자기 보상물이 무엇인지 발표한다.
   - 결석이 1회 이상 있었던 사람은 3회기에 정했던 보상물이 무엇이었는데, 더 작은 자기 보상물로 무엇을 준비했는지 발표한다.
   - 가져온 자기 보상물을 보조 진행자에게 제출한다.

토론 질문

토론 tip

ASD 성인은 고용되는 것만큼이나 직업을 유지하는 데에서 어려움을 겪는다. 어떤 사람은 대인관계 의사소통 때문이기도 하고, 어떤 사람은 실행기능의 문제 때문이기도 하며, 우울, 불안과 같은 공존 질환이 영향을 미치기도 한다(Bissonnette, 2014). 고용을 안정적으로 유지하고 있더라도 이를 위해 ASD 성인은 상당히 많은 에너지를 소모해야 하고, 극도의 스트레스를 견뎌야 할 정도로 ASD 성인에게 직장생활을 하는 것은 힘든 일일 수 있다. 특히 직장 생활을 접해 보지 못한 사회 초년생인 경우에는 경험해 보지 못한 상황에 대한 불안이 자극되어 걱정이 많을 수 있으므로, ASD 성인 참여자들이 직장 생활에서 걱정되는 점이 무엇인지 이야기를 나누면서 누구나 이러한 걱정을 할 수 있다는 공감대를 형성하고, 이 시간에 배울 내용을 통해 이러한 불안과 걱정을 일부 해소할 수 있을 것이라는 기대감을 심어 준다.

Q 질문 1: 직장생활에서 걱정되는 점이 무엇인가요?

- 맡은 업무를 시간 내에 하지 못하면 어떻게 될까요?
- 맡은 업무를 완료하지 못해 상사나 동료에게 비난을 받으면 어떻게 해야 할까요?
- 직장에서 다른 사람들과 잘 어울릴 수 있을까요?
- 다른 사람들이 저를 이상하게 보면 어떻게 해야 하나요?
- 상사나 동료가 저에게 무리한 요구를 하면 어떻게 해야 할까요?
- 일이 힘들어서 하기 싫으면 어떻게 해야 하나요?
- 직장을 더 이상 다니고 싶지 않으면 어떻게 해야 할까요?

교육 내용

직장생활을 잘하기 위한 단계 밟기

1단계 목표 정하기

직장생활을 잘하여 오래 근무하기
- 직장생활 예절 익히기

2단계 정보 수집하기

직장생활을 잘하기 위한 방법
- 직장생활을 위한 기본 태도
- 직장생활에서의 예절
- 직장생활에서 알아야 할 기본 상식
- 직장인으로서의 책임감 가지기

1. 직장생활을 위한 기본 태도

▷ 원리: ASD 성인들은 여러 가지 실행기능과 관련한 어려움으로 인해 직장생활에서 곤란을 겪는다. 새로운 일의 과정을 빠르게 습득하지 못하고, 속도가 느리기 때문에 생산성이 떨어지며, 시간 개념이 부족하여 자신에게 주어진 업무가 얼마나 걸릴지 정확하게 예측하지 못한다. 업무에서 무엇이 필요한지 추론하지 못하며, 업무의 단계가 명확하지 않으면 과제를 시작하지 못한다. 업무의 계획을 효과적으로 세우지 못하고 효과적이지 못한 방법을 반복한다. 선택지나 결과에 대한 고려 없이 행동하고 벌어진 사건이나 상황에 비해 정서적으로 과도하게 반응을 한다. 또한 사회적인 결함으로 인해 함께 일하는 동료들에게 피해를 주기도 하고 스트레스를 유발하기도 한다(안의정, 이소현, 박혜성, 2014). 업무의 특성에 따라서 요구되는 실행기능이 다르고 근본적인 실행기능의 결함이 있기 때문에 객관적인 업무 능력을 향상시킬 수는 없지만, 직장생활에서 지금까지 배운 실행기능을 활용할 수 있는 방법에 대해서 제시하고자 한다. 먼저, 체계화 방법인 단계 밟기를 통해 직장생활을 잘하기 위해 필요한 절차를 알아보고, 직장생활을 하기 위해서 지켜야 할 기본 수칙과 직장생활 예절, 직장생활에서 알아야 할 기본 상식에 대해서 정보를 제공한다. 더불어 직장인으로서 책임을 다하기 위한 과정에서 지금까지 배운 실행기능을 활용하는 방법을 제시한다. 직장생활을 위한 기본 수칙과 직장생활 예절, 직장생활에서 알아야 할 기본 상식에 대한 내용은 발달장애인을 위한 정보를 쉬운 언어로 구성하여 책으로 출판하는 소소한 소통(2018)에서 발간한 『내일도 출근합니다』에서 발췌하였으며, 일부 내용은 추가 및 수정하여 제시하였다.

1) 출근 시

① 단정한 차림새

- 위생 관리: 머리 감기, 세수하기, 양치하기 등 몸을 깨끗이 씻는다.
  - ✓ 남성의 경우, 면도를 깨끗이 한다.
- 머리 모양을 깔끔하게 정리한다.
- 복장은
  - ✓ 하는 일과 날씨 등에 맞추어 옷을 고른다.
  - ✓ 겉옷과 속옷은 모두 매일 갈아입는다.
  - ✓ 다른 사람들의 복장을 살피고 회사 분위기에 맞게 옷을 입는다.
  - ✓ 유니폼을 입는 사람은 깨끗이 옷을 빨아서 입는다.

② 출근 시간 지키기

- 출근 시간 전에 미리 도착해서 일할 준비를 하면 성실한 직원으로 보일 수 있다.
- 지각할 것 같으면 반드시 미리 회사에 연락한다.

- 지각했을 때는 솔직하게 지각한 이유를 말한다.
- 지각하지 않는 방법
  - ✓ 잠을 자기 전에 알람을 미리 맞춰 둔다.
  - ✓ 늦잠을 자지 않도록 7시간 이상 잠을 잔다.
  - ✓ 비나 눈이 오는 날에는 평소보다 조금 더 일찍 출발한다.

2) 근무 시간

① 성실한 근무 태도

- 일을 할 때 다른 생각은 하지 않도록 노력한다.
- 일을 할 때 개인적인 일로 휴대폰이나 인터넷을 오래 쓰지 않는다.
- 통화가 30초 이상 길어질 경우에는 사무실 밖으로 나가서 한다.
- 건강을 위해 바른 자세로 일한다.
- 내가 맡은 일은 끝까지 책임지고 하되, 만약 혼자 하기 힘들 때는 동료나 윗사람에게 이야기한다.
- 일의 순서와 내용을 정확히 이해한다.

*** 여기에서 "단계 밟기"를 활용할 수 있다.**

단계 밟기 시각화

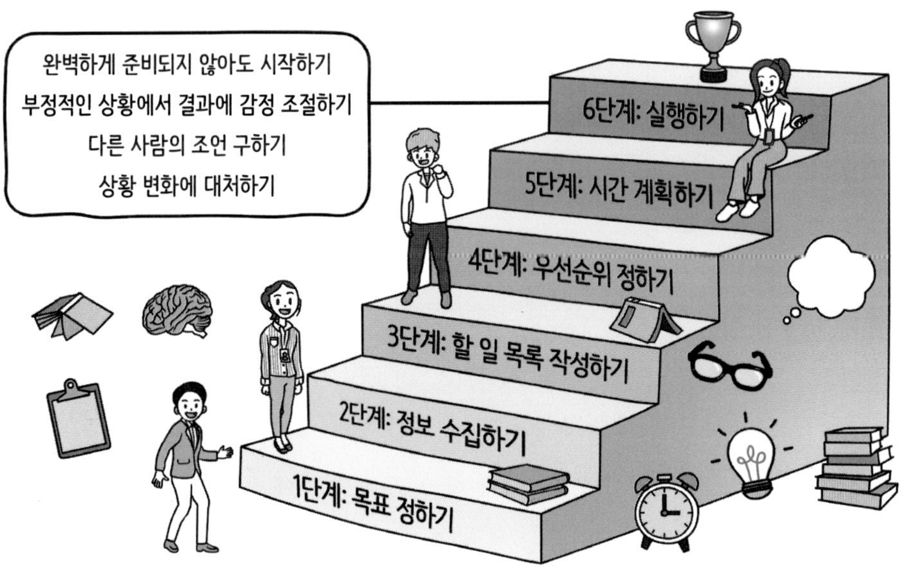

② 업무 지시를 받는 태도

- 중요한 내용은 메모를 해 둔다(일정관리수첩을 활용한다).
- 상대방의 얘기를 끝까지 듣고 질문을 한다.
- 이해가 안 되는 것은 다시 물어본다.

③ 업무 보고를 하는 태도

- 업무와 관련된 이야기를 할 때는 윗사람에게 직접 얘기한다.
- 일을 얼마큼 했는지 틈틈이 얘기한다.
- 실수한 것은 솔직히 얘기한다.

3) 쉬는 시간

① 점심시간

- 은행, 병원 등은 점심시간에 간다.
- 졸리거나 피곤하면 점심을 먹은 후에 잠깐 잠을 잔다.
- 동료들과 함께 이야기를 하며 즐겁게 보낼 수도 있다.

② 휴식 시간

- 중간중간 스트레칭을 해서 몸의 긴장을 풀어 준다.
- 피곤할 때는 커피나 차를 마시며 잠시 쉬었다가 일을 한다.
- 공공의 간식을 지나치게 많이 먹지 않는다.
- 자리를 비우게 되면 주변 동료에게 얘기한다.

③ 휴가

- 몸이 아프거나 개인적인 일정이 있을 때 휴가를 쓴다.
- 휴가를 쓸 때는 미리 회사에 이야기를 하고 결재를 받는다.
  ✓ 결재 절차나 결재 시기에 대해서 인사팀을 통해 회사 규정을 알아보고 그에 맞춰서 한다.
- 휴가를 쓰는 시기를 정할 때 경우에 따라서 다른 직원과 협의를 해야 할 수도 있으니 이를 알아보고 한다.
- 휴가의 종류를 알아 둔다.
  ✓ 반차: 하루의 반나절을 쉬는 것
  ✓ 연차: 하루를 쉬는 것
  ✓ 유급휴가: 쉬어도 돈(임금)을 받는 휴가
  ✓ 무급휴가: 쉬면 돈(임금)을 받지 못하는 휴가
  ✓ 보건휴가: 여성 근로자의 경우, 한 달에 한 번 생리 기간에 휴가를 사용할 수 있다.
  ✓ 병가: 아플 때 쉬는 것
  ✓ 대체휴가: 쉬는 날에 일한 대신에 쉬는 것

④ 병가

- 회사에서 몸이 아프면 일을 멈추고 윗사람에게 이야기를 한다.
- 많이 아플 때는 조퇴를 신청하고 병원에 간다.
- 출근이 어려울 만큼 몸이 아프면 윗사람에게 연락하여 상의를 한다.

- 병가를 낼 경우에는 회사에 진단서를 제출해야 할 경우가 많으므로 회사의 규정을 알아보고 진단서와 진료확인서 같은 서류를 준비해야 한다.

4) 퇴근 시간

① 퇴근 준비

- 퇴근 준비는 퇴근 시간이 지난 이후에 하는 것이 성실한 직원으로 보일 수 있다.
- 오늘 꼭 끝내야 하는 일은 없는지 확인하고 정리한다.
- 다음 날 할 일이 무엇인지 정리해 두면 좋다.
- 책상 위나 주변을 깨끗이 치운다.
- 윗사람, 동료, 후배에게 인사를 하고 퇴근한다.
- 남아서 일을 하는 직원이 있으면 "먼저 퇴근하겠습니다" 하고 인사말을 건넨다.

② 퇴근 후 일상

- 좋아하는 취미를 즐기며 스트레스를 푼다.
- 평일에는 다음 날 출근을 위해 일찍 집에 들어간다.
- 다음 날 입을 옷을 미리 챙겨 두면 아침 시간이 여유롭다.

2. 직장생활에서의 예절

1) 위생 예절

- 화장실을 다녀온 후에는 손을 깨끗이 씻는다.
- 점심 식사를 한 다음에는 이를 깨끗이 닦는다.
- 얼굴에 묻은 것은 없는지 잘 살펴보거나 화장을 고친다.
- 일을 한 곳이나 책상 위는 깨끗이 정리한다.
- 트림이나 방귀는 다른 사람을 불쾌하게 하니 조심한다.
- 재채기나 기침을 할 때는 입을 가리고 한다.

2) 인사 예절

- 내가 먼저 인사를 한다.
- 인사를 받았을 때는 나도 인사를 한다.
- 윗사람에게는 호칭(부장님, 과장님, 팀장님 등)을 붙이고 높임말을 사용한다.

3) 대화 예절

- 다른 사람이 관심 있는 주제로 얘기한다.

- 이야기를 끝까지 귀 기울여 듣는다.
- 다른 사람들이 말하는 데 갑자기 끼어들지 않는다.
- 다른 사람에 대한 욕이나 험담, 뒷이야기를 하지 않는다.
- 너무 큰 소리로 이야기하지 않는다.
- 다른 사람에 대한 소문을 내지 않는다.
- 나이가 어린 사람이라고 해서 무조건 말을 놓지 않는다.

4) 상대방을 존중하는 태도

- 같이 일하는 다른 직원을 언제나 존중한다.
- 다닌 학교, 사는 곳, 태어난 곳, 성별, 외모 등의 이유로 차별하지 않는다.
- 차별이나 괴롭힘을 당하면 윗사람에게 도움을 청한다.

5) 성 예절

- 다른 사람의 몸을 함부로 만지지 않는다.
- 다른 성에 대해서 차별하는 말을 하지 않는다.
- 누군가가 허락 없이 자신의 몸을 만졌거나 기분 나쁜 말을 하면 윗사람에게 도움을 청한다.

6) 회식 예절

- 술을 마실 때는 자신이 마실 수 있는 만큼만 마신다.
- 동료에게도 억지로 술을 권하지 않는다.
- 술을 마시기 싫으면 억지로 마시지 말고 "저는 술을 잘 마시지 못합니다. 죄송합니다"라고 말한다.
- 다른 사람의 수저, 컵, 음료 등을 먼저 나누어 주면 친절한 사람으로 보일 수 있다.

7) 경조사 예절

- 결혼하는 직원의 결혼식에 가서 축하해 주고 축의금을 낸다.
- 상을 당한 직원의 장례식장에 가서 위로하고 조의금을 낸다.
- 직원이 병원에 입원했을 때, 아이를 낳았을 때 등 여러 가지 슬픔과 기쁨을 함께 나눈다.

8) 다른 사람과의 경계 지키기 예절

- 다른 사람과 대화를 할 때는 한 팔 간격을 유지한다.
- 전화 통화를 할 때는 큰 소리로 하지 않는다.
- 개인적인 생활을 자세히 물어보지 않는다.
- 다른 사람의 신체에 함부로 손대지 않는다.

- 다른 사람의 물건을 허락 없이 만지지 않는다.
- 사무실 내의 내 공간이라고 해서 나의 개인적인 취향을 드러내는 물건을 많이 늘어놓지 않는다.
  예 인형, 피규어, 모니터 바탕화면
- 엘리베이터에서는
  ✓ 엘리베이터 안에 있는 사람이 모두 내린 뒤에 탄다.
  ✓ 큰 소리로 개인적인 얘기를 하지 않는다.
  ✓ 문이 열리면 뒷사람이 내릴 수 있도록 길을 내어 준다.
  ✓ 밖에서 사람이 탈 때는 열림 버튼을 눌러 준다.
  ✓ 내릴 때 앞에 사람이 있다면 손을 대거나 밀치지 말고 "내리겠습니다" 혹은 "실례합니다" 하고 말한다.

9) 그 밖의 예절

- 바닥에 쓰레기가 있으면 주워서 쓰레기통에 버린다.
- 회사의 물건을 소중히 다룬다.
- 간식을 먹을 때 함께 나눠 먹으면 친절한 사람으로 보일 수 있다. 단, 다른 사람의 간식을 달라고 요구하지 않는다.
- 동료에게 돈을 빌리거나 빌려주지 않는다.

3. 직장생활에서 알아야 할 기본 상식

1) 월급 관리

- 월급이 잘 들어왔는지 급여명세서를 확인한다.
  ✓ 공제: 월급에서 보험료와 소득세를 미리 떼는 것
  ✓ 가족수당: 가족 수에 따라 받는 돈
  ✓ 야근수당: 하루 일이 끝나고 밤에 더 일해서 받는 돈
  ✓ 휴일근무수당: 쉬는 날에 일해서 받는 돈
  ✓ 소득세: 일해서 번 돈에 대해 내야 하는 세금
  ✓ 주민세: 회사가 있는 동네에 내야 하는 세금
  ✓ 실지급액: 보험료, 소득세 등을 떼고 실제로 받는 돈
- 월급을 어떻게 사용할지 계획을 잘 세운다.
- 미래를 위해 저금을 먼저 한다.
- 저금하고 남은 돈은 꼭 필요한 곳에만 쓴다.

2) 회사에서 꼭 받아야 하는 교육

- 성희롱 예방교육: 회사 안에서 성과 관련한 예절을 지킬 수 있도록 교육을 받는다.
- 개인정보 보호교육: 이름, 주민등록번호, 주소, 전화번호 등 일을 하면서 알게 된 개인정보가 밖으로 나가지 않도록 교육을 받는다.
- 산업안전 보건교육: 일을 하면서 다치지 않도록 안전하게 일하는 방법에 대해 교육을 받는다.
- 장애인식 개선교육: 장애에 대해 올바로 이해하도록 교육을 받는다.

3) 회사를 그만두는 상황의 종류

- 계약만료 퇴사: 회사와 일하기로 약속한 기간이 끝나서 회사를 떠날 수 있다.
- 자진 퇴사: 직장을 더 다니고 싶지 않아 그만둘 수 있다.
- 이직: 회사를 옮기기 위해서 다니던 직장을 그만둘 수 있다.
- 권고사직/해고: 회사에서 쫓겨나 회사를 그만두는 경우도 있다.
- 정년퇴직/은퇴: 나이가 들어서 어르신이 되면 회사를 떠나기도 한다.

4) 회사를 그만둘 때 해야 할 일

- 회사에서 나눠 준 사무용품을 돌려준다.
- 회사에서 쓴 문서나 컴퓨터 파일을 다른 사람에게 전달한다.
- 하던 일을 정리해서 다른 사람에게 넘겨준다.
- 내가 일했던 자리와 책상을 깨끗이 정리한다.
- 개인적으로 가지고 온 물건은 도로 가져간다.
- 마지막 날에는 남아 있는 직원들에게 작별인사를 한다.

4. 직장인으로서의 책임

▷ 원리: 직장인이라는 것은 급여를 받고 일을 하는 사람을 일컫는 말로, 급여라는 것이 내가 일을 한 것에 정당한 대가를 받는 권리이기도 하지만 회사로부터 급여를 받는 만큼 내가 하는 일에 책임을 져야 하는 의무가 따르기도 한다. 책임과 의무를 다하는 사람이 정당한 권리를 내세울 수 있으므로 직장인으로서의 책임에 어떤 것들이 있는지를 알아보도록 한다. 아스퍼거증후군을 가지고 있는 교육학 박사이자 작가인 리안 할러데이 윌리(김세주 외 공역, 2014)가 자서전『아스퍼거 증후군이 아닌 척하다』에서 제안한 '직장인으로서의 책임'을 참고하여 재구성하였다. 또한 직장생활을 하면서 어려움에 부딪혔을 때 지금까지 배운 실행기능을 활용할 수 있게 적용 방법을 제시하였다.

"이 영역은 감정 조절, 인지적 유연성을 응용할 수 있다."

1) 업무에 대한 책임

- 업무에서 항상 최선을 다해야 한다.
  - ✓ 고용주나 동료가 내가 최선을 다하지 않는 것을 용인할 것이라고 생각하지 않는다.
- 직장에서의 나의 업무 잠재력을 절대 과소평가하지 않는다.
- 업무를 위한 기술을 향상시키거나 지식을 넓히기 위해 할 수 있는 것을 다해야 한다.
- 흥미를 잃지 않을 일자리를 찾기 위해 열심히 노력한다.
  - ✓ 그렇게 하면 직업을 갖기 어렵게 만드는 ASD 특징적인 행동들을 훨씬 더 잘 조절할 수 있을 것이다.
- 만약 일을 끝낼 수 없거나 늦을 경우에는 고용주(상사)에게 알리고 상의한다.
  - ✓ 내가 맡은 일을 끝내지 못하거나 늦을 경우에는 단순하게 동료가 나 대신 일할 거라고 생각하는 것은 잘못된 생각이다.
  - ✓ 맡은 업무와 완료할 수 있는 다른 방법(대안)을 찾아야 하며, 혼자서 대안을 찾기 어려운 경우에는 동료나 고용주와의 상의가 필요할 수 있다.

  *** 여기에서 '인지적 유연성'을 활용할 수 있다.**

인지적 유연성을 활용하기

- 다른 사람의 조언 구하기
  - ✓ 동료나 상사에게 해결을 위한 의견을 요청한다.
  - ✓ 동료나 상사와 함께 문제해결을 위한 대안을 함께 생각해 본다.
  - ✓ 동료나 상사의 조언에 따라서 문제를 해결한다.
- 상황 변화에 대처하기(실습 활동 1에서 연습)
  - ✓ "상황-대안-장점-단점-해결"을 이용해 장점이 크고 단점이 적은 해결 방안을 선택한다.

상황 변화에 대처하기-실습 활동에서 적용 연습

상황	대안	장점	단점	해결

2) 관계에서의 책임

- 일찍 나가야 하거나 오래 자리를 비울 때 항상 고용주(상사)에게 알린다.
  - ✓ 일을 빠지거나 자리를 비우게 될 것을 미리 말하지 않는다면 동료나 고용주(상사)로부터 불성실하고 제멋대로인 사람처럼 보일 수 있다.

✓ 일을 완료하지 않은 채 자리를 비우면 동료나 고용주에게 피해를 주어 관계가 악화될 수 있다.

- 나의 요구를 무시하는 것 같은 사람들에게 인내심을 가진다.
  - ✓ 그들은 나의 다른 점에 대해서 적응할 시간이 필요한 사람들이다.
  - ✓ ASD의 특성을 진정으로 이해하기 위한 교육이 더 필요한 것일 수 있다.

*** 여기에서 '감정 조절'을 활용할 수 있다.**

감정 조절을 활용하기

- 감정 불쾌지수 측정하기
- 호흡법-심호흡, 복식호흡
- 다르게 생각하기(실습 활동 2에서 연습)

다르게 생각하기-실습 활동 적용 연습

수정	상황	생각	감정 불쾌지수	행동
전				
후				

- 고용주나 동료들에게 ASD 특성에 대해 알아야 한다고 생각한다면 이를 공개한다.
  - ✓ 그들이 나에게 적응하고 이해하여 나에게 가장 적합한 종류의 일을 찾는 것을 도와줄 수도 있다.
- 고용주나 동료들에게 일 년에 한두 번씩은 짧은 글을 통해 감사하는 마음을 전한다.

3) 직장을 그만둘 때의 책임

- 일을 그만두고 싶은 생각이 들어 직장을 그만두려면 최소 2주간의 여유를 두어야 한다.
  - ✓ 2주간의 여유를 둔다는 것은 나의 일과 상황이 어떻게 되어 가고 있는지에 대해서 스스로에게 솔직해지는 시간을 갖는 것이다.
  - ✓ 일이 너무 많아 일에 압도당하고, 업무 요구에 좌절했다고 느끼기 시작한 것인지 아닌지 판단할 수 있다.

*** 여기에서 '인지적 유연성'을 활용할 수 있다.**

인지적 유연성을 활용하기

• 다른 사람의 조언 구하기
  ✓ 동료나 상사, 부모님, 친구들에게 지금 하는 일을 그만두는 것이 좋은 결정인지 의견을 요청한다.
  ✓ 주변 사람들의 조언을 모아서 어떤 의견이 더 많은지 확인한다.
  ✓ 더 많은 의견은 무엇인지, 그 의견에 나도 동의하는지를 생각해 보고 결정한다.

• 상황 변화에 대처하기(실습 활동 1에서 연습)
  ✓ "상황-대안-장점-단점-해결"을 이용해 장점이 크고 단점이 적은 해결 방안을 선택한다.

상황 변화에 대처하기-실습 활동에서 적용 연습

상황	대안	장점	단점	해결

• 그만두기로 결정을 하고 고용주에게 이야기를 했다면 나의 업무를 다른 사람들에게 배분하거나 대체 인력을 고용할 수 있는 기간 동안은 내 업무를 유지한다.
  ✓ 고용주에게 말했다고 바로 직장을 떠나는 것은 고용주와 동료들을 곤란하게 만드는 일이다.
  ✓ 일에 대한 책임감이 없다는 평판이 생겨서 다른 직장으로 갈 때 안 좋은 결과의 원인이 될 수 있다.

실습 활동 1: 업무 상황에서의 상황 변화에 대처하기 연습

(실습 활동지 배부)

(1) 업무 상황에서 겪을 수 있는 다음의 상황 중 하나를 선택해서 실습 활동지에 3가지의 대안과 각 대안에 대한 장단점을 적은 후에 해결책을 결정하도록 한다.
  ✓ [상황 1] 내가 맡은 일을 마감 기한 내에 끝낼 수 없을 것 같다.
  ✓ [상황 2] 지금 하는 일이 힘들어서 그만두고 싶다.

(2) 집단원들이 자신이 생각한 대안과 선택한 해결책에 대해서 발표를 한다.

상황 변화에 대처하기 예시

상황	대안	장점	단점	해결
내가 맡은 일을 기한 내에 끝내지 못할 것 같다.	기한 내에 끝내지 못하고 늦더라도 나 혼자서 한다.	• 마감 기한을 넘기긴 했지만 책임감 있는 태도를 보일 수 있다.	• 혼자서 하느라 시간이 지체되고, 마감 기한을 넘겨서 다음 일을 진행하는 데 지장을 준다.	동료들을 불편하게 만드는 것보다 상사와 미리 상의하여 도움을 받는 것이 앞으로 유사한 상황에서도 또다시 적용할 수 있으므로 세 번째 해결책을 택한다.
	내가 할 수 있는 일과 내가 하기 어려운 일을 구분하여 하기 어려운 일에 대해서 동료에게 도움을 요청한다.	• 일을 나눠서 할 수 있어 마감 기한을 맞출 수 있다.	• 동료가 싫어하면서 도움 요청을 거절할 수 있다. • 동료와 멀어질 수 있다.	
	상사에게 미리 찾아가서 마감 기한을 늦출 수 있는지 알아보고 요청한다.	• 시간적인 여유가 생겨서 일을 마무리 할 수 있다. • 일할 때 어려움에 맞닥뜨릴 경우에 대안을 찾아 해결할 수 있는 책임감 있는 사람으로 보일 수 있다.	• 늦출 수 없다면 다른 해결책을 찾아야 한다. • 늦출 경우에 다른 업무에 지장을 줄 수 있다. • 상사에게 업무 능력이 부족한 사람으로 보일 수 있다.	

상황	대안	장점	단점	해결
지금 하는 일이 힘들어서 그만두고 싶다.	당장 그만둔다.	• 지금 힘든 상황에서 벗어날 수 있다.	• 갑작스럽게 그만두어서 회사에서 나의 평판이 안 좋아진다. • 다음 달 생활비가 없다.	바로 직장을 그만두면 다음 달 생활비가 없어 앞으로 생활하는 데 어려움이 크므로 다른 직장을 먼저 알아본 후에 그만둔다.
	다른 직장을 알아보고 이직이 가능할 때 그만둔다.	• 다른 직장에서 계속 일을 할 수 있어 생활비 걱정을 하지 않아도 된다. • 다른 직장이 나를 힘들게 하지 않을 수 있다.	• 다른 직장으로 이직하는 것이 쉽지 않다. • 다른 직장을 알아보는 동안 힘든 상황은 지속된다. • 옮긴 다른 직장이 더 힘들 수 있다.	
	잠시 며칠간의 휴가를 보내면서 휴식을 취한 후에 계속 다닌다.	• 휴가를 보내면서 마음의 여유가 생기면 생각이 달라질 수 있다.	• 휴가를 보내고 와도 이전과 똑같이 계속 힘들 수 있다.	

실습 활동 2: 업무 상황에서의 다르게 생각하기 연습

(실습 활동지 배부)

① 업무 상황에서 겪을 수 있는 다음의 불쾌한 감정 상황에 대해서 떠오르는 생각과 감정의 불쾌지수를 측정해 본다. 그 감정에서의 나의 행동을 예측해 본다.

② 다르게 생각하기를 적용한 후에 불쾌지수의 변화를 다시 측정하고, 나의 행동이 어떻게 바뀔 수 있을지 생각해 본다.

다르게 생각하기 예시

수정	상황	생각	감정 불쾌지수	행동
전	내가 손 움직임이 둔해서 스마트폰 문자 대화를 잘 하지 못하는데, 업무적인 대화가 문자 대화로 이루어져서 힘이 든다. 그래서 상사에게 문자가 아닌 전화로 업무 대화를 해 주실 것을 요청했는데, 상사가 그럴 수 없다고 거절했다.	• '내가 ASD라서 일을 잘 못한다고 나를 무시하는구나.' • '나의 편의를 전혀 봐 주려고 하지 않는 걸 보니 내가 그만두기를 원하는 것 같다.'	분노감 8	이런 직장에서는 일을 못하겠다고 당장 그만두겠다고 한다.
후		• '상사는 나의 취약한 점에 대해서 이해를 잘 못하는구나.' • '나의 특성과 내 장단점에 대해서 이해할 수 있는 시간이 더 필요한 것 같으니 나의 장점을 더 보여 주면서 나를 이해해 줄 때까지 기다려야겠다.'	아쉬움 3	상사의 반응이 실망스럽기는 하지만 나를 이해해 줄 때까지 기다리면서 문자 대화에 참여할 수 있도록 타자 연습을 한다.

직장생활을 잘하기 위한 단계 밟기

1 단계
목표 정하기

직장생활을 잘하여 오래 근무하기
- 직장생활 예절 익히기

2 단계
정보 수집하기

직장생활을 잘하기 위한 방법
- 직장생활을 위한 기본 태도
- 직장생활에서의 예절
- 직장생활에서 알아야 할 기본 상식
- 직장인으로서의 책임감 가지기

3단계
할 일 목록 작성하기

4단계
우선순위 정하기

5단계
시간 계획하기

① 직장생활을 위한 기본 태도 및 직장생활 예절을 익히기(10/5~6)
② 직장생활에서의 예절 중 내가 잘하는 부분과 내가 잘하지 못하는 부분 찾기(10/8~10)
③ 내가 잘하지 못하는 부분을 어떻게 개선시킬지 계획 세우기-단계 밟기를 통해(10/10~11/1)

6단계
실행하기

- 완벽하게 준비되지 않아도 시작하기
- 부정적인 상황이나 결과에 감정 조절하기
- 다른 사람의 조언 구하기
- 상황 변화에 대처하기

- 직장생활에서의 예절 중 내가 잘하지 못하는 부분에 대해서 가족이나 친구에게 조언 구하기
- 직장생활을 먼저 시작한 선배나 친구에게 직장 생활에 대한 조언 구하기
- 입사한 직장에서의 업무나 직장 생활이 나의 기대와 다르더라도 상황 변화에 대처하기(장단점 비교)를 통해 직장생활을 지속할지 여부 결정하기

목표 달성!

5. 수료식 및 소감 나누기

1) 소감 나누기

- 12회기를 마치면서 소감을 나누는 시간을 갖는다.
- 소감을 발표할 때는 다음과 같은 내용을 '연결하여 이야기하기'를 통해서 말할 수 있다.
  - ✓ 12회기 동안 배운 것 중에 가장 도움이 되었던 내용은 무엇인지
  - ✓ 실제 생활에서 적용해 본 것이 있는지, 어떻게 적용을 하였고, 어떻게 도움을 받았는지
  - ✓ 앞으로 어떤 것을 더 활용해 보고 싶은지
  - ✓ 앞으로 내가 어떻게 달라지고 싶은지
  - ✓ 앞으로 변화를 위한 다짐, 혹은 계획이 있는지

자신의 경험을 연결하여 이야기하기

• 경험: 내가 ______(언제), ______(어디서), ______을(무엇을) 할 때 ______하게(어떻게) 혹은 ______ 한 이유로 (왜) 했는데,
• 생각: ______한 생각이 들어서
• 감정: ______한 기분이었습니다.
• 행동(결과): ______한 행동을 했습니다. 혹은 ______한 결과가 일어났습니다.

2) 수료식 진행

• 다음과 같은 순서로 수료증 증정식을 진행한다(수료증은 **부록** 참조).
  ① 보조 진행자가 사회를 보면서 진행 절차를 설명한다.
  ② 보조 진행자가 이름을 호명하면 호명된 집단원은 앞으로 나와 집단 진행자로부터 수료증과 선물, 자기 보상물을 함께 수여 받는다.
  ③ 집단 진행자와 악수를 한 후에 관중을 향해 돌아서서 인사를 하고 자리로 돌아간다.
  ④ 참여 집단원이 모두 수료증을 받고 자리에 앉는다.
  ⑤ 집단 진행자가 격려사와 감사의 인사말을 전하고 수료식과 회기 진행을 마무리한다.

12회기 실습 활동지

이름:

실습 활동 1 업무 상황에서의 상황 변화에 대처하기 연습

- 업무 상황에서 겪을 수 있는 다음의 상황 중 하나를 선택해서 3가지의 대안과 각 대안에 대한 장단점을 적은 후 해결책을 결정해 봅시다.

  [상황 1] 내가 맡은 일을 마감 기한 내에 끝낼 수 없을 것 같다.

  [상황 2] 지금 하는 일이 힘들어서 그만두고 싶다.

- 선택한 상황 ____________, 느끼는 감정 ____________, 감정 불쾌지수: ______점

대안	장점	단점

- 해결 방안: ____

12회기 실습 활동지

이름:

실습 활동 2 업무 상황에서의 다르게 생각하기 연습

① 업무 상황에서 겪을 수 있는 다음의 감정 불쾌지수가 높아진 상황에 대해서 떠오른 생각과 감정 불쾌지수 정도를 측정해 봅시다. 그 감정에서의 나의 행동을 예측해 봅시다.

② 상황을 다시 관찰하고 다르게 생각해 본 다음, 감정 불쾌지수가 변화했는지, 나의 행동이 어떻게 바뀔 수 있는지를 적어 봅시다.

다르게 생각하기(SODA 기법) 연습

① Stop: 잠시 멈추기

② Observe: 주의 깊게 상황을 관찰하기

③ Deliberate: 신중하게 생각하기

④ Action: 행동하기

수정	상황	생각	감정 불쾌지수	행동
전	내가 손 움직임이 둔해서 스마트폰 문자 대화를 잘하지 못하는데, 업무적인 대화가 문자 대화로 이루어져서 힘이 든다. 상사에게 문자가 아닌 전화로 업무 대화를 해 주길 요청했는데, 상사가 그럴 수 없다고 거절했다.			
후				

수 료 증

성명: ○○○

위 사람은 분당서울대학교병원 정신건강의학과 소아, 청소년 클리닉에서 실시한『실행기능을 활용한 내 삶의 관리자 되기 프로그램(EFABE)』을 성실하게 이수하였으므로 본 증서를 수여합니다.

20 년 월 일

분당서울대학교병원 정신건강의학과 임상심리전문가 **김주현**

소아청소년클리닉 전문의 **유희정**

참고문헌

공아연(2018). 1인 가구 돈관리. 위즈덤 하우스.

김희순(2006). 정신장애인의 취업욕구에 관한 연구. 대구대학교 대학원 석사학위논문.

남용현, 김기룡, 송남영(2017). 발달장애인 고용 활성화 방안. 한국장애인고용촉진공단.

리안 할러데이 윌리 지음, 김세주, 김민석, 김유리 옮김(2014). 아스퍼거 증후군이 아닌 척 하다. 시그마프레스.

박주영(2017). 발달장애인근로자 고용현황과 직업유지 요인. 발달장애연구, 21(1), 51-68.

벅 지음, 이옥경, 박영신, 이현진, 김혜리, 정윤정, 김민희 역(2009). 생애발달 II: 청소년기에서 후기 성인기까지(제4판) 시그마프레스. (원저는 2007년).

소소한 소통(2018). 내일도 출근합니다. 소소한 소통.

안의정, 이소현, 박혜성(2014). 취업한 자폐 범주성 장애인의 직장 생활에 관한 상사의 경험 및 인식. 자폐성장애연구, 14(3), 53-80.

이현경, 박효은, 최만규(2013). 정신적 장애인의 경제수준, 직업능력 및 취업욕구관련 분석, 한국콘텐츠학회논문지, 13(7), 265-277.

한국소비자보호원(2006). 초등학생대상 소비자경제교육 프로그램.

한국장애인고용공단(2021). 2020년 발달장애인 일과 삶 실태조사. 한국장애인고용공단 통계자료실.

한국장애인고용촉진공단 고용개발원 중증장애인연구팀(2006). 자신을 보여주는 면접 프레젠테이션. 한국장애인고용촉진공단 고용개발원.

환경부(2018). 재활용품 분리배출 가이드라인.

Acland, J., Ashwood, K. L., Murphy, C. M. et al. (2018) Hoarding in Adults with Autism; A Preliminary Study of Prevalence, Risk Factors and Protective Factors [Conference Presentation]. INSAR 2018 Convention, Rotterdam, Netherlands.

Adreon, D., & Durocher, J. S. (2007). Evaluating the college transition needs of individuals with high-functioning autism spectrum disorders. *Intervention in School and Clinic, 42*(5), 271-279.

Allman, M. J., & DeLeon, I. G. (2009). No time like the present: Time perception in autism. In A. C. Giordano & V. A. Lombardi (Eds.), *Causes and risks for autism* (pp. 65-76). Nova Science Publishers.

Allman, M. J., DeLeon, I. G., & Wearden, J. H. (2011). Psychophysical assessment of timing in individuals with autism. *American journal on intellectual and developmental disabilities, 116*(2), 165-178.

American Psychiatric Association. (2022). Diagnostic and statistical manual of mental disorders. Fifth edition, Text revision. American Psychiatric Pub

Arnett, J. J. (2000). Emerging adulthood: A theory of development from the late teens through the twenties. *American Psychologist, 55*(5), 469.

Baker-Ericzén, M. J., Fitch, M. A., Kinnear, M., Jenkins, M. M., Twamley, E. W., Smith, L., … & Leon, J. (2018). Development of the Supported Employment, Comprehensive Cognitive Enhancement, and Social Skills program for adults on the autism spectrum: Results of initial study. *Autism, 22*(1), 6-19.

Barkley, R. A. (2010). Evaluating executive functioning deficits in everyday life. *The ADHD Report, 18*(6), 9.

Barkley, R. A., Edwards, G., Laneri, M., Fletcher, K., & Metevia, L. (2001). Executive functioning, temporal discounting, and sense of time in adolescents with attention deficit hyperactivity disorder (ADHD) and oppositional defiant disorder (ODD). *Journal of Abnormal Child Psychology, 29*(6), 541-556.

Barnhill, G. P. (2007). Outcomes in adults with Asperger syndrome. *Focus on Autism and Other Developmental Disabilities, 22*(2), 116-126.

Barnhill, G. P., Tapscott Cook, K., Tebbenkamp, K., & Smith Myles, B. (2002). The effectiveness of social skills intervention targeting nonverbal communication for adolescents with Asperger syndrome and related pervasive developmental delays. *Focus on Autism and Other Developmental Disabilities, 17*(2), 112-118.

Beck, A. T., Rush, A. J., Shaw, B. F., & Emery, G. (1979). *Cognitive therapy of depression.* The Guilford Press.

Bedrossian, L. (2015). Understand autism meltdowns and share strategies to minimize, manage occurrences. *Disability Compliance for Higher Education, 20*(7), 6-6.

Bellini, S., Peters, J. K., Benner, L., & Hopf, A. (2007). A meta-analysis of school-based social skills interventions for children with autism spectrum disorders. *Remedial and Special Education, 28*(3), 153-162.

Berkovits, L., Eisenhower, A., & Blacher, J. (2017). Emotion regulation in young children with autism spectrum disorders. *Journal of Autism and Developmental Disorders, 47*, 68-79.

Berney, T. (2004). Asperger syndrome from childhood into adulthood. *Advances in psychiatric treatment* (Vol. 10, pp. 341-351).

Bierman, K. L., Nix, R. L., Greenberg, M. T., Blair, C., & Domitrovich, C. E. (2008). Executive functions and school readiness intervention: Impact, moderation, and mediation in the Head Start REDI program. *Development and Psychopathology, 20*(3), 821-843.

Billstedt, E., Gillberg, C., & Gillberg, C. (2005). Autism after adolescence: population-based 13-to 22-year follow-up study of 120 individuals with autism diagnosed in childhood. *Journal of Autism and Developmental Disorders, 35*(3), 351-360.

Bissonnette, B. (2014). *Helping adults with Asperger's Syndrome get & stay hired: Career coaching strategies for professionals and parents of adults on the autism spectrum.* Jessica Kingsley Publishers.

Bölte, S., & Poustka, F. (2002). The relation between general cognitive level and adaptive behavior domains in individuals with autism with and without co-morbid mental retardation. *Child Psychiatry and Human Development, 33*(2), 165-172.

Bonete, S., Calero, M. D., & Fernández-Parra, A. (2015). Group training in interpersonal problem-solving skills for workplace adaptation of adolescents and adults with Asperger syndrome: A preliminary study. *Autism, 19*(4), 409-420.

Bowie, B. H. (2010). Emotion regulation related to children's future externalizing and internalizing behaviors. *Journal of Child and Adolescent Psychiatric Nursing, 23*(2), 74-83.

Bramham, J., Ambery, F., Young, S., Morris, R., Russell, A., Xenitidis, K., … & Murphy, D.

(2009). Executive functioning differences between adults with attention deficit hyperactivity disorder and autistic spectrum disorder in initiation, planning and strategy formation. *Autism, 13*(3), 245-264.

Bublitz, D. J., Fitzgerald, K., Alarcon, M., D'Onofrio, J., & Gillespie-Lynch, K. (2017). Verbal behaviors during employment interviews of college students with and without ASD. *Journal of Vocational Rehabilitation, 47*(1), 79-92.

Bullis, M., Walker, H. M., & Sprague, J. R. (2001). A promise unfulfilled: Social skills training with at-risk and antisocial children and youth. *Exceptionality, 9*(1-2), 67-90.

Burrows, C. A., Timpano, K. R., & Uddin, L. Q. (2017). Putative Brain Networks Underlying Repetitive Negative Thinking and Comorbid Internalizing Problems in Autism. *Clinical Psychological Science, 5*(3), 522-536.

Caria, S., Paternò, F., & Santoro, C. (2019). Understanding ASD Individuals' Difficulties with Managing Money.

Carr, M. E., Moore, D. W., & Anderson, A. (2014). Goal setting interventions: Implications for participants on the autism spectrum. *Review Journal of Autism and Developmental Disorders, 1*(3), 225-241.

Casassus, M., Poliakoff, E., Gowen, E., Poole, D., & Jones, L. A. (2019). Time perception and autistic spectrum condition: A systematic review. *Autism Research, 12*(10), 1440-1462.

Cassidy, S., Bradley, P., Robinson, J., Allison, C., Mchugh, M., & Baron-Cohen, S. (2014). Suicidal ideation and suicide plans or attempts in adults with Aspergers syndrome attending a specialist diagnostic clinic: A clinical cohort study. *The Lancet Psychiatry, 1*(2), 142-147.

Cheak-Zamora, N. C., Teti, M., Peters, C., & Maurer-Batjer, A. (2017). Financial capabilities among youth with autism spectrum disorder. *Journal of Child and Family Studies, 26*, 1310-1317.

Cheak-Zamora, N. C., Teti, M., & First, J. (2015). 'Transitions are Scary for our Kids, and They're Scary for us': Family Member and Youth Perspectives on the Challenges of Transitioning to Adulthood with Autism. *Journal of Applied Research in Intellectual Disabilities, 28*(6), 548-560.

Cihak, D. F., & Grim, J. (2008). Teaching students with autism spectrum disorder and moderate intellectual disabilities to use counting-on strategies to enhance independent purchasing skills. *Research in Autism Spectrum Disorders, 2*(4), 716-727.

Cohen, J. S., Edmunds, J. M., Brodman, D. M., Benjamin, C. L., & Kendall, P. C. (2013). Using Self-Monitoring: Implementation of Collaborative Empiricism in Cognitive-Behavioral Therapy. *Cognitive and Behavioral Practice, 20*(4), 419-428.

Cooper-Kahn, J., & Dietzel, L. C. (2008). *Late, lost and unprepared: A parents' guide to helping children with executive functioning.* Woodbine House.

Covey, S. R. (2016). *The 7 habits of highly effective people.* FranklinCovey.

Craig, F., Margari, F., Legrottaglie, A. R., Palumbi, R., De Giambattista, C., & Margari, L. (2016). A review of executive function deficits in autism spectrum disorder and attention-deficit/hyperactivity disorder. *Neuropsychiatric Disease and Treatment, 12*, 1191.

Curtin, C., Jojic, M., & Bandini, L. G. (2014). *Obesity in children with autism spectrum disorder.* Harvard Review of Psychiatry.

Dalgin, R. S. & Gilbride, D. (2003). Perspectives of people with psychiatric disabilities on employment disclosure. *Psychiatric Rehabilitation Journal, 26*(3), 306-310.

Dalgin, R. S., & Bellini, J. (2008). Invisible disability disclosure in an employment interview: Impact on employer's hiring decisions and view on employability, *Rehabilitation Counseling BUlletin, 52*(1), 6-15.

Daly, D. L., & Sterba, M. (2011). *Working with aggressive youth: Positive strategies to teach self-control and prevent violence*. Boys Town Press.

Dane, A. V., & Schneider, B. H. (1998). Program integrity in primary and early secondary prevention: are implementation effects out of control?. *Clinical psychology review, 18*(1), 23-45.

Daniel, L. S., & Billingsley, B. S. (2010). What boys with an autism spectrum disorder say about establishing and maintaining friendships. *Focus on Autism and Other Developmental Disabilities, 25*(4), 220-229.

de Vries, M., & Geurts, H. M. (2012). Cognitive flexibility in ASD; task switching with emotional faces. *Journal of Autism and Developmental Disorders, 42*(12), 2558-2568.

De Wit, L. M., Van Straten, A., Van Herten, M., Penninx, B. W., & Cuijpers, P. (2009). Depression and body mass index, a u-shaped association. *BMC Public Health, 9*(1), 14.

Deisinger, J. A., Burkhardt, S., Wahlberg, T. J., Rotatori, A. F., & Obiakor, F. E. (Eds.). (2012). *Autism Spectrum Disorders: Inclusive Community for the 21st century*. Information Age Pub.

Demetriou, E. A., Lampit, A., Quintana, D. S., Naismith, S. L., Song, Y. J. C., Pye, J. E., Hickie, I., & Guastella, A. J. (2018). Autism spectrum disorders: A meta-analysis of executive function. *Molecular Psychiatry, 23*(5), 1198-1204.

Dubbelink, L. M. O., & Geurts, H. M. (2017). Planning skills in autism spectrum disorder across the lifespan: a meta-analysis and meta-regression. *Journal of Autism and Developmental Disorders, 47*(4), 1148-1165.

DuBois, D., Ameis, S. H., Lai, M. C., Casanova, M. F. & Desarkar, P. (2016). Interoception in autism spectrum disorder: A review. *International Journal of Developmental Neuroscience, 52*, 104-111.

Duncan, A., Liddle, M., & Stark, L. J. (2021). Iterative development of a daily living skills intervention for adolescents with autism without an intellectual disability. *Clinical Child and Family Psychology Review*, 1-21.

Eaves, L. C., & Ho, H. H. (2008). Young adult outcome of autism spectrum disorders. *Journal of Autism and Developmental Disorders, 38*(4), 739-747.

Eisenberg, N., & Spinrad, T. L. (2004). Emotion-related regulation: Sharpening the definition. *Child Development, 75*(2), 334-339.

Eisenberg, N., Fabes, R. A., Bernzweig, J., Karbon, M., Poulin, R., & Hanish, L. (1993). The relations of emotionality and regulation to preschoolers' social skills and sociometric status. *Child Development, 64(5*), 1418-1438.

Erbas, Y., Ceulemans, E., Boonen, J., Noens, I., & Kuppens, P. (2013). Emotion differentiation in autism spectrum disorder. *Research in Autism Spectrum Disorders, 7*(10), 1221-1227.

Farley, M. A., McMahon, W. M., Fombonne, E., Jenson, W. R., Miller, J., Gardner, M., … & Coon, H. (2009). Twenty-year outcome for individuals with autism and average or near-average cognitive abilities. *Autism Research, 2*(2), 109-118.

Fast, Y. (2004). *Employment for individuals with Asperger syndrome or non-verbal learning disability*. Jessica Kingsley.

Fenn, K., & Byrne, M. (2013). The key principles of cognitive behavioural therapy. *InnovAiT: Education and Inspiration for General Practice, 6*(9), 579-585.

Fridenson-Hayo, S., Berggren, S., Lassalle, A., Tal, S., Pigat, D., Bölte, S., … & Golan, O. (2016).

Basic and complex emotion recognition in children with autism: cross-cultural findings. *Molecular Autism*, *7*(1), 1-11

Friedman, N. P., & Miyake, A. (2017). Unity and diversity of executive functions: Individual differences as a window on cognitive structure. *Cortex*, *86*, 186-204.

Ganz, M. L. (2007). The lifetime distribution of the incremental societal costs of autism. *Archives of Pediatrics & Adolescent Medicine*, *161*(4), 343-349.

Garcia-Villamisar, D. A., & Dattillo. (2010). Effects of a leisure program on quality of life and stress of individuals with ASD. *Journal of Intellectual Disability Research*, *54*(7), 611-619.

Geller, L. L., & Greenberg, M. (2009). Managing the transition process from high school to college and beyond: Challenges for individuals, families, and society. *Social Work in Mental Health*, *8*(1), 92-116.

Ghaziuddin, M. (2002). Asperger syndrome: Associated psychiatric and medical conditions. *Focus on Autism and Other Developmental Disabilities*, *17*(3), 138-144.

Gilotty, L., Kenworthy, L., Sirian, L., Black, D. O., & Wagner, A. E. (2002). Adaptive skills and executive function in autism spectrum disorders. *Child Neuropsychology*, *8*(4), 241-248.

Gioia, G. A., Isquith, P. K., Guy, S. C., & Kenworthy, L. (2000). *BRIEF: Behavior rating inventory of executive function*. Psychological Assessment Resources.

Grandin, T., & Duffy, K. (2004). *Developing talents: Careers for individuals with Asperger syndrome and high functioning autism*. Autism Asperger Publishing Company, Publishing.

Guy, L., Souders, M., Bradstreet, L., Delussey, C., & Herrington, J. D. (2014). Brief Report: Emotion Regulation and Respiratory Sinus Arrhythmia in Autism Spectrum Disorder. *Journal of Autism and Developmental Disorders*, *44*(10), 2614-2620.

Helbig, S., & Fehm, L. (1999). Problems With Homework In CBT: Rare Exception Or Rather Frequent? *Behavioural and Cognitive Psychotherapy*, *32*(3), 291-301.

Higgins, K. K., Koch, L. C., Boughfman, E. M., & Vierstra, C. (2008). School-to-work transition and Asperger syndrome. Work, Vol. 31, pp. 291-298.

Hill, A. P., Zuckerman, K. E., & Fombonne, E. (2015). Obesity and autism. *Pediatrics*, *136*(6), 1051-1061.

Hill, E. L. (2004). Executive dysfunction in autism. *Trends in Cognitive Sciences*, *8*(1), 26-32.

Ho, H. H., Eaves, L. C., & Peabody, D. (1997). Nutrient intake and obesity in children with autism. *Focus on Autism and Other Developmental Disabilities*, *12*(3), 187-192.

Howlin, P. (2003). Outcome in high-functioning adults with autism with and without early language delays: Implications for the differentiation between autism and Asperger syndromes. *Journal of Autism and Developmental Disorders*, *33*(1), 3-13.

Howlin, P., & Moss, P. (2012). Adults with autism spectrum disorders. *The Canadian Journal of Psychiatry*, *57*(5), 275-283.

Howlin, P., Goode, S., Hutton, J., & Rutter, M. (2004). Adult outcome for children with autism. *Journal of Child Psychology and Psychiatry*, *45*(2), 212-229.

Hughes, C., & Russell, J. (1993). Autistic children's difficulty with mental disengagement from an object: Its implications for theories of autism. *Developmental Psychology*, *29*(3), 498.

Hume, K., Boyd, B. A., Hamm, J. V., & Kucharczyk, S. (2014). Supporting independence in adolescents on the autism spectrum. *Remedial and Special Education*, *35*(2), 102-113.

Hume, K., Loftin, R., & Lantz, J. (2009). Increasing Independence in Autism Spectrum Disorders: A Review of Three Focused Interventions. *Journal of Autism and Developmental Disorders, 39*(9), 1329-1338.

Hurlbutt, K., Chalmer, L. (2004). Employment and adults with Asperger syndrome. *Focus on Autism and Other Developmental Disabilities, 19*(4), 215-222.

Hyman, S. L., Stewart, P. A., Schmidt, B., Cain, U., Lemcke, N., Foley, J. T., … & Ng, P. K. (2012). Nutrient intake from food in children with autism. *Pediatrics, 130*(Supplement_2), S145-S153.

Jacob, R., & Parkinson, J. (2015). The potential for school-based interventions that target executive function to improve academic achievement: A review. *Review of Educational Research, 85*(4), 512-552.

Jahromi, L. B., Bryce, C. I., & Swanson, J. (2013). The importance of self-regulation for the school and peer engagement of children with high-functioning autism. *Research in Autism Spectrum Disorders, 7*(2), 235-246.

Janeslätt, G. K., Holmqvist, K. L., White, S., & Holmefur, M. (2018). Assessment of time management skills: psychometric properties of the Swedish version. *Scandinavian Journal of Occupational Therapy, 25*(3), 153-161.

Jans, L. H., Kayes, H. S., & Jones, E. C. (2012). Getting hired: Successfully employed people with disabilities offer advice on disclosure, interviewing, and job search. *Journal of Occupational Rehabilitation, 22*(2), 155-165.

Jensen, D. A., Halmøy, A., Stubberud, J., Haavik, J., Lundervold, A. J., & Sørensen, L. (2021). An Exploratory Investigation of Goal Management Training in Adults With ADHD: Improvements in Inhibition and Everyday Functioning. *Frontiers in Psychology*, 4007.

Kapp, S. K., Gantman, A., & Laugeson, E. A. (2011). Transition to adulthood for highfunctioning individuals with autism spectrum disorders. *A comprehensive Book on Autism Spectrum Disorders*, 451-478.

Kazantzis, N., Dattilio, F. M., Cummins, A., & Clayton, X. (2014). Homework assignments and self-monitoring. In S. G. Hofmann, D. J. A. Dozois, W. Rief, & J. A. J. Smits (Eds.), *The Wiley handbook of cognitive behavioral therapy* (p. 311-330). Wiley-Blackwell.

Kazantzis, N., Lampropoulos, G. K., & Deane, F. P. (2005). A National Survey of Practicing Psychologists Use and Attitudes Toward Homework in Psychotherapy. *Journal of Consulting and Clinical Psychology, 73*(4), 742-748.

Kenworthy, L., Black, D. O., Harrison, B., Della Rosa, A., & Wallace, G. L. (2009). Are executive control functions related to autism symptoms in high-functioning children? *Child Neuropsychology, 15*(5), 425-440.

Kenworthy, L., Yerys, B. E., Anthony, L. G., & Wallace, G. L. (2008). Understanding executive control in autism spectrum disorders in the lab and in the real world. *Neuropsychology Review, 18*(4), 320-338.

Kim, J. A., Szatmari, P., Bryson, S. E., Streiner, D. L., & Wilson, F. J. (2000). The prevalence of anxiety and mood problems among children with autism and Asperger syndrome. *Autism, 4*(2), 117-132.

Kim, J. H., Kim, Y. A., Song, D. Y., Cho, H. B., Lee, H. B., Park, J. H., … & Yoo, H. J. (2021). An intervention program targeting daily adaptive skills through executive function training for adults with autism spectrum disorder: A pilot Study. *Psychiatry Investigation, 18*(6), 513.

Kim, J. H., Song, D. Y., Han, H. S., Yoon, N. H., Cho, H. B., Lee, H. B., … & Yoo, H. J. (2023). Improving adaptive behaviors for autistic adults without intellectual disability through executive function training. *Asian Journal of Psychiatry, 84*, 103579.

Kim, Y. S., Leventhal, B. L., Koh, Y. J., Fombonne, E., Laska, E., Lim, E. C., … & Song, D. H. (2011). Prevalence of autism spectrum disorders in a total population sample. *American Journal of Psychiatry, 168*(9), 904-912.

Kinnaird, E., Stewart, C., & Tchanturia, K. (2019). Investigating alexithymia in autism: A systematic review and meta-analysis. *European Psychiatry, 55*, 80-89.

Kleinhans, N., Akshoomoff, N., & Delis, D. C. (2005). Executive functions in autism and Asperger's disorder: flexibility, fluency, and inhibition. *Developmental Neuropsychology, 27*(3), 379-401.

Konstantareas, M. M., & Stewart, K. (2006). Affect regulation and temperament in children with autism spectrum disorder. *Journal of Autism and Developmental Disorders, 36*, 143-154.

LaCount, P. A., Hartung, C. M., Shelton, C. R., & Stevens, A. E. (2018). Efficacy of an organizational skills intervention for college students with ADHD symptomatology and academic difficulties. *Journal of Attention Disorders, 22*(4), 356-367.

Laugeson, E. A. (2017). *PEERS® for young adults: Social skills training for adults with autism spectrum disorder and other social challenges*. Routledge.

Laugeson, E. A., & Frankel, F. (2011). *Social skills for teenagers with developmental and autism spectrum disorders. The PEERS treatment manual*. Routledge.

Laugeson, E. A., Gantman, A., Kapp, S. K., Orenski, K., & Ellingsen, R. (2015). A randomized controlled trial to improve social skills in young adults with autism spectrum disorder: The UCLA PEERS® program. *Journal of Autism and Developmental Disorders, 45*(12), 3978-3989.

Laurent, A. C., & Rubin, E. (2004). Challenges in emotional regulation in Asperger syndrome and high-functioning autism. *Topics in Language Disorders, 24*(4), 286-297.

Lecavalier, L., Aman, M. G., Scahill, L., McDougle, C. J., McCracken, J. T., Vitiello, B., … & Cronin, P. (2006). Validity of the autism diagnostic interview-revised. *American Journal on Mental Retardation, 111*(3), 199-215.

Lee, H. J., & Park, H. R. (2007). An integrated literature review on the adaptive behavior of individuals with Asperger syndrome. *Remedial and Special Education, 28*(3), 132-139.

Lee, L. (2010). Hygiene and Related Behaviors for Children and Adolescents with Autism Spectrum and Related Disorders: a Fun Curriculum with a Focus on Social Understanding. *Childhood Education, 86*(4), 280-281.

Leung, R. C., Vogan, V. M., Powell, T. L., Anagnostou, E., & Taylor, M. J. (2016). The role of executive functions in social impairment in Autism Spectrum Disorder. *Child Neuropsychology, 22*(3), 336-344.

Levy, A., & Perry, A. (2011). Outcomes in adolescents and adults with autism: A review of the literature. *Research in Autism Spectrum Disorders, 5*(4), 1271-1282.

Levy, A., & Perry, A. (2011). Outcomes in adolescents and adults with autism: A review of the literature. *Research in Autism Spectrum Disorders, 5*(4), 1271-1282.

Lezak, M. D. (2004). *Neuropsychological assessment*. Oxford University Press.

Linda, G. B., Sarah E. A., Carol C., Sharon C., Whitney E., Renee S., Melissa M., & Aviva M. (2010). Food selectivity in Children with Autism Spectrum Disorders and Typically Developing Children. *The Journal of Pediatrics, 157*(2), 259-264.

Liss, M., Harel, B., Fein, D., Allen, D., Dunn, M., Feinstein, C., … & Rapin, I. (2001). Predictors and correlates of adaptive functioning in children with developmental disorders. *Journal of Autism and Developmental Disorders, 31*(2), 219–230.

Locke, E., Shaw, K. N., Saari, L. M., & Latham, G. P. (1981). *Goal setting and task performance: 1969–1980.* Psychological Bulletin.

Lopez, B. R., Lincoln, A. J., Ozonoff, S., & Lai, Z. (2005). Examining the relationship between executive functions and restricted, repetitive symptoms of autistic disorder. *Journal of Autism and Developmental Disorders, 35*(4), 445–460.

Lord, C., Luyster, R., Gotham, K., & Guthrie, W. (2012). *Autism diagnostic observation schedule, Second Edition(ADOS-2) Manual.* Western Psychological Services.

Lough, E., Hanley, M., Rodgers, J., South, M., Kirk, H., Kennedy, D. P., & Riby, D. M. (2015). Violations of personal space in young people with autism spectrum disorders and Williams syndrome: Insights from the Social Responsiveness Scale. *Journal of Autism and Developmental Disorders, 45*(12), 4101–4108.

Maag, J. W. (2006). Social skills training for students with emotional and behavioral disorders: A review of reviews. *Behavioral Disorders, 32*(1), 4–17.

Maenner, M. J., Shaw, K. A., Bakian, A. V., Bilder, D. A., Durkin, M. S., Esler, A., … & Cogswell, M. E. (2021). Prevalence and characteristics of autism spectrum disorder among children aged 8 years; Autism and developmental disabilities monitoring network, 11 sites, United States, 2018. *MMWR Surveillance Summaries, 70*(11), 1.

Mawhood, L., Howlin, P., & Rutter, M. (2000). Autism and developmental receptive language disorder–A comparative follow-up in early adult life. I: Cognitive and language outcomes. *The Journal of Child Psychology and Psychiatry and Allied Disciplines, 41*(5), 547–559.

Mazefsky, C. A. (2016). Emotion Regulation and Emotional Distress in Autism Spectrum Disorder: Foundations and Considerations for Future Research. *Journal of Autism and Developmental Disorders, 45*(11), 3405–3408.

Mazefsky, C. A., Borue, X., Day, T. N., & Minshew, N. J. (2014). Emotion Regulation Patterns in Adolescents With High-Functioning Autism Spectrum Disorder: Comparison to Typically Developing Adolescents and Association With Psychiatric Symptoms. *Autism Research, 7*(3), 344–354.

Mazefsky, C. A., Herrington, J., Siegel, M., Scarpa, A., Maddox, B. B., Scahill, L., & White, S. W. (2013). The role of emotion regulation in autism spectrum disorder. *Journal of the American Academy of Child & Adolescent Psychiatry, 52*(7), 679–688.

McManmon, M. (2015). *Autism and learning differences: An active learning teaching toolkit.* Jessica Kingsley Publishers.

McManmon, M. P. (2016). *Autism and learning differences: An active learning teaching toolkit.* Jessica Kingsley Publishers.

McVey, A. J., Dolan, B. K., Willar, K. S., Pleiss, S., Karst, J. S., Casnar, C. L., … & Van Hecke, A. V. (2016). A replication and extension of the PEERS® for young adults social skills intervention: Examining effects on social skills and social anxiety in young adults with autism spectrum disorder. *Journal of Autism and Developmental Disorders, 46*(12), 3739–3754.

Meyer, P. J. (2003). *Attitude is everything: If you want to succeed above and beyond.* Meyer Resource Group, Inc.

Meyer, R. N. (2010). *Asperger syndrome employment workbook: An employment workbook for adults with Asperger syndrome.* Jessica Kingsley.

Miller, Haylie L., Ragozzino, Michael E., Cook, Edwin H., Sweeney, John A., & Mosconi, Matthew W.

(2015). Cognitive set shifting deficits and their relationship to repetitive behaviors in autism spectrum disorder. *Journal of Autism and Developmental Disorders, 45*(3), 805-816.

Miller, L. K. (2006). *Principles of everyday behavior analysis*. Wadsworth.

Miyake, A., & Friedman, N. P. (2012). The nature and organization of individual differences in executive functions: Four general conclusions. *Current Directions in Psychological Science, 21*(1), 8-14.

Morris, R., & Ward, G. (Eds.). (2004). *The cognitive psychology of planning*. Psychology Press.

Müller, E., Schuler, A., & Yates, G. B. (2008). Social challenges and supports from the perspective of individuals with Asperger syndrome and other autism spectrum disabilities. *Autism, 12*(2), 173-190.

Müller, E., Schuler, A., Burton, B. A., & Yates, G. B. (2003). Meeting the vocational support needs of individuals with Asperger syndrome and other autism spectrum disabilities. *Journal of Vocational Rehabilitation, 18*(3), 163-75.

Mussey, J. L., Travers, B. G., Klinger, L. G., & Klinger, M. R. (2015). Decision-Making Skills in ASD: Performance on the Iowa Gambling Task. *Autism Research, 8*(1), 105-114.

Nader Grosbois, N., & Mazzone, S. (2014). Emotion Regulation, Personality and Social Adjustment in Children with Autism Spectrum Disorders. *Psychology, 5*(15), 1750-1767.

Nadig, A., Flanagan, T., White, K., & Bhatnagar, S. (2018). Results of a RCT on a Transition Support Program for Adults with ASD: Effects on Self-Determination and Quality of Life. *Autism Research, 11*(12), 1712-1728.

Noens, I., & van Berckelaer-Onnes, I. (2004). Making sense in a fragmentary world: Communication in people with autism and learning disability. *Autism, 8*(2), 197-218.

O'Hearn, K., Asato, M., Ordaz, S., & Luna, B. (2008). Neurodevelopment and executive function in autism. *Development and Psychopathology, 20*(4), 1103-1132.

Oh, M., Laugeson, E., Kim, J. H., Lee, K., Kim, J., Lee, S., … & Yoo, H. J. (2021). A randomized controlled trial of the Korean version of the Program for the Education and Enrichment of Relational Skills for Young Adults (PEERS®-YA-K) with autism spectrum disorder: A Pilot study. *Frontiers in psychiatry, 12*.

Oswald, T. M., Winder-Patel, B., Ruder, S., Xing, G., Stahmer, A., & Solomon, M. (2018). A pilot randomized controlled trial of the ACCESS program: A group intervention to improve social, adaptive functioning, stress coping, and self-determination outcomes in young adults with autism spectrum disorder. *Journal of Autism and Developmental Disorders, 48*(5), 1742-1760.

Ozonoff, S. (1997). Causal mechanisms of autism: Unifying perspectives from an information-processing framework. *Handbook of Autism and Pervasive Developmental Disorders, 2*, 868-879.

Ozonoff, S. (1998). Assessment and remediation of executive dysfunction in autism and Asperger syndrome. In *Asperger syndrome or high-functioning autism?* (pp. 263-289). Springer.

Ozonoff, S., Dawson, G., & McPartland, J. (2002). *A parent's guide to asperger syndrome and high-functioning autism: How to meet the challenges and help your child thrive*. The Guilford Press.

Panerai, S., Tasca, D., Ferri, R., Genitori D'Arrigo, V., & Elia, M. (2014). Executive functions and adaptive behaviour in autism spectrum disorders with and without intellectual disability. *Psychiatry Journal*, 2014. 1-11.

Pitskel, N. B., Bolling, D. Z., Kaiser, M. D., Pelphrey, K. A., & Crowley, M. J. (2014). Neural systems for cognitive reappraisal in children and adolescents with autism spectrum disorder. *Developmental Cognitive Neuroscience, 10*, 117-128.

Popple, B., Wall, C., Powell, K., Mademtzi, M., Shic, F., Flink, L., Discepolo, K., Keck, D., & Volkmar, F. (2016). Brief Report: Remotely Delivered Video Modeling for Improving Oral Hygiene in Children with ASD: A Pilot Study. *Journal of Autism and Developmental Disorders, 46*(8), 2791-2796.

Prevatt, F., & Levrini, A. (2015). *ADHD coaching: A guide for mental health professionals*. American Psychological Association.

Prevatt, F., & Yelland, S. (2015). An empirical evaluation of ADHD coaching in college students. *Journal of Attention Disorders, 19*(8), 666-677.

Pugliese, C. E., Anthony, L. G., Strang, J. F., Dudley, K., Wallace, G. L., Naiman, D. Q., & Kenworthy, L. (2016). Longitudinal examination of adaptive behavior in autism spectrum disorders: Influence of executive function. *Journal of Autism and Developmental Disorders, 46*(2), 467-477.

Pugliese, C. E., Anthony, L., Strang, J. F., Dudley, K., Wallace, G. L., & Kenworthy, L. (2015). Increasing adaptive behavior skill deficits from childhood to adolescence in autism spectrum disorder: Role of executive function. *Journal of Autism and Developmental Disorders, 45*(6), 1579-1587.

Rabbitt, P. (1997). Introduction: Methodologies and models in the study of executive function. *Methodology of Frontal and Executive Function*, 1-38.

Reed, P., Watts, H., & Truzoli, R. (2013). Flexibility in young people with autism spectrum disorders on a card sort task. *Autism, 17*(2), 162-171.

Regan, T. (2015). Hygiene in adolescents with ASD (Autism at-a-Glance Brief). Chapel Hill: The University of North Carolina, Frank Porter Graham Child Development Institute, CSESA Development Team.

Riccio, C. A., & Gomes, H. (2013). Interventions for executive function deficits in children and adolescents. *Applied Neuropsychology: Child, 2*(2), 133-140.

Rieffe, C., Oosterveld, P., Terwogt, M. M., Mootz, S., Van Leeuwen, E., & Stockmann, L. (2011). Emotion regulation and internalizing symptoms in children with autism spectrum disorders. *Autism, 15*(6), 655-670.

Roberts, A. C., Robbins, T. W., & Weiskrantz, L. E. (1998). *The prefrontal cortex: executive and cognitive functions*. Oxford University Press.

Roberts, K. (2010). Topic areas to consider when planning transition from high school to postsecondary education for students with autism spectrum disorders. *Focus on Autism and Other Developmental Disabilities, 25*, 158-162.

Rosenthal, M., Wallace, G. L., Lawson, R., Wills, M. C., Dixon, E., Yerys, B. E., & Kenworthy, L. (2013). Impairments in realworld executive function increase from childhood to adolescence in autism spectrum disorders. *Neuropsychology, 27*(1), 13-18.

Ruble, L. A., McGrew, J. H., Toland, M., Dalrymple, N., Adams, M., & Snell-Rood, C. (2018). Randomized control trial of COMPASS for improving transition outcomes of students with Autism Spectrum Disorder. *Journal of Autism and Developmental Disorders, 48*(10), 3586-3595.

Russel, S. M., Healy, S., Braithwait, R. E. (2018). Hobby preference and physical activity participation among children with and without autism spectrum disorder. *European Journal of Adapted Physical Activity, 11*(2), 1-9.

Ruta, L., Mugno, D., d'Arrigo, V. G., Vitiello, B., & Mazzone, L. (2010). Obsessive-compulsive traits in children and adolescents with Asperger syndrome. *European Child & Adolescent Psychiatry, 19*(1), 17-24.

Rutter, M., Le Couteur, A., & Lord, C. (2003). *Autism diagnostic interview-revised*. Western Psychological Services.

Samson, A. C., Hardan, A. Y., Podell, R. W., Phillips, J. M., & Gross, J. J. (2015). Emotion regulation in children and adolescents with autism spectrum disorder. *Autism Research, 8*(1), 9-18.

Samson, A. C., Huber, O., & Gross, J. J. (2012). Emotion regulation in Asperger's syndrome and high-functional autism. *Emotion, 12*, 659-665.

Samson, A. C., Wells, W. M., Phillips, J. M., Hardan, A. Y., & Gross, J. J. (2015). Emotion regulation in autism spectrum disorder: evidence from parent interviews and children's daily diaries. *Journal of Child Psychology and Psychiatry, 56*(8), 903-913.

Shmulsky, S., & Gobbo, K. (2013). Autism spectrum in the college classroom: Strategies for instructors. *Community College Journal of Research and Practice, 37*(6), 490-495.

Simone, R. (2010). Asperger's on the Job: Must-Have Advice for People with Asperger's or High Functioning Autism and their Employers, Educators, and Advocates. Future Horizons, ISBN 978-1935274094, Arlington, TX.

Simonoff, E., Pickles, A., Charman, T., Chandler, S., Loucas, T., & Baird, G. (2008). Psychiatric disorders in children with autism spectrum disorders: prevalence, comorbidity, and associated factors in a population-derived sample. *Journal of the American Academy of Child & Adolescent Psychiatry, 47*(8), 921-929.

Solanto, M. V., & Scheres, A. (2020). Feasibility, acceptability, and effectiveness of a new cognitive-behavioral intervention for college students with ADHD. *Journal of Attention Disorders*.

Solanto, M. V., Marks, D. J., & Wasserstein, J. (2011). *Cognitive-behavioral therapy for adult ADHD: Targeting executive dysfunction*. Guilford Press.

Solanto, M. V., Marks, D. J., Wasserstein, J., Mitchell, K., Abikoff, H., Alvir, J. M. J., & Kofman, M. D. (2010). Efficacy of meta-cognitive therapy for adult ADHD. *American Journal of Psychiatry, 167*(8), 958-968.

Sparrow, S. S., Balla, D. A., & Cicchetti, D. V. (1984). *Interview edition survey form manual: Vineland adaptive behavior scales*. American Guidance Service.

Sparrow, S. S., Cicchetti, D., & Balla, D. A. (2005). *Vineland adaptive behavior scales-2nd edition manual*. NCS Pearson Inc.

Stephnie M. S. (2017). *Executive function difficulties in adults: 100 ways to help your clients live productive and happy lives*. PESI

Strickland, D. C., Coles, C. D., & Southern, L. B. (2013). JobTIPS: A transition to employment program for individuals with autism spectrum disorders. *Journal of Autism and Developmental Disorders, 43*(10), 2472-2483.

Stuss, D. T., Knight, R. T. (2002). Prefrontal cortex: the present and the future. In Stuss, D. T., Knight, R. T. (ed., pp. 573-597), *Principles of frontal lobe function*. Oxford University Press.

Suveg, C., & Zeman, J. (2004). Emotion regulation in children with anxiety disorders. *Journal of Clinical Child and Adolescent Psychology, 33*(4), 750-759.

Swain, D., Scarpa, A., White, S., & Laugeson, E. (2015). Emotion Dysregulation and Anxiety in Adults with ASD: Does Social Motivation Play a Role? *Journal of Autism and Developmental Disorders, 45*(12), 3971-3977.

Tabone F. (Author), Newman J. (Foreword). (2018). *The ASD Independence Workbook: Transition Skills for Teens and Young Adults with*

Autism. Instant Help Publications.

Tas, A. A. (2018). Dietary strategies in autism spectrum disorder (ASD). *Progress in Nutrition*, *20*(4), 554-562.

Taylor, J. L., & Seltzer, M. M. (2010). Changes in the autism behavioral phenotype during the transition to adulthood. *Journal of Autism and Developmental Disorders*, *40*(12), 1431-1446.

Thomack, B. (2012). Time management for today's workplace demands. *Workplace Health & Safety*, *60*(5), 201-203.

Thompson, R. A. (1994). Emotion regulation: A theme in search of definition. The development of emotion regulation. Biological and behavioral considerations.

Tillmann, J., San José Cáceres, A., Chatham, C. H., Crawley, D., Holt, R., Oakley, B., … & Zwiers, M. P. (2019). Investigating the factors underlying adaptive functioning in autism in the EU-AIMS Longitudinal European Autism Project. *Autism Research*, *12*(4), 645-657.

University of Ottawa Heart Institute (2014). Ten things to know about healthy eating.

Valko, L., Schneider, G., Doehnert, M., Müller, U., Brandeis, D., Steinhausen, H. C., & Drechsler, R. (2010). Time processing in children and adults with ADHD. *Journal of Neural Transmission*, *117*(10), 1213-1228.

Van den Bergh, S. F., Scheeren, A. M., Begeer, S., Koot, H. M., & Geurts, H. M. (2014). Age related differences of executive functioning problems in everyday life of children and adolescents in the autism spectrum. *Journal of Autism and Developmental Disorders*, *44*(8), 1959-1971.

Van Heijst, B. F., & Geurts, H. M. (2015). Quality of life in autism across the lifespan: A meta-analysis. *Autism*, *19*(2), 158-167.

Von Schrader, S., Malzer, M., & Bruyere, S. (2014). Perspectives on disability disclosure: The importance of employer practices and workplace climate, *Employee Responsibilities and Rights Journal*, *26*(4), 237-255.

Wallace, G. L., Kenworthy, L., Pugliese, C. E., Popal, H. S., White, E. I., Brodsky, E., & Martin, A. (2016). Real-world executive functions in adults with autism spectrum disorder: Profiles of impairment and associations with adaptive functioning and co-morbid anxiety and depression. *Journal of Autism and Developmental Disorders*, *46*(3), 1071-1083.

Wampold, B. E. (2015). How important are the common factors in psychotherapy? An update. *World Psychiatry*, *14*(3), 270-277.

Wehman, P., Schall, C., Carr, S., Targett, P., West, M., & Cifu, G. (2014). Transition from school to adulthood for youth with autism spectrum disorder: What we know and what we need to know. *Journal of Disability Policy Studies*, *25*(1), 30-40.

Wehman, P., Schall, C., Mcdonough, J., Sima, A., Brooke, A., Ham, W., … & Riehle, E. (2019). Competitive Employment for Transition-Aged Youth with Significant Impact from Autism: A Multi-site Randomized Clinical Trial. *Journal of Autism and Developmental Disorders*.

Wehman, P., Schall, C., Taylor, J., Avellone, L., & Seward, H. (2019). Vocational interventions. In *Handbook of Interdisciplinary Treatments for Autism Spectrum Disorder* (pp. 355-374). Springer.

Wenzel, C., & Rowley, L. (2010). Teaching social skills and academic strategies to college students with Asperger's syndrome. *Teaching Exceptional Children*, *42*, 44-50.

Weyandt, L. L., & DuPaul, G. J. (2012). *College students with ADHD: Current issues and future directions*. Springer Science & Business Media.

White, S. W. (2011). *Social skills training for children with Asperger syndrome and high-functioning autism*. Guilford Press.

Wilens, T. E., & Rosenbaum, J. F. (2013). Transitional Aged Youth: A New Frontier in Child and Adolescent Psychiatry. *Journal of the American Academy of Child & Adolescent Psychiatry*, *52*(9), 887-890.

Williams, B. L., Hornig, M., Buie, T., Bauman, M. L., Paik, M. C., Wick, I., … & Lipkin, W. I. (2011). Impaired carbohydrate digestion and transport and mucosal dysbiosis in the intestines of children with autism and gastrointestinal disturbances. *PloS One*, *6*(9), e24585.

Williams, D. L., Siegel, M., & Mazefsky, C. A. (2018). Problem behaviors in autism spectrum disorder: Association with verbal ability and adapting/coping skills. *Journal of Autism and Developmental Disorders*, *48*(11), 3668-3677.

Wisner-Carlson, R., Uram, S., & Flis, T. (2020). The transition to adulthood for young people with autism spectrum disorder. *Child and Adolescent Psychiatric Clinics*, *29*(2), 345-358.

Yafai, A. F., Verrier, D., & Reidy, L. (2014). Social conformity and autism spectrum disorder: A child-friendly take on a classic study. *Autism*, *18*(8), 1007-1013.

Zheng, Z., Zhang, L., Li, S., Zhao, F., Wang, Y., Huang, L., … & Mu, D. (2017). Association among obesity, overweight and autism spectrum disorder: a systematic review and meta-analysis. *Scientific Reports*, *7*(1), 11697.

〈웹사이트〉

의료정보포털 https://www.e-gen.or.kr/egen/main.do

Verywellmind(충동적 소비방지 전략) https://www.verywellmind.com/is-impulsive-spending-breaking-your-budget-20378

네이버 지식백과 https://terms.naver.com

저자 소개

유희정(Yoo Hee Jeong)

서울대학교 의과대학 정신과학교실 교수
분당서울대학교병원 정신건강의학과 소아청소년 클리닉 책임교수
경희대학교 의과대학 의학 박사
경희대학교 의과대학 부속병원 전공의 수료
서울대학교병원 소아정신과 임상 강사

김주현(Kim Joo Hyun)

분당서울대학교병원 정신건강의학과 임상심리실 소아청소년 파트 수련감독자 및 임상심리전문가
성신여자대학교 심리학 박사
서울대학교병원 소아정신과 임상심리 수련

실행기능을 활용한
내 삶의 관리자 되기 프로그램 EFABE
-효율적인 자기관리 방식을 배우고 싶은 청년을 위한 실행기능 활용 근거 기반 개입 매뉴얼-
Executive Function & Adaptive Behavior Education

2025년 6월 25일 1판 1쇄 인쇄
2025년 6월 30일 1판 1쇄 발행

지은이 • 유희정 · 김주현
펴낸이 • 김진환
펴낸곳 • (주) 학지사
04031 서울특별시 마포구 양화로 15길 20 마인드월드빌딩
대표전화 • 02)330-5114 팩스 • 02)324-2345
등록번호 • 제313-2006-000265호

홈페이지 • http://www.hakjisa.co.kr
인스타그램 • https://www.instagram.com/hakjisabook

ISBN 978-89-997-3445-8 93510

정가 26,000원